**에듀윌이
너를
지**지할게

ENERGY

시작하는 방법은
말을 멈추고
즉시 행동하는 것이다.

– 월트 디즈니(Walt Disney)

2025

# 에듀윌 7·9급공무원 기본서

# 기본서

**행정학** 심화편

# 기출분석의 모든 것

**최근 5개년 출제 문항 수**

2024~2020 7·9급 국가직, 지방직/서울시 기준

| PART | CHAPTER | 2024 국9 | 2023 국9 | 2023 국7 | 2023 지9(서9) | 2023 지7(서7) | 2022 국9 | 2022 국7 | 2022 지9(서9) | 2022 지7(서7) | 2021 국9 | 2021 국7 | 2021 지9(서9) | 2021 지7(서7) | 2020 국9 | 2020 국7 | 2020 지9(서9) | 2020 지7(서7) | 합계 |
|---|---|---|---|---|---|---|---|---|---|---|---|---|---|---|---|---|---|---|---|
| 행정학 기초이론 | 행정의 개념 |  |  |  |  |  | 1 | 2 |  | 2 |  | 1 |  |  | 1 |  |  |  | 7 |
|  | 현대행정의 변천 | 3 |  | 2 | 1 | 1 | 1 |  |  | 1 | 1 | 1 | 1 | 1 |  |  | 1 | 1 | 15 |
|  | 행정학이론 발달 | 1 | 1 | 1 | 2 | 1 | 1 | 1 | 1 | 1 | 3 |  | 2 | 1 | 1 | 2 |  | 3 | 22 |
|  | 행정이념 |  |  |  | 1 | 1 |  |  | 2 |  |  | 1 |  |  |  |  | 1 | 1 | 7 |
| 정책학 | 정책학 기초이론 | 3 |  | 1 | 2 | 1 | 1 | 2 |  | 1 | 1 |  |  |  |  |  | 1 | 2 | 15 |
|  | 정책의제설정론 |  | 1 |  | 1 |  |  |  | 1 | 1 |  |  |  | 1 | 1 | 1 |  |  | 7 |
|  | 정책분석론 |  | 1 | 1 |  | 1 |  |  |  | 1 | 1 | 2 |  |  |  | 1 | 1 |  | 9 |
|  | 정책결정이론모형 |  | 1 | 1 |  |  |  |  |  | 1 | 1 | 1 | 1 | 1 | 1 |  | 1 | 1 | 10 |
|  | 정책집행론 |  |  | 2 |  |  |  | 2 | 2 | 2 |  | 1 | 1 | 1 |  | 1 | 1 |  | 13 |
|  | 정책평가론 | 1 | 2 | 1 |  | 2 | 1 | 1 |  |  | 1 | 1 | 1 | 1 | 3 | 1 | 1 | 2 | 20 |
|  | 기획이론 |  |  |  |  |  |  |  |  |  |  |  |  |  |  |  |  |  | 0 |
| 조직이론 | 조직 기초이론 | 1 | 1 | 1 |  | 2 |  | 1 |  | 1 | 1 | 2 | 1 | 1 | 2 | 2 | 1 |  | 18 |
|  | 조직구조론 | 1 | 2 | 1 |  | 1 |  | 2 | 2 | 1 | 2 |  |  | 2 | 1 | 1 | 1 |  | 18 |
|  | 조직관리론 | 1 |  | 1 | 2 | 1 |  | 2 | 2 | 1 | 2 | 2 | 1 | 1 | 2 | 1 |  |  | 20 |
|  | 조직정보론 | 1 | 1 | 2 |  |  | 1 | 2 |  |  |  | 1 |  |  | 1 | 1 | 1 |  | 11 |
|  | 조직변동(혁신)론 |  |  |  |  |  | 1 |  |  |  |  |  | 1 |  | 1 |  |  |  | 3 |
| 인사행정론 | 인사행정 기초이론 | 2 | 2 |  | 2 |  | 1 | 1 |  |  | 3 | 1 | 3 |  | 1 | 1 |  |  | 17 |
|  | 공직 분류 |  | 1 |  | 1 | 1 | 1 |  |  | 1 | 1 | 2 |  |  | 2 | 1 | 1 |  | 13 |
|  | 인사행정의 3대 변수 | 1 | 1 | 1 | 1 | 2 |  | 1 | 3 | 2 | 1 |  |  |  | 1 | 1 | 1 | 2 | 18 |
|  | 근무규율 | 1 | 1 | 3 |  |  | 1 | 2 | 1 | 1 | 1 |  |  | 1 |  |  | 1 | 2 | 15 |
| 재무행정론 | 재무행정 기초이론 | 1 | 1 | 4 | 2 |  | 1 | 2 | 1 | 2 | 2 | 2 | 1 | 1 | 1 | 1 | 1 | 1 | 25 |
|  | 예산과정론 | 1 | 1 |  |  |  |  | 2 |  | 2 | 2 | 1 | 1 | 2 | 1 |  | 1 | 1 | 16 |
|  | 예산제도론 | 1 | 1 |  | 1 |  |  | 1 |  |  | 1 | 1 |  |  | 1 |  | 1 |  | 8 |
| 행정환류론 | 행정책임과 통제 |  | 1 |  |  |  |  |  |  | 1 | 1 | 1 | 1 |  |  |  | 2 | 1 | 8 |
|  | 행정개혁(정부혁신) |  |  |  |  |  |  |  |  |  |  | 1 |  |  |  |  |  |  | 1 |
| 지방행정론 | 지방행정 기초이론 |  |  |  |  |  | 1 | 1 | 1 |  | 1 |  |  | 1 | 1 |  |  |  | 6 |
|  | 정부 간 관계 |  |  | 1 | 1 | 1 |  |  |  |  |  |  |  |  |  |  |  |  | 3 |
|  | 지방자치단체 운영체계 | 1 | 1 | 1 | 1 |  | 1 | 2 |  |  |  | 1 | 1 | 1 | 2 | 1 | 1 | 1 | 15 |
|  | 주민참여제도 |  |  |  |  |  |  |  |  | 1 | 1 | 1 | 1 |  |  |  |  |  | 4 |
|  | 지방재정 |  | 1 |  | 1 | 1 |  |  | 1 | 1 |  |  | 2 | 1 |  | 1 | 1 |  | 11 |
| 합계 |  | 20 | 20 | 25 | 20 | 20 | 20 | 25 | 20 | 20 | 20 | 25 | 20 | 20 | 20 | 20 | 20 | 20 | 355 |

| PART | CHAPTER | 출제 개념 |
|---|---|---|
| 행정학 기초 이론 | 행정의 개념 | 정치·행정 이원론과 일원론, 행정과 경영, POSDCoRB, 윌슨(Wilson)의 행정연구 |
| | 현대행정의 변천 | 시장·정부실패와 대응방식, 공공재, 공유재, 공유지의 비극, 외부효과교정, 정부규제, 공공서비스 유형, 윌슨(Wilson)모형, X-비효율성, 규제영향분석, 타르 베이비 효과, 정부규모, 정부의 역할, 민간화, 민간위탁, 성과지표, 파킨슨법칙, 시민사회의 역할, 사회자본 |
| | 행정학이론 발달 | 호손실험, 행태주의, 비교행정, 프리즘적 모형, 신행정학, 현상학, 공공선택론, 신제도주의, NPM, 신자유주의, 수익자부담, NPS, 뉴거버넌스, 피터스(Peters)모형, 포스트모더니티이론, 딜레마이론, 행정재정립운동, 넛지이론, 공공가치창출론 |
| | 행정이념 | 행정문화, 본질적·수단적 가치, 공익, 실체설, 과정설, 롤스(Rawls)의 정의론, 경합가치모형, 가외성 |
| 정책학 | 정책학 기초이론 | 정책유형, 정책결정요인론, 하위정부론, 정책네트워크, 조합주의 |
| | 정책의제설정론 | 정책의제설정과정·모형·요인, 오류유형, 정책문제 구조화기법, 내부접근형, 동원형, 정책의 창 모형, 무의사결정 |
| | 정책분석론 | 문제정의, 집단사고, 델파이분석, 비용편익분석, 내부수익률, 불확실성 대처방안 |
| | 정책결정이론모형 | 정책결정모형, 합리모형, 점증모형, 사이버네틱스모형, 최적모형, 혼합모형, 회사모형, 쓰레기통모형, 앨리슨(Allison)모형, 지명반론자기법 |
| | 정책집행론 | 하향적·상향적 접근방법, 일선관료제, 정책지지연합모형, 나카무라(Nakamura)와 스몰우드(Smallwood)의 모형, 정책수단 |
| | 정책평가론 | 정책평가의 목적, 총괄평가, 형성평가, 준실험설계, 내적·외적 타당성 저해요인, 정책평가의 논리와 방법, 특정평가, 역사요인, 변수, 정부업무평가제도 |
| | 기획이론 | 하이에크(Hayek), 파이너(Finer), 그레샴(Gresham)의 법칙 |
| 조직 이론 | 조직 기초이론 | 조직이론과 유형, 신고전적 조직이론, 고전적 원리, 거시조직이론, 상황론적 조직이론, 조직군생태이론, 거래비용이론, 자원의존이론, 조정방법, 조정기제, 계층제 |
| | 조직구조론 | 기본변수·상황변수, 기계적·유기적 조직, 기능구조, 사업구조, 매트릭스구조, 네트워크조직, 관료제, 관료제 병리현상, 애드호크라시, 보조·보좌기관, 피터(Peter)의 원리, 정부조직, 위원회, 학습조직, 공기업 민영화, 민간위탁, matrix, 방송통신위원회, 책임운영기관, 우리나라 정부조직 |
| | 조직관리론 | 갈등, 리더십, 의사전달, 시민참여, 내용·과정이론, XY이론, ERG이론, 욕구충족요인 이원론, 기대이론 |
| | 조직정보론 | 지식행정관리, 지식관리시스템, 유비쿼터스 정부, 전자정부, 스마트 전자정부, 전자정부의 원칙, 정부 3.0, 빅데이터, 정보화 책임관, 정보공개제도, 암묵지·형식지, 블록체인 |
| | 조직변동(혁신)론 | MBO, OD, TQM, BSC |
| 인사 행정론 | 인사행정 기초이론 | 전략적 인적자원관리, 엽관주의·실적주의, 직업공무원제, 대표관료제, 성과주의 인적자원관리, 중앙인사기관, 소청심사위원회 |
| | 공직 분류 | 개방형, 직위분류제·계급제, 경력직·특수경력직, 정무직, 직무평가방법, 고위공무원단제도, 역량평가제도, 인사제도 |
| | 인사행정의 3대 변수 | 전직·전보, 시험의 신뢰성·타당성, 교육훈련, 액션러닝, 평정제도, 근무성적평정 방법과 오류, 경력개발, 성과평가제도, 다면평가제도, 제안제도, 보수결정의 원칙, 연금제도, 연봉제, 공공서비스동기이론, 공무원단체, 공무원직장협의회 |
| | 근무규율 | 행정권 오용, 행정윤리, 신뢰성과 윤리, 공무원의 의무, 공직자윤리법, 백지신탁, 정치적 중립성, 징계, 부패의 접근방법, 퇴직공직자 취업제한, 부정청탁, 행동강령, 고충민원처리 및 부패방지, 공직자의 이해충돌방지 |
| 재무 행정론 | 재무행정 기초이론 | 재정의 기능, 특별회계, 기금, 추가경정예산, 준예산, 조세지출예산제도, 수입대체경비, 예산원칙, 통합재정, 재정사업, 성과관리제도, 공공기관 유형, 국가채무, 예산기능, 예산분류 |
| | 예산과정론 | 예산편성과정, 예산안 첨부서류, 총액배분·자율편성, 예산심의, 재정통제·신축성 유지, 이용·전용, 국고채무부담행위, 예비타당성 조사, 예산성과금, 긴급배정, 지출특례, 결산심사, 재무제표, 발생주의·복식부기, 발생주의·현금주의, 재정민주주의, 프로그램예산제도 |
| | 예산제도론 | 점증주의·합리주의, 니스카넨(Niskanen), LIBS, PPBS, PBS, ZBB, 예산제도 |
| 행정 환류론 | 행정책임과 통제 | 행정통제의 유형, 행정통제의 과정, 내부통제, 옴부즈만, 감사원 |
| | 행정개혁(정부혁신) | 접근방법, 저항의 극복방법 |
| 지방 행정론 | 지방행정 기초이론 | 지방자치, 신중앙집권화, 티부모형, 권한배분 |
| | 정부 간 관계 | 라이트(Wright)의 정부 간 관계모형, IGR, 국가의 지도·감독, 특별지방행정기관, 행정협의조정위원회, 분쟁조정위원회 |
| | 지방자치단체 운영체계 | 지방행정체제, 지방자치계층, 위임사무, 지방사무의 배분방식, 보충성의 원칙, 지방의회의 권한, 기관구성, 자치권, 조례, 구역 설정, 지방공기업, 지방의회의 의결사항 |
| | 주민참여제도 | 주민참여의 방식, 조례의 제정 및 개폐청구대상, 직접 참여제도, 주민감사청구요건, 주민소환 |
| | 지방재정 | 재정자주도, 중기지방재정계획, 지방세, 지방세의 원칙, 특별(광역)시세, 재산세공동과세, 지방교부세, 보통세·목적세, 레저세, 상속세, 재정자립도, 재정력지수, 지방재정조정제도 |

# 이 책의 구성

## 영역별 구성

### 필수편

'필수편'은 '파레토의 20 대 80의 법칙' 중 80에 해당하며, 매년 반복적으로 출제되는 이론으로 구성하였다. 보조단에는 해당 영역에 가장 대표적인 빈출문제를 배치함으로써 이론 학습과 문제풀이를 병행하도록 하였다.

전체 행정학 학습시간의 80%를 배정하여 평소에 반복적 학습을 통해 에빙하우스가 주장한 '장기기억'으로 만드는 것이 중요하다. '필수편'만 잘 소화를 하여도 80점 이상은 득점이 가능할 것이다.

기출분석 > 개념 + 바로 확인문제 > 개념 복습하기 > 개념 적용문제

### 심화편

'심화편'은 '파레토의 20 대 80의 법칙' 중 20에 해당하는 심화이론과 문제에 해당하는 부분이다. 출제빈도는 낮지만 고득점을 위해서 알아 두어야 할 내용으로 구성하였다. 전체 행정학 학습시간의 20%를 배정하여 시험 전에 집중적으로 정리를 해두어야 한다. 7급은 필수이지만 9급은 심화에 해당하는 영역이므로, 고득점을 원하는 9급 수험생은 반드시 숙지해야 하는 부분이다. '수험행정학의 최적화'를 위해 시험 전에 집중적 학습을 통해 수험공부의 시행착오를 줄이는 것이 중요하다.

기출분석 > 개념 + 바로 확인문제

### 고난도 심화이론 PDF

'고난도 심화이론 PDF'는 '필수편'과 '심화편'에 포함된 이론보다는 출제비중은 낮지만 추가적으로 학습하면 좋을 심화이론으로 구성하였다. '필수편+심화편'과 연계가 가능하도록 구성해 본책을 공부할 때 관련 심화 내용을 참고할 수 있도록 하였다. 고득점을 목표로 한다면 '고난도 심화이론 PDF'까지 학습할 필요가 있다.

기출분석 > 개념 + 바로 확인문제

# 탄탄한 기출분석
# &
# 기출분석 기반의
# 개념

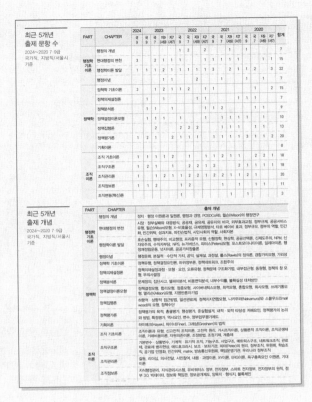

최근 5개년
출제 문항 수
2024~2020 7·9급
국가직, 지방직/서울시
기준

최근 5개년
출제 개념
2024~2020 7·9급
국가직, 지방직/서울시
기준

## 탄탄한 기출분석

최근 5개년 7·9급 기출을 분석하여 영역별 출제 문항수와 출제 개념을 분석하였다. 본격적인 개념학습 전에 영역별 출제비중과 개념을 먼저 파악하면 학습의 나침반으로 활용할 수 있을 것이다.

▶ 최근 5개년 출제 문항수: 최근 5개년 동안 국가직, 지방직/서울시 7·9급 시험에서 영역별로 몇 문항이 출제되었는지 분석하였다.

▶ 최근 5개년 출제 개념: 최근 5개년 동안 국가직, 지방직/서울시 7·9급 시험에서 영역별로 어떤 개념이 출제되었는지 분석하였다.

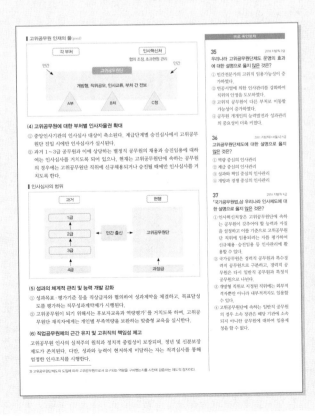

## 기출분석 기반의 개념

학습효과를 높일 수 있도록 개념을 체계적으로 배열하였고, 베이직한 내용은 본문에, 더 알아두어야 할 내용은 【더 알아보기】와 【주석】으로 수록하였다. 1~2회독 때에는 본문 위주로, 3회독부터는 참고·심화 내용인 【더 알아보기】와 【주석】까지 회독하면 기초부터 심화까지 실력을 기를 수 있을 것이다.

▶ Daily 회독체크표: 챕터마다 회독체크와 공부한 날을 기입할 수 있다.

▶ 더 알아보기와 주석: 더 깊게 또는 참고로 알아두면 좋을 내용을 담았다.

# 이 책의 구성

## 단계별 문제풀이

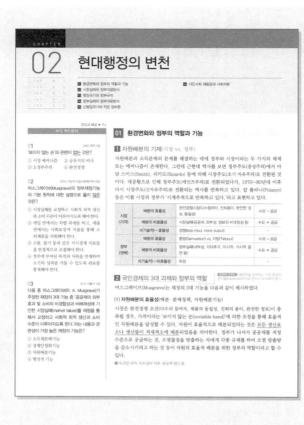

### 바로 확인문제

**바로 개념확인 가능!**

기출문제를 개념 바로 옆에 배치하여, 이론의 개념이 어떻게 출제되었는지 확인할 수 있도록 하였다.

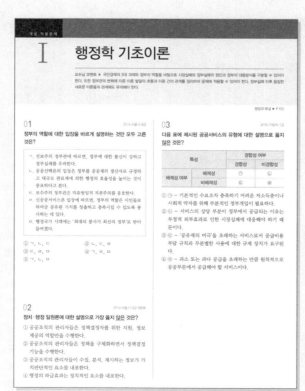

### 개념 적용문제

**파트별 공무원 기출문제 풀이로 문제 적용력 향상!**

공무원 기출문제를 파트가 끝날 때마다 수록하여 개념이 어떻게 출제되는지, 유형은 어떠한지 한 번 더 파악할 수 있도록 하였다.

## 회독플래너 &
## 고난도 심화이론
## PDF &
## 2024년 최신기출
## 무료특강

### 회독플래너

**회독 실패율 ZERO!**

실패율 없이 회독을 할 수 있도록 5회독플래너를 제공한다. 앞면에는 회독의 방향성을 잡을 수 있도록 가이드라인을 제시하였고, 뒷면에는 직접 공부한 날짜를 매일 기록하여 누적된 회독 횟수를 확인할 수 있도록 하였다.

▶ [앞] 회독플래너
▶ [뒤] 직접 체크하는 회독플래너

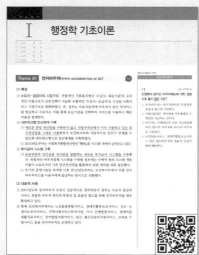

### 고난도 심화이론 PDF

**고득점을 위한 학습 가능!**

필수편+심화편 학습 후 추가적으로 학습하면 좋은 고난도 심화이론으로 구성하였다. 고득점을 목표로 하는 수험생은 심화이론과 보조단의 관련 기출문제를 통해 행정학 이론을 정복할 수 있다.

※ 다운로드 방법: 에듀윌 도서몰(book, eduwill.net) 접속 →
   도서자료실 → 부가 학습자료에서 다운로드 또는 좌측 QR코드
   를 통해 바로 접속

### 2024년 최신기출 무료특강

**최신기출 전격 해부!**

2024년 최신기출 해설특강으로 출제경향을 꼼꼼히 살피고 약점을 파악할 수 있도록 구성하였다.

※ 지방직/서울시 9급 및 국가직, 지방직/서울시 7급 시험 해설
   특강은 해당 시험일로부터 30일 이내에 업로드될 예정입니다.
※ 접속 방법: 에듀윌 도서몰(book, eduwill.net) 접속 →
   동영상강의실에서 수강 또는 좌측 QR코드를 통해 바로 접속

# 이 책의 차례

**PART Ⅰ**
**행정학 기초이론**

# CONTENTS

## 이 책의 차례

책속책 정답과 해설

# 행정학 기초이론

**14%** ※최근 5개년(국, 지/서)
출제비중

# 행정학 기초이론

정답과 해설 ▶ P.2

## 바로 확인문제

**01**　　　　　　　　　　　2002 입법고시

다음 중 행정학의 정체 위기를 조장하는 요인은?

① 행정관리 이원론
② 정책관리 이원론
③ 정치·행정 일원론
④ 정치·행정 이원론

**02**　　　　　　　　　　　2004 입법고시

행정학의 과학화가 근본적으로 어려운 이유는?

① 가치판단의 문제
② 전문학자의 부족
③ 공익의 구현
④ 정치·행정 이원론의 입장

**03**　　　　　　　　　　　2002 국가직 7급

H. A. Simon의 주장과 관계없는 것은?

① 논리적 실증주의(logical positivism)
② 행태주의(behavioralism)
③ 전문직업적 관점(professional perspective)
④ 의사결정과정(decision-making process)

**04**　　　　　　　　　　　2007 서울시 9급

신행정학운동과 관련이 적은 것은?

① 행정학의 실천적 성격과 적실성 회복
② 정책지향적 행정학
③ 전문직업주의
④ 가치중립적 관리론 비판
⑤ 사회적 형평

---

## Theme 01　행정학의 정체성 위기

### (1) 의의

① 행정학의 정체성 위기(identity crisis)란 행정학이 타학문(특히 정치학)과 구별되는 독자적인 학문적 패러다임(paradigm)이 부족한 현상을 의미하며, 행정의 정책결정기능을 강조하는 정치·행정 일원론(통치기능설)에서 주로 발생한다.
② 행정이 가치판단적 정책결정에 관여하게 되면 행정학의 과학화가 어렵다.

### (2) 정체성의 위기에 관한 논의

① **학문분과로서의 성립의 문제**: 왈도(D. Waldo)는 고유의 연구문제, 다른 분과와의 경계, 고유의 연구방법 등이 존재하여야 학문분과로 성립되는데, 행정학은 이러한 것들이 결여되어 있다고 하였다.
② **전문직업성의 문제**: 스코트(W. Scott)는 행정은 전문직업성(professionalism)이 결여되어 있어 독자적 학문으로서 형성이 어렵다고 주장하였다.
③ **패러다임의 문제**
　㉠ 오스트롬(V. Ostrom)은 「미국 공행정에서의 지적 위기(The Intellectual Crisis in American Public Administration, 1972)」라는 책에서 행정학의 정체성 위기의 원인을 패러다임이 없기 때문이라고 하였다.
　㉡ 이러한 취지에서 오스트롬은 민주행정 패러다임을 제시하여 권한의 분산과 관할권의 중첩을 강조하였다.
④ **니콜라스 헨리(Nicholas Henry)의 행정학의 패러다임**
　㉠ 니콜라스 헨리는 「행정학의 패러다임」이라는 글에서 미국 행정학의 패러다임의 변화를 파악하기 위하여 소재(locus)와 초점(focus)이라는 두 가지 개념을 제시하였다.
　　ⓐ **소재**: 연구영역의 제도적 장소(the institutional 'where' of the field)를 의미한다.
　　ⓑ **초점**: 연구영역의 특정한 대상(the specialized 'what' of the field)을 의미한다.
　㉡ 니콜라스 헨리는 미국 행정학의 패러다임을 크게 다섯 가지로 나누고 있는데, 이를 살펴보면 다음과 같다.

| 제1패러다임 | 정치·행정 이원론(locus의 강조, 1900~1926) |
|---|---|
| 제2패러다임 | 행정의 원리론(focus)과 비판론(1927~1950)<br>• 행정의 원리론과 POSDCoRB이론<br>• 행정원리론의 비판<br>• 정치·행정 이원론의 비판 |
| 제3패러다임 | 정치학으로서의 행정학(locus, 1950~1970) |
| 제4패러다임 | 관리과학으로서의 행정학(focus의 강조, 1956~1970) |
| 제5패러다임 | 행정학으로서의 행정학(1970~) |

### (3) 정체성 위기 극복방안

① 왈도(D. Waldo): '학문분과로서의 행정학의 성립'과 '전문직업성'[1]에 의해 정체성의 위기를 해결하여야 한다.

② 리그스(F. Riggs): 정치학과의 상호보완을 통하여 주체성의 위기를 극복해야 한다.

## Theme 02  재정상태 변화의 평가

고난도

📖 필수편 ▶ P.33

### 1 효율성

#### (1) 파레토 최적

① **실현가능성과 파레토 우위**: 파레토 최적 기준(pareto optimality criterion)의 중요한 두 가지 개념은 실현가능성(feasibility)과 파레토 우위(pareto superior)이다.

　㉠ 실현가능성: 어떤 자원이나 생산물의 배분상태가 경제 내의 부존을 초과하지 않을 때 이 배분상태를 '실현가능하다.'라고 하며, 초과할 때는 '실현가능하지 않다.'라고 한다.

　㉡ 파레토 우위: 어떤 두 배분상태를 비교할 때 한 배분상태가 다른 배분상태보다 구성원 누구 하나도 후생, 즉 효용이 감소되지 않으면서 적어도 한 사람의 후생이 증가된다면 그 배분상태는 다른 배분상태보다 '파레토 우위' 또는 '파레토 개선(pareto improvement)'이라 한다.

② **파레토 최적의 개념**: 한 배분상태가 실현가능하고 다른 모든 실현가능한 배분상태와 비교해 볼 때 이보다 파레토 우위인 배분상태가 없으면 이러한 배분상태를 일컬어 파레토의 최적이라 한다. 즉, 사회 내의 어떤 사람의 후생을 감소시키지 않고서는 다른 어떤 사람의 후생, 즉 효용(utility, 재화와 용역의 사용으로부터 얻을 수 있는 주관적인 만족을 측정하는 단위)을 증대시킬 수 없는 실현가능한 배분상태를 말한다. 파레토 최적은 다음과 같이 정리할 수 있다.

　㉠ 자원배분이 효율적으로 이루어진 상태이다.

---

1) 학문은 지식 자체의 추구에 중점을 두는 경향이 있는 학문과 관련 학문과 지식을 응용하는 전문직업적 성격을 띤 학문으로 나눌 수 있다. 행정학은 정부관료제를 중심으로 전문직업관료의 양성에 큰 비중을 두고 있다. 특히 왈도는 행정학의 정체성의 위기를 극복하기 위하여 인체를 연구대상으로 하면서 여러 관련 학문의 지식을 기초로 하고 연구·교육하는 의학에 행정학을 비유하면서 행정학의 전문직업적 성격을 지적하였다. 의학이 인체를 대상으로 연구하고 생물학이나 화학·물리학 등 여러 학문의 지식을 기초로 하여 의학이라는 하나의 학문체계를 구축하고 있으며, 전문직업인인 의사를 양성하는 것을 주요한 목표의 하나로 삼고 있듯이, 행정학도 정부관료제를 중심으로 한 행정현상을 연구하고 정치학·경제학·사회학 등 여러 학문의 지식을 기초로 하여 행정학이라는 하나의 학문체계를 구축하고 있으며, 전문직업인인 행정가를 양성하는 것을 주요한 목표의 하나로 삼고 있다는 것이다.

**바로 확인문제**

**05**        2006 전북 7급

'신행정학운동'에 대한 설명으로 가장 **부적절한** 것은?

① 행정학의 독자적 주체성을 강조했다.

② 전문직업주의, 가치중립적인 관리를 지향했다.

③ 적실성, 참여, 사회적 형평성 등을 강조했다.

④ 현상학적 접근방법을 제시하였다.

⑤ 비판행정학이나 행위이론의 기초를 제공했다.

**06**       2021 군무원 7급

1960년대 미국의 '신행정학' 운동과 가장 관련이 없는 것은?

① 적실성　　　② 고객에 의한 통제

③ 전문직업주의　④ 사회적 형평성

**07**       2002 입법고시

사회후생의 관점에서 칼도(Kaldor) 보상원리에 대한 다음 설명 중 가장 옳지 **않은** 것은?

① 경제상태의 변화가 초래하는 후생 수준의 개선 여부를 파레토 기준으로 판단할 수 없을 때 이용된다.

② 경제상태의 변화로 인해 이익을 얻은 계층이 손해를 보는 계층의 손해를 금전적으로 보상해 주고도 순이익이 발생해야만 사회전체의 후생이 증가하였다고 판단할 수 있다.

③ 잠재적 파레토 개선(potential pareto improvement)을 판단할 수 있다.

④ 칼도 기준에 의하면 상태변화로 이득을 본 사람에 의해 평가된 이득의 가치가 손해를 본 사람의 손해가치보다 크면 후생수준은 증가한 것으로 판별된다.

⑤ 정책변화가 사회후생에 미치는 효과를 효율성 측면에서만 고찰하기 위한 한 방편이다.

ⓛ 더 이상의 파레토 개선이 불가능한 자원배분상태이다.
ⓒ 더 우월한 파레토 우위가 존재하지 않는 자원배분상태이다.

### (2) 보상의 원칙

① 칼도(Kaldor)·힉스(Hicks) 기준
  ㉠ 어떤 상태에서 다른 상태로 이동하여 이득을 본 사람에 의해 평가된 이득의 가치가 손해를 본 사람에 의해 평가된 손해의 가치보다 크면, 즉 효용이 증대된 소비자가 효용이 감소한 소비자에게 보상을 하고도 효용 증대가 있다면 사회적 후생이 증대된 것으로 판단하는 것이다.
  ㉡ 그러나 효용이 증가된 사람이 효용이 감소된 사람에게 실제로 금전적인 보상을 하는 것은 아니다. 이는 잠재적으로 보상이 이루어졌다고 가정하는 것이다. 그런 의미에서 보상원리를 '잠재적 파레토 개선'이라고 한다. 상태의 변화가 초래하는 후생 수준의 개선 여부를 파레토 기준으로 판단할 수 없을 때 이용된다.
② 스키토프스키(Scitovsky) 기준: 칼도·힉스 기준의 이중 적용으로 인한 어떤 변화가 칼도·힉스 기준에 따르면 개선이고, 동시에 이전 상태로의 회귀가 칼도·힉스 기준에 따라 개선이 아닌 경우 개선이라고 본다.

**┃ 효율성의 기준**

| 구분 | 개선 기준 |
| --- | --- |
| 파레토 개선 기준 | 타인의 효용 감소 없이 한 사람의 효용이 증대하면 개선 |
| 칼도·힉스 기준 | 한 사람의 효용 증가가 다른 사람의 효용 감소보다 커서 보상하고 남으면 개선 |
| 스키토프스키 기준 | 칼도·힉스 기준으로 보아 개선이고, 역이 개선이 아니면 개선 |

## 2 형평성(공평성)

### (1) 로렌츠곡선(Lorenz curve)

① 소득 분포의 불평등한 정도를 측정하는 가장 간단한 방법에는 로렌츠가 주장한 반달모양의 로렌츠곡선이 있다.
② 로렌츠곡선은 소득금액의 누적 백분율과 소득자의 누적 백분율을 대비시킨 것으로, 균등분포선과 멀수록 소득은 불균등 분배되었다는 것을 나타낸다.

### (2) 지니계수(Gini's coefficient)

① 지니계수는 로렌츠곡선의 상태를 계수화한 것으로, 대각선과 로렌츠곡선 사이의 면적을 대각선 아래의 전체 삼각형의 면적으로 나눈 값이다.
② 지니계수는 0에서 1까지 숫자로 표시되는데, 0에 가까우면 소득분포가 평등한 상태이고 1

**┃ 로렌츠곡선과 지니계수**

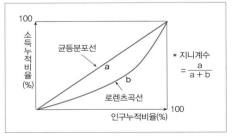

에 가까울수록 부익부 빈익빈 현상이 심화된 상태를 의미한다. 일반적으로 0.4를 넘으면 소득불균형 상태가 심한 사회로 본다.

---

**08** 2006 군무원 9급
다음 중 "총편익이 총비용보다 클 경우 분배적 정의가 존재할 가능성이 있다."라는 내용과 관련이 깊은 것은?

① 정의의 원칙
② 공리주의 원칙
③ Kaldor-Hicks 기준
④ Pareto 기준

**09** 2004 국가직 7급
정부가 예산지출을 한 결과 지니(Gini)계수가 증가한 경우 정부의 소득재분배 활동에 대한 평가로 옳은 것은?

① 소득재분배 활동을 잘 수행하였다.
② 소득재분배 활동을 잘 수행하지 못하였다.
③ 지니계수는 미래에 대한 가치를 측정하는 지표이므로 앞으로의 소득재분배가 좋아질 것을 예측할 수 있다.
④ 지니계수는 소득재분배와 관계가 없으므로 정부의 잘잘못을 판단할 수 없다.

**10** 2008 선관위 9급
정책분석기법에 대한 설명으로 옳지 않은 것은?

① 빈도함수는 소득계층별 인구특성이 비선형이고 저소득층에 비하여 고소득층이 적은 상황에서 인구와 소득수준 간의 관계를 설명하는 데 유용한 분석기법이다.
② 로렌츠곡선은 소득의 계층별 분포 혹은 지역소득의 차별적 분포특성을 설명하는 데 유용한 분석기법이나, 특정지역에 대한 특성만을 중요시한다는 한계점이 있다.
③ 로렌츠곡선이 45° 대각선이 되고, 지니계수가 0인 경우 완전한 소득균등배분이 이루어지고 있음을 의미한다.
④ 지니계수는 로렌츠곡선의 상태를 계수화한 것으로 대각선 아래의 면적을 대각선과 로렌츠곡선 사이의 면적으로 나눈 값으로 다른 지역의 복합적 특성을 동시에 고려할 수 있는 분석기법이다.

## Theme 03  공유재 비극과 해결방안

필수편 ▶ P.38

### (1) 의의

① 소리 없는 봄: 해양생물학자 카슨(R. Carson) 박사가 펴낸 「소리 없는 봄(Silent Spring, 1962년)」은 DDT와 같은 살충제의 남용이 우리 주변의 환경에 미치는 엄청난 해독을 생생하게 증언하여 환경문제(부의 외부효과)에 경종을 울린 최초의 문헌이다.

② 공유의 비극: '죄수의 딜레마 게임' 모델에 기초한 '공유재의 비극' 논리는 사익을 추구하는 합리적 개인들에 의해 공유자원이 고갈되어 버리는 현상을 지적하였다.

### (2) 전통적 견해

공유재의 비극에 대한 해결방안으로 시장과 정부라는 전통적 견해에 의거하여 사유화나 정부규제의 방식으로 해결하려고 하였다.

| 고전적 모형 | 공유자원 사유화, 소유권의 명확화 등 |
|---|---|
| 행정국가 모형 | 정부 권력이 공유자원의 이용을 제한 📵 낚시면허제, 포경금지 등 |

### (3) 현대적 견해

① 오스트롬(Elinor Ostrom)은 「공유의 비극을 넘어(Governing The Commons, 1990)」라는 책에서 공유자원은 제대로 관리될 수 없으며 완전히 사유화되거나 정부에 의해 규제되어야 한다는 전통적인 견해를 넘어, 인류가 '공유의 비극'에서 벗어나 지속가능한 미래를 창조할 수 있는 실천적인 해법을 제시하였다. 즉, 개인의 합리적 선택이 공공의 이익에 악영향을 끼친다는 이른바 '공유의 비극' 현상을 정부 개입이나 시장 메커니즘이라는 기존 논리에서 탈피해 '공동체 중심의 자치제도'를 통해 해결할 수 있는 방안을 제시하여 각광을 받았다.

② 오스트롬은 오랫동안 부락에서 잘 관리되던 산림이 '공유의 비극' 논리에 따라 국유화된 후 충분한 감시 인력을 고용하지도 못할뿐더러, 감시 인력 자체가 상습적으로 뇌물을 받아 오히려 산림이 파괴되는 경향이 타이, 네팔, 니제르, 인도 등에서 광범위하게 발생했음을 지적하였다. 또한, 어장이나 산림, 지하수 등은 사유화하기도 거의 불가능하고, 단순히 소유권을 나눈다고 해서 환경파괴나 자원고갈을 막을 수도 없다는 것을 밝혔다.

## Theme 04  가치재

필수편 ▶ P.36

### (1) 가치재의 정의

① 개념

　㉠ 가치재(merit goods)는 민간부문에서 생산·공급되고 있으나 이윤극대화 논리에 따른 생산량이 최적수준에 미치지 못하여, 재화소비를 권장할 목적으로 정부가 직접 공급에 개입하는 재화를 의미한다.

　㉡ 재화소비 자체가 바람직하다고 판단하는 경우에 한해 정부가 개입한다.

---

**바로 확인문제**

**11**　2007 충남 9급

다음 중 최초로 환경문제에 경종을 울린 문헌은?

① The Limit to Growth
② The Tragedy of Commons
③ Silent Spring
④ Our Common Future

**12**　2012 국가직 7급

공공서비스 공급방식에 대한 설명으로 옳은 것은?

① 집합재는 원칙적으로 민간위탁방식으로 공급해야 할 서비스이다.
② 요금재는 독점이익의 왜곡을 방지하기 위해 주로 일반행정방식이나 책임경영방식이 활용되어 왔고 민간기업의 참여가 활성화되어 있지 않다.
③ 민간위탁방식 중 면허방식은 공공서비스에 대한 요건을 구체적으로 명시하기 곤란하거나 서비스가 기술적으로 복잡하고 서비스의 목표를 어떻게 달성할 것인지가 불확실한 경우에 사용된다.
④ 공유재의 비극을 해결하기 위해 고전적 공유재 모형이 제시한 전형적인 대안들은 공유재산을 사유화하는 방식이었다.

**13**　2014 서울시 7급

공유재(common pool resource)에 관한 설명 중 옳지 않은 것은?

① 공유재는 잠재적 사용자의 배제가 불가능 또는 곤란한 자원이다.
② 공유지의 비극(tragedy of commons)은 개인의 합리성과 집단의 합리성이 충돌하는 딜레마 현상이다.
③ 공유지의 비극(tragedy of commons)은 개인의 합리성 추구로 인해 공유재가 고갈되는 현상을 일컫는다.
④ 하딘(Hardin)은 공유지의 비극을 방지하기 위하여 국가 규제의 강화를 주장하였다.
⑤ 공유재는 개인의 사용량이 증가함에 따라 나머지 사람들이 사용할 수 있는 양이 감소하는 특성을 가진 자원이다.

**14**

다음 중 공공서비스에 대한 설명으로 옳지 않은 것은?

① 의료, 교육과 같은 가치재(worthy goods)는 경합적이므로 시장을 통한 배급도 가능하지만 정부가 개입할 수도 있다.

② 공유재(common goods)는 정당한 대가를 지불하지 않는 사람들을 이용에서 배제하기 어렵다는 문제가 있다.

③ 노벨상을 수상한 오스트롬(E. Ostrom)은 정부의 규제에 의해 공유자원의 고갈을 방지할 수 있다는 보편적 이론을 제시하였다.

④ 공공재(public goods) 성격을 가진 재화와 서비스는 시장에 맡겼을 때 바람직한 수준 이하로 공급될 가능성이 높다.

⑤ 어획자 수나 어획량에 대해서 아무런 제한이 없는 개방어장의 경우 공유의 딜레마 또는 공유의 비극이라는 문제가 발생한다.

**15**

공유지의 비극에 대한 설명으로 가장 적절하지 않은 것은?

① 공유지의 비극이란 자신의 이익을 극대화시키려는 개인적 차원의 합리적 선택에도 불구하고 그 개인들은 하나의 집단으로서의 이익을 파괴함으로써 사회 전체의 합리성을 담보하지 못하는 상태를 말한다.

② 공유지의 비극은 비용회피와 과잉소비에 의한 부정적 외부효과가 아닌 공유재의 비배제성으로 인한 무임승차 현상이 주된 요인이다.

③ A경찰서에서 자정 이후 귀가하는 여성을 버스정류장부터 집까지 순찰차로 태워주는 안심귀가서비스제도를 시행할 경우, 공유지의 비극으로 인하여 해당 제도의 기계적 실행은 오히려 치안불안을 야기할 수 있다.

④ 하딘(G. Hardin)은 소유권을 명확하게 하여 공유상태를 근본적으로 제거하는 것이 가장 바람직하다고 보았다.

② 대표적 예

ㄱ 가치재의 예로 의무교육, 기본적 의료서비스, 임대주택공급, 문화행사 등을 들 수 있다. 이들 재화나 서비스를 살펴보면 민간부문에 의해 일부 공급되고 있음을 확인할 수 있다. 그러나 민간에 의해서만 공급된다고 가정할 때, 우리가 얼마나 비싼 등록금과 병원진료비를 납부해야 하는지, 나아가 산간벽지에 학교나 병원이 존재할 수 있는지는 생각해 볼 문제이다.

ㄴ 정부가 개입하여 국립학교, 국·공립병원, 보건소 등을 운영하고 있으므로 최소한의 교육서비스나 의료서비스가 공급되고 있다는 사실은 바로 가치재의 공급에 정부가 개입하고 있다는 증거가 될 수 있다.

③ 비가치재의 개념: 정부는 특정 재화의 생산이나 소비를 규제하고 있는데, 이를 비가치재(demerit goods)라고 한다.

    예 담배, 술, 마약 등

### (2) 가치재와 공공재

① 가치재는 정부예산에 의해 공급되고 있으며, 공공재 또한 시장실패의 치유라는 차원에서 정부가 직접 공급하고 있다. 따라서 이 둘은 정부예산에 의해 공급되고 있다는 공통점이 있다.

② 그러나 공공재는 비경합성과 비배제성을 가진 재화이므로, 가치재가 공공재인지를 살펴보기 위해서는 정부예산에 의해 공급되는지를 기준으로 할 것이 아니라 경합성과 배제성을 기준으로 삼아야 한다.

③ 가치재는 재화소비에 경합성이 있고 배제 또한 가능하다. 따라서 가치재는 공공재와 같이 정부가 직접 공급에 참여하고 있는 재화이지만 공공재와는 그 성격이 전혀 다르다.

### (3) 가치재의 공급과 온정주의

① 가치재의 공급이 효율성 및 공평성과 무관한 것은 아니지만, 정부가 개입하여 개인의 자유를 제한할 수 있는 근거는 온정주의(paternalism)로 보는 것이 타당하다. 따라서 가치재의 공급을 위한 정부의 개입은 온정주의적 차원에서 정당화된다고 보아야 한다.

② 가치재는 경합성과 배제성을 고루 갖춘 사적재이지만 온정주의적 차원에서 정부가 이 공급에 참여하는 것이므로 소비자 주권에 의해 생산량이 결정되지 않는다. 즉, 가치재의 개념은 소비자 주권의 원칙과 충돌하는 측면이 있다.

## Theme 05  행정지도

### (1) 개념

행정기관이 그 권한에 속하는 사항에 관하여 그 의도하는 바를 실현하기 위하여 행정객체의 임의의 협력을 기대하여 행하는 작용을 말한다. 즉, 공무원들이 어떤 목적을 달성하기 위해 국민에게 영향력을 미치려는 활동의 하나이다.

### (2) 특징

① 법령에 기하여 행하는 경우도 있으나 법령에 아무런 근거를 갖지 않는 경우가 많다.

② 구속력을 갖지 않는 비권력적인 작용이며, 법적으로는 아무런 효과도 수반하지 않는 사실작용이다.

③ 법적 구속력을 수반하지 않는 권고, 협조요청, 알선행위 등을 말한다.

### (3) 장점 및 유용성

① 입법과정의 복잡한 절차가 필요하지 않다.

② 행정의 간편성, 적시성과 상황적응성을 제고한다.

③ 민간부문의 정부 의존도가 높을수록 유용성이 커진다.

④ 행정수요의 변화에 비해 입법조치가 탄력적이지 못할 때 활용된다.

⑤ 행정수요가 임시적, 잠정적이어서 법적 대응이 곤란할 때 활용된다.

### (4) 단점

① 책임소재가 불분명할 수 있다.

② 공무원의 재량이 많이 작용하기 때문에 형평성이 보장되기 어렵다.

③ 행정의 과도한 경계확장을 유도할 수 있다.

## Theme 06  규제의 역설  `고난도`

### (1) 개념

합리적으로 만들어진 규제는 시장 행위자들에게 인센티브를 줄 뿐만 아니라 사회 전체로도 긍정적 성과를 도출한다. 반면 불합리한 규제는 민간의 행동을 비효율적으로 유도하고 사회적 자원의 왜곡을 가져오는 부작용을 초래한다. 이는 규제를 설계할 때 적응할 행위자들, 즉 행정가와 피규제자가 어떻게 적응할지에 대해 이해하지 못하기 때문에 발생한다. 이런 현상을 '규제의 역설(regulatory paradox)'이라고 한다.

### (2) 특징 및 사례

① **과소한 규제**: 과도한 규제는 과소한 규제가 된다. 특정한 규제를 무리하게 설정하면 실제로는 규제가 전혀 이루어지지 않는 상황이 발생한다.

>  오염이 없는 세상의 실현과 같은 고도로 강화된 규제지침을 설정해 놓으면 집행자원이 한정된 정부는 오히려 그에 대한 규제를 거의 하지 못하게 된다.

② **위험요인 간과**: 새로운 위험만 규제하다 보면 사회의 전체 위험 수준은 증가한다. 정부는 새로운 위험에 대해 철저하게 규제하는 반면 이전부터 있던 위험요인들에 대해서는 간과할 수 있다.

> 📝 새 자동차에만 공기정화장치, 안전장치를 의무화시키면 소비자는 이런 규제로 인해 비싸진 새 자동차를 구매하지 않고 매연을 많이 배출하는 낡은 자동차를 선호하거나 적어도 자동차 교체 시기를 늦춘다. 그 결과 사회 전체의 환경오염 수준은 높아지게 된다.

③ **기술개발 지연**: 최고의 기술을 요구하는 규제는 기술개발을 지연시킨다. 정부가 현재 시점에서 최선의 기술을 사용하도록 규제하면 이 기술을 보유한 기업이나 기술을 설치한 업체에 강하게 진입장벽을 칠 수 있는 기회를 제공해 주는데, 이 경우 새로운 기술을 민간에서 자발적으로 만들 유인이 생기지 않는다. 왜냐하면 민간에서 새로운 기술을 개발해도 이것을 판매할 수 있는 시장이 사라져 버리기 때문이다.

바로 확인문제

**16**  `2002 행정고시`

가치재(merit goods)에 대한 설명으로 옳지 않은 것은?

① 가치재는 공공재와 같은 개념으로 사용된다.

② 가치재의 개념은 온정적 간섭주의(paternalism)의 측면을 포함하고 있다.

③ 가치재는 정부의 관점에서 볼 때 국민들이 최소한 일정 수준 이상 소비하는 것이 바람직한 재화나 서비스를 의미한다.

④ 가치재의 대표적인 예로는 기본적인 의료서비스나 의무교육 등을 들 수 있다.

⑤ 가치재의 개념은 소비자 주권의 원칙과 충돌하는 측면이 있다.

**17**  `2012 서울시 9급`

행정지도에 관한 내용으로 옳지 않은 것은?

① 공무원들이 어떤 목적을 달성하기 위해 국민에게 영향력을 미치려는 활동의 하나이다.

② 법적 구속력을 수반하는 권고, 협조요청, 알선행위 등을 말한다.

③ 행정지도는 민간부문의 정부 의존도가 높을수록 유용성이 커진다.

④ 행정수요의 변화에 비해 입법조치가 탄력적이지 못할 때 활용된다.

⑤ 행정수요가 임시적, 잠정적이어서 법적 대응이 곤란할 때 활용된다.

**18**  `2017 지방직 9급 추가채용`

행정지도의 폐단에 해당하지 않는 것은?

① 책임소재가 불분명할 수 있다.

② 공무원의 재량이 많이 작용하기 때문에 형평성이 보장되기 어렵다.

③ 입법과정의 복잡한 절차가 필요하다.

④ 행정의 과도한 경계확장을 유도한다.

④ **보호 계층에 피해:** 소득재분배를 위한 규제가 오히려 사회적으로 가장 어려운 사람들에게 해를 끼칠 수도 있다. 최저임금제의 경우 이것이 강하면 강할수록 사업자 입장에서는 노동을 자본으로 대체해 고용할 노동자 수를 줄이게 된다. 이 경우 사업장 내에서 가장 무능하다고 판단되는 사람, 즉 최저임금으로 보호하려 했던 사람들이 해고될 가능성이 높다. 결국 소득재분배를 목적으로 규제가 도입될 경우 보호하려 했던 계층 순서로 피해를 입게 된다.

⑤ **실질적 정보량의 감소:** 기업체에 자기 상품에 대한 정보공개를 의무로 할수록 소비자들의 실질적인 정보량은 줄어든다. 정보공개를 엄격하게 할수록 기업의 입장에서는 광고를 할 인센티브가 사라지기 때문이다. 그 결과, 시장에서 제품에 대한 정보가 오히려 줄어들어 소비자들이 제품구매를 할 때 필요한 판단근거가 오히려 줄어들게 된다. 즉, 정보공개를 해야 하는 부분만 공개하고, 그 밖에 실질적인 제품에 대한 내용을 공개하지 않게 된다.

## Theme 07 정부−제3섹터의 관계

### 1 4대 유형(Gidron)

| 구분 | 모델 | | | |
|---|---|---|---|---|
| 기능 | 정부 주도 | 제3섹터 주도 | 이중혼합 | 상호공조 |
| 재정 | 정부 | 제3섹터 | 정부, 제3섹터 | 정부 |
| 공급 | 정부 | 제3섹터 | 정부, 제3섹터 | 제3섹터 |

### 2 제도적 다원주의의 수용 여부(Coston)

| 제도적 다원주의 거부 | | | 제도적 다원주의 수용 | | | | |
|---|---|---|---|---|---|---|---|
| 억압형 | 적대형 | 경쟁형 | 용역형 | 제3자정부형 | 협력형 | 보충형 | 공조형 |
| 공식 및 비공식 | ←비공식 | | | 공식→ | ←비공식 | | 공식→ |
| ←비대칭적 권력관계 | | | | | | 대칭적 권력관계→ | |

① 제도적 다원주의(institutional pluralism)에 대한 정부의 수용 혹은 거부이다. 제3섹터에 대한 정부의 시각이 다원주의를 수용하거나 거부하는 정책으로 대별된다.

② 제3섹터−정부의 관계의 공식화(formalization) 혹은 비공식화이다. 제3섹터에 대해 정부의 법, 제도, 관행 등으로 공식화되어 있는지를 나타낸다.

③ 제3섹터−정부의 관계의 대칭적 혹은 비대칭적 권력관계이다. 제3섹터가 주도적일 수 없는 관계에서 정부가 취할 수 있는 대칭 혹은 비대칭관계를 말한다.

---

**19** 2004 서울시 7급

정부와 NGO의 관계유형에 대한 설명으로 잘못된 것은?

① '상호 독립형'은 정책결정 및 집행상 견제와 경쟁관계이다.

② 사회복지분야나 원조사업 등은 '상호의존형'이 보다 유리하다.

③ 정부−NGO 관계유형 중 '억압형'은 제도적 다원주의를 수용한다.

④ '협동형'은 재정은 정부, 서비스공급은 NGO로 역할분담을 가정한다.

⑤ 관계유형 중 '대항형'은 제도적 다원주의를 거부한다.

**20** 2004 행정고시

정부와 비정부조직(NGO) 간의 관계에 대한 설명으로 옳은 것은?

① Girdron은 목적과 수단의 일치 여부에 따라 자율관계, 관용관계, 갈등관계, 억압관계로 분류한다.

② Clark은 NGO가 국가를 반대하고 보완하고 개혁할 수는 있지만 무시할 수는 없다고 주장한다.

③ Coston은 제도적 다원주의를 수용하는 입장에서 억압형, 포섭형, 경쟁형의 세 가지로 구분하고 있다.

④ Coston의 경쟁형은 NGO에 대한 설립허가를 받도록 하는 형태이다.

⑤ Tandon은 지역과 국가가 직면한 문제를 해결하고자 할 때 정부와 NGO는 진정한 파트너십을 가질 수 없다고 본다.

## (1) 큰 정부와 작은 정부

### ① 큰 정부

㉠ 큰 정부의 등장은 대공황 등 경제위기 속에서 시장에 대한 정부의 적극적 개입을 통해 대공황을 극복해야 한다는 케인즈주의에 사상적 기반을 두고 있다.

㉡ 경제 대공황 극복을 위하여 등장한 뉴딜 정책과 함께 2차 세계대전 등 전쟁은 큰 정부가 탄생하는 데 결정적인 영향을 주었다.

㉢ 시장실패에 대한 대응으로 나타난 큰 정부는 규제를 강화하고 사회보장, 의료보험 등 사회정책을 펼침으로써, 정부의 적극적 역할을 강조하였으며, 이러한 이유로 정부의 크기가 커졌다.

### ② 작은 정부

㉠ 작은 정부의 등장은 정부실패를 극복하기 위한 신자유주의사상과 신고전학파 경제이론에 사상적 기반을 두고 있다.

㉡ 작은 정부를 주장하는 하이에크는 케인즈의 주장을 반박하며, 정부의 시장 개입은 단기적 경기 부양에는 효과적일 수 있어도 장기적으로는 시장의 효율성을 심각하게 훼손한다고 주장하였다.

㉢ 작은 정부는 정부의 경제적인 간섭을 최소화한 정부를 말하며, 작은 정부의 판단기준으로 공무원의 수, 조직 및 예산의 규모, 기능의 범위, 국민생활에 대한 규제의 범위, 정부와 국민 사이의 권력관계가 포함된다.

## (2) 정부범위의 핵심

① '큰 정부와 작은 정부'에 관한 논쟁의 핵심은 사회복지에 대한 국가 책임과 개인 책임에 대한 것이다. 정부가 적극적으로 사회경제 문제에 개입해야 한다는 주장들은 진보주의 관점에서 제기된다.

② 민주주의 국가에서 진보적 정치집단이 집권을 하면 복지정책의 확대, 정부 지출 및 조세 증대, 그리고 공공부문의 확대 정책을 추진하며, 이 과정에서 자연스럽게 정부 규모가 커지게 된다.

## (3) 정부범위에 대한 태도에 영향을 미치는 요인

### ① 성(性)

㉠ 서구에서 복지국가는 노인 부양과 자녀 양육을 정부가 책임지면서 여성의 사회 진출과 활동을 촉진시켰다. 남성의 경우 공공지출 증가로 인한 조세 부담 가중과 노동 인구의 확대 및 노동 시장의 여성 참여로 남성의 실업 가능성이 증대되는 것을 선호하지 않는다.

㉡ 일반적으로 여성이 남성보다 복지국가의 큰 정부를 더 지지할 것으로 기대된다.

### ② 연령

㉠ 복지서비스에 대한 관심은 일상생활에서 연금과 의료보건 등 노인복지서비스에 의존성이 큰 노년층에서 높을 것으로 기대된다.

㉡ 중년층은 복지서비스를 위한 비용 중 정부 비중의 상당 부분을 부담해야 하기 때문에 노인층보다는 큰 정부를 덜 지지하게 된다.

---

**21** 2019 서울시 7급 제1회

작은 정부와 큰 정부에 대한 설명으로 가장 옳지 <u>않은</u> 것은?

① 큰 정부의 등장은 대공황 등 경제위기 속에서 시장에 대한 정부의 적극적 개입을 통해 대공황을 극복해야 한다는 케인즈주의에 사상적 기반을 두고 있다.

② 시장실패에 대한 대응으로 나타난 큰 정부는 규제를 완화하고 사회보장, 의료보험 등 사회정책을 펼침으로써, 정부의 적극적 역할을 강조하였으며, 이러한 이유로 정부의 크기가 커졌다.

③ 경제 대공황 극복을 위하여 등장한 뉴딜 정책과 함께 2차 세계대전 등 전쟁은 큰 정부가 탄생하는 데 결정적인 영향을 주었다.

④ 작은 정부를 주장하는 하이에크는 케인즈의 주장을 반박하며, 정부의 시장 개입은 단기적 경기부양에는 효과적일 수 있어도 장기적으로는 시장의 효율성을 심각하게 훼손한다고 주장하였다.

**22** 2006 국가직 9급

다음 '작은 정부'에 대한 설명 중 옳지 <u>않은</u> 것은?

① 신자유주의사상과 신고전학파 경제이론에 근거한다.

② 고비용구조의 탈피압력과 무결점주의에 대한 요청 등에 의해 등장하였다.

③ '작은 정부'의 판단기준으로 공무원의 수, 조직 및 예산의 규모, 기능의 범위 등이 포함되나, 국민생활에 대한 규제의 범위나 정부와 국민 사이의 권력관계는 포함되지 않는다.

④ 정부규모의 총량에 관심을 갖고, 무절제한 정부팽창에 반대한다.

③ 소득변수

　㉠ 고학력 및 고소득 계층에 속한 사람들은 복지서비스 의존도가 낮고 저학력 및 저소득 계층에 속한 사람들은 복지서비스에 의존하는 성향이 있어 큰 정부를 선호할 것으로 기대된다.

　㉡ 여성, 노인, 저소득 취약 계층이 큰 정부를 선호한다고 해서 현실의 사회가 그렇게 되는 것은 아니다. 이들 계층은 대개 사회에서 주류적인 위치를 차지하지 못하기 때문에 정부 성격을 규정할 정도의 역량을 가지지 못할 수 있다.

## Theme 09　과학적 관리론의 제(諸) 이론

　📖 필수편 ▶ P.74

### 1 포드 시스템(Ford system)

**(1) 이동조립법의 실시**

테일러(Taylor)의 과업관리가 인간이 육체적·정신적 능력의 한계성을 드러냄에 따라 많은 문제점을 야기시키자, 포드(Ford)는 작업공정을 길브레드(Gilbreth)의 기본동작 연구를 이용하여 세분화·전문화·표준화하고 이를 인간이 아닌 기계로 대치하여 이동조립법(conveyer system)의 실시를 전개하였다.

**(2) 백색사회주의**

포드는 경영이 이윤추구의 수단이라기보다는 사회 대중에 대한 봉사의 수단이 되어야 한다고 주장하였다. 여기서 봉사란 대중의 생활수준 향상을 의미하는데, 포드는 그것이 일상품의 저가격과 임금수준의 향상에 의하여 가능한 것으로 생각했다. 이러한 포드의 사상을 '백색사회주의'라 일컫는다.

### 2 일반 및 산업관리론(Fayol system)

페이욜(Fayol)은 프랑스의 한 광산회사의 최고경영자로서 「일반 및 산업관리론(General and Industrial Management)」이라는 책을 저술하였다. 그는 테일러의 과학적 관리론과는 달리 최고관리자의 관점에서 14가지 조직 관리의 문제를 다루었다.

## Theme 10　관청형성모형

　📖 필수편 ▶ P.95

**(1) 의의**

공공선택이론은 관료제의 분석에 있어 합리적 선택 행위를 기본가정으로 하는 공통점이 있으나, 그들의 행위를 제약할 수 있는 구조로서의 제도적 측면을 어떻게 고려하느냐에 따라 차이가 있다.

① 다운즈(Downs)

　㉠ 다운즈는 관료들은 다양한 개성 유형에 따라 특이하게 행동하는 사람들이며, 그로 인해 그들이 속한 관료기구들의 특성도 다양한 형태로 형성되는 것으로 보고 있다.

　㉡ 관료들의 동기는 이기적인 것(자신의 권력, 금전적 소득, 명성, 편의, 기득권의 보호)과 이타적인 것(충성, 사명감, 일에 대한 긍지, 공익에의 봉사욕구)이 동시

---

**23**　　　　　　　　2022 국회직 8급

조직이론의 주요 학자와 주장을 바르게 연결한 것은?

① 테일러(F. Taylor)는 조직의 생산성과 능률성을 향상시키기 위해 관리자의 직관에 따를 것을 강조하였다.

② 페이욜(H. Fayol)은 최고관리자의 관점에서 14가지 조직 관리의 원칙을 제시하였다.

③ 귤릭(L. Gulick)이 제시한 최고관리자의 기능 중에는 협력(Cooperation)이 포함된다.

④ 베버(M. Weber)는 근대관료제가 카리스마적 지배를 받는다고 주장하였다.

⑤ 메이요(E. Mayo)의 호손(Hawthorne) 실험은 공식조직의 중요성을 강조하였다.

---

**24**　　　　　　　　2020 국가직 7급

니스카넨(Niskanen)의 예산극대화이론과 던리비(Dunleavy)의 관청형성이론에 대한 설명으로 옳지 않은 것은?

① 니스카넨(Niskanen)에 따르면 최적의 서비스 공급 수준은 한계편익(marginal benefit)과 한계비용(marginal cost)이 일치하는 수준에서 결정된다.

② 두 이론 모두 관료를 자신의 이익과 효용을 추구하는 인간으로 가정한다.

③ 던리비(Dunleavy)에 따르면 관청형성의 전략 중 하나는 내부조직 개편을 통해 정책결정 기능과 수준을 강화하되 일상적이고 번잡스러운 업무는 분리하고 이전하는 것이다.

④ 니스카넨(Niskanen)에 따르면 예산극대화 행동은 예산유형과 직위의 관계, 기관유형, 시대적 상황 등의 측면에서 다양하게 나타날 수 있다.

에 포함된다. 이에 따라 출세가형, 현상유지자형, 열성가형, 창도자형, 경세가형 등으로 유형화된다.

② **니스카넨(Niskanen)**
　　㉠ 니스카넨은 관료들을 자신의 이익만을 추구하는 존재로서 예산을 극대화시켜 사회적 낭비를 초래하는 존재로 파악한다.
　　㉡ 그러나 관료들의 선택 행위를 제약할 수 있는 어떤 행태의 구조적 상황들을 고려하지 못한다는 문제점이 있다.

③ **던리비(Dunleavy)**
　　㉠ 던리비의 관청형성모형에서는 도구적 행위자인 관료들의 합리적 선택을 전제하면서도, 선택행위 또한 어떤 구조적 요인에 의해 구속될 수 있음을 강조한다. 관청형성모형에서는 이러한 요인들을 실제 관료기구 분석에 반영하고자 하였다. 즉, 던리비의 관청형성모형은 자익 추구적(self-interested)인 개인들의 합리적 선택을 기본가정으로 하는 공공선택론의 방법론을 기본으로 하고 있다.
　　㉡ 그러나 관료제도가 지닌 중간 수준의 구조적 특징을 강조하여 그것을 공공선택모형에 가미함으로써 기존의 관료제 분석과는 다른 설명을 시도하고 있다.
　　㉢ 던리비에 따르면 예산극대화 행동은 예산유형과 직위의 관계, 기관유형, 시대적 상황 등의 측면에서 다양하게 나타날 수 있다.

### (2) 주요 내용

① **집단적 행동의 문제**
　　㉠ 관료제 내에는 집합적 행동(collective action)의 문제가 존재하며, 이것이 국가기관의 전반적인 행동에 중요한 영향을 미친다. 즉, 예산극대화 전략은 집단행동의 문제로 발전된다.
　　㉡ 합리적인 관리들은 기관의 전체예산을 극대화하기 전에, 자신의 예산 증대 노력비용과 예산 증가로 인한 자신의 편익, 그리고 자신의 영향력 수준 등을 고려하여 행동한다. 예산 증대를 위한 영향력 및 예산 증대로부터의 순편익의 수준은 관료들의 직위에 따라 다르다.

② **관료들의 효용**: 관료들의 효용은 소속 기관이 통제하는 전체 예산액 중 일부분에만 관련이 있다. 예산은 여러 유형으로 구분되며 관리들의 직급에 따라 효용이 달라진다. 즉, 관료들은 자신들이 직접 지출하는 운영비 등의 예산에 관심이 많고, 사부문이나 타 부문의 이전 지출에는 관심이 적다.

③ **관료들의 개인 후생**: 관료들의 개인 후생이 예산 증가에 관련되는 정도는 소속 기관의 유형에 따라 차이가 있다. 이러한 기관 행동방식의 다양성은 기관유형에 따른 관리들의 예산 증대로부터의 순효용의 차이에서 기인한다.

④ **고위관료들의 예산극대화**: 고위관료들은 예산을 내부 최적 수준까지만 극대화할 것으로 본다. 즉, 예산 증가에 따라 체감하는 한계효용과 예산 증대 노력에 따르는 한계비용이 교차하는 수준에서 예산극대화가 중단된다.

⑤ **효용 증대에 관한 고위관료들의 관심**
　　㉠ 고위관료들은 금전적 편익보다 수행하는 업무성격에 따른 효용 증대에 더 관심을 가진다. 따라서 고위관료들은 예산극대화 전략보다 '관청형성 전략(bureau-shaping strategy: 소속 관청의 형태변화)'을 통한 효용 증대를 위해 노력한다.

**25**　2018 지방직 9급(사회복지직 9급)

던리비(Dunleavy)의 관청형성모형에 대한 설명으로 가장 옳은 것은?

① 고위 관료의 선호에 맞지 않는 기능을 민영화나 위탁계약을 통해 지방정부나 준정부기관으로 넘긴다.
② 합리적인 고위직 관료들은 소속 기관의 예산극대화를 추구한다.
③ 중하위직 관료는 주로 관청예산의 증대로 이득을 얻는다.
④ 관료들이 정책결정을 할 때 사적 이익보다는 공적 이익을 우선시한다.

**26**　2004 입법고시

정부구조와 행정기구의 변화에 대하여 관청형성(bureau shaping)이론이 제시하는 논리 및 내용으로 가장 옳지 않은 것은?

① 일반적으로 정부의 조직구조는 집권화된 형태로 변화하는 성향을 갖는다.
② 관료들의 효용은 소속 기관이 통제하는 전체 예산액 중 일부분에만 관련된다.
③ 전달기관(delivery agency)은 전형적인 고전적 계선관료제에 해당한다.
④ 관료 개인의 후생이 증감하는 것은 소속 기관의 유형에 따라 상이하다.
⑤ 해당 기관이 사적 부문에 직접 지불하는 모든 지출액은 관청예산(bureau budget)에 포함된다.

**27**

2016 국회직 8급

다음 중 던리비(Dunleavy)의 '관청형성모형'에 대한 설명으로 옳지 <u>않은</u> 것은?

① 니스카넨(Niskanen)의 예산극대화 모형을 비판한 모형이다.
② 관료들의 효용은 소속 기관이 통제하는 전체 예산액 중 일부분에만 관련된다.
③ 고위직 관료는 금전적 편익보다는 수행하는 업무의 성격과 업무환경에서 오는 효용을 증진시키는 데 더 큰 관심을 갖는다.
④ 합리적 관료들은 소규모의 엘리트 중심적이고, 정치권력의 중심에 접근해 있는 부서에서 참모 기능 수행을 원한다.
⑤ 통제기관의 경우 예산이 증가할수록 권력이 커지기 때문에 예산을 증액하려는 성향이 높게 나타난다.

ⓛ 즉, 예산극대화 대신, 소관부서를 소규모 참모적 기관으로 재구성함으로써 계선적 책임에서 벗어나고, 이를 통해 그들 정책분야의 전반적인 지출감축이 발생하는 상황에서도 불리한 영향을 덜 받을 수 있게끔 노력하게 된다.

⑥ 분산화된 국가구조의 발전
　ⓐ 관청형성 전략이 이루어지면 더 분산화된 국가구조의 발전이 나타난다.
　ⓑ 예산극대화 전략의 경우 대규모 계선관료제의 팽창을 통한 국가성장이 예상되나, 관청형성 전략의 경우는 고위관료에 의해 주도되는 계선책임이 없는 소규모 중앙정부들에 의해 주도되는 국가기구 형태의 발전이 예상되기 때문이다.

**(3) 예산 및 관청의 유형**

① 예산의 유형
　ⓐ 핵심예산(core budget): 해당 기관의 자체운영을 위한 운영비용과 기본적 기능을 위해 직접적으로 필요한 장비나 건물 등에의 자본적 지출을 합한 것을 핵심예산이라 한다.
　ⓑ 관청예산(bureau budget): 핵심예산을 포함하여 해당 기관이 사부문에 직접 지불하는 모든 지출액을 합한 것을 관청예산이라 한다.
　ⓒ 사업예산(program budget): 관청예산을 포함하여 해당 기관이 공공부문의 다른 기관에서 사용하도록 이전하는 지출을 합한 금액을 사업예산이라 한다.
　ⓓ 초사업예산(super-program budget): 사업예산을 포함하여 타 기관의 자체 자원이지만 해당 기관이 어떤 정책책임을 행사할 수 있는 모든 지출을 합한 것을 초사업예산이라 한다.

② 관청의 유형
　ⓐ 전달기관(delivery agency): 전형적인 고전적 계선관료제에 해당하며, 산출물을 직접 생산하거나, 시민 또는 기업에게 서비스를 직접 전달하며, 자체 고용인력을 사용하여 대부분의 정책집행을 직접 수행하는 기관이다.
　ⓑ 규제기관(regulatory agency): 규제기관의 주요업무는 개인, 기업 또는 다른 공공부문기관의 행동을 제한하는 것이다.
　ⓒ 이전기관(transfer agency): 이전기관은 사부문의 개인이나 기업에 대한 보조금 혹은 사회보장 형태의 재정지불을 취급하는 자금이동 조직이다.
　ⓓ 계약기관(contracts agency): 계약기관의 주요업무는 입찰시킬 용역의 명세서나 자본사업 등을 계획, 개발한 다음 사기업과 계약을 체결하는 것이다.
　ⓔ 통제기관(control agency): 통제기관의 기본업무는 교부금 혹은 정부 간 이전 형태로 다른 공공부문기관에 자금을 전달한 다음, 이들 다른 국가조직들의 자금 사용 및 정책집행 방식을 감독하는 것이다.
　ⓕ 조세기관(taxing agency): 조세기관은 정부재정을 확보하는 역할을 하는 기관이다.
　ⓖ 거래기관(trading agency): 거래기관은 경제시장에서 영리활동을 직접 수행하는 일을 한다.
　ⓗ 봉사기관(servicing agency): 봉사기관의 업무는 정부의 모든 타 조직에 시설이나 용역을 제공하는 것이다.

고난도

📖 필수편 ▶ P.112

## 1 신공공관리(NPM)

## 2 좋은 거버넌스(good governance)

### (1) 의의

① 나랏일을 관리하기 위해 정치권력을 행사하는 것으로 신공공관리와 자유민주주의 결합이다. 구성원 간 경쟁보다는 동등하고 능동적인 참여, 협력과 보완을 지향한다.

② 유엔개발계획(UNDP)에서 부패와 무능 등 개발도상국의 잘못된 지배구조인 나쁜 거버넌스(bad governance)를 개선하기 위한 논의과정 중 제시된 모형이며, 세계은행이 제3세계 국가들에 대한 대출조건으로 사용한 개념이다.

### (2) 조건

① 좋은 거버넌스가 되기 위해서는 효율적인 공무원단, 독립적인 사법체계 및 계약집행을 위한 법률구조, 책임성 있는 공공기금 관리, 대의제적 입법부에 책임을 지는 독립적 공공감사 기구, 모든 수준의 정부에서 법과 인권을 존중하며, 다원주의적인 제도적 구조와 출판의 자유 등이 전제되어야 된다고 본다.

② 행정의 투명성, 책임성, 통제 및 대응성이 높을수록 좋은 거버넌스라고 할 수 있으며, 행정업무 수행에서 공무원들이 효율적·개방적이면서도 타당한 정책결정과 집행을 할 수 있는 관료제적 능력을 지니는 것을 말한다.

## 3 최소국가(the minimal state)

① 최소국가는 기존의 공공관료제는 너무 크고 비용이 많이 들며 공공서비스 제공에 비효율적이기에 뉴거버넌스는 최소국가를 지향해야 한다는 것을 말한다.

② 공공서비스의 생산·공급에는 민간부문이 더 효율적일 수 있기 때문에 시장과 준시장을 적극적으로 활용해야 한다는 것으로, 시장으로의 기능 이관이나 시장에 대한 정부의 규제를 완화시켜 시장 중심의 공공서비스를 제공하고 국가기능(공적 영역)은 최소화시키려는 모형이다. 즉, 공공개입의 범위와 형태를 재정의하고, 공공서비스 공급에서 시장과 준시장을 활용하려는 것이다.

## 4 기업적 거버넌스(corporate governance)

① 본래 조직들이 지시·통제되는 체계를 의미하는 것으로서, 거버넌스의 역할은 회사의 사업을 운영하는 것이 아니라, 기업의 전반적인 방향 제시, 최고경영 활동의 통제, 기업의 범위를 넘어서는 이해관계자들에 대한 책임성과 규제에 관한 정당한 기대를 만족시키기 등에 관심을 갖는 것이다.

② 일반적 의미로 기업적 거버넌스는 회사의 최고관리자들이 주주 및 기타 관심 있는 사람들의 이익을 보장하기 위해 책임성, 감독, 평가, 통제 등의 역할을 수행하는 것을 의미한다.

③ 내부시장화 및 상업적 경영형태 등 기업의 관리철학을 공공부문에 도입할 것을 강조한다.

바로 확인문제

**28**　2005 국가직 7급

좋은 거버넌스(good governance)에 대한 아래의 기술 중 가장 거리가 먼 것은?

① 발전도상국의 지배구조에 대한 논의에 이용된다.

② 신공공관리(NPM)와 자유민주주의를 결합하여 이를 실현하는 것이다.

③ 관료제와 공무원 개인들이 효율적이고 개방적이며 책임 있는 대상이 되는 것이다.

④ 규칙중심관리를 효율적으로 강화하는 것이다.

**29**　2010 국가직 7급

'좋은 거버넌스(good governance)'에 대한 설명으로 옳지 않은 것은?

① 세계은행이 제3세계 국가들에 대한 대출조건으로서 사용한 개념이다.

② 행정의 투명성, 책임성, 통제 및 대응성이 높을수록 좋은 거버넌스라고 할 수 있다.

③ 행정업무 수행에서 공무원들이 효율적·개방적이면서도 타당한 정책결정과 집행을 할 수 있는 관료제적 능력을 지니는 것을 말한다.

④ 자유민주주의를 옹호하는 좋은 거버넌스는 효율성을 강조하는 신공공관리와는 결합되기 어렵다고 Rhodes는 주장했다.

**30** 2005 군무원 9급

공공서비스 생산에 시민이 참여하는 것과 관련된 것은?

① 공동생산(co-production)
② 아웃소싱(out-sourcing)
③ 민간위탁(contracting out)
④ 벤치마킹(bench marking)

**31** 2004 서울시 9급

시민공동생산에 대한 설명으로 가장 옳지 않은 것은?

① 도로에서 휴지 줍기, 자율방범대의 조직 등이 시민공동생산의 예이다.
② 시민들의 무임승차자 문제를 해결하기 위한 대안이다.
③ 관료제의 비효율성에 대한 비판적 시각을 기초로 하고 있다.
④ 모든 서비스영역에 시민공동생산이 가능한 것은 아니다.
⑤ 재정확대를 수반하지 않으면서 지역사회가 필요로 하는 공공서비스를 확보할 수 있게 한다.

**32** 2004 군무원 7급

공생산(co-production)에 관한 설명 중 틀린 것은?

① 자원절약과 관련하여 대두되었다.
② 일반적으로 사적 영역과 공적 기능이 결합되는 부문에서 공생산이 가능하다고 말한다.
③ Brudney와 England는 공생산은 정책결정부문에서 이루어지기 쉬운 것이라고 주장하였다.
④ 시장실패와 정부실패를 동시에 극복할 수 있는 가능성을 제시한다.

## 5 사회적 인공지능체계(socio-cybernatic system)

① 거버넌스를 모든 행위자들의 상호작용과 노력의 공통적인 결과로서 출현하는 사회적 인공지능 체계로 이해하는 것이다.
② 독점적인 국가거버넌스에 대한 반발로서 정부조직뿐 아니라 비공식, 비정부기구들이 포함된 정부 없는 거버넌스 또는 사회정치적 거버넌스를 의미한다. 이는 상호작용적 사회정치 형태의 국정관리를 의미한다. 예를 들면, 공공정책의 성과는 중앙정부가 수행한 행위의 결과가 아니라는 것이다. 중앙정부가 법을 입안하기는 하지만, 실제로 중앙은 지방정부, 보건 당국, 자원기구들, 사적 부문과의 상호작용 속에서 이루어지며, 그들 간에 상호작용을 하기도 한다. 따라서 특정 정책 분야에서의 모든 행위자들은 서로를 필요로 하고 서로 공헌한다. 중앙정부는 더 이상 최고가 아니며, 정치체계는 점차 분산화된다는 것이다. 즉, 우리는 중앙정부 없는 사회(centerless society)에서 살고 있다는 것을 의미한다.

## 6 자기조직화 연결망(self-organising network)

① 계층제와 시장의 중간지대로서의 자발적인 조직 간 연결망을 의미한다.
② 계층제와 시장의 대안이 되는 조직으로, 연결조직 간 계층제적 질서가 존재하지 않는 공동화(hollow out)된 네트워크 조직 같은 것이다. 시장의 조정기제가 가격 경쟁이고, 계층제의 조정기제가 권위나 명령이라면 연결망의 조정기제는 신뢰와 협력이다. 이 연결망들에 의해 시장과 계층제의 권위에 의한 자원배분이나 통제·조정을 위한 거버넌스 구조를 보완한다.
③ 최근 영국에서의 변화, 특히 '국가의 속 비우기 혹은 공동화하기(hollowing out the state)', '신공공관리', '정부 간 관리(intergovernmental management)' 등의 개념들은 모두 이와 같은 개념 정의에 포함될 수 있다. 여기서 말하는 연결망들에 의해 현재 영국에서 가장 성행하고 있는 형태의 서비스 전달이 이루어지고 있는데, 이들은 신뢰와 상호조정, 경쟁에 뿌리를 둔 관리의 강조, 자율성의 강조, 중앙지도에 대한 거부 등을 통해 거버넌스 능력에 도전하고 있다.

## Theme 12 공(동)생산

### (1) 의의

① 브루드니(Brudney)와 인글랜드(England)의 논문 「Toward a Definition of the Coproduction Concept(1983)」는 행정부에 의한 일방적 서비스 생산과 국민에 의한 서비스의 소비라는 종래의 서비스 전달 도식을 탈피하여 행정부와 국민과의 협동을 통한 새로운 생산모형을 제시하였다.
② 브루드니와 인글랜드는 이러한 공동생산은 서비스의 전달과 같은 정책의 집행분야의 경우에 큰 효과를 나타낼 것으로 보았다.

### (2) 문제점

브루드니와 인글랜드는 공동생산의 초점을 정책의 집행, 즉 서비스 전달 부분에 주로 한정하고 있기 때문에, 그것이 정책결정의 상황에서도 발생할 수 있다는 사실에는 관심을 쏟지 못하였다.

## Theme 13  재정이론의 전개과정

### 1 스미스(Smith, 고전학파)

스미스는 밀(Mill), 리카도(Ricardo) 등과 함께 고전학파 경제학자로 불린다. 이들은 시장의 효율적 배분기능을 신봉한 학자들로 정부의 시장개입에 근본적으로 부정적인 입장을 취했다.

① 정부의 필요성 자체를 부정한 것은 아니지만 정부개입의 범위는 사법권 유지, 왕실 위엄의 유지, 대형공공사업 등에 지극히 한정되어야 한다는 사고를 지니고 있었다.

② 소위 '작은 정부론(cheap government)'을 보면 알 수 있듯이 이들은 정부의 적극적인 개입에 부정적 입장을 취하였다.

③ 최소한의 조세부담, 최소한의 정부지출, 균형예산의 추구 등을 요구하는 그들의 논지들은 작은 정부론을 견지하는 그들의 이상과 크게 벗어나지 않는 것들이라 할 수 있다.

④ 따라서 정부의 개입으로 자원의 효율적인 배분, 소득의 공평한 분배, 경제의 안정 등을 요구하는 현대재정의 기능들은 매우 적극적인 정부개입을 필요로 하는 것이므로 고전학파의 이상과 거리가 먼 것임을 알 수 있다.

### 2 케인즈(케인즈학파)

#### (1) 케인즈의 등장

① 경제학에서는 케인즈(Keynes)의 등장을 혁명이라고 부른다. 총공급(AS)이 중요하다는 'Say의 법칙'을 부정하고, 총수요가 소득결정에 핵심적인 역할을 해야 한다는 사고의 전환이 있었기 때문이다. 이는 재정운영에 정부의 적극적 개입을 요구하는 것과 같다.

② 케인즈가 등장할 당시, 즉 20세기 초반의 시대상황은 엄청난 불황기였으며 불황의 타개를 정부개입 없이 시장기능에만 맡긴다는 것은 사실상 불가능하였다. 따라서 케인즈는 정부개입을 통한 경제안정노력을 바람직하다고 본 것이다.

#### (2) 케인즈의 입장

① 케인즈가 요구하는 정부의 개입은 적극적인 것이었다. 불황타개를 위해 정부지출은 필수적이며, 정부지출을 위한 재원의 조달은 공채발행을 통하여, 즉 적자재정(deficit-financing)을 통하여 충당할 수 있다고 하였다. 케인즈의 이 같은 사고는 전 세계적으로 신앙과 같이 번져 갔고, 1960년대까지만 해도 케인즈의 처방은 현실타당성을 가졌다.

② 그러나 1970년대 유가파동 이후 케인즈 이론이 현실 설명력을 상실하며 반케인지안들의 이론이 기세등등하게 출현하게 되었다.

#### (3) 평가

① 공헌
  ㉠ 케인즈의 이론은 불황타개를 위한 적극적인 재정정책의 중요성을 알리고, 적자재정운용에 경제적 효과를 주었다.
  ㉡ 정부개입으로 인한 안정적 경제운용의 가능성을 보여 주었다.

**33** 2000 세무사

**구축효과(crowding-out effect)란?**

① 공채발행을 통한 정부지출의 증가로 이자율이 상승하고 이로 인해 민간투자가 감소하는 것을 말한다.

② 물가상승으로 인하여 실질국민소득이 감소하는 것을 말한다.

③ 경기가 침체하여 조세수입이 감소하는 것을 말한다.

④ 경기침체 시 차관도입으로 인하여 자체적 재원조달규모가 축소되는 것을 말한다.

⑤ 새로운 조세의 도입으로 인하여 기존 조세수입이 감소하는 현상을 말한다.

**34** 2013 국가직 9급

**신자유주의 정부이념 및 관리수단과 연관성이 적은 것은?**

① 시장실패의 해결사 역할을 해오던 정부가 오히려 문제의 유발자가 되었다는 인식을 바탕으로 다시 시장을 통한 문제해결을 강조하며 '작은 정부(small government)'를 추구한다.

② 민간기업의 성공적 경영기법을 행정에 접목시켜 효율적인 행정관리를 추구할 뿐 아니라 개방형 임용, 성과급 등을 통하여 행정에 경쟁 원리 도입을 추진한다.

③ 케인즈(Keynes) 경제학에 기반을 둔 수요중시 거시 경제정책을 강조하므로 공급 측면의 경제정책에 대하여는 반대 입장을 견지한다.

④ 정부의 민간부문에 대한 간섭과 규제는 최소화 또는 합리적으로 축소·조정되어야 한다는 입장에서 규제 완화, 민영화 등을 강조한다.

② **한계:** 아무리 경제안정 목적이라 해도 지나친 정부지출의 증가 때문에 세계 각국이 몸살을 앓고 있는 것을 보면 재정책임을 다하지 못한, 즉 재정적자누적이라는 부정적인 측면도 간과할 수 없다.

### 3 반케인즈학파(통화주의론자, 새고전학파)

#### (1) 통화주의론자

① 등장

　　㉠ 1970년대 유가파동 이후 케인즈 경제학의 설명력이 떨어지면서 이에 반대하는 여러 학파들이 등장하였는데 그중 가장 대표적인 비판자가 통화주의론자(monetarist)이다.

　　㉡ 프리드먼(Friedman)을 필두로 하고 있는 통화주의론자들은 고전학파에 의해 제시된 구축효과(crowding-out effect)를 들어 재정정책의 한계를 설명하고자 했다.

┃ **구축효과**

> • 공채발행을 통하여 정부지출을 증가시키면 민간부문의 이자율 상승으로 민간의 소비와 투자가 위축된다는 것을 골자로 한다.
> • 그 결과 정부지출 증가의 소득확장효과는 장기적으로 소멸되어 정부지출 증가의 국민소득 증가효과는 없다는 것을 말한다.

② 입장

　　㉠ 이들은 재정정책의 한계를 이와 같이 지적하면서 경제안정을 위해서는 재량적 재정정책보다 해마다 통화량을 일정비율 증가시키는, 소위 'k% 준칙(rule)'에 의한 금융정책이 타당하다는 것을 강조한다.

　　㉡ 통화주의론자들은 고전학파와 유사하게 시장기능을 중시하고 있어 정부가 민간부문에 개입하는 것에 대해 부정적 입장을 취하고 있다.

#### (2) 새고전학파

① 합리적 기대(rational expectation)이론에 입각하여 케인즈의 재량적 재정정책의 한계를 지적하는 학파로 새고전학파(new classic)를 들 수 있다.

② 새고전학파에 따르면 사람들에 의해 미리 예견된 정부의 정책은 국민들이 이에 대한 정확한 예측을 하는 한 재정정책의 효과가 전혀 존재할 수 없다. 이를 소위 '정책무력성 명제(policy-ineffectiveness preposition)'라 한다.

#### (3) 종합

① 케인즈의 재정정책은 실업률감소 노력으로 집약된다. 통화주의론자들과 새고전학파에 따르면 케인즈적 처방이 국민소득 증가에 기여할 수 없으므로 실업률감소에 기여할 수 없다고 본다.

② 정부개입으로 조정이 불가능한 실업률, 즉 자연실업률이 있어 실업률감소를 위한 정부의 노력은 물가만 상승시키게 된다는 것인데, 이를 '자연실업률가설'이라 한다.

## 4 공급중시 경제학자

공급중시 경제학자(supply-side economist)들은 1980년대 미국의 레이건 대통령이 집권할 당시 그를 보좌하던 경제학자들을 말한다.

### (1) 공급증대방안

공급중시 경제학자들은 공급을 중시한다는 측면에서 고전학파와 유사하지만 공급증대방안을 보면 고전학파와 전혀 다르다.

① **고전학파**: 공급증대방안을 기술진보, 생산성 향상 등 생산함수를 상방 이동시키는 요인에서 찾는다.
② **공급중시 경제학자**: 한계세율의 인하(tax cut)에서 공급증대방안을 찾는다.

### (2) 세율 인하

① 공급중시 경제학자들은 세율의 인하는 근로의욕, 저축의욕, 투자의욕 등을 증가시켜 과세베이스의 확충에 기여한다고 주장했다.
② 과세베이스가 커지면 낮은 세율로도 많은 조세수입을 확보할 수 있다는 것이 이들의 기본적인 사고이다.
③ 세율과 조세수입 사이에 "항상 일정한 정의 관계가 유지되는 것은 아니다."라는 래퍼곡선(Laffer curve)은 한때 많은 주목을 받았다.
④ 그러나 1980년대 공급중시 경제학자들의 아이디어를 받아들인 미국경제는 공급증가는커녕, 재정적자만 누증되어 세계적인 경기침체의 원인을 제공하기에 충분했다. 이들의 이론이 물 밑으로 침잠하게 된 이유도 여기에 있다.
⑤ 그러나 최근 조세제도의 개혁과 관련한 논의를 할 때 세율의 인하요구가 약방의 감초처럼 등장하는 것은 세율 인하의 경제적 효과 논의에서 공급중시 경제학자들의 주장을 완전히 배제시킬 수는 없다는 것을 보여 준다.

**┃ 래퍼곡선**

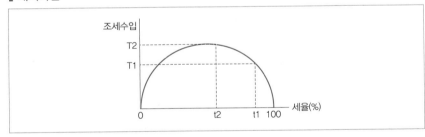

## 5 사무엘슨(Samuelson)

① 사무엘슨은 경제학 전반에 커다란 공헌을 한 학자로 칭송받고 있다. 특히 재정이론에서는 공공재이론을 정립한 학자라고 할 수 있다.
② 흔히 공공재의 성격에 관한 논의에서 경합성와 배제성을 기준으로 사적재와 구분하는데, 이를 중심으로 공공재의 효율적 배분에 관한 논의에서 그의 공은 지대하다.

**35** 2000 국가직 7급(경제학)
래퍼곡선과 관련된 설명으로 옳은 것은?

① 경제의 수요 측면을 중시하는 경제학자들의 사조가 반영된 것이다.
② 래퍼는 현행의 세율이 낮다고 보았다.
③ 래퍼는 조세의 누진도를 낮추는 것이 바람직하다고 보았다.
④ 래퍼는 세율을 낮추면 세수가 감소한다고 주장했다.

**36** 2003 행정고시
Laffer곡선에 관련된 설명으로 옳지 <u>않은</u> 것은?

① 세율이 100%에 이르면 근로의욕 상실로 세수입이 0이다.
② 세율이 증가함에 따라 세수입은 증가하다 감소한다.
③ 이론적으로 모든 나라의 최적세율은 같은 수준이 된다.
④ 공급중시 경제학(supply-side economics) 이론 중의 하나이다.
⑤ 레이건(Reagan) 정부의 세율 인하 정책의 이론적 배경이 되었다.

**37**
2018 서울시 9급

포스트모더니즘에 기초한 행정이론의 특징으로 가장 옳지 않은 것은?

① 맥락 의존적인 진리를 거부한다.
② 타자에 대한 대상화를 거부한다.
③ 고유한 이론의 영역을 거부한다.
④ 지배를 야기하는 권력을 거부한다.

**38**
2010 국가직 9급

행정학의 주요 이론에 대한 설명으로 가장 적절하지 않은 것은?

① 신공공관리론(New Public Management)은 전통적 관료제에 의한 정부운영방식의 한계를 극복하고 효율성을 확보하기 위해 민간기업의 운영방식을 공공부문에 접목하고자 한다.
② 피터스(B. G. Peters)는 전통적 형태의 정부모형에 대한 대안으로서 시장적 정부모형, 참여적 정부모형, 신축적 정부모형 및 탈내부규제 정부모형 등을 제시하였다.
③ 포스트모더니즘(post-modernism)은 이성, 합리성 및 과학 등에 기초한 모더니즘(modernism)을 비판하면서, 상상, 해체, 영역파괴, 타자성 등의 개념을 중심으로 한 거시이론, 거시정치 등을 통하여 행정현상을 설명하고자 한다.
④ 신공공서비스론(New Public Service)에서는 행정가가 업무수행의 효율성을 제고시키기보다는 모든 사람에게 더 나은 생활을 보장하여야 한다고 주장한다.

**39**
2021 군무원 7급

포스트모더니티이론에서 규칙에 얽매이지 않는 행정의 운영이나 특수성을 인정하는 것에 해당하는 것은?

① 상상(imagination)
② 해체(deconstruction)
③ 영역 해체(deterritorialization)
④ 타자성(alterity)

## 6 뷰캐넌(Buchanan)

① 뷰캐넌은 공공선택이론(theory of public choice)을 정리하고 집대성한 학자로, 공공재에 관한 논의에서 비순수공공재이론의 발전을 가져오는 데 중심적인 개념인 클럽재이론(theory of club goods)을 정리하였다. 또한 공공선택이론의 발전에 대한 공로로 노벨경제학상을 수상하였다.
② 공공선택이론은 전통적인 재정이론의 틀을 벗어나 정치적 의사결정 도구인 투표과정을 이용하여 의사결정, 자원의 효율적 배분, 그리고 사회적 합의에 관한 경제분석을 시도하고 있다.
③ 나아가 뷰캐넌은 의사결정에 참여하는 집단을 개인뿐 아니라 정치가, 관료 및 이익집단으로까지 그 폭을 넓혀 민주사회에서 이루어지는 의사결정과정의 문제점을 파헤쳤다. 정치적인 민주화는 경제적인 효율성과 별개의 문제이며, 사익에 입각하여 도출된 공공선택의 결과는 자원의 효율적 배분과는 거리가 멀다는 점이 그로부터 배울 수 있는 중요한 결과이다.

## Theme 14 포스트모더니즘

### 1 포스트모더니즘 의의

#### (1) 개념

① 포스트모더니즘 행정이론은 과학주의와 기술주의의 한계와 부작용을 비판하는 포스트모더니즘의 등장과 관련이 있다. 모더니티 접근법은 인간이 세상의 중심에 있고, 인간이 세상의 많은 일들을 합리적으로 인식하고 판단할 수 있다고 믿는다. 인간의 주체성과 이성(reason)에 대한 신뢰와 합리성(rationality)에 대한 가정은 사회과학도 자연과학과 같이 과학적으로 연구할 수 있다는 경험주의적 접근방법을 태동시켰다.
② 반면, 포스트모더니티에서는 '진리의 기준은 맥락 의존적(context dependent)'이라고 보고 있으며, 주체가 중심에 서 있다는 것, 근본주의적인 연구사업과 인식론적인 연구사업, 이성의 성격과 역할, 거시이론, 거대한 설화, 거시정치 등을 부인한다.

#### (2) 특징

① **구성주의**: 객관주의를 배척하고 사회적 현실은 우리들의 마음 속에서 구성된다고 보는 구성주의(constructivism)와 관련이 있다.
② **상대주의**: 보편주의와 객관주의를 추구하는 것을 비판하고 상대주의적이며 다원주의적 세계관과 지식의 상대주의를 강조한다.
③ **해방주의**: 포스트모더니즘은 해방주의적(emancipatory)인 성향을 지니며, 개인들은 조직과 사회적 구조의 지시와 제약으로부터 해방되어야 한다고 주장한다.

### 2 파머(Farmer)-반관료제이론

#### (1) 의의

① 포스트모더니즘의 관점에 기초하여 행정학에서 근대(모더니즘)를 상징하는 관료제를 비판적으로 해석하고, 그 대안을 제시하는 포스트모더니즘 행정이론으로

파머의 반관료제이론 등이 제시되었다.
② 파머는 성찰적 해석방법에 의거하여 근대성(modernity)과 탈근대성(post-modernity)이라는 두 개의 렌즈를 사용하여 행정이론을 해석하였다.

### (2) 특징

① 관료제도를 중심으로 한 근대 행정이론을 특수주의, 과학주의(실증주의), 기술주의(낮은 수준의 기술, 기법), 기업주의(경쟁방식) 등으로 규정하면서 이를 비판적으로 해석하고 있다.
② 포스트모더니즘 행정이론을 상상[2], 해체(탈구성)[3], 영역해체(탈영역화), 타자성(他者性, alterity)[4] 등을 중심으로 제시하고 있다.
  ㉠ 특히 타자성의 개념을 통해 타인을 하나의 대상으로서가 아니라 도덕적 타인으로 인정하고 개방적인 태도를 가져야 한다는 점을 강조하는데, 이는 타인에 대한 개방성은 행정의 실무가 반권위주의적인 것이 되도록 구성되고 집행되어야 한다는 것이다.
  ㉡ 타자에 대한 개방성은 행정의 반권위적 수행 또는 서비스 지향적 태도 그 이상을 의미하며, 모든 의사결정을 공동체에게 개방하려고 노력해야 한다는 것과 다양성의 선호를 의미한다.
  ㉢ 타자성의 개념은 행정조직에서 일하는 공무원에게 공동체 권력에 기초한 시민참여이론을 수용하게 하는 것을 의미한다.

### 3 폭스(Fox)와 밀러(Miller)－담론이론

폭스와 밀러는 현상학과 구조화이론에 기초를 둔 구성주의를 통해 관료제도를 인식론적으로 비판하고, 관료제에 대한 대안으로 담론이론을 제시하였다.
① 관료제도의 기초가 되는 환류모형에 입각한 민주주의 개념, 즉 대의민주주의의 한계와 문제점을 비판하고 그 대안으로 참여적 공동체주의, 입헌주의, 담론이론 등을 제시하였다.

---

2) 단순히 상상력을 키운다고 하는 뜻 이상으로 이미지를 다루는 능력을 키우는 것을 의미한다. 부정적으로 보았을 때 상상은 규칙에 얽매이지 않는 행정의 운영이며 긍정적으로 보았을 때 상상은 문제의 특수성을 인정하는 것이다. 즉, 과학적 합리성(rationality)보다는 관점에 따라 다양한 가능성이 허용되는 상상(imagination)이 더 중요하다는 것이다.
3) 해체(deconstruction)는 언어, 몸짓, 이야기, 설화, 이론 등의 근거를 파헤쳐 보는 것이다. 행정학에서는 "합리화가 인간의 진보와 같다.", "경제 발전이 역사 발전의 원동력이다.", "행정은 객관적으로 연구될 수 있다.", "행정의 실무는 능률적이어야 한다." 등의 설화를 해체의 대상으로 볼 수 있다.
4) 타자성이란 나 아닌 다른 사람을 인식적 객체로서가 아니라 도덕적인 타자로 인정하는 것이다. 철학과 과학은 사물에 관한 객관적 진리를 발견하고 표현할 수 있다는 생각을 해 왔다. 이러한 사고는 일정한 이분법적 사고를 가지고 있다. 예를 들면, 동일성과 차이, 존재와 부존재, 자연과 문화, 남성과 여성 등이다. 객관적이라고 주장되는 이러한 이분법은 다음 단계에서 규범적인 계층을 만들어 낸다. 차이보다는 동일성, 부존재보다는 존재, 문화보다는 자연, 여성보다는 남성이 특권적 지위를 갖는다고 생각하게 된다. 차이, 부존재, 여성 등 무엇인가 다른 것은 변두리에 밀리고 가치가 저하된다. 만일 서양과 동양을 구분하고 서양을 중심에 놓으면, 동양은 서양과 다른 것이기 때문에 비하된다. 이것이 서구의 인종 중심적인 사고의 원천이다. 서구와 다른 것은 낙후된 것이고 가치가 적은 것이라는 잘못된 사고방식을 낳게 된 것이다. 행정에서는 관료 중심적인 사고방식이 널리 퍼져 있다. 따라서 행정에서 '타자'를 인정하는 것은 '반행정'의 성격을 가지고 있다. 타자성에 대한 포스트모던적 태도의 네 가지 특징들은, ① 타인에 대한 개방성, ② 다양성의 선호, ③ 상위설화에 대한 반대, ④ 기존질서에 대한 반대 등이다. 타인에 대한 개방성은 행정의 실무가 반권위주의적인 것이 되도록 구성되고 집행되어야 한다는 것을 의미한다. 그것은 봉사지향적이며 행정의 의사결정은 지역공동체에 개방된다. 관료적 텍스트의 범주들을 타인들에게 부과하지 말아야 한다. 지역공동체의 참여를 장려하는 미시적 정치의 발전을 장려해야 한다. 다양성에 대한 선호란 다른 것에 비하여 어떤 특권적 지위를 누리는 의미가 없다는 것을 인정하는 것이다. 행정에서는 관료의 어떤 분류 방식에 따라 사람들을 분류해 놓고 그러한 범주를 규격화하거나 고정시키려고 하지 말아야 하는 것이다. 상위설화(上位說話)에 대한 반대란 비현실적인 근거들을 해체하는 것이며, 그러한 의미의 반행정이다. 상위설화에 대한 반대는 정의의 근거를 찾을 수 없다는 것과 근본적인 도덕적 장악이 있을 수 없다는 것을 의미한다. 타자성은 기존제도에 대하여 반대할 것을 요구한다. 대부분의 행정인은 그 성격상 기존의 행정제도를 선호하는 경향이 있는데 타자성을 인정하면 행정의 반행정적 방법을 개발할 수 있는 가능성을 찾아보아야 한다.

---

바로 확인문제

**40**     2020 지방직(=서울시) 7급
파머(Farmer)가 주장한 포스트모더니티 행정이론의 내용으로 옳지 않은 것은?
① 나 아닌 다른 사람을 인식적 객체가 아닌 도덕적인 타자(他者)로 인정한다.
② 관점에 따라 다양한 가능성이 허용되는 상상(imagination)보다는 과학적 합리성(rationality)이 더 중요하다.
③ 행정에서도 지식과 학문의 영역 간 경계가 사라지는 탈영역화(deterritorialization)가 나타난다.
④ '행정은 객관적으로 연구될 수 있다'는 설화는 해체(deconstruction)를 통해 더 잘 이해할 수 있다.

**41**     2006 소방직(경북)
다음 중 포스트모더니즘의 행정의 특징과 관련이 없는 것은?
① 해체        ② 탈영역
③ 즉자성      ④ 상상

**42**     2007 충북 9급
포스트모더니즘 행정이론에 대한 설명 중 틀린 것은?
① 우리가 발견할 수 있는 객관적 사실이 있다고 보는 객관주의를 배척한다.
② 포스트모더니즘의 세계관은 상대주의적이며 다원주의적인 것이다.
③ 해체의 개념을 통해 타인을 하나의 대상으로서가 아니라 도덕적 타인으로 인정하고 개방적인 태도를 가져야 한다는 점을 강조하고 있다.
④ 포스트모더니즘은 해방주의적 성향을 지닌다.

**43**     2007 대구 9급
행정학에 있어서 포스트모더니즘적 접근법에 대한 다음 설명 중 옳지 않은 것은?
① 이성과 합리성으로 요약되는 현대주의 사조를 전면적으로 거부한다.
② 포스트모더니즘에서 상상이란, 부정적으로 보았을 때 규칙에 얽매이지 않는 행정의 운영이며 긍정적으로 보았을 때 문제의 특수성을 인정하는 것이다.
③ 포스트모더니즘은 행정의 실무는 능률적이어야 한다는 설화를 당연한 것으로 받아들인다.
④ 포스트모더니즘적 행정윤리론은 사회와 문화에 따라서 윤리기준이 달라진다는 반근원주의적 윤리론을 취한다.

**44** 2016 서울시 7급

다음 중 포스트모더니티이론 및 그에 입각한 행정에 대한 설명으로 가장 옳지 <u>않은</u> 것은?

① 행정은 객관적으로 연구될 수 있다는 설화를 해체해야 한다.
② 인권, 인간 이성과 인간 중심적 관점에서의 행정을 강조하였다.
③ 진리의 기준은 맥락 의존적이다.
④ 행정에 있어서의 상상, 해체, 타자성 등을 강조하였다.

**45** 2015 서울시 7급

다음 중 딜레마이론에서 논의되는 딜레마 상황이 갖는 논리적 구성요건을 모두 고른 것은?

> ㉠ 분절성(discreteness)
> ㉡ 안정성(stability)
> ㉢ 상충성(trade-off)
> ㉣ 적시성(timeliness)
> ㉤ 균등성(equality)
> ㉥ 선택불가피성(unavoidability)

① ㉠, ㉡, ㉣, ㉥
② ㉠, ㉢, ㉣, ㉤
③ ㉠, ㉢, ㉤, ㉥
④ ㉡, ㉣, ㉤, ㉥

**46** 2017 지방직 9급 추가채용

딜레마이론에 대한 설명으로 옳은 것은?

① 부정확한 정보와 의사결정자의 결정 능력 한계로 인해 발생하는 딜레마 상황에 주목한다.
② 대안을 선택하지 않는 비결정도 딜레마에 대한 하나의 대응형태로 볼 수 있다.
③ 두 대안이 추구하는 가치 간 충돌이 있는 경우 결국 절충안을 선택하게 된다.
④ 딜레마의 구성요건으로서 단절성 (discreteness)이란 시간의 제약이 존재하므로 어떤 식의 결정이든 해야 함을 의미한다.

② 행정기구를 담론의 장소로 보고 정책결정을 위한 토론과정을 민주화하는 담론이 무엇보다 중요하다고 보며, 담론이론의 핵심을 논증적 행위(discursive behavior)로 본다.
　㉠ 논증적 행위란 관료제도 안에서 반복적·습관적 행위나 공공선택에 기초한 혁신이론에서 볼 수 있는 경쟁을 통한 합리적 행위와도 다르다.
　㉡ 논증적 행위를 강조하는 행정담론은 그것이 의사결정과정에서 평등한 의사소통을 강조하기 때문에 엘리트 사이의 경쟁을 강조하는 다원주의적 시장이론이나 계층제적 이론보다 더 좋은 이론이라고 한다.

## 4 포스트모더니즘 행정이론의 특징

① 포스트모더니즘 행정이론에서는 '상상'이 중요한 역할을 수행하는데, 그것은 모더니즘 행정이론에서 '합리성'이 수행하던 역할만큼 중요한 것이다.
② 모더니즘 행정이론은 주체가 세계의 중심에 있다고 확신하는데, 포스트모더니즘 행정이론에서는 주체의 정체성에 관한 확신이 없다.
③ 과학적 지식에 대하여 우월적인 지위를 인정하지 않기 때문에, <u>포스트모더니즘 행정이론에서는 행정의 이론과 실무에서 주장되거나 신봉되는 설화(narratives)나 텍스트(text)를 해체해 봄으로써 그러한 주장의 근거가 불확실하다는 것을 밝히면서 동시에 설화와 텍스트에 대한 이해를 깊게 하려고 한다.</u>
④ 모더니즘적 행정학의 설화는 "행정학은 객관적으로 연구될 수 있다."라는 것이고, 행정실무의 설화는 "행정은 능률적이어야 한다."라는 것 등이다.

## Theme 15　행정학의 다양한 접근 　

## 1 딜레마이론

### (1) 의의

딜레마 상황이란 관련 참여자, 선택기회, 문제 등의 모호성 여부와는 상관 없이 대안들의 표면화된 가치를 비교할 수 없기 때문에 선택이 어려운 상황에 처해 있는 상태를 의미한다. 즉, 딜레마란 의사결정을 해야 할 정책결정자가 선택을 하지 못하고 있는 곤란한 상황, 이럴 수도 저럴 수도 없는 상황, 거의 동등한 가치를 갖고 있거나 하나의 가치를 포기하는 비용이 너무 큰 두 개의 대안 중 하나를 선택해야만 하는 상황을 의미한다.

### (2) 딜레마의 논리적 구성요건

다음의 ①~④를 모두 충족해야 딜레마가 초래된다.

① **분절성(discreteness):** 대안 간 절충이 불가능하다는 것을 의미한다.
② **상충성(trade-off):** 대안의 상충으로 인해 하나의 대안만 선택해야 한다는 것을 의미한다.
③ **균등성(equality):** 대안이 가져올 결과가치가 균등해야 한다는 것을 의미한다.
④ **선택의 불가피성(unavoidability):** 최소한 하나의 대안을 반드시 선택해야 한다는 것을 의미한다.

## (3) 딜레마의 유형

① **일치된 딜레마**: 주어진 딜레마를 주관적으로도 딜레마로 설정한다.
② **무시된 딜레마**: 주어진 딜레마를 주관적으로 딜레마로 파악하지 않는다.
③ **의사(疑似)딜레마**: 딜레마가 아닌 상황을 딜레마로 파악한다.

## 2 시차이론

### (1) 의의

① 시차이론은 사회현상을 발생시키는 주체들의 속성이나 행태가 주체에 따라 시간적 차이를 두고 변화되는 사실을 사회현상에 적용하는 연구방법이다.
② 시차이론은 현실적으로 한국의 정책집행과정, 특히 정부개혁이 효과를 거두지 못한 이유를 파악하려는 데서 시작된 접근방법이다.

### (2) 특징

① 시차이론에서 도입하고 있는 제도와 정책 변화에 내재하는 시차적 요소는 시간차이에 대한 전제, 인과관계의 시차적 성격, 숙성 기간, 변화의 속도와 안정성, 선후관계, 적시성, 시간 규범 등이다.
② 시차이론에 의하면 정책이나 제도의 개혁은 제도의 도입 과정에서 발생하는 시차적 요소에 의해 결과가 달라진다고 본다.
③ 시차적 요소란 제도 도입의 순서 혹은 선후관계의 변화, 원인 변수의 수나 작동 순서의 변화, 변화 주체의 개입 등을 의미한다.
④ 시차이론에서는 행정개혁의 실패가 이러한 시차적 요소에 대한 적절한 고려가 배제되었기 때문에 나타나는 것으로 본다.
⑤ 시차이론은 실천적 처방으로 개혁정책 추진 시 구성요소들 간의 내적 정합성 확보가 필요하다는 점을 제시하며, 새로운 제도나 정책이 기대하는 효과를 얻기 위해서는 충분한 성숙 기간을 두어야 한다고 한다.
⑥ 시간적 차이에서 오는 정책의 실패를 줄이기 위한 방안으로 변화를 추진하는 변화담당자 혹은 조직 책임자들의 지적·정치적 능력과 더불어 시간적 리더십을 강조한다.

## 3 넛지이론 (Nudge Theory)

### (1) 개념

① 넛지 이론은 실제의 인간 행동에 관한 행동경제학의 통찰을 정부의 정책 설계 및 집행에 적용·응용하기 위한 이론이다. 인간은 제한된 합리성으로 인해 불확실한 상황에서 이루어지는 판단과 선택을 효율적으로 수행하기 위해 '휴리스틱(heuristic)'이라는 의사결정 방법을 활용한다. 이 과정에서 발생하는 인지적 오류(cognitive error)와 행동 편향(behavior bias)으로 인한 비합리적 의사결정을 행동경제학에서는 '행동적 시장실패(behavioral market failure)'라고 정의한다. 넛지이론은 행동적 시장실패를 해결하기 위한 정부 역할의 필요성에 관한 규범적 근거와 이에 적합한 정책 수단을 제시하고 있다. 정부는 선택설계자(choice architect)로서의 역할을 수행해야 하고, 이를 위해 전통적인 정책 수단인 법률과 규제, 경제적 유인 수단(조세, 보조금) 등과 구별되는 새로운 정책 수단인 넛지를 활용해야 한다는 점을 강조하고 있다.

---

**47**  2019 국가직 7급

다음 행정이론에 대한 설명으로 옳지 않은 것은?

> 변화 시작의 시간적 전후관계나 동반관계, 변화과정의 시간적 장단(長短)관계를 사회현상 연구에 적용하는 접근방법이다. 정책이 실제로 실행되는 타이밍, 정책대상자들의 학습시간, 정책의 관련요인들 간 발생순서 등이 정책효과를 다르게 할 수 있다고 주장한다.

① 원인변수와 결과변수 간 인과관계가 원인변수들이 작용하는 순서에 따라 달라지지는 않는다고 본다.
② 정책이나 제도의 도입 이후 어느 시점에서 변경을 시도해야 바람직한 결과를 낳을 것인지에 주목한다.
③ 정책이나 제도의 효과는 어느 정도 숙성기간이 지난 후에 평가하는 것이 보다 합리적이라고 본다.
④ 시차적 요소에 대해 적절하게 고려하지 않아 정부개혁의 실패가 나타난다고 본다.

**48**  2022 지방직(= 서울시) 7급

넛지(nudge)의 특성으로 옳은 것만을 모두 고르면?

> ㄱ. 넛지 방식으로 정책을 설계하는 것을 선택설계라고 한다.
> ㄴ. 정책대상집단의 행동에 개입하지만 개인의 자유로운 선택을 허용한다.
> ㄷ. 넛지는 디폴트 옵션 설정 방식처럼 사람들의 인지적 편향을 전략적으로 활용하는 정책수단이다.

① ㄱ, ㄴ　　　② ㄱ, ㄷ
③ ㄴ, ㄷ　　　④ ㄱ, ㄴ, ㄷ

---

**49** 2023 군무원 7급

세일러와 선스타인(Thaler & Sunstein)이 제시한 넛지이론(Nudge Theory)과 가장 거리가 먼 것은?

① 행동경제학에서는 휴리스틱과 행동 편향에 따른 영향이 개인의 의사결정과 선택에 영향을 미쳐 자신의 후생 손실을 초래하는 외부효과가 행동적 시장실패의 핵심 요소라고 본다.

② 넛지란, 어떤 선택을 금지하거나 경제적 유인을 크게 변화시키지 않으면서 예측 가능한 방향으로 사람들의 행동을 변화시키는 선택설계의 제반 요소를 의미한다.

③ 전통경제학에서는 명령지시적 정부규제나 경제적 유인을 정책수단으로 활용하지만, 넛지는 기본적으로 간접적이고 유도적인 방식의 정부개입방식으로서 촉매적 정책수단의 성격을 띠고 있다.

④ 넛지는 엄격하게 검증된 증거에 기반하여 정책을 선택하거나 결정하는 것을 강조한다.

**50** 2023 국가직 7급

다음 대화에서 옳지 않은 말을 한 사람은?

A: 신공공관리론의 학문적 토대는 신고전학파 경제학인데, 넛지이론은 공공선택론이야.
B: 신공공관리론은 효율성을 증대하여 고객 대응성을 높이자는 목표를 가지는데, 넛지이론은 행동변화를 통해서 삶의 질을 높이는 것이 목표야.
C: 신공공관리론에서는 경제적 합리성을 가정하지만, 넛지이론에서는 제한된 합리성을 가정하지.
D: 신공공관리론에서는 공무원이 정치적 기업가가 되길 원하지만 넛지이론에서는 선택설계자가 되길 바라지.

① A      ② B      ③ C      ④ D

② 넛지는 행동경제학이 발견한 인간의 행동 메커니즘을 정책에 응용한 것이다. 넛지의 이론적 근거인 행동경제학은 인간의 본성에 대한 전통경제학(신고전학파 경제학)의 완전한 합리성 가정의 비현실성을 비판하고, 심리학(인지심리학, 사회심리학)의 연구 결과를 경제학에 반영하여 인간의 의사결정 과정에서 발생하는 비합리성을 분석하고 바람직한 결정을 유도하기 위한 대안을 제시하고 있다.

### (2) 넛지이론의 특징

① 넛지이론의 핵심 주장은 정부는 사람들의 선택의 자유를 존중하면서 보다 나은 의사결정을 하도록 도와줄 수 있다는 것이다.
② 새로운 정책수단인 넛지는 기본적으로 간접적이고 유도적인 방식의 정부개입방식으로서 촉매적 정책수단의 성격을 띠고 있다.
③ 넛지는 엄격하게 검증된 증거에 기반하여 정책을 선택하거나 결정하는 것을 강조한다.
④ 행동적 시장실패를 해결하기 위해 정부개입을 통한 개인의 행동 변화를 추진하는 것과 관련하여 넛지는 급진적 점증주의(radical incrementalism) 관점에 기초하고 있다. 급진적 점증주의는 단절적 변화로 보이는 많은 혁신적 변화가 사실은 지속적이고 부단한 소규모변화가 누적된 결과라는 개념이다.

### (3) 신고전학파 경제학과 행동경제학의 비교

| 구분 | 신고전학파 경제학 | 행동경제학 |
|---|---|---|
| 인간관 | • 완전한 합리성<br>• 완전한 이기성<br>• 경제적 인간 | • 제한된 합리성, 생태적 합리성<br>• 이타성·호혜성(사회적 본능/선호)<br>• 심리적 인간 |
| 의사결정모델<br>(선택행동이론) | • 효용극대화 행동<br>• 기대효용이론(효용함수) | • 만족화 행동, 휴리스틱<br>• 전망이론(가치함수) |
| 연구방법 | 가정에 기초한 연역적 분석 | 실험을 통한 귀납적 분석 |
| 정부역할의<br>근거와 목적 | • 시장실패와 제도실패<br>• 재화의 효율적인 생산·공급 | • 행동적 시장실패<br>• 바람직한 의사결정 유도(행동변화) |
| 정책수단 | 법과 규제, 경제적 유인 수단 | 넛지(선택설계) |

### (4) 신공공관리론과 넛지이론의 비교

| 구분 | 신공공관리론 | 넛지이론 |
|---|---|---|
| 이론의 학문적 토대 | 신고전학파 경제학, 공공선택론 | 행동경제학 |
| 합리성 | 완전한 합리성, 경제학 합리성 | 제한된 합리성, 생태적 합리성 |
| 정부 역할의 이념적 기초 | 신자유주의, 시장주의 | 자유주의적 개입주의 |
| 정부 역할의 근거와 한계 | 시장실패와 제도실패, 정부실패 | 행동적 시장실패와 정부실패 |
| 공무원상 | 정치적 기업가 | 선택설계자 |
| 정부 정책의 목표 | 고객주의, 개인의 이익증진 | 행동 변화를 통한 삶의 질 제고 |
| 정책수단 | 경제적 인센티브 | 넛지 |
| 정부개혁 모델 | 기업가적 정부 | 넛지 정부 |

## Theme 16  합리성

고난도

📖 필수편 ▶ P.127

### (1) 개념

어떤 행위가 궁극적 목표달성의 최적수단이 되느냐의 여부를 가리는 개념이다. 즉, 행위가 지성적이고 상식적인 면에서 이해될 수 있고, 의식적이며 심사숙고의 과정을 거쳐 계산된 것이라면 합리성을 띠고 있다고 본다.

### (2) 합리성에 대한 일반적 견해

① 사이몬(Simon)
  - ㉠ 실질적 합리성(substantive rationality): 목표에 비추어 적합한 행동이 선택되는 정도를 의미한다.
  - ㉡ 절차적 합리성(procedural rationality): 결정과정이 이성적인 사유(reasoning)에 따라 이루어졌을 때 존재한다.

② 만하임(Mannheim)
  - ㉠ 실질적 합리성: 어떤 특정의 상황에서 여러 가지 사건이나 요소 간의 상호관계에 대해서 지성적 통찰력을 나타낼 수 있는 사고작용이다.
  - ㉡ 기능적 합리성: 이미 정해진 목표의 성취에 순기능적 행위를 할 때에 나타나는 합리성을 말한다. 다시 말해서 목표성취에 기여하는 행위는 기능적인 면에서 합리성을 띠고 있다는 것이다(관료제).

③ 디징(Diesing)
  - ㉠ 기술적 합리성: 목표와 수단 사이에 존재하는 인과관계의 적절성을 의미하며, 주어진 목표를 가장 잘 달성할 수 있는 수단을 찾는 것을 의미한다.
  - ㉡ 경제적 합리성: 비용·효과의 비교과정에서 목표를 선정하고 평가할 때 나타나며, 경쟁상태에 있는 목표를 어떻게 비교하고 선택할 것인가 하는 것을 의미한다.
  - ㉢ 사회적 합리성: 사회구성원 간의 조화된 통합성을 확보하는 것을 의미한다.
  - ㉣ 법적 합리성: 인간과 인간 간의 권리·의무관계가 성립할 때에 나타나며, 보편성과 공식적 질서를 통하여 예측가능성을 높이는 것을 의미한다.
  - ㉤ 정치적 합리성: 보다 나은 정책을 추진할 수 있는 정책결정구조의 합리성을 의미하며, 사회 내의 여러 세력들의 정책결정과정을 개선하는 것을 의미한다.

### (3) 개인적 합리성과 집단적·사회적 합리성의 괴리

합리성은 대립적 요인을 갖는 개인적 합리성과 집단적·사회적 합리성으로 나눌 수 있다.

① 죄수의 딜레마(prisoner's dilemma)
  - ㉠ 개념: 죄수의 딜레마란 각각 별실에 구금되어 있는 두 사람의 공범용의자가 문초하는 검사에게 범죄사실에 대하여 자백할 것인가 여부, 자백하는 경우에는 어떻게 할 것인가(전략) 등과 그 결과인 검사의 구형(손실 또는 이득)을 둘러싸고 어떻게 해야 할 것인가와 관련하여 혼란을 겪는 상황에 비유되는 논리적 구조에 대한 것이다.

---

**51**

2011 서울시 9급

어떤 행위가 의식적인 사유과정의 산물이거나 인지력과 결부되고 있을 때의 합리성은 무엇인가?

① 내용적 합리성     ② 절차적 합리성
③ 기능적 합리성     ④ 기술적 합리성
⑤ 사회적 합리성

**52**

2008 서울시 9급

합리성에 대한 설명으로 옳지 않은 것은?

① Weber는 관료제를 형식적 합리성의 극치로 설명하고 있다.
② 개인적 합리성의 추구가 반드시 집단적 합리성으로 연결되는 것은 아니다.
③ 합리성은 본질적 행정가치보다는 수단적 행정가치에 포함된다.
④ Simon의 절차적 합리성은 목표에 비추어 적합한 행동이 선택되는 정도를 의미한다.
⑤ Diesing의 기술적 합리성은 목표와 수단 사이에 존재하는 인과관계의 적절성을 의미한다.

**53**

2011 서울시 7급

다음 중 행정이 추구하는 가치에 대한 설명으로 가장 적절한 것은?

① 기계적 효율성은 금전적 효율관을 비판하면서 제기된 효율관이다.
② Simon이 주장하는 실질적 합리성은 목표에 비추어 적합한 행동이 선택되는 정도를 의미한다.
③ 효과성은 투입 대비 산출의 비율로 표현된다.
④ 신행정론에서는 특히 합법성을 강조하였다.
⑤ 책임성의 측면에서 특히 중요한 요소는 공개이다.

**54** 2019 지방직 7급

합리성의 개념과 유형에 대한 설명으로 옳지 않은 것은?

① 사이몬(Simon)의 실질적(substantive) 합리성은 행위자가 합리적인 선택을 할 수 있는 모든 지식과 능력을 소유하고 있다고 가정한다.

② 디징(Diesing)은 합리성을 기술적 합리성, 경제적 합리성, 사회적 합리성, 법적 합리성, 진화론적 합리성으로 나누어 설명한다.

③ 기술적 합리성은 일정한 수단이 목표를 얼마만큼 잘 달성시키는가, 즉 목표와 수단 사이에 존재하는 인과관계의 적절성을 의미한다.

④ 사이몬(Simon)은 인간이 실질적 합리성을 사실상 포기하고, 만족할 만한 대안을 선택하려는 절차적 합리성을 추구한다고 주장한다.

**55** 2004 입법고시

행정학 이론에서 논의되는 죄수의 딜레마(prisoner's dilemma)가 시사하는 핵심적 내용에 가장 가까운 것은?

① 개인의 선호와 집합적 이익은 일치되지 않을 수 있다.

② 행정주체 간 협상은 사전적 합의가 사후적 처벌보다 효과적이다.

③ 규제정책은 구성원 간의 합의가 수반되어야 성공할 수 있다.

④ 강압적 상황하에서도 개인의 의사결정을 통제하는 것은 곤란하다.

⑤ 의사 전달의 장애요인 극복이 조직구성원 간 협동행위에 필수적이다.

ⓛ 주요 내용

ⓐ 한 죄수가 자기는 자백하고 다른 죄수가 침묵하면 가벼운 처벌을 받게 된다고 추리한다. 그러나 자기가 침묵하고 다른 죄수가 자백하면 최고형을 받게 된다.

ⓑ 두 죄수의 이기적 전략은 자백하면 중벌을 받게 되지만 쌍방이 묵시적으로 협조하고 자백하지 않으면 가벼운 형을 받게 된다는 것이다.

ⓒ 죄수의 딜레마가 시사하는 핵심적 내용은 개인의 선호와 집합적 이익이 일치되지 않을 수 있다는 것이다.

**▮ 죄수의 딜레마**

| 구분 | | 죄수 A의 선택 | |
|---|---|---|---|
| | | 침묵 | 자백 |
| 죄수 B의 선택 | 침묵 | • A: 가벼운 처벌<br>• B: 가벼운 처벌 | • A: 가벼운 처벌<br>• B: 최고형 |
| | 자백 | • A: 최고형<br>• B: 가벼운 처벌 | • A: 중벌<br>• B: 중벌 |

② 공유지의 비극(tragedy of the commons): 공유지의 비극이란 개인적 합리성과 집단적 합리성 간의 갈등으로 공유지에서 농민이 양을 많이 사육할수록 개인의 이익은 늘어나지만 과중한 방목으로 목초지가 모두 황폐화되어 버린다는 것이다.

③ 합리성의 제약요인

㉠ 감정적 요소

㉡ 가치선호의 갈등

㉢ 지식과 정보의 불완전성

㉣ 기존의 가치체계

㉤ 비용의 과중

㉥ 관습과 기억

㉦ 관성적(타성적)인 현상

## Theme 17 효과성의 접근방법

### 1 효과성의 접근방법

#### (1) 목표모형 접근법

조직의 목표달성에 초점을 두고, 그 평가기준은 조직이 설정한 목표에 의한다.

#### (2) 체제모형 접근법

목표나 산출보다는 목표달성을 위해 필요로 하는 수단에 초점을 둔다.

#### (3) 경쟁적 가치 접근법

조직의 효과성이 평가자의 가치에 의존한다는 주장이다.

## 2 경쟁적 가치 접근법(Quinn & Rohrbaugh)

### (1) 조직의 초점

① 조직의 초점이 조직의 내부인가 아니면 외부인가 하는 점이다.

② 근로자의 복지와 능률성에 대한 관심을 가지는 접근방법이면 내적인 것이고, 환경과 관련되어 조직 자체에 관심을 가지면 외적인 것이다.

### (2) 조직의 구조(네 가지 경쟁적 모형)

조직구조의 안정을 강조하는가 아니면 변화와 융통성을 강조하는가 하는 점이다. 이 두 가지 차원의 조합에 따라서 조직효과성에 대하여 네 가지 경쟁적인 모형이 생기게 되는데, 개방체제모형, 합리적 목표모형, 내부과정모형, 인간관계모형이 그것이다.

① **개방체제모형**: 조직의 유연성을 강조하며, 효과성의 수단으로 유연성·신속성을 유지하면서, 목표는 조직의 성장과 자원 획득에 둔다.

② **합리적 목표모형**: 조직과 통제에 관심을 두며, 효과성의 수단으로 기획·목표설정·평가 등을 동원하여 생산성·효율성·이윤 등의 목표를 성취하는 데 치중한다.

③ **내부과정모형**: 조직 내부의 개인과 그들에 대한 효율적인 통제에 초점을 맞추면서, 효과성의 수단으로 정보관리·조정활동을 주로 하며, 효과성의 목표로 조직의 안정성과 균형의 유지를 중시한다.

④ **인간관계모형**: 조직 내 개인과 유연성에 관심을 두며, 효과성의 수단으로 조직발전(OD), 응집력 개발, 사기유지 등을 통해 인력자원의 발전과 성장을 위해 노력하는 조직의 여부를 중시한다.

### ▎조직구조의 네 가지 경쟁적 모형

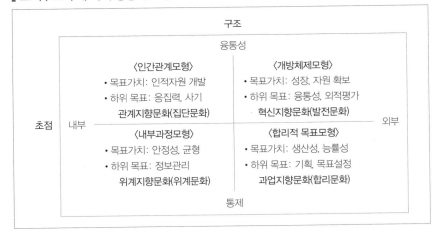

### (3) 주요 내용

① 경쟁적 가치접근법은 가치적 차원에서의 합리성을 추구한다. 가치적 차원에서의 합리성은 중립적이고 무의미한 현실에 의미를 부여하는 것이다.

② 네 가지 경합적 가치들은 조직의 성장주기의 진전에 따라 각기 성장하기도 하며, 퇴행하여 쇠퇴하기도 한다. 가령, 창업시기의 조직에는 개방체제모형이, 집단화·통합화 단계에 있는 조직에는 인간관계모형이, 공식화 단계에는 내부과정모

### 바로 확인문제

**56** 2019 서울시 9급 제2회

합리성의 제약요인으로 가장 옳지 않은 것은?

① 다수 간의 조화된 가치선호
② 감정적 요소
③ 비용의 과다
④ 지식 및 정보의 불완전성

**57** 2018 서울시 기술직 7급

조직효과성의 경쟁가치모형(Competing Values Model)에서 조직의 성장 및 자원획득의 목표를 강조하는 관점은?

① 개방체제 관점    ② 내부과정 관점
③ 인간관계 관점    ④ 합리적 목표 관점

**58** 2022 지방직(= 서울시) 9급

조직문화의 경쟁가치모형에 대한 설명으로 옳지 않은 것은?

① 위계 문화는 응집성을 강조한다.
② 혁신지향 문화는 창의성을 강조한다.
③ 과업지향 문화는 생산성을 강조한다.
④ 관계지향 문화는 사기 유지를 강조한다.

**59** 2020 군무원 7급

경합가치모형(CVM: Competing Values Model)에 대한 설명으로 옳지 않은 것은?

① 내부과정모형은 안정성을 강조해 의사소통을 중시한다.
② 합리목표모형은 조직의 성장과 자원 확보를 목표로 정보관리와 능률성을 중시한다.
③ 인간관계모형은 조직구성원들의 응집력과 사기를 높이는 것을 중시한다.
④ 개방체제모형은 조직유연성과 환경적 응성을 중시한다.

형과 합리적 목표모형이 사용될 수 있을 것이다. 하지만 개방체제모형은 대부분의 조직에 일반적으로 사용될 수 있을 것이다.

**60**     2017 지방직 7급

퀸과 로보그(Quinn & Rohrbaugh)는 조직의 초점을 어디에 두는가와 조직구조의 성격에 따라 네 가지 효과성가치모형을 제시하였다. ㉠ ~ ㉢ 모형에 대한 설명으로 옳은 것은?

| 구조<br>초점 | 안정성<br>(통제) | 유연성<br>(융통성) |
|---|---|---|
| 내부 | ㉠ | ㉡ |
| 외부 | ㉢ | ㉣ |

① ㉠ 모형은 조직의 생산성, 능률성, 수익성을 달성하는 것이 목표가치이며, 그 수단으로서 계획과 목표 설정이 강조된다.
② ㉡ 모형의 목표가치는 인적자원 개발이며, 그 수단으로서 조직구성원의 응집성, 사기 및 훈련 등이 강조된다.
③ ㉢ 모형의 목표가치는 성장과 자원 획득 등이며, 그 수단으로서 준비성과 외부평가 등이 강조된다.
④ ㉣ 모형은 조직의 균형을 확보하는 것이 목표가치이며, 그 수단으로서 정보관리와 의사소통 등이 강조된다.

**61**     2005 국회직 8급

Quinn과 Rohrbaugh의 이론에 의하면 조직의 효과성 측정은 조직의 성장단계에 따라 달라져야 한다. 다음 중 창업단계에 적합한 조직효과성 모형은?

① 인간관계모형    ② 개방체제모형
③ 내부과정모형    ④ 합리목표모형
⑤ 전략적 이익모형

**62**     2019 서울시 7급 제1회

4차 산업혁명에 대한 설명으로 가장 옳지 않은 것은?

① 산업과 산업 간의 초연결성을 바탕으로 초지능성을 창출한다.
② 3차 산업혁명의 연장선상이며 근본적인 특성을 공유하고 있다.
③ 사이버 물리 시스템(cyber-physical system) 혁명이라고 할 수 있다.
④ IoT, 인공지능, 빅데이터 등의 신기술을 기존 제조업과 융합해 생산능력과 효율을 극대화시킨다.

---

## Theme 18   4차 산업혁명

### 1 산업혁명의 개관

제1차 산업혁명(1760~1840년)은 철도·증기기관의 발명 이후의 기계에 의한 생산, 제2차 산업혁명(19세기 말~20세기 초)은 전기와 생산 조립라인 등 대량 생산체계 구축, 제3차 산업혁명은 반도체와 메인프레임 컴퓨팅(1960년대), PC(1970~1980년대), 인터넷(1990년대)의 발달을 통한 정보 기술 시대로 정리된다.

### 2 4차 산업혁명

#### (1) 4차 산업혁명의 특징

세계경제포럼은 2016년 1월 열린 다보스포럼에서 4차 산업혁명을 화두로 제시하면서, 4차 산업혁명을 '디지털 혁명에 기반하여 물리적 공간, 디지털적 공간 및 생물학적 공간의 경계가 희석되는 기술융합의 시대'로 정의하였다. 4차 산업혁명은 '초연결성(Hyper-Connected)', '초지능화(Hyper-Intelligent)'의 특성을 가지고 있으며, 사물인터넷(IoT), 클라우드 등 정보통신기술(ICT)을 통해 인간과 인간, 사물과 사물, 인간과 사물이 상호 연결되고 빅데이터와 인공지능 등으로 보다 지능화된 사회로 변화될 것으로 예측된다.

#### (2) 4차 산업혁명과 사이버물리시스템

사물인터넷(IoT)은 다양한 플랫폼을 기반으로 사물(제품, 서비스, 장소)과 인간을 연결하는 새로운 패러다임을 창출하고 있고, 이러한 환경에서 생성되는 다양한 데이터를 처리하기 위한 클라우드 컴퓨팅 및 빅데이터 산업이 발달한다는 것이다. 또 이에 인공지능(AI)이 더해지며 다양한 서비스 제공이 가능해진다는 것이다. 이러한 기술이 제조업 현장에 적용되면 사이버물리시스템(CPS: Cyber-Physical System)으로 운영되며 생산성이 극대화된 '스마트 공장'이 만들어진다. CPS는 컴퓨터와 네트워크상의 가상세계와 현실의 다양한 물리, 화학 및 기계공학적 시스템을 치밀하게 결합시킨 시스템이다. 이러한 체계가 적용된 공장인 '스마트 팩토리'는 자체적으로 정보를 교환하고, 독립적으로 작동할 수 있다.

#### (3) 4차 산업혁명과 일자리

4차 산업혁명은 생산성 향상 이면에 일자리 감소가 우려된다. 로봇이 저급 및 중급 기술자들의 업무를 대체하고, 언어와 이미지로 구성된 빅데이터 분석 등 인간만이 가능하다고 여겼던 업무들도 인공지능이 대체할 것으로 예상되면서, 빈곤이나 노동시장 붕괴 등의 파장이 예상된다. 또 노동시장 내에 '고기술/고임금'과 '저기술/저임금' 간의 격차가 커져 사회적 불평등이 확산되리라는 예상도 있다.

**바로 확인문제**

네덜란드의 문화심리학자인 게흐트 호프스테드(Geert Hofstede)는 불확실성의 회피(uncertainty avoidance), 위계적 구조를 받아들이는 정도인 권력거리(power distance), 개인주의와 대비되는 집단주의(collectivism vs. individualism), 과거 혹은 현실을 지향하는 단기주의와 대비되는 장기주의(long-term orientation vs. short-term orientation), 사회적 성공 경쟁 위주의 남성주의(masculine vs. feminine culture)로 전 세계의 문화를 분류할 수 있다고 했다.

① 불확실성의 회피는 사람들이 모호한 상황이나 불확실성을 용인하는 정도를 나타낸다. 불확실성 회피성향이 높은 문화는 안정적인 직업에 높은 가치를 부여하고 관리자들이 아주 분명한 지시를 내려 줄 것을 기대하는 반면, 불확실성 회피성향이 낮은 문화는 변화에 대해서 두려워하지 않으며 위험을 극복하려는 성향이 높게 나타난다. 따라서 불확실성 회피 정도가 강한 경우 공식적 규정을 많이 만들어 불확실한 요소를 최대한 통제하려 한다.

② 권력거리(power distance)란 사회 내에서 부와 권력이 불평등하게 배분되어 있다거나 혹은 편중되어 있을 경우 이를 어느 정도 수용하는가를 나타낸다. 즉 조직이나 단체에서 권력이 작은 구성원이 권력의 불평등한 분배를 수용하는 정도를 의미한다. 권력거리가 큰 경우 제도나 조직 내에 내재되어 있는 상당한 권력의 차이를 자연스럽게 인정한다.

③ 개인주의와 집단주의는 사람들이 얼마나 개인주의적이거나 집단주의적인 성향을 보이는가를 의미한다. 개인주의적인 성향의 문화는 개인들 간의 연계가 느슨하며 개인의 성취와 자유가 높게 평가되는 반면, 집단주의적인 성향의 문화는 개인 간의 관계가 밀접하게 연계되어 있다. 따라서 개인주의가 강한 문화는 집단주의가 강한 문화보다 상대적으로 느슨한 개인 간 관계를 더 중요시한다.

④ 단기주의와 장기주의에서 장기주의 지표가 높은 문화의 가치는 끈기, 지위에 의한 인간관계 서열과 이에 대한 존중, 절약, 염치를 아는 것을 나타낸다. 장기주의적인 문화는 저축 등을 통해 장기적인 성과를 이루려는 성향을 나타내는 반면, 단기주의적인 문화는 절약이나 끈기 등에 관심이 적은 성향을 나타낸다. 따라서 장기주의적 성향이 강한 사회는 미래 지향적 가치를 중시한다.

⑤ 남성다움과 여성다움은 남성중심적인 성향을 가지고 있는지 여성중심적인 성향을 가지고 있는지를 나타낸다. 남성중심적인 문화는 남녀간의 역할분담이 이루어져 있고 성취감이나 자기주장, 물질적인 성공에 대해서 강한 선호를 나타내는 반면, 여성중심적인 문화는 관계유지를 중요시하거나 구성원에 대해 배려해 주는 경향, 삶의 질을 강조하는 면이 강하게 나타난다. 따라서 남성성이 강한 문화는 여성성이 강한 문화보다 상대적으로 남성과 여성의 역할에 대한 분명한 차이를 인정하려고 한다.

**63** 2021 지방직(= 서울시) 9급

4차 산업혁명에 관한 설명으로 옳지 <u>않은</u> 것은?

① 초연결성, 초지능성 등의 특징이 있다.
② 대량 생산 및 규모의 경제 확산이 핵심이다.
③ 사물인터넷은 스마트 도시 구현에 도움이 된다.
④ 빅데이터를 활용한 맞춤형 공공 서비스 제공이 가능하다.

**64** 2022 군무원 7급

다음 중 호프스테드(Hofstede)가 비교한 문화의 비교차원과 가장 옳지 <u>않은</u> 것은?

① 불확실성의 회피
② 보편주의 대 특수주의
③ 개인주의 대 집단주의
④ 장기성향 대 단기성향

**65** 2021 국가직 7급

홉스테드(Hofstede)의 문화 차원에 대한 설명으로 옳지 <u>않은</u> 것은?

① 불확실성 회피 정도가 강한 경우 공식적 규정을 많이 만들어 불확실한 요소를 최대한 통제하려 한다.
② 집단주의가 강한 문화는 개인주의가 강한 문화보다 상대적으로 느슨한 개인 간 관계를 더 중요시한다.
③ 권력거리가 큰 경우 제도나 조직 내에 내재되어 있는 상당한 권력의 차이를 자연스럽게 인정한다.
④ 남성성이 강한 문화는 여성성이 강한 문화보다 상대적으로 남성과 여성의 역할에 대한 분명한 차이를 인정하려고 한다.

# 정책학

**21%** ※최근 5개년(국, 지/서)
출제비중

PART

# II 정책학

☐ 1회독    월    일
☐ 2회독    월    일
☐ 3회독    월    일
☐ 4회독    월    일
☐ 5회독    월    일

정답과 해설 ▶ P.6

**01**                                    2004 국가직 7급

정책의제형성 과정에 영향을 미치는 요인에 관한 설명 중 옳지 <u>않은</u> 것은?

① 권력집중형 국가에서는 내부주도모형을 많이 볼 수 있다.

② 정책문제가 중요할수록 의제채택 가능성이 더욱 크다.

③ 선례와 유행성이 있는 문제가 의제로 채택가능성이 높다.

④ 크렌슨(Crenson)은 문제해결을 통해 전체적 편익을 가져오고 그 비용을 일부 집단이 부담하는 경우 의제채택이 쉽다고 보았다.

**02**                                    2018 서울시 기술직 7급

정책의제설정 과정에 대한 설명으로 가장 옳지 <u>않은</u> 것은?

① 정책문제에 대한 통계지표의 오류는 바람직한 의제설정을 어렵게 한다.

② 크렌슨(Crenson)은 선출직 지도자들이 공장공해 등 전체적인 문제에 민감하게 반응하여 이를 정책의제화한다고 한다.

③ 우리나라의 1960년대 경제제일주의는 많은 노동문제를 정부의제로 공식 검토되지 않게 하였다.

④ 정치체제의 가용자원 한계는 정책의제에 대한 적극적 탐색을 어렵게 하기도 한다.

## Theme 01   정책의제설정에 영향을 미치는 요인

| 학자 | 내용 |
|---|---|
| 콥과 엘더<br>(Cobb & Elder) | • 구체성 또는 일반성<br>• 사회적 유의성(有意性)<br>• 시간적 적합성<br>• 복잡성 또는 단순성<br>• 선례의 유무: 사회적 유의성이 클수록, 시간적 적실성이 높을수록, 기술적 복잡성의 정도가 낮을수록, 구체성이 높을수록, 선례가 존재하는 경우 정책의제화가 용이함 |
| 호그우드와 건<br>(Hogwood & Gunn) | • 위기                    • 특수성<br>• 감정적 측면              • 광범위한 영향<br>• 유포성(유행성)           • 권력과 정통성의 문제의 개입 여부<br>• 주도집단(의제설정자) |
| 킹던(Kingdon) | • 정부문제 · 주도집단<br>• 정치적 상황 |
| 워커(Walker) | • 많은 사람에게 영향을 미치는 문제<br>• 심각한 문제<br>• 해결책의 유무<br>• 제안자의 유력성 · 영향력 |
| 크렌슨<br>(Crenson) | • '대기오염의 비정치화'에서 문제특성론을 강조하며 전체적 이슈 vs. 부분적 이슈(고통), 전체적 편익 vs. 부분적 편익(혜택), 전체적 비용 vs. 부분적 비용(부담)을 기준으로 함<br>• 문제가 해결되면 전체적 이익을 가져오고 그 해결비용을 일부집단이 부담하는 경우에는 정부의제화가 어려움. 전체적 이슈이면서 부분적 비용을 수반하는 정책문제로서, 공해, 대중교통, 범죄예방, 정부조직개혁문제 등이 있음<br>• 배분정책보다 재배분정책이 비용부담자 저항으로 인하여 의제설정이 곤란함 |

## Theme 02   정책의 창 모형

### (1) 의의

① **개념**: 정책의 창(the policy window) 모형은 킹던(J. W. Kingdon)이 미국연방정부의 보건 · 교통정책을 사례로 개발한 모형으로 '정책주창자들이 그들의 관심대상인 정책문제에 주의를 집중시키고, 그들이 선호하는 대안을 관철시키기 위해서 열려지는 기회'로 정의된다.

② 정책주창자

　㉠ 마치(J. G. March)와 올슨(J. P. Olsen)이 제시한 쓰레기통모형을 발전시킨 것이다.

　㉡ '정책의 창'은 정책의제설정에서부터 최고의사결정에 이르기까지 필요한 여러 가지 여건이 성숙될 때 열린다.

　㉢ '정책의 창'은 아주 짧은 일정기간만 열리게 되며, 문제에 대한 대안이 존재하지 않을 경우 닫힐 수 있다. 따라서 정책주창자들이 열려진 정책의 창을 최대한 활용하지 못한다면 다음 번 창이 열릴 때까지 기다려야만 한다.

　㉣ '정책의 창'은 한번 닫히면 다음에 다시 열릴 때까지 많은 시간이 걸리는 편이다.

### (2) 정책결정의 구성요소

문제, 정치, 정책의 흐름이 독자적으로 흘러 다니다가 어떤 계기로 모일 때 결정이 이루어진다.

① 문제줄기(흐름): 해결해야 할 문제

② 정치줄기(흐름): 정권교체 등 정치적 환경조성

③ 정책줄기(흐름): 문제를 해결할 수 있는 정책대안

### (3) 정책창의 개폐 이유

정책의 창은 정책과정의 세 가지 줄기 중에서 정치줄기의 변화에 의해 열리는 경우가 가장 많다. 그중에서도 정권교체를 가장 눈에 띄고 광범위한 영향력을 갖는 정치줄기의 변화라고 본다.

① 정책창이 열리는 계기: 정권교체, 의회의 변동, 국민감정의 변화, 시급한 공공문제의 대두, 돌발적인 우연한 사건 등

② 정책창이 닫히는 이유: 문제의 충분한 논의, 정부행동 유도 불능, 사건의 퇴조, 고위직의 인사이동, 대안의 부재 등

## Theme 03　정책문제의 구조화 기법

고난도

📖 필수편 ▶ P.176

### (1) 3종 오류와 정책문제의 구조화 기법

던(Dunn)은 정책문제를 복잡성과 상호의존성의 정도에 따라 잘 구조화된 문제, 적정하게 구조화된 문제, 잘 구조화되지 못한 문제로 분류한다. 문제구조화는 문제의 감지, 문제의 정의, 문제의 구체화, 문제의 탐색으로 구성되어 있다.

### (2) 정책문제의 분석기법

① 계층분석(hierarchy analysis): 문제시되는 상황을 야기시켰을 것으로 여겨지는 원인(가능한 원인, 개연적 원인, 통제가능한 원인)을 발견하기 위한 분석기법이다. 계층분석은 원인들을 여러 차원으로 구분하여 세밀하게 분석함으로써 문제를 야기시킨 근본적인 원인을 파악하고 그를 통해 문제의 근본적 해결방안을 모색한다.

 농촌빈곤의 원인은 농업소득의 감소와 교육비부담의 증가에서 오는 것이고, 농업소득의 감소는 쌀 생산비의 상승과 쌀값의 하락에서, 쌀 생산비의 상승은 비료값과 농기계값의 상승에서 그 원인을 찾을 수 있다는 것

바로 확인문제

**03**　2018 국가직 9급

킹던(J. Kingdon)의 '정책의 창(policy windows) 이론'에 대한 설명으로 옳지 않은 것은?

① 마치(J. G. March)와 올슨(J. P. Olsen)이 제시한 쓰레기통모형을 발전시킨 것이다.

② 문제 흐름(problem stream), 이슈 흐름(issue stream), 정치 흐름(political stream)이 만날 때 '정책의 창'이 열린다고 본다.

③ '정책의 창'은 국회의 예산주기, 정기회기 개회 등의 규칙적인 경우뿐 아니라, 때로는 우연한 사건에 의해 열리기도 한다.

④ 문제에 대한 대안이 존재하지 않을 경우 '정책의 창'이 닫힐 수 있다.

**04**　2023 지방직 9급

킹던(Kingdon)이 제시한 정책흐름모형에 대한 설명으로 옳은 것만을 모두 고르면?

> ㄱ. 경쟁하는 연합의 자원과 신념 체계(belief system)를 강조한다.
> ㄴ. 쓰레기통모형을 발전시킨 것이다.
> ㄷ. 정책 과정의 세 흐름은 문제흐름, 정책흐름, 정치흐름이 있다.

① ㄱ　　　　　② ㄷ

③ ㄱ, ㄴ　　　④ ㄴ, ㄷ

**05**

정책분석에 있어서 문제구조화에 대한 설명으로 옳지 않은 것은?

① 던(Dunn)은 정책문제를 구조화가 잘 된 문제(well-structured problem), 어느 정도 구조화된 문제(moderately structured problem), 구조화가 잘 안된 문제(ill-structured problem)로 분류한다.
② 구조화가 잘 된 문제의 해결을 위해서 분석가는 전통적인(conventional) 방법을 사용하기도 한다.
③ 문제구조화는 상호 관련된 4가지 단계인 문제의 감지, 문제의 정의, 문제의 추상화, 문제의 탐색으로 구성되어 있다.
④ 문제구조화의 방법으로는 경계분석, 분류분석, 가정분석 등이 있다.

**06**

정책문제의 구조화 기법과 설명이 바르게 연결된 것은?

A. 경계분석(boundary analysis)
B. 가정분석(assumption analysis)
C. 계층분석(hierarchy analysis)
D. 분류분석(classification analysis)

ㄱ. 정책문제와 관련된 여러 구조화되지 않은 가설들을 창의적으로 통합하기 위해 사용하는 기법으로 이전에 건의된 정책부터 분석한다.
ㄴ. 간접적이고 불확실한 원인으로부터 차츰 확실한 원인을 차례로 확인해 나가는 기법으로 인과관계 파악을 주된 목적으로 한다.
ㄷ. 정책문제의 존속기간 및 형성과정을 파악하기 위해 사용하는 기법으로 포화표본추출(saturation sampling)을 통해 관련 이해당사자를 선정한다.
ㄹ. 문제상황을 정의하기 위해 당면문제를 그 구성요소들로 분해하는 기법으로 논리적 추론을 통해 추상적인 정책문제를 구체적인 요소들로 구분한다.

|   | A | B | C | D |
|---|---|---|---|---|
| ① | ㄱ | ㄷ | ㄴ | ㄹ |
| ② | ㄱ | ㄷ | ㄹ | ㄴ |
| ③ | ㄷ | ㄱ | ㄴ | ㄹ |
| ④ | ㄷ | ㄱ | ㄹ | ㄴ |

② **분류분석**(classification analysis): 문제시되는 상황을 정의하고 분류하기 위해 사용되는 각종 개념들을 명확히 하는 기법이다. 문제상황을 나타내는 가난, 범죄, 공해 등과 같은 추상적인 개념들을 특정의 구체적 상황이나 대상으로 나타내는 귀납적 추론과정을 통하여 경험적으로 분류함으로써 당면문제의 구성요소들을 분해한다.
　⑩ 빈곤문제를 부적절한 소득, 문화적 박탈, 심리적 동기 등의 여러 가지 인과적 가정들로 분류

③ **경계분석**(boundary analysis): 문제의 범위를 정의하기 위해서는 현재 분석하고 있는 문제와 다른 문제들과의 관계를 이해하여야 하며, 이를 위해 그 문제의 위치, 문제가 존재했던 기간, 문제를 형성해 온 역사적 사건들을 구체화하는 것이다.

④ **가정분석**(assumption analysis): 문제상황의 인식을 둘러싼 여러 대립적인 가정들을 드러내고 이를 창조적으로 통합(상충적 가정들 간의 합의도출)하는 것을 목표로 하는 분석기법이다.

⑤ **유추분석**(synectics)
　㉠ **개념**: 유추분석은 과거에 등장하였거나 다루어 본 적이 있는 유사한 문제에 대한 분석을 활용하는 방법이다. 이 기법은 기본적으로 새로운 문제인 것처럼 여겨지는 것들도 단지 과거에 등장했던 문제를 새롭게 인식한 것에 불과하기 때문에 현재의 문제를 해결하기 위해서는 지금 다루고자 하는 문제와 유사한 과거의 문제를 제대로 이해하면 문제의 해결대안을 쉽게 찾을 수 있을 것으로 가정한다.
　㉡ **유형**: 유추분석에서는 문제를 분석하기 위해서 '유추(analogy)'를 이용하는데, 유추는 네 가지 유형으로 구분된다. 그리고 분석하고자 하는 문제상황과 유추된 상황이 얼마나 일치하고 있는가에 의해 문제분석의 타당성이 좌우된다.
　　ⓐ **개인적 유추**(personal analogies): 정책분석가 자신이 정책 관련 집단들이 처해 있는 것과 유사한 상태에서 문제상황을 경험해 봄으로써 문제를 파악한다.
　　　⑩ 교통문제를 분석하기 위해 만원버스를 타고 이용객들의 불편을 함께 겪어 보는 것
　　ⓑ **직접적 유추**(direct analogies): 둘 이상의 문제상황 사이의 유사한 관계를 찾아냄으로써 문제를 분석한다.
　　　⑩ 약물중독 문제를 분석함에 있어서 전염병 통제경험을 유추
　　ⓒ **상징적 유추**(symbolic analogies): 다루고자 하는 문제상황과 어떤 상징적 대용물 사이의 유사한 관계를 찾아내어 문제를 분석한다.
　　　⑩ 일정한 기준에 따른 정책의 순환적 결정과정을 자동온도 조절장치에 비교하는 것
　　ⓓ **가상적(환상적) 유추**(fantastic analogies): 정책분석가들이 문제상황과 어떤 가상적인 상황 사이에 일정한 유사성이 있다고 자유롭게 상상해 보는 것이다.
　　　⑩ 안보정책의 경우, 분석가들이 가상적인 핵공격 상태를 전제로 문제를 분석하는 것

⑥ **주관적·직관적 방법**: 브레인스토밍, (정책)델파이 등이 있다.

# Theme 04　관리(경영)과학의 제(諸) 기법

고난도

📖 필수편 ▶ P.181

## 1 관리정보체제(MIS: Management Information System)

MIS란 컴퓨터를 사용하여 의사(정책)결정에 필요한 정보를 수집·가공·축적하여 정보를 체계적이고 능률적으로 관리하며 의사(정책)결정자가 필요로 하는 정보를 제공하여 주는 인간과 기계장치의 통합체제이다.

## 2 EDPS(Electronic Data Processing System)

EDPS는 전자계산기나 컴퓨터에 의해 자료처리를 하는 것으로 대량의 자료를 신속하게 처리할 수 있고, 기억용량이 무한에 가깝다.

## 3 사이버네틱스(cybernetics)

외부환경의 변화에 대응하면서 행정 목적을 달성하기 위한 최적의 동작을 취할 수 있도록 자동적으로 제어해 나가는 관계를 명시한 이론·설계 또는 장치이다.

## 4 운영연구(OR: Operations Research)

OR은 2차 세계대전 중 (군사)작전 선택을 위한 수단으로 영국의 과학자들에 의해서 사용된 것이며, 조직 전체와 관련하여 계량적·수리적 모형으로 문제해결의 최적 방법을 밝히는 기법이다.

## 5 PERT와 CPM

PERT(Program Evaluation and Review Technique)와 CPM(Critical Path Method)은 2차 세계대전 이후 종래의 계획수단으로는 도저히 수행하기 어려운 대규모의 우주개발사업, 원자로의 건설, 군수사업, 각종 건설사업 등의 소요시간을 단축하고 비용을 절감할 목적으로 발달한 것이다.

### (1) PERT

① 비정형적인 신규사업(우주사업, 고속전철 등)이나 비반복적 사업의 성공적 달성을 위한 경로계획 또는 시간공정관리기법으로서의 관계망 분석이다.
② PERT에서 '주활동'이란 각 공정단계 중에서 최장기간이 소요되는 활동경로를 말하며, 이는 CPM과 유사하다.

### (2) CPM

최소의 거리(경로), 또는 최소의 시간과 비용으로 사업을 완수하기 위하여 설계되는 경로공정관리기법인 PERT의 '주활동'에 해당되는 개념을 CPM에서는 주공정(critical path)이라 한다.

### (3) PERT와 CPM의 기본원칙

① 공정원칙: 모든 계획공정은 반드시 완성되어야 한다.
② 단계의 원칙: 모든 활동은 선행활동과 후속활동을 가진다.
③ 활동의 원칙: 선행단계 성립 후 다음 단계에 착수한다.
④ 연결의 원칙: 앞단계로 되돌아올 수 없다는 일방통행의 원칙이다.

---

**바로 확인문제**

**07**　2011 경찰간부

던(W. Dunn)의 정책문제 구조화 방법에 관한 설명으로 가장 옳지 않은 것은?

① 계층분석은 문제상황의 발생에 영향을 줄 수 있는 다양한 원인들을 식별하기 위한 기법이다.
② 경계분석은 문제상황을 정의하고 분류하기 위해 개념을 명백하게 하는 기법이다.
③ 브레인스토밍은 문제상황을 식별하고 개념화하는 데 도움을 주는 아이디어, 목표, 전략을 끌어내기 위한 방법이다.
④ 유추분석은 과거에 다루어 본 적이 있는 문제와의 관계 분석을 통해 문제를 정의하는 기법이다.

**08**　2008 국가직 7급

정책문제의 구조화에 이용되는 기법들 중 연결이 옳은 것은?

① 경계분석(boundary analysis) − 문제의 구성요소 식별
② 계층분석(hierarchy analysis) − 문제상황의 원인 규명
③ 유추분석(analogy analysis) − 상충적 전제들의 창조적 통합
④ 분류분석(classification analysis) − 문제의 위치 및 범위 파악

**09**　2005 국가직 7급

다음 정책문제 구조화의 기법을 설명한 것 중 옳지 않은 것은?

① 계층분석은 문제상황의 가능성 있는 원인을 식별하기 위한 기법이다.
② 시네틱스(synetics)는 유사한 문제의 인식을 촉진하기 위하여 고안된 방법이다.
③ 브레인스토밍(brainstorming)은 문제상황을 식별하고 개념화하는 데 도움을 주는 아이디어, 목표, 전략을 끌어내기 위한 방법이다.
④ 경계분석은 문제상황을 정의하고 분류하기 위하여 사용되는 개념을 명백하게 하기 위한 기법이다.

**10**

정책분석기법 중 시네틱스(synetics)에 대한 설명으로 틀린 것은?

① 개인적 유추 – 분석가가 마치 정책결정자처럼 문제를 경험하고 있는 것으로 상상한다.

② 직접적 유추 – 분석가가 두 개 이상의 문제상황 사이의 유사한 관계를 탐색한다.

③ 상징적 유추 – 분석가가 약물중독의 문제를 구조화하는 데 전염병의 통제경험으로부터 유추한다.

④ 환상적 유추 – 분석가가 핵공격에 대한 방어의 문제를 구조화하기 위해 상상적인 상태에서 유추한다.

**11**

법원등기소에서 서비스를 받기 위한 고객의 도착시간과 서비스시설의 서비스시간이 다르기 때문에 행정서비스를 받기 위해 기다리는 시간을 사회적 비용이라는 전제하에 이를 최소화하기 위한 분석기법은?

① 비용효과분석

② 의사결정나무분석

③ 마르코프모형

④ 대기행렬이론

**12**

미래예측기법 중 시뮬레이션(모의실험)의 장점으로 보기 어려운 것은?

① 투입과 산출의 관계를 명확하게 예측할 수 있다는 장점이 있다.

② 비용과 위험을 줄일 수 있다.

③ 실수를 미연에 방지할 수 있다.

④ 장래에 나타날 문제점들을 예측하는 데 이용할 수 있다.

## (4) PERT의 효용

① 업무수행에 따른 문제점을 사전에 예측: 문제점에 대한 조치를 사전에 취할 수 있다.

② 비반복적인 대규모 국가사업의 추진에 유리하게 사용: 네트워크체제의 도입으로 동시에 진행해야 할 사업과 선후관계에 놓인 사업 등 사업 상호 간의 유기적인 연관성이 명확해지고, 진도관리가 보다 정확하고 책임이 분명해지므로 대규모 국가사업의 추진에 유리하다.

③ 기간 예측 가능 및 비용 절감: 계획수행 상태가 명확하게 된다.

④ 한정된 자원의 효율적 사용: 최적계획안의 선택이 가능하며 자원배분에 있어 그 효과를 미리 예측할 수 있다.

## 6 대기이론(waiting theory)

① 대기이론은 하나의 서비스 체계에서 기대 행렬의 길이와 서비스를 하는 단위들의 대기시간을 통제하기 위하여 적정한 서비스 절차와 통로의 수 및 대기규칙 등을 발견하기 위한 이론이다. 통행료징수소, 은행창구, 우체국, 자료처리실 등에 사용될 수 있다.

② 예를 들어, 법원등기소에서 서비스를 받기 위한 고객의 도착시간과 서비스시설의 서비스시간이 다르기 때문에 행정서비스를 받기 위해 기다리는 시간을 사회적 비용이라는 전제하에 이를 최소화하기 위한 분석기법을 의미한다.

## 7 시뮬레이션(simulation)

시뮬레이션은 복잡한 사회문제를 풀기 위하여 그 사회현상과 유사한 모형을 만들고 그 모형을 조작함으로써 적절한 해답을 얻고자 하는 방법이다.

## 8 게임이론(game theory)

① 어떠한 상황에 대해 복수의 의사결정자가 존재하고, 각자가 각각 복수의 대체적인 행동안을 가지고 있는 경우, 즉 특정의 의사결정자에 의한 특정의 행동안의 선택결과가 다른 의사결정자의 행동안의 선택에도 좌우될 때, 그 상호의존적 내지 상호 관련적인 상황을 '게임'이라 하고, 이 게임의 이론적 분석체계를 '게임이론'이라 한다. 죄수의 딜레마는 게임이론의 한 예이다.

② 게임이론은 불확실하고 상충(경쟁)적인 상황하에서의 의사결정전략이다. 참여자들은 기본적으로 자기이익을 극대화하기 위하여 노력하는 합리적 행위자라는 입장이며, 의사결정자들은 동시에 균등한 기회에서 확률을 계산하고 이에 의하여 행동대안을 선택한다고 본다. 따라서 참여자들은 우월적 전략(상대방이 어떤 전략을 선택하든 자신에게 더욱 유리한 결과를 가져오는 전략)에 따라 의사결정을 한다.

## 9 선형계획과 민감도 분석

### (1) 선형계획(LP: Linear Programming)

일정한 제약요건하에서 한정된 자원을 여러 가지 경쟁적인 활동에 가장 적절한 방법으로 배분하는 문제와 관련된 의사결정 분석기법이다. 즉, 주어진 한계하의 최적화모형이다.

## (2) 민감도 분석

선형계획법으로 도출해 낸 최적해가 변수에 따라 어떻게 달라지는가를 분석하여 불확실성을 감소시키는 기법이다. 즉, 정책대안의 결과들이 모형상의 파라미터 변화에 얼마나 민감한지를 알아보려는 분석기법이다.

## 10 동적계획법(dynamic programming)

효과가 장기간에 걸쳐 발생하는 상호 관련된 의사결정의 문제를 하나로 결합하여 전체적인 최적해를 구하고자 하는 방법이다.

## 11 시계열분석(투사법, 경향분석)

시간적 변동추이를 분석하여 경향을 분석한 다음 그것을 토대로 미래를 투사·예측하는 기법이다.

## 12 회귀분석

① 통계적 관계를 이용하여 독립변수와 종속변수 간의 함수적인 인과관계를 도출하여 미래를 예측하는 기법이다. 회귀라는 말은 '다시 본래의 자리로 돌아온다.'라는 뜻으로, 이를 통계분석에 처음으로 사용한 사람은 영국의 우생학자인 갈튼(Galton)이다. 아버지의 키와 아들의 키의 관계식에서 아들의 키는 인간의 평균 키로 회귀하려는 경향이 있다고 주장하였다. 이를 계량적으로 처음 분석한 사람은 피어슨(Pearson)이다.

② 회귀분석이란 용어는 키의 회귀관계를 나타내는 분석으로 사용되었으나, 차츰 세월이 흐르면서 변수들 간의 함수관계를 데이터로부터 분석하는 통계적 방법을 회귀분석이라고 이해하게 되었으며, 오늘날에도 이 용어들은 그대로 사용되고 있다.

## 13 마르코프 사슬(Markov chain)

초기 조건이 확산되어, 일정한 과정을 거쳐 어떠한 결과를 가져오는지를 판단하는 것이다.

## 14 목적계획법(goal programming)

### (1) 등장 배경

선형계획법에 있어서는 대상이 되는 조직의 목표가 한 개의 선형의 식으로 표현될 수 있음을 가정하고 있으나, 실제로는 한 개의 척도로 조직의 성과를 측정하기 어려울 때가 많이 있다. 대부분의 경영자들은 전략적 차원에서 이익의 추구뿐 아니라 시장점유율의 유지, 제품의 다양화를 통한 위험분산, 조직의 성장, 판매가격유지 등 여러 가지의 목적을 생각하고 있다. 이러한 여러 개의 목적을 동시에 성취하는 방법을 구하기 위하여 고안된 접근방법이 목적계획법이다.

### (2) 주요 내용

① 목적계획법에서는 여러 가지 목적들의 목표치를 설정하여 놓고 목표치에서부터의 차이를 줄여나가게 된다.

바로 확인문제

**13**           2003 선관위 9급

게임이론에 대한 설명이 <u>아닌</u> 것은?

① 여러 사람이 모여서 자유분방하게 의견을 교환하는 질적 분석기법이다.

② 불확실하고 상충적 상황하에서의 의사결정전략이다.

③ 참여자들은 기본적으로 자기이익을 극대화하기 위하여 노력하는 합리적 행위자라는 입장이다.

④ 의사결정자들은 동시에 균등한 기회에서 확률을 계산하고 이에 의하여 행동대안을 선택한다.

**14**           2004 부산 9급

선형계획(linear programming)은 다음 중 어떠한 분석기법인가?

① 주어진 한계하의 최적화모형

② 대안별 비용−효과성분석

③ 일정의 조정과 관리계획

④ 갈등적 의사결정상황하에서 상대방의 행태에 따른 대응전략 분석

**15**           2001 사법고시

일정한 제약 요건하에서 한정된 자원을 최적으로 결합하여 이윤극대화 또는 비용극소화 전략을 강구하는 데 유용한 관리기법은?

① PERT, CPM

② 경로분석(path analysis)

③ 선형계획(LP: Linear Programming)

④ 재고관리모형(inventory model)

⑤ 비용효과분석(cost effectiveness model)

**16** 2017 국가직 7급 추가채용

정책분석기법에 대한 설명으로 옳지 않은 것은?

① 의사결정나무(decision tree)를 활용한 분석모형에서는 상황의 불확실성을 고려한다.
② 추세 연장에 의한 예측에서 가장 표준적인 방법은 선형 경향 추정(linear trend estimation)이다.
③ 칼도-힉스 기준(Kaldor-Hicks criterion)은 전통적인 비용편익분석(cost-benefit analysis)의 기초가 된다.
④ 교차영향분석(cross-impact analysis)은 불완전한 정보를 가지고 있는 모형 내의 파라미터의 변화에 따라 대안의 결과가 어떻게 반응하는지를 분석하는 기법이다.

**17** 2008 군무원 9급

독립변수와 종속변수의 관계의 형태와 크기를 정확히 측정하여 독립변수 한 단위 증가에 따른 종속변수의 변화량을 알아보는 분석기법은?

① 회귀분석　　② 분산분석
③ 상관분석　　④ 다차원척도

**18** 2001 사법고시

어느 정책평가자는 독립변수 한 단위 증가에 따른 종속변수의 변화량에 대해 관심이 많다고 한다. 다음 분석기법 중 가장 유용한 것은 어느 것인가?

① 상관분석　　② 분산분석
③ 회귀분석　　④ 평균차의 검증
⑤ 요인분석

---

② 수학적으로 볼 때 목표계획법은 선형계획법과 크게 다를 바 없으나 의사결정모형을 개발함에 있어서 종래의 선형계획모형은 각 제약식들의 최대 또는 최소 허용치 이내에 들어가는 해 중에서 목적식의 값이 최대 또는 최소화되는 해를 구하였다. 반면, 목적계획법에서는 여러 개의 목적식들의 목표치를 미리 설정하고 목표치를 미달하는 목적식들의 경우 그 미달치가 가능한 한 적게 되는 해를 얻고자 한다.

③ 목표치를 미달하는 목적식들이 여러 개 발생한 경우, 어느 것의 미달치를 우선적으로 줄일 것인가를 결정할 필요가 있다. 즉, 목적계획법은 상충되는 목표들 간의 우선순위를 가중치를 통하여 밝히는 방법으로 여러 상위목적을 취급하는 의사결정문제를 다룬다.

### 15 다단계의사결정모형 또는 의사결정수이론(decision tree theory)

① 불확실한 상황하에서 확률을 지속적으로 추정하고 새로운 정보입수에 의해 확률을 단계적으로 수정해 나가면서 최종적으로 가장 합리적인 의사결정을 해 나가려는 분석기법을 말한다.

② 축차적 결정(sequential analysis)이라고도 하며, 베이즈(Bayes)의 정리에 바탕을 두고 있다.

**┃ 베이지안(Bayesian) 결정이론**

사전확률의 형태로 주관확률을 추정하고, 이를 정보에 의한 수정으로 사후확률을 계산함으로써 주관적 판단과 객관적 정보를 유기적으로 결합시켜 정확한 최종적 의사결정을 도출하기 위한 기법이다.

### 16 라플라스기준(Laplace criterion)

불확실성하의 의사결정의 기준에는 여러 가지가 있지만 라플라스기준이란 각 대안선택에 따른 모든 가능한 성과들의 '평균값'을 의사결정의 기준으로 삼는 것이다. 평가기준은 기본적으로 상황 S1, S2, S3이 발생할 확률이 동일하다는 가정에 근거를 두고 있으며, 이러한 가정은 '불충분이유의 기준(criterion of insufficient reason)'에 따라 타당성이 인정될 수도 있다. 즉, 한 상황(예를 들어, S1)이 다른 상황(예를 들어, S2)보다 일어날 가능성이 좀 더 높다고 믿을 아무런 근거가 없다면 이 세 가지 상황이 벌어질 가능성은 동일하다고밖에 할 수 없을 것이다. 이 경우에는 상당한 타당성을 가질 수 있다.

---

**Theme 05　불확실성과 결과예측**　

#### (1) 정책분석에서의 불확실성

① **개념**: 불확실성은 올바른 의사결정을 위하여 알아야 할 것과 실제로 알고 있는 것과의 차이, 정책대안의 성공에 영향을 미치는 요소들에 대한 예측불가능성을 말한다.

② **분류**: 정책의 올바른 결정을 위해서 알아야 할 요소들은 여러 가지가 있는데, 정책결정에서 불확실하게 느끼는 대상을 기준으로 불확실성을 분류하면 다음과 같다.

㉠ 정책목표로서 바람직한 것이 무엇인지 모르는 경우

　㉡ 정책문제의 내용이나 원인을 확실히 모르는 경우

　㉢ 정책대안의 종류가 어떠한 것이 있는지 모르는 경우

　㉣ 어떠한 정책대안이 가져올 결과가 어떻게 될 것인지 모르는 경우

　㉤ 정책대안의 비교·평가기준으로서 바람직한 것이 무엇인지 모르는 경우

## (2) 불확실성의 발생요인

의사결정에서의 불확실성을 발생시키는 1차적 원인은 문제상황에 대한 '모형(model)의 불확실성'과 모형 속에 포함된 '변수에 대한 자료의 부족'이며, 이러한 모형의 불확실성과 자료의 부족을 발생시킨 원인은 또 두 가지로 나누어 볼 수 있다. 모형을 작성·이용하는 사람의 특성과 모형의 대상이 되는 문제상황의 특성이 그것이다.

### ① 모형을 작성·이용하는 사람의 특성

　㉠ 모형을 작성하고 이용하는 사람의 지식·시간·경비가 모형의 정확성과 자료의 정확성을 크게 좌우하는데, 경비나 시간이 부족하면 자료수집이 어려워지고 모형의 내용에 대한 치밀한 검토와 작성을 할 수가 없다.

　㉡ 모형을 작성·이용하는 자가 지닌 지식으로서 모형의 작성에 영향을 미치는 요인은 문제상황에 대한 이론, 과거의 정책, 외국의 정책에 대한 전문지식과 이를 모형화할 수 있는 능력을 의미한다. 이들은 그 분야에 대한 전문적 교육과 오랫동안의 경험에 의하여 축적된다.

### ② 모형의 대상이 되는 문제상황의 특성: 모형과 자료의 정확성을 좌우하는 요인으로 가장 많이 논의되고 검토된 것이 정책문제상황의 복잡성과 동태성의 정도이다. 이 양자는 모형의 정확성 또는 예측력을 좌우하기도 하고 동시에 관련 변수에 대한 자료수집의 난이도를 좌우하기도 한다.

　㉠ 정책문제상황의 복잡성

　　ⓐ 문제발생의 원인이 다수일수록, 또 이들 간의 관계 및 이들과 문제와의 관계가 복잡할수록 그 정도가 커진다.

　　　🔵예) 가뭄으로 인한 쌀의 감산에 비해서 청소년 범죄는 그 원인도 다양하고 원인들 간의 관계도 복잡하며, 그 원인들과 청소년 범죄와의 관계도 복잡하다.

　　ⓑ 문제상황이 복잡해지면 정책문제 발생의 원인들 간의 관계 및 원인들과 문제와의 관계 등에 대한 모형의 작성이 극히 어렵게 된다. 따라서 변수 간의 인과관계의 강도만이 아니라, 방향에 대해서까지도 잘못된 내용을 모형 속에 포함시킬 수 있으며, 무수한 변수들에 대하여 현재 어떤 상태에 있고 장래에 어떤 상태가 될 것인지 알아야 하므로 정보수집도 매우 어려워진다.

　㉡ 정책문제상황의 동태성

　　ⓐ 문제발생의 원인과 이에 관련된 조건들이 시간이 흐름에 따라 변화하는 정도를 의미한다. 국제적인 위기와 같은 경우에 상황이 수시로 변하게 되는데 이때 문제상황은 극히 동태적이라고 할 수 있다.

　　ⓑ 정책문제상황이 동태적이 되면 문제발생의 원인이나 관련 변수들의 값이 수시로 변화하게 된다. 특히 정책대안을 집행할 미래에는 이러한 변수들의 값이 어떻게 변해 버릴지 모르기 때문에 미래의 관련변수나 원인변수의 값을 파악·예측하는 것이 매우 어렵다.

**19**       2009 지방직 7급

다음을 읽고 물음에 답하시오.

> 미국에서 발간된 콜만 보고서(Coleman report)는 학생들의 학업 열성과 학업성취도에 대한 학교의 영향을 분석한 것이다. 이 보고서에 따르면, 학급의 학생 수, 학생 1인당 예산, 도서관이나 실험실 시설, 교사의 봉급, 교과과정의 질 등 종래 교육정책결정자들이 중요하게 생각했던 요인들이나 학생들의 성별 등은 학업 열성이나 학업성취도에 영향을 미치지 않으며, 학생들의 가정환경과 학급동료의 가정환경이 중요한 것으로 나타났다. 이런 분석결과를 바탕으로 강제버스통학(busing) 정책이 실시되었다.

콜만 연구에서는 학업성취도 영향 요인을 분석하기 위해 회귀분석을 실시하였다. 이 회귀분석에서 사용된 다양한 독립변수 중에서 정책변수로 고려될 수 <u>없는</u> 것은 무엇인가?

① 학생들의 가정환경

② 학급당 학생들의 인종구성비율

③ 학생 1인당 예산

④ 교과과정의 질

**20**       2007 국가직 9급

다음 〈청산표〉에서 평균기댓값 기준(Laplace의 기준)에 의해 선택될 최적 대안은?

〈각 상황별 각 대안의 청산표〉

(단위: 억 원)

| 상황＼대안 | S1 | S2 | S3 |
|---|---|---|---|
| A1 | 50 | 20 | −10 |
| A2 | 30 | 24 | 15 |
| A3 | 25 | 25 | 25 |

① A1 대안      ② A2 대안

③ A3 대안      ④ 대안 선택 불가능

ⓒ 때에 따라서는 모형에서의 파라미터(원인의 결과에 대한 영향력이나 관련변수의 영향력 등)가 바뀌기도 하는데 그 결과 모형의 주요 기능인 예측능력은 크게 제약받게 된다.

ⓒ 정책문제상황의 복잡성과 동태성: 정책문제상황이 복잡하면서도 동태적이 되면 위의 어려움이 더욱 가중되며, 정책문제상황은 극도의 불확실성하에 놓이게 된다.

### (3) 불확실성의 대처방안

① 적극적인 불확실성 극복방안: 먼저 불확실한 것을 확실하게 하려는 적극적인 불확실성 극복방안은 그 성질에 따라 상황에 대한 정보의 획득이나 모형을 개발하는 방법과 불확실성을 발생시키는 상황 자체를 통제하는 방법 등 크게 두 가지로 나눌 수 있다.

ㄱ 상황에 대한 정보의 획득이나 모형을 개발하는 방법: 가장 이상적인 불확실성 극복방법은 이론이나 모형의 개발로서 정책대안과 결과의 관계를 명확히 하고 이들이 현실에 적용될 때 개입되는 여러 가지 조건이나 상황변수들에 대한 정보를 획득하여 정책대안이 가져올 결과를 확실하게 예측하도록 하는 방법이다.

ⓐ 상황이 지나치게 복잡하거나 동태적인 정책대안의 결과를 즉시 예측하려고 하지 말고 가능한 한 시간을 늦추어, 보다 많은 정보를 얻고 예측가능성을 높여서 예측하면 불확실한 상황이 보다 확실해질 수 있다. 즉, 최선의 방법은 아니지만 시간을 벌면서 정보를 획득하는 방법이다. 이처럼 시간을 끄는 방법의 극단적인 경우가 바로 시행착오를 인정하는 점증주의의 주장이다.

ⓑ 점증주의에 따르면 정책대안들의 결과를 미리 정확하게 예측하지 않고 직관적으로 또는 주먹구구식으로 예측하여 이를 근거로 정책대안을 선정하고, 이를 확정적인 정책으로 고려하지 않고 집행 도중에 환류되는 정보를 이용하여 정책대안들의 결과를 다시 예측하고, 이에 따라 이미 채택된 정책대안을 수정·보완하는 식으로 불확실성을 극복한다.

ⓒ 이 외에도 정책대안의 결과에 대한 불확실성을 극복하되, 시행착오적인 방법의 근본 아이디어를 보다 체계화하여 정식으로 채택한 정책실험과 전문가의 주관적 판단에 의존하여 불확실성을 극복하는 정책델파이·집단토의 등의 방법도 있다.

ㄴ 불확실성을 발생시키는 상황 자체를 통제하는 방법: 불확실한 상황을 확실하게 함으로써 불확실성을 적극적으로 극복하는 방법은 불확실성을 발생시키는 상황 자체를 통제하는 것이다.

ⓐ 동일한 상품을 2개 또는 3개의 기업체에서 경쟁공급하고 있는 경우에 특정 기업체는 그들의 경쟁업체, 소비자 등의 기업환경에 대하여 예측을 하면서 의사결정을 하여야 한다. 그러나 이 예측이 어려워서 극히 불확실한 상황에 직면하게 된다. 이때 기업체들은 이러한 불확실성을 제거하기 위하여 환경과 흥정(협상이나 타협)한다. 기업체들은 환경을 외생적 변수로서 예측되어야 할 사항으로 취급하기보다는 이 환경을 통제 가능하도록 하는 방법을 찾으려고 노력한다.

---

**21** 2010 서울시 7급

불확실성은 미래예측, 전략경영 등에 요구되는 지식의 부족 때문에 발생하는 현상이다. 불확실성의 대처방안으로 적합하지 않은 것은?

① 휴리스틱스(heuristics)의 활용
② 가외성 장치의 활용
③ 표준화
④ 총체적 합리성의 확보
⑤ 문제의식적 탐색(problematic search)

**22** 2017 교육행정직 9급

정책과정에서 정책결정자가 불확실한 것을 확실하게 하려는 '불확실성의 적극적 극복방안'에 해당하는 것만을 〈보기〉에서 있는 대로 고른 것은?

┌─ 보기 ─
ㄱ. 민감도 분석
ㄴ. 이론 개발
ㄷ. 정책델파이
ㄹ. 정보의 충분한 획득
└─────

① ㄱ, ㄷ
② ㄱ, ㄴ, ㄹ
③ ㄴ, ㄷ, ㄹ
④ ㄱ, ㄴ, ㄷ, ㄹ

**23** 2019 지방직 9급

정책환경의 불확실성을 극복하는 대처방안 중 소극적인 방법에 해당하는 것은?

① 상황에 대한 정보의 획득
② 정책실험의 수행
③ 협상이나 타협
④ 지연이나 회피

ⓑ 외적 상황에 따라 정책대안의 결과가 달라지고 그 외적 상황이 동태적으로 변화하는 경우는 이 전략이 아주 좋은 불확실성 극복방법이 된다.

ⓒ 국가와 국가 간의 관계에서 조약을 맺는 것도 이러한 예에 해당한다.

② 소극적인 불확실성 극복방안

㉠ 불확실성을 주어진 것으로 보고, 불확실한 상태하에서 정책대안의 결과예측이나 정책결정을 진행하여 불확실성에 대처하는 소극적인 방법도 많이 있다. 이것은 앞에서 본 적극적 방법에 보완적으로 사용되거나 또는 적극적 방법들이 적용될 수 없을 경우에 사용되는 방법이다. 그러나 이 소극적 방법이 적극적 방법보다 덜 중요하다는 뜻은 아니다. 오히려 이 방법들은 훨씬 실용적이라는 장점이 있다.

㉡ 많은 학자들은 불확실성하에서도 가급적 정확한 예측을 바탕으로 최선의 정책대안을 선택할 수 있는 여러 가지 다양한 기법들을 개발하고 있다. 이 소극적 방법의 대표적인 것으로는 보수적인 접근방법, 중복성의 확보방안, 민감도 분석, 악조건가중 분석, 분기점 분석, 지연이나 회피 등을 들 수 있다.

ⓐ 보수적 접근방법: 불확실성하에서 발생될 최악의 경우가 실제로 나타나리라고 전제하고, 이 전제하에서 정책대안의 결과를 예측하여 최선의 대안을 선택하는 방법이다.

ⓑ 중복성 확보방안: 정책대안의 결과가 어떻게 될지 불확실할 때, 이 정책대안의 추진을 위해서 일종의 중복적 수단을 보유하도록 하고 이 중복적 보유수단을 추진하는 데 소요될 비용을 이 정책대안의 비용으로 계상하여 타 대안들과 비교하도록 하는 것을 들 수 있다.

ⓒ 민감도 분석: 정책대안의 결과들이 여러 가지 파라미터 혹은 내외적인 상황의 변화에 얼마나 민감한지를 파악하는 것을 말한다.

ⓓ 악조건가중 분석: 예비분석이나 현재까지의 분석결과로 보아서 가장 우수하다고 판단되는 정책대안에 대하여 그 결과를 다시 예측하되, 결과를 좌우하는 요인에 불확실성이 있을 때, 우수한 정책대안에 대해서는 최악의 상태가 발생하리라고 가정하고, 나머지 대안들은 최선의 상태가 발생하리라는 가정하에서 각 대안들의 결과를 다시 예측하는 방법이다. 이런 방식으로 예측하였음에도 불구하고 애초에 우수한 것으로 판단된 대안이 여전히 우수하다면 자신 있게 그 대안을 채택할 수 있다.

ⓔ 분기점 분석(break-even analysis): 최선 및 차선으로 예상되는 몇 가지 대안들을 대상으로 하여 이 대안들이 동등한 결과를 산출하기 위해서는 불확실한 요소들에 대해서 어떠한 가정들을 해야 하는지를 파악하는 방법이다. 이렇게 가정들이 만들어지면 이것을 그 분야의 전문가들에게 의뢰하여 어떠한 가정이 그럴듯한지 판단하도록 한 뒤 가장 발생가능성이 높다고 생각되는 가정을 지닌 정책대안을 최선의 대안으로 판단한다.

바로 확인문제

**24**     2010 국가직 9급

미래에 대한 불확실성을 주어진 조건으로 보고 그 안에서 결과를 예측하는 방법으로, 미래에 발생할 수 있는 최악의 상황을 전제하고 정책대안의 결과를 예측하는 방법은?

① 중복적 또는 가외적 대비(redundancy)
② 민감도 분석(sensitivity analysis)
③ 보수적 결정(conservative decision)
④ 분기점 분석(break-even analysis)

**25**     2007 국가직 7급

다음은 정책분석과정에서 직면하게 되는 불확실성을 최소화하기 위해 적용되는 분석기법에 대하여 설명한 것이다. 잘못 설명되고 있는 것은?

① 민감도 분석(sensitivity analysis)은 정책대안의 결과들이 모형상의 파라미터의 변화에 얼마나 민감한지를 알아보려는 분석기법이다.
② 델파이 분석(delphi analysis)은 전문가 집단으로부터 반복된 설문지를 통하여 어떤 문제에 대한 개연성이 높은 것을 추정하여 불확실성을 극복코자 하는 방법이다.
③ 분기점 분석(break-even analysis)은 가장 두드러진 대안에 불리한 값을 대입하여 우선순위의 변화를 통해 종속변수의 불확실성을 해결하기 위한 것이다.
④ 상황 분석(contingency analysis)은 정책 환경에 대한 불확실성을 최소화하기 위한 것으로 상이한 조건하에서의 우선순위 변화를 통해 분석한다.

**26**

P광역시는 몇 개의 군소 시로 구성되어 있다. 광역시 전체를 관할하는 대형공항이 하나 있지만, 이것과는 별도로 각 군소 도시별로 공항을 가지고 있다. 그래서 군소 도시 중 하나인 T시는 자체공항에 대한 미래의 전략을 다음과 같이 가지고 있다.

- S1: 현재 관리하고 있는 공항을 개인에게 매각하여 그 매각대금으로 공항 관련 보조금을 지불하여 서비스의 질을 높이는 방안
- S2: 현재대로 관리를 유지하는 방안
- S3: 현재보다 서비스를 확대하는 방안
- S4: 공항을 폐쇄하는 방안

그런데 항공수요에 대한 미래의 상황은 N1: 수요감소, N2: 현상유지, N3: 수요증가로 예측되며 이에 대한 이득표는 다음과 같다.

| 구분 | N1 | N2 | N3 |
|---|---|---|---|
| S1 | 20 | 30 | 40 |
| S2 | 0 | 50 | 60 |
| S3 | −50 | 10 | 100 |
| S4 | 10 | 0 | −40 |

불확실한 상황에서 낙관적인 견해(Maximax)의 기준으로 볼 때 가장 바람직한 전략은?

① S1    ② S2    ③ S3    ④ S4

**27**

다음 사례에서 최대최솟값(Maximin) 기준에 의한 대안과 그에 따른 이득의 크기는?

K시는 복합시민센터의 이용수요를 향상시킬 목적으로 리모델링을 진행하고자 한다. 시민의 이용수요 상황에 따른 각 대안의 이득에 대한 표는 다음과 같다.

| 상황 / 대안 | S1(수요 낮음) | S2(수요 보통) | S3(수요 높음) |
|---|---|---|---|
| A1(소규모) | 15 | 20 | 50 |
| A2(중규모) | 20 | 40 | 80 |
| A3(대규모) | 10 | 70 | 100 |

| | 대안 | 이득의 크기 |
|---|---|---|
| ① | A1 | 15 |
| ② | A1 | 50 |
| ③ | A2 | 20 |
| ④ | A2 | 80 |
| ⑤ | A3 | 100 |

---

## Theme 06   불확실성하의 의사결정기준

### (1) 최대극대화(Maximax)기준 – 낙관적 기준

| 상황 대안 | $S_1$ | $S_2$ | $S_3$ | $S_4$ |
|---|---|---|---|---|
| I | 4 | 4 | 0 | 2 |
| II | 2 | 2 | 2 | 2 |
| III | 0 | 8 | 0 | 0 |
| IV | 2 | 6 | 0 | 0 |

① 상태의 발생확률을 모를 경우 적용되는 비확률적 의사결정기준으로, 미래의 상황이 자신에게 유리하게 전개될 것이라고 가정한다.

② 유리한 상황에서의 이익(각 대안의 최댓값) 중에서 최댓값을 갖는 대안을 선택하면 I: 4, II: 2, III: 8, IV: 6이 나타날 것이라고 낙관적으로 생각하고, 최댓값 8을 갖는 III의 대안을 선택한다.

### (2) 최소극대화(Maximin)기준 – 비관적 기준

① 미래의 상황이 자신에게 불리하게 전개될 것이라고 가정한다.

② 불리한 상황에서의 이익(각 대안의 최젓값) 중에서 최댓값을 갖는 대안을 선택(Rawls의 정의론에서 무지의 베일에 있는 당사자들이 선택하는 의사결정규칙, 안전제일주의적 입장)하고 각 대안의 최저이익 0, 2, 0, 0 중에서 최댓값이 2인 II의 대안을 선택한다.

### (3) 라플라스(Laplace)기준 – 기대효용극대화 기준

① 모든 장래의 가능성은 같은 확률을 갖는다고 가정한다(상황별 발생확률을 1/N으로 고정하여).

② 평균기댓값이 극대화인 대안을 선택한다. $E(I) = 4(1/4) + 4(1/4) + 0(1/4) + 2(1/4) = 2.5$이므로 대안 I을 선택한다.

### (4) 후르비츠(Hurwicz) 기준

① 대부분의 의사결정자는 완전한 낙관주의자도 아니고 비관주의자도 아니므로, 낙관적 기준(맥시맥스)과 비관적 기준(맥시민)을 절충한다.

② 낙관성의 정도를 나타내는 낙관계수(a: 1에 가까울수록 낙관적)를 선택하도록 하여, 실현치[=a(최댓값)+(1−a)(최솟값)]에 따라 의사결정한다.

### (5) 세비지(Savage)기준 – 미니맥스후회(Minmax regret) 기준

불확실한 상황에서 얻을 수 있는 최대이익과 실제 의사결정의 결과로 얻는 실제이익의 차이(최대기회비용)를 표시하여, 최대기회비용(최대후회값)이 최소인 대안을 선택한다.

고난도　한두번 출제

📖 필수편 ▶ P.174

**(1) 문제의 인지 및 정의**(definition)

**(2) 목표의 설정**

**(3) 정책대안의 탐색**

정책대안의 원천은 다음과 같다.

① 과거의 정책사례는 현실적으로 가장 중요한 원천이다.

② 외국이나 다른 지방자치단체의 경험도 중요한 정책대안의 원천이 된다.

③ 이미 알고 있는 지식이나 이론, 기술 등을 바탕으로 모형을 설정하고 이를 통해 정책대안을 도출하는 방법도 있다.

④ 이와 같은 것이 존재하지 않을 때는 브레인스토밍(brain storming)과 정책델파이 (policy delphi) 같은 주관적 또는 직관적인 방법을 사용하는 수밖에 없다.

**(4) 정책대안의 결과예측**

① 주관적 판단에 의한 예측방법

　㉠ 예측자가 개인적으로 또는 집단을 이루어 예측을 하는 방법이다.

　㉡ 구체적인 예측기법에는 개인적인 판단이나 델파이, 패널토의, 자유토론, 유추, 비계량적 각본작성 등이 있다.

② 시계열자료에 의한 예측방법

　㉠ 기존자료를 통해 일정한 경향을 파악함으로써 미래를 예측하는 통계적 방법이다.

　㉡ 예를 들어, 시계열예측에서는 자료의 충분성이 우선적으로 필요하고, 아울러 그 자료가 어떤 경향성을 띠고 있어야 한다. 여기서 경향성은 자료가 순환, 증가, 감소, S자의 성장곡선들의 형태를 보임을 말한다.

③ 인과관계를 통한 예측방법

　㉠ 예측대상 분야와 관련이 있는 변수를 알고 이들 사이의 관계를 안다고 할 때 이를 토대로 미래를 예측하는 방법이다. 이들 인과관계는 비교적 정교한 수학적인 모형일 경우도 있지만 때로는 비계량적인 이론일 경우도 있다.

　㉡ 이에 속하는 예측기법에는 회귀모형, 투입-산출 분석, 상호영향 분석, PERT, CPM, 계량적 각본 작성, 관련수, 경로 분석 등이 있다.

**(5) 예측결과의 비교·평가 및 최적 대안의 선택**

> **더 알아보기**　브레인스토밍
>
> • 의의
> 　– 브레인스토밍은 즉흥적이고 자유분방하게 여러 가지 기발한 아이디어를 창안하는 활동이다.
> 　– 오스본(Osborn)에 의하여 제안되었으며, 문제의 여러 가지 해결책을 고안하려는 목적을 지니고 있었다.
> 　– 브레인스토밍은 가능한 한 많은 아이디어(정책대안)를 얻기 위하여 등장한 방법이기 때문에 여러 사람을 모아서 집단적 토의를 하게 된다. 여러 사람들이 머리에 떠오르는 대로 아이디어를 제시하게 하는 것이다.

인과관계를 토대로 한 정책대안의 결과예측 방법에 해당되지 <u>않는</u> 것은?

① 회귀모형

② 시계열자료 분석

③ 투입-산출 분석

④ 계획의 평가검토기법(PERT)

⑤ 경로 분석

다수의 전문가들의 토론을 통해 미래예측을 하는 기법은?

① 브레인스토밍　　② 델파이기법

③ 결과 분석　　　　④ 추세 분석

**30**

2009 전환직 특채

미래예측기법 중 브레인스토밍(brain storming)에 관한 설명으로 옳지 않은 것은?

① 우스꽝스럽거나 비현실적인 아이디어의 제안도 허용해야 한다.
② 각각의 아이디어에 대한 평가가 현장감 있게 진행되어야 한다.
③ 제안되는 아이디어는 많을수록 좋다.
④ 관련 분야의 전문가가 아니라도 아이디어를 제안할 수 있다.

**31**

2011 국가직 7급

다음이 설명하는 정책분석방법은?

> 정책의 우선순위를 설정하고 예측을 하는 데 있어서, 하나의 문제를 더 작은 구성요소로 분해하고, 이 요소들을 둘씩 짝을 지어 비교하는 일련의 비교판단을 통해, 각 요소들의 영향력에 대한 상대적인 강도와 효용성을 나타내는 방법이다.

① 계층화분석법(analytical hierarchy process)
② 교차충격매트릭스 방법(cross impact matrix)
③ 정책델파이 방법(policy delphi method)
④ 외삽법(extrapolation)

**32**

2009 지방직 7급

계층화분석법(Analytical Hierarchy Process: AHP)에 대한 설명으로 옳지 않은 것은?

① 1970년대 사티(Thomas Saaty) 교수에 의해 개발되어 광범위한 분야의 예측에 활용되어 왔다.
② 불확실성을 나타내는 데 확률 대신에 우선순위를 사용한다.
③ 두 대상의 상호비교가 불가능한 경우에도 사용할 수 있다는 장점을 지니고 있다.
④ 기본적으로 시스템 이론에 기초를 두고 있다.

– 좋은 아이디어(대안)를 많이 얻기 위해서는 관련 분야의 전문가만이 아니라 상상력이 풍부하고 선입견에 구애받지 않는 독창적인 사람 또는 정책에 직접 영향을 받는 관련자들을 널리 포함시키는 것이 바람직하다.

• 주요 내용
– 보다 많은 창조적인 아이디어를 얻기 위해서는 브레인스토밍의 첫 번째 단계에서 아이디어에 대한 평가를 하지 않아야 한다. 전혀 바람직하지 못하거나, 실현가능성이 없거나 또는 실현가능성이 희박한 정책대안들이라도 자유롭게 제시될 수 있도록 정책대안에 대한 평가는 하지 않아야 한다. 그래서 흔히 뚱딴지 같거나 엉터리 같은 해결책들이 제시된다. 그러나 이러한 형편없는 해결책도 그 비현실성을 적절히 수정·보완하면 훌륭한 정책대안이 될 수 있다.
– 모든 아이디어(정책대안)들이 제안되고 나면, 두 번째 단계로 이들 대안들을 평가하고 종합하게 되는데, 비슷한 아이디어들의 취합, 전혀 실현가능성 없는 대안 제거 등을 통해서 몇 가지 대안들을 제시하는 것으로 브레인스토밍 작업은 끝난다. 이러한 브레인스토밍은 미래예측, 즉 정책대안이 어떠한 결과를 초래할 것인지 그 종류의 예측을 위해서도 사용될 수 있다.

---

## Theme 08 계층화분석법

### (1) 개념 및 특징

① 개념
  ㉠ 의사결정대안의 우선순위를 설정하거나 미래를 예측하는 데 널리 이용되는 방법이다.
  ㉡ 하나의 문제를 시스템으로 보고 당면한 문제를 여러 개의 계층으로 분해한 다음 각 계층별로 복수의 평가기준들을 얼마나 만족시키는가에 따라 대안들의 선호를 종합적으로 평가하는 질적 분석방법이다.

② 특징: 시스템이론에 기초하여 불확실성을 나타내는 데 있어 확률 대신에 우선순위를 사용한다.

### (2) 연혁

① 1970년 사티(Thomas Saaty) 교수에 의해 개발되어 광범위한 분야에 활용되고 있다.
② 우리나라에서도 지난 2000년부터 정부사업의 예비타당성 조사를 위해 '다기준분석방법'이라는 이름으로 개발하여 활용하고 있다.

### (3) 분석단계

① 제1단계: 문제를 몇 개의 계층 또는 네트워크 형태로 구조화
② 제2단계: 구성요소들을 둘씩 짝을 지어 상위계층의 어느 한 목표 또는 평가기준에 비추어 평가하는 쌍대비교(이원비교)를 시행
③ 제3단계: 각 계층에 있는 요소별 우선순위를 설정하고 이를 바탕으로 최종적인 대안 간 우선순위를 설정

# Theme 09 정책결정요인론(policy determinants theory) <sub>고난도</sub>

## (1) 정책결정요인론의 개념 및 문제 제기

정책결정요인론은 정책의 내용을 결정하는 요인이 무엇인가를 밝히려는 여러 계통적 연구들을 말한다. 이들은 정치행정적 요인보다는 사회경제적 요인이 정책의 내용을 좌우한다고 주장했으며, 이로 인해 정책에 영향을 미치는 요인이 무엇인가에 대한 논란이 제기되었다.

## (2) 정책결정요인론의 전개

### ① 경제학자들의 연구

ⓐ 미국의 주정부(Fabricant) 및 시정부(Brazer)의 정책을 사회경제적 특성과 관련시켜 연구한 경제학자들은 정책의 내용을 결정짓는 것은 사회경제적 요인이라고 주장하였다. 또한 경제학자들뿐만 아니라 정치학자들의 연구결과(Dawson & Robinson)도 정치적 변수가 정책에 의미 있는 영향을 미치지 못한다고 제시함으로써, 이들의 주장은 더욱 설득력을 갖게 되었다.

ⓑ 이러한 연구결과는 정치적 변수가 정책에 의미 있는 영향을 미치지 못한다는 것으로서, 정치적 변수의 역할에 중요성을 부여해 온 정치학자들에게 큰 충격을 주었다. 특히, 미국적 민주주의 기본 이념인 정치적 다원론에 큰 타격을 주었다.

### ② 정치학자들의 재연구

ⓐ 도슨과 로빈슨(Dawson & Robinson)의 경제적 자원모형

ⓐ 도슨과 로빈슨은 사회경제적 변수가 정책을 대단히 잘 설명한다는 경제학자들의 연구결과와, 환경이 정치체제에 영향을 미친다는 정치학자들의 연구결과로부터 정치체제와 사회경제적 변수를 모두 포함하는 새로운 이론의 구성을 시도하였다.

ⓑ 이들은 그동안의 체제이론이 가정하였던 <u>사회경제적 변수, 정치체제 그리고 정책 간의 순차적 관계를 부정</u>하며, <u>사회경제적 변수가 정치체제와 정책 모두에 대하여 영향을 미치고 이것이 정치체제와 정책의 상관관계를 초래</u>하였다고 주장하였다.

ⓒ 따라서 사회경제적 변수를 통제하면 정치체제와 정책의 관계는 사라지는데, 이는 바로 양자의 관계가 허위상관에 불과하다는 것을 의미한다.

ⓑ 크누드와 맥클론(Cnudde & McCrone)의 혼합모형: 혼합모형을 통해 사회경제적 변수와 함께 정치적 변수도 정책에 독립적으로 영향을 미친다는 것을 인정하였으며, 정치체제와 정책의 관계를 혼란관계로 파악하였다.

**33** 2008 선관위 9급

정책결정요인론 연구에 대한 설명으로 옳지 않은 것은?

① 초기 연구에서는 정치적 요인보다 사회경제적 요인이 정책내용에 더 큰 영향을 미치는 것으로 나타났다.

② 후기 연구에서는 사회경제적 요인과 함께 정치적 요인도 정책내용에 영향을 미치는 것으로 나타났다.

③ 정책환경이 정책의 주요한 내용을 규정한다는 것을 규명해 주었다는 점에서 정책연구에 큰 기여를 하였다.

④ 정책결정과정을 연구함으로써 정책유형을 도출하는 데 커다란 기여를 하였다.

**34** 2014 국가직 9급

정책결정요인론 중 도슨과 로빈슨(R. Dawson & J. Robinson)이 주장한 '경제적 자원모형'의 내용으로 옳지 않은 것은?

① 소득, 인구 등의 사회경제적 요인이 정책내용을 결정한다.

② 정치적 변수는 정책에 단독으로 영향을 미치지 못한다.

③ 정치체제는 환경변수와 정책내용 간의 매개변수가 아니다.

④ 사회경제적 변수, 정치체제, 정책은 순차적 관계에 있다.

**35** 2022 군무원 9급

정책결정요인론에 대한 비판으로 가장 옳지 않은 것은?

① 정치체제가 환경에 미치는 영향을 고려하지 않는다.

② 정치체제의 매개·경로적 역할을 고려하지 않는다.

③ 정치체제가 지니는 정량적 변수를 포함하지 않는다.

④ 정치체제가 정책에 미치는 영향을 과소평가한다.

**36**  2022 국가직 7급

정책결정요인론에 대한 설명으로 옳은 것은?

① 정책의 내용에 영향을 미치는 요인이 무엇인가를 밝히는 이론으로, 사회경제적 요인의 중요성을 과소평가했다는 비판을 받고 있다.

② 도슨-로빈슨(Dawson-Robinson) 모형은 사회경제적 변수가 정치체제와 정책 모두에 영향을 미친다는 모형으로, 사회경제적 변수로 인해 정치체제와 정책의 상관관계가 유발된다고 설명한다.

③ 키-로커트(Key-Lockard) 모형은 사회경제적 변수가 정책에 직접적으로 영향을 미친다는 모형으로, 예를 들면 경제발전이 복지지출 수준에 직접 영향을 준다고 본다.

④ 루이스-벡(Lewis-Beck) 모형은 사회경제적 변수가 정책에 영향을 주는 직접효과가 있고, 정치체제가 정책에 독립적 영향을 주지 않는다고 설명한다.

**37**  2014 지방직 9급

정책결정모형에 관한 설명으로 옳은 것은?

① 합리모형 – 일반적으로 인간의 제한된 분석 능력을 보완할 수 있는 기능을 포함한다.

② 점증모형 – 정책결정과정에서 정치적 합리성보다 경제적 합리성을 더욱 중요시한다.

③ 사이버네틱스모형 – 습관적인 의사결정을 설명하는 데 유용하며, 반복적인 의사결정의 수정이 환류된다.

④ 쓰레기통모형 – 위계적인 조직구조의 의사결정에 적용되며, 정책갈등 상황 해결에 유용하다.

**38**  2008 국회직 8급

사이버네틱스(cybernetics)모형의 특징으로 가장 거리가 <u>먼</u> 것은?

① 습관적 의사결정  ② 적응적 의사결정
③ 인과적 학습강조  ④ 불확실성의 통제
⑤ 집단적 의사결정

## (3) 정책결정요인론의 영향과 문제점

① **영향**: 비록 정책결정요인론이 방법론적 한계를 드러내고 있다고 하더라도 정책환경이 정책 대강의 내용을 규정한다는 것은 부인하기 어려우며, 정책환경의 중요성을 부각시켰다는 점에서 의의를 찾을 수 있다. 그러나 정치체제도 정책에 영향을 미치는 것이 사실이므로 양자의 영향에 대해서는 다음과 같은 결론에 도달할 수 있다.

  ㉠ **사회경제적 변수**: 사회경제적 변수는 정책에 중대한 영향을 미친다. 특히, 소득 수준과 같은 변수는 정치체제가 동원 가능한 자원의 규모를 좌우하는 변수이므로, 장기적으로 정책의 변화를 가능하게 하는 중심축이라고 할 수 있다.

  ㉡ **정치체제변수**: 정치체제변수는 환경적 변수의 제약하에서 나름대로 정책의 변화에 영향을 미치는 독립변수의 역할을 한다.

② **문제점**

  ㉠ 계량화가 곤란한 정치적 변수는 과소평가되고, 계량화가 용이한 경제적 변수에 대해서만 과대평가되었다.

  ㉡ 연구과정에서 사회경제적 변수는 모두 포함되었지만, 정치적 변수(예 선거구, 투표율 등)는 대표적 변수가 아니었다.

---

**Theme 10**  **사이버네틱스모형**

## (1) 의의

① 합리모형과 가장 극단적으로 대립되는 적응적·관습적 의사결정모형이다.

② 사이버네틱스란 '기계 및 동물에 있어서의 제어(control)와 통신(communication)에 관한 이론 전반'을 의미한다.

③ 이 모형에서는 인간의 두뇌를 계산기와 같이 정보와 환류에 의한 제어장치로 본다. 즉, 상황의 변화에 따라 달라지는 정보를 해석하여 이에 적응하고, 그에 대한 정보를 환류하여 통제한다고 본다.

④ 사이버네틱스모형은 설정된 목표를 달성하기 위해 정보와 환류과정을 통해 자신의 행동을 스스로 조정해 나간다고 가정하는 모형이다.

## (2) 주요 내용

① **적응적 의사결정**: 고차원의 목표가 반드시 사전에 존재한다고 전제하지 않고, 일정한 중요변수의 유지를 위한 끊임없는 적응에 초점을 두는 '비목적적인 적응 모형(ashby)'이다.

  예 자동온도 조절장치

② **불확실성의 통제**

  ㉠ 환류채널을 통해 들어오는 몇 가지의 정보에 따라 시행착오적인 적응을 한다.

  ㉡ 대안결과에 대한 불확실성 때문에 의사결정이 영향을 받는 일은 없다. 그저 대안의 환류 결과가 전달되면 그것이 '사전에 설정된 범위'를 벗어났는지 여부만을 체크하여 그에 적응한 반응을 할 뿐이다.

③ 집단적 의사결정의 연구에 도입

　㉠ 사이어트와 마치(Cyert&March)의 연구, 앨리슨(Allison)모형Ⅱ 등이 사이버네틱스 패러다임의 논리를 집단적 의사결정 연구에 도입한 예이다.

　㉡ 조직이란 다양한 목표를 가진 개인들의 연합으로, 조직의 결과가 어떤 '허용할 만한 수준(사전에 설정된 범위)'의 범위에 있으면 그 조직은 표준운영절차(SOP)에 의한 의사결정을 하고, 이 범위를 벗어났을 때 이에 대응할 만한 방법이 기존의 반응목록 속에 없으면 새로운 의사결정이 일어난다는 것이다.

　㉢ 어떤 일정한 수준에서의 일탈 여부에 대한 반응으로서, 의사결정 발생을 설명하는 사이버네틱스의 논리를 반영하고 있다.

④ 도구적 학습

　㉠ 결과를 미리 예측한 후 합리적 대안을 선택하는 '인과적 학습'이 아닌, '도구적 학습(시행착오적 학습)'에 의존한다.

　㉡ 대안의 결과가 허용수준 범위 내에 있으면 기존의 SOP(반응목록)에 의한 의사결정을 계속하지만, 벗어났을 때에는 새로운 SOP를 찾게 된다.

　㉢ 도구적 학습은 어느 행동대안 목록이 더 효과적인가를 학습해 나가는 과정이다. 이 과정은 매우 느리게 진행되며 SOP는 쉽게 바뀌지 않는다.

## Theme 11　집단의 의사결정기법　

### 1 델파이기법

#### (1) 개념

델파이기법(delphi method)은 <u>미래 예측을 위해 전문가집단(델파이집단)을 활용하는 의사결정방법</u>이다.

#### (2) 주요 내용

① 델파이기법을 위한 전문가집단은 특정 분야에 전문적 지식과 경험을 가진 사람들로서 구성원은 서로 누가 포함되었는지 모르도록 익명성이 보장된 집단이다.

② 델파이집단의 의사소통은 구조화된 설문지의 조사 및 회수를 통해 반복적으로 이루어지는데, 반복적인 설문조사 과정에서 익명성을 토대로 전문가들의 의사소통이 이루어지고 의견 조정과 합의가 이루어진다.

③ 델파이기법은 종국적으로 전문가집단의 의견 일치를 유도하는 기법이다.

바로 확인문제

**39** 2018 국가직 9급

사이버네틱스(cybernetics) 의사결정모형에 대한 설명으로 옳지 <u>않은</u> 것은?

① 주요 변수가 시스템에 의하여 일정한 상태로 유지되는 적응적 의사결정을 강조한다.

② 문제를 해결하고 목표를 달성하기 위해 정보와 대안의 광범위한 탐색을 강조한다.

③ 자동온도 조절장치와 같이 사전에 프로그램된 메커니즘에 따라 의사결정이 이루어진다.

④ 한정된 범위의 변수에만 관심을 집중함으로써 불확실성을 통제하려는 모형이다.

**40** 2023 지방직 9급

정책결정모형에 대한 설명으로 옳은 것은?

① 혼합주사모형(mixed scanning approach)은 1960년대 미국의 쿠바 미사일 위기사건을 설명하기 위해 연구된 모형이다.

② 사이버네틱스모형을 설명하는 예시로 자동온도 조절장치를 들 수 있다.

③ 쓰레기통모형은 갈등의 준해결, 문제 중심의 탐색, 불확실성 회피, 표준운영절차의 활용을 설명하는 모형이다.

④ 합리모형은 만족할 만한 수준에서 의사결정이 이루어진다고 설명하는 모형이다.

**41** 2016 사회복지직 9급

집단적 의사결정기법에 대한 설명으로 옳지 <u>않은</u> 것은?

① 델파이기법(delphi method)은 미래 예측을 위해 전문가집단을 활용하는 의사결정방법이다.

② 브레인스토밍(brain storming)을 통하여 새로운 아이디어를 만들기 위해서는 초기 단계에서 타인의 아이디어를 비판하거나 평가하지 말아야 한다.

③ 지명반론자 기법(devil's advocate method)이 성공하려면 반론자들이 고의적으로 본래 대안의 단점과 약점을 적극적으로 지적하여야 한다.

④ 명목집단 기법(normal group technique)은 집단구성원 간 의사소통을 원활하게 진행할 수 있다는 장점이 있다.

**42**

2016 서울시 7급

다음 집단의 의사결정기법에 대한 설명 중 가장 옳은 것은?

① 델파이(delphi)기법은 미래 예측을 위해 전문가가 아닌 일반인 다수를 활용하는 의사결정기법이다.

② 브레인스토밍(brain storming)은 아이디어가 많은 소수에게 여러 개 주제에 대해 아이디어를 제시하도록 해 좋은 아이디어를 발굴하는 기법이다.

③ 지명반론자 기법(devil's advocate method)은 작위적으로 특정 조직원들 또는 집단을 반론을 제기하는 집단으로 지정해 반론자 역할을 부여하고, 이들이 제기하는 반론과 이에 대한 제안자의 옹호 과정을 통해 의사결정을 유도하는 기법이다.

④ 명목집단 기법(nominal group technique)은 관련자들이 의사결정에 직접 참여하여 대안에 대한 아이디어를 제출하도록 하고 충분한 토의를 거쳐 투표로 의사결정을 하는 기법이다.

**43**

2017 서울시 9급

집단의 의사결정기법 중 미래 예측을 위해 전문가집단의 반복적인 설문조사 과정을 통하여 의견 일치를 유도하는 방법은?

① 델파이기법(delphi method)

② 브레인스토밍(brain storming)

③ 지명반론자 기법(devil's advocate method)

④ 명목집단 기법(normal group technique)

**44**

2019 지방직 9급

조직의 의사결정에 대한 설명으로 옳지 않은 것은?

① 전통적 델파이기법은 전문가들의 다양성을 고려해 의견일치를 유도하지 않는다.

② 현실의 세계에서는 완벽한 합리성이 아닌 제한된 합리성의 상황에서 의사결정이 이루어진다.

③ 브레인스토밍 과정에서는 타인의 아이디어를 비판하거나 평가하지 말아야 한다.

④ 고도로 집권화된 구조나 기능을 중심으로 편제된 조직의 의사결정은 최고관리자 개인이 주도하는 경우가 많다.

## 2 브레인스토밍

### (1) 개념

브레인스토밍(brain storming)은 여러 사람에게 하나의 주제에 대해 아이디어를 무작위로 제시하도록 해 좋은 아이디어를 발굴하는 방법이다. 대부분의 조직에서 실시하는 아이디어 회의는 브레인스토밍 방식이다.

### (2) 주요 내용

① 브레인스토밍을 통해 새로운 아이디어를 만들기 위해서는 자유롭게 자신의 아이디어를 제출할 수 있는 분위기를 만드는 것이 중요하다.

② 브레인스토밍 과정에서는 타인의 아이디어를 비판하거나 평가하지 말아야 한다.

③ 마지막까지 판단을 유보하면서 논의된 아이디어의 수정 의견이 제시되었을 때는 흔쾌히 그 제안이 받아들여져야 한다.

## 3 지명반론자 기법

### (1) 개념

지명반론자 기법(devil's advocate method)은 작위적으로 특정 조직원들 또는 집단을 반론을 제기하는 집단으로 지정해 반론자 역할을 부여하고, 이들이 제기하는 반론과 이에 대한 제안자의 옹호 과정을 통해 의사결정을 유도하는 방식이다.

### (2) 주요 내용

① 성공적인 집단 의사결정이 되기 위해서는 반론자들이 고의적으로 본래 대안의 단점과 약점을 최대한 적극적으로 지적해야 한다.

② 이러한 과정을 거치면 발생할 수 있는 모든 가능성이 검토되기 때문에 최종 대안의 효과성과 현실적응성이 높아진다.

## 4 명목집단 기법

① 명목집단 기법(nominal group technique)은 관련자들로 하여금 의사결정에 참여하지 않은 채 서면으로 대안에 대한 아이디어를 제출하게 하고, 모든 아이디어가 제시된 이후 제한된 집단적 토론만 한 다음 투표로 의사결정을 하는 기법이다.

② 집단구성원 간 원활한 의사소통이 이루어지지 않기 때문에 이들은 명목적으로만 집단이 된다.

## Theme 12 심의민주주의와 공론조사

### 1 심의민주주의

① 심의민주주의(숙의민주주의, 토의민주주의, deliberative democracy)는 단순한 다수결 투표가 아니라 숙의(deliberation)가 의사결정의 중심이 되는 민주주의 형식으로, 의사결정참여자들이 상호작용의 과정 중에 각자의 선호를 기꺼이 변화시킬 수 있다는 점을 전제로 한다.

② 심의민주주의는 간접적이고 선호집합적인 대의제민주주의가 노정하고 있는 결함을 시정하여 고대 아테네의 고전적인 직접민주주의의 이상을 재현하려는 대안이다. 심의민주주의는 시민들 간의 대화, 토론, 의사소통을 통해 개인들이 자신의 선호를 계속 변화시켜 가면서 합의된 집단적 의사를 형성하려는 것으로, 시민이 직접 심의에 참여하는 직접적이고 참여적인 민주주의이다. 심의민주주의에 의하면 평등한 사람들의 자유로운 공적 심의를 통해 도달된 민주적·집단적 결정과정이 정당화된다.

### 2 공론조사

① 공론조사는 특정 주제에 대해 일정 수로 모집된 사람들에게 정보를 제공하고, 토론을 통해 형성된 공론(public judgment)을 끌어내는 방식을 말한다. 즉 여론조사에 숙의와 토론과정을 보완한 것으로, 정제된 국민여론을 수렴하는 방법이라고 할 수 있으며 '숙의형 여론조사'라 부르기도 한다.

② 공론조사는 주로 1차 여론조사를 통해 사전 여론을 확인하고, 이후 2차 여론조사에서 소규모 집단 토론을 거쳐 의견의 변화를 확인하는 방식으로 진행한다. 상황에 따라 여론조사가 두 번 이상 이뤄지는 경우도 있다. 선거의 경우 양쪽 선거인단 모두에게 두 후보의 정보를 제공하고 같은 방식으로 후보를 결정하게 한다.

③ 주로 찬반 의견이 첨예하게 대립해 타협 지점을 찾기 어려운 주제에 대해 공론조사를 시행하며, 토론을 통해 여러 이견들을 조율할 수 있어 여러 나라에서 갈등을 줄이는 효과적인 방안의 하나로 공론조사를 활용하고 있다. 그러나 공론조사는 조사 대상자들을 한곳에 모아 일정 기간 동안 공론화 과정을 거쳐야 하기 때문에 비용과 시간이 많이 들며, 조사 대상자가 중간에 탈락하는 경우가 많기 때문에 대표성 측면에서 문제가 발생할 수 있다.

④ 한국에서는 2005년 부동산 정책을 놓고 공론조사가 처음 시행되었으며, 최근에는 신고리 5, 6호기, 대입개편 공론조사가 있었다.

**45**  2007 지방직 9급

심의민주주의(deliberative democracy)에 대한 설명으로 옳은 것은?

① 의사결정참여자들이 상호작용의 과정 중에 각자의 선호를 기꺼이 변화시킬 수 있다는 점을 전제로 한다.

② (입법적) 의사결정은 가장 널리 공유된 선호의 결집을 반영한 것이다.

③ 집합(aggregative) 민주주의와 거의 동일하다.

④ 개인 간 선호의 질적 차이나 정당성의 차이를 고려하지 않는다.

**46**  2018 지방직 7급

공론조사(deliberative polling)에 대한 설명으로 옳지 않은 것은?

① 조사 대상자들을 한곳에 모아 일정 기간 동안 공론화 과정을 거쳐야 하기 때문에 비용과 시간이 많이 든다.

② 공론조사는 조사 대상자가 중간에 탈락하는 경우가 적기 때문에 대표성 측면에서 일반 여론조사보다 우위에 있다.

③ 공론조사는 여론조사에 숙의와 토론과정을 보완한 것으로, 정제된 국민여론을 수렴하는 방법이라고 할 수 있다.

④ 우리나라에서도 공공정책 결정과정에서 공론조사를 도입하여 활용한 사례가 있다.

**47**

2011 국가직 7급

다음이 설명하는 연구방법은?

> 준실험 설계방법 중에서 실험집단과 통제집단에 실험대상을 배정할 때 분명하게 알려진 자격기준(eligibility criterion)을 적용하는 방법으로, 투입자원이 희소하여 오직 대상집단의 일부에게만 희소자원이 공급될 수밖에 없는 경우에 정책효과를 파악하기 위한 연구에 적합하다.

① 비동질적 통제집단설계(non-equivalent control group design)
② 회귀-불연속 설계(regression dis-continuity design)
③ 단절적 시계열설계(interrupted time-series design)
④ 통제-시계열 설계(control-series design)

**48**

2020 국가직 7급

실험설계에 대한 설명으로 옳지 <u>않은</u> 것은?

① 특정 정책의 효과성 판단을 위한 인과관계 입증에 활용될 수 있다.
② 진실험(true experiment)과 준실험(quasi-experiment)의 차이는 실험집단과 통제집단의 무작위배정에 의한 동질성 확보 여부이다.
③ 회귀-불연속 설계나 단절적 시계열설계는 과거지향적(retrospective)인 성격을 갖는 진실험설계(true experiment)에 해당된다.
④ 짝짓기(matching)를 통하여 제3의 요인에 관하여 실험집단과 통제집단을 동등화시킬 수 있다.

**49**

2020 지방직(= 서울시) 7급

정책평가를 위한 조사설계의 유형 중 진실험설계(true experimental design)에 해당하는 것은?

① 단절적 시계열설계(interrupted time-series design)
② 통제집단 사전사후측정설계(pretest-posttest control group design)
③ 비동질적 통제집단설계(nonequi-valent control group design)
④ 단일집단 사전사후측정설계(one group pretest-posttest design)

---

## Theme 13　준실험적 설계방법의 유형

| 비동질적 비교집단 설계 | 사전측정을 통해 비슷한 점수를 받은 대상자끼리 짝을 지어 배정한 후 실험하는 방법 |
|---|---|
| 사후측정 비교집단 설계 | 정책이 실시된 이후 두 집단을 선정하여 정책평가를 실시하고 그 결과를 비교하는 방법 |
| 회귀불연속 설계 | • 실험집단과 통제집단에 실험대상을 배정할 때 분명하게 알려진 자격기준(eligibility criterion)을 적용하여 두 집단을 다르게 구성하고 집단 간 회귀분석의 결과를 비교하는 방법<br>• 투입자원이 희소하여 오직 대상집단의 일부에게만 희소자원이 공급될 수밖에 없는 경우에 정책효과를 파악하기 위한 연구에 적합<br>⑩ 장학금 수여가 졸업 후 사회적 성취도에 어떠한 영향을 미칠 것인가를 평가할 때 성적이 좋거나 가정환경이 가난하여 장학금을 받을 실험집단과 그렇지 못한 통제집단은 명확하게 알려진 자격기준에 의하여 선정 |
| 단절적 시계열분석 | • 실험집단에 대한 실험실시 전후의 시계열자료를 분석하여 단절의 크기를 파악하는 방법<br>• 회귀불연속 설계와 같이 명확한 기준을 적용하여, 준실험의 약점을 보완함 |

## Theme 14　정책학습

**(1) 개념**

① 정책학습(policy learning)이란 올바른 결론을 유도할 수 있는 지식의 축적과 응용과정을 말한다.
② 정책학습은 정책실패를 통해 더 나은 정책을 결정할 수 있는 방법을 얻을 수 있게 되는 것이다.

**(2) 유형**

① 수단적, 사회적, 정치적 학습(Birkland)
　㉠ **수단적 정책학습:** 수단적 정책학습은 정책개입이나 정책설계의 실행가능성을 말한다. 이것은 집행수단이나 기법에 치중한다. 그 결과 집행수단을 적용한 후 환류과정을 분석하고 설계에 따른 변화가 일어나 성과가 구체적으로 드러나게 되면 정책학습이 성공적으로 일어난다고 본다.
　㉡ **사회적 정책학습:** 사회적 정책학습은 정책 또는 사업의 사회적 구성에 관한 학습을 말한다. 여기서는 정책관리기법을 문제 그 자체의 핵심에 맞추는 일뿐 아니라 사업목표에 대한 태도 그리고 정부활동의 본질과 타당성까지 검토하게 된다. 사회적 정책학습이 성공적으로 적용된다면 정책문제에 내재하는 인과이론을 더 잘 이해하게 된다.
　㉢ **정치적 학습:** 정치적 학습은 수단적 학습이나 사회적 학습과는 달리 주어진 정책적 사고나 문제를 주장함으로써 그러한 주장을 더 정교하게 하기 위한 전략이다. 정치적 학습은 정치적 변화에 대한 찬성과 반대의 주장을 통해 새로운 정치적 정보를 받아들이기 위해 그들의 전략과 전술을 변화시킬 때 나타난다.

② 내생적 학습과 외생적 학습(Howlett & Ramesh)
  ㉠ 내생적 학습은 정책목적과 기법들을 바꾸는 것이다.
  ㉡ 외생적 학습은 정책환경의 변화에 따라 정부의 대응을 바꾸는 것으로 정책 문제의 정의 또는 정책목적 자체에 대한 의문제기를 포함한다.
③ **교훈학습과 사회적 학습(Rose)**
  ㉠ 교훈학습(내생적 학습)은 공식적인 정책과정 내에서 기원하고, 정책결정자들이 그들의 목적들을 달성하기 위하여 채택한 수단이나 테크닉의 선택에 영향을 미친다. 다른 지역의 효과적인 프로그램을 조사·연구하여 창도자의 관할 지역에 도입할 경우 어떠한 결과가 나올지 미리 평가하는 것이다.
  ㉡ 사회적 학습은 정책과정 밖에서 기원하며, 정책결정자가 사회를 바꾸거나 변화시키는 데 제약으로 작용하거나 그러한 능력을 신장시키는 데 영향을 미친다. 목적 자체에 대한 학습으로 가장 근본적인 유형의 학습이다.

**50**  2014 지방직 7급

정책학습(policy learning)에 대한 설명으로 옳지 않은 것은?

① 시행착오나 정책실패를 통해 더 나은 정책을 결정할 수 있는 방법을 얻을 수 있게 된다.
② 수단적 정책학습은 정책개입이나 집행 설계의 실행가능성을 의미한다.
③ 사회적 정책학습이 성공적으로 적용되면 정책문제에 내재된 인과관계를 더 잘 이해하게 된다.
④ 정치적 학습은 단순한 프로그램 관리의 조정수준을 넘어서 정책의 목적들과 정부 행동들의 성격과 적합성까지 포함된다.

**51**  2017 국가직 7급

정책학습(policy learning)에 대한 설명으로 옳지 <u>않은</u> 것은?

① 정책학습의 주체는 정책집행의 대상이 되는 개인이나 조직일 수도 있고 정책을 결정하거나 집행하는 개인, 조직 또는 정책창도연합체(advocacy coalition)일 수도 있다.
② 로즈(Rose)의 '교훈얻기(도출) 학습'은 다른 지역의 효과적인 프로그램을 조사·연구하여 창도자의 관할 지역에 도입할 경우 어떠한 결과가 나올지 미리 평가하는 것이다.
③ 하울렛과 라메쉬(Howlett & Ramesh)의 '내생적 학습'은 정책문제의 정의 또는 정책목적 자체에 대한 의문제기를 포함한다.
④ 버크랜드(Birkland)가 제안한 '사회적 학습'은 하울렛과 라메쉬의 '외생적 학습'과 비슷한 의미로 이해할 수 있다.

**52**

호그우드(Hogwood)와 피터스(Peters)가 제시한 정책변동의 유형에 대한 설명으로 옳지 않은 것은?

① 정책혁신은 기존의 조직이나 예산을 기반으로 새로운 형태의 개입을 결정하는 것이다.

② 정책승계는 정책의 기본 목표는 유지하되, 정책을 대체 혹은 수정하거나 일부 종결하는 것이다.

③ 정책유지는 기존 정책의 기본 골격을 유지하면서 정책수단의 부분적인 변화만 이루어지는 것이다.

④ 정책종결은 다른 정책으로의 대체 없이 기존 정책을 완전히 중단하는 것이다.

**53**

정책승계 유형에 대한 설명으로 가장 옳지 않은 것은?

① 선형승계: 새로운 정책이 과거의 정책을 대체하여 양자의 관계가 명확하게 나타나는 가장 단순한 형태의 정책승계

② 부분적 종결: 하나의 정책이 다수의 새로운 정책으로 분할되는 형태의 정책승계

③ 정책통합: 같은 분야의 정책이 합하여짐으로써 새로운 정책이 나타나는 형태의 정책승계

④ 우발적 승계: 타 분야의 정책변동에 연계하여 우발적인 변화가 나타나는 형태의 정책승계

**54**

다음과 같은 내용을 모두 포괄하는 정책변동의 유형은?

> • 정책수단의 기본 골격이 달라지지 않으며, 주로 정책산출부분이 변한다.
> • 정책 대상집단의 범위가 변동된다거나 정책의 수혜수준이 달라지는 경우와 관련이 있다.
> • 저소득층 자녀에 대한 교육비 보조를 그 바로 위 계층의 자녀에게 확대하는 사례에 해당한다.

① 정책통합(policy consolidation)

② 정책분할(policy splitting)

③ 선형적 승계(linear succession)

④ 정책유지(policy maintenance)

---

## Theme 15 정책변동론

필수편 ▶ P.228

### (1) 개념

정책변동이란 정책과정의 전체 단계에 걸쳐 얻게 되는 정보·지식을 서로 다른 단계로 환류시켜 정책목표·정책수단·정책대상집단 등과 관련되는 정책내용과 정책집행 담당조직·정책집행 절차와 관련되는 정책집행 방법에 변화를 가져오는 것을 의미한다.

### (2) 유형(Hogwood & Peters)

① **정책혁신**
  ㉠ 정책혁신이란 정부가 관여하지 않고 있던 분야에 개입하기 위해 새로운 정책을 결정하는 것을 의미한다.
  ㉡ 이제까지 그 분야에 대한 정부의 개입이 없었기 때문에 하나의 정책이 완전히 새로 만들어지는 것이므로 엄격하게 보면 정책의 '변동(change)'이 아니다. 사회문제가 처음으로 정책문제로 전환되고, 이것을 해결하기 위해 정부가 정책을 결정하는 것으로서, 현재의 정책이나 활동이 없고, 담당조직도 없으며 예산이나 사업활동도 없는 '무'에서 새로운 것을 만드는 것이다.

② **정책승계**
  ㉠ 정책승계란 현존하는 기존 정책의 목표는 변경시키지 않고 정책의 기본적 성격을 바꾸는 것으로, 근본적인 수정을 필요로 하는 정책의 경우 정책을 없애고 완전히 새롭게 대체하는 경우 등을 포함한다.
  ㉡ 정책목표는 변화되지 않지만 정책수단인 사업이나 사업을 담당하는 조직, 예산항목에서 중대한 변화가 일어난다는 점에서 정책유지와 다르다.
    ⓐ **선형승계**: 새로운 정책이 과거의 정책을 대체하여 양자의 관계가 명확하게 나타나는 가장 단순한 형태의 정책승계
      **예** 과속차량 단속이라는 목표를 변경하지 않고 기존에 경찰관이 현장에서 직접 단속하는 수단을 무인 감시카메라 설치를 통한 단속으로 대체
    ⓑ **부분적 종결**: 일부의 정책을 유지하면서 일부는 완전히 폐지하는 정책승계
    ⓒ **정책통합**: 같은 분야의 정책이 합하여짐으로써 새로운 정책이 나타나는 형태의 정책승계
    ⓓ **정책분할**: 하나의 정책이 다수의 새로운 정책으로 분할되는 형태의 정책승계
    ⓔ **우발적 승계**: 타 분야의 정책변동에 연계하여 우발적인 변화가 나타나는 형태의 정책승계

③ **정책유지**: 정책유지란 기존 정책을 새로운 정책으로 대체하지 않고 본래의 정책목표를 달성하기 위하여 정책의 기본적 특성을 그대로 유지하면서 상황의 변화에 능동적으로 적응하는 것을 의미한다. 따라서 정책수단의 기본 골격은 달라지지 않고 주로 정책산출부분이 변하며, 정책 대상집단의 범위가 변동된다거나 정책의 수혜수준이 달라지는 경우와 관련이 있다.

  **예** 저소득층 자녀에 대한 교육비 보조를 그 바로 위 계층의 자녀에게 확대

④ 정책종결

    ㉠ 정책종결이란 정책을 비롯하여 정책 관련 조직과 예산이 소멸되고 정책 당국의 개입이 전면적으로 중단되며 다른 정책으로 대체되지 않는 것을 의미한다.

    ㉡ 순수한 정책혁신의 경우처럼 정책종결의 예도 많지 않다.

## (3) 정책변동모형

① 정책지지연합모형   📖 필수편 ▶ P.211

    ㉠ **개념**: 정책지지연합모형은 10년 이상의 기간에 걸쳐 신념체계에 기초한 지지연합의 상호작용과 정책학습, 정치체제의 변화와 사회경제적 환경변화로 인해 정책이 변동한다고 본다. 이 모형에서는 특히 정책 지향적 학습이 정책변동의 중요한 요소임을 강조한다.

    ㉡ **주요 내용**

        ⓐ 정책변화과정을 이해하기 위해서는 10년 이상의 장기간이 필요하다.

        ⓑ 정책변화를 이해하기 위한 분석단위로 정책하위체제에 중점을 둔다.

        ⓒ 정책하위체제들은 다양한 수준의 정부에서 활동하는 행위자들을 모두 포함한다.

        ⓓ 정책하위체제 안에는 신념체계를 공유하는 정책지지연합이 있으며, 이 정책지지연합들이 그들의 신념체계에 입각한 정책을 추진하기 위해 경쟁하는 과정에서 정책변동이 발생한다.

        📗 **우리나라의 의약분업정책의 변동과정**

② 정책패러다임변동모형

    ㉠ **개념**: 정책패러다임변동모형은 정책목표, 정책수단, 정책환경의 세 가지 변수 중 정책목표와 정책수단에 급격한 변화가 발생하는 정책변동을 말한다.

    ㉡ **주요 내용**

        ⓐ 홀(Hall)은 정책형성을 '정책목표'와 '정책수단 또는 기술' 그리고 '정책환경' 등 세 가지 변수를 포함하는 과정으로 간주하고, 정책목표와 정책수단에 있어서 급격한 변화를 가져오는 정책변동을 패러다임변동으로 개념화하였다.

        ⓑ 홀은 기본적으로 정책결정자들이 정책문제의 본질을 파악하고, 정책목표와 이를 달성하기 위한 정책수단을 구체화하는 데 있어서 일정한 사고와 기준의 틀 속에서 활동한다고 보고 있다. 이러한 틀은 너무도 당연하여 의심할 여지가 없고, 또한 조사·분석할 수도 없는 것으로 여겨져 상당한 영향력을 발휘하게 되는데, 이러한 '사고의 틀'을 정책패러다임(policy paradigm)이라고 불렀다.

        ⓒ 홀의 정책패러다임변동모형에서 설명하고 있는 정책변동은 패러다임의 안정기, 변이의 축적기, 실험기, 기존 패러다임의 권위 손상기, 새로운 패러다임 경쟁기, 새로운 패러다임의 정착 및 안정기 등의 과정을 거쳐 진행되는 것으로 본다.

**55**     2020 국가직 9급

정책변동에 대한 설명으로 옳지 않은 것은?

① 킹던(Kingdon)의 정책흐름이론에 따르면 정책변동은 정책문제의 흐름, 정치의 흐름, 정책대안의 흐름이 결합하여 이루어진다.

② 무치아로니(Mucciaroni)의 이익집단 위상변동모형에서 이슈 맥락은 환경적 요인과 같이 정책의 유지 혹은 변동에 영향을 미치는 정책요인을 말한다.

③ 실질적인 정책내용이 변하더라도 정책목표가 변하지 않는다면 이를 정책유지라 한다.

④ 정책목표를 달성하기 위한 전반적인 정책수단을 소멸시키고 이를 대체할 다른 정책을 마련하지 않는 것을 정책종결이라 한다.

**56**     2022 국회직 8급

정책지지연합모형(Advocacy Coalition Framework)에 대한 설명으로 옳은 것은?

① 신념체계와 정책변화는 정책지향적 학습에 의해서만 가능하다고 가정한다.

② 정책변화의 과정과 정책지향적 학습의 역할을 이해하려면 단기보다는 5년 정도의 중기 기간이 필요하다고 전제한다.

③ 정책변화를 분석하기 위한 분석단위로 정책하위체계를 설정한다.

④ 하향식 접근법의 분석단위를 채택하여 공공 및 민간 분야까지 확장하면서 행위자들의 전략적 행위를 검토한다.

⑤ 정책행위자가 강한 정책신념을 가지고 있다고 간주하므로 정책행위자의 신념을 변경시키는 데에 있어 과학적, 기술적인 정보는 중요한 역할을 담당하지 못한다고 가정한다.

**57** 2021 지방직(= 서울시) 9급

정책옹호연합모형(advocacy coaliton framework)에 대한 설명으로 옳지 **않은** 것은?

① 외적인 환경변수를 정책 과정과 연계함으로써 정책변동을 설명한다.
② 정책학습을 통해 행위자들의 기저 핵심 신념(deep core beliefs)을 쉽게 변화시킬 수 있다.
③ 옹호연합 사이에서 정치적 갈등 발생 시 정책중개자가 이를 조정할 수 있다.
④ 옹호연합은 그들의 신념 체계가 정부 정책에 관철되도록 여론, 정보, 인적자원 등을 동원한다.

**58** 2019 지방직 9급

다음 특징을 가진 정책변동모형은?

> • 분석단위로서 정책하위체제(policy sub-system)에 초점을 두고 정책변화를 이해한다.
> • 신념체계, 정책학습 등의 요인은 정책변동에 영향을 준다.
> • 정책변동과정에서 정책중재자(policy mediator)가 중요한 역할을 한다.

① 정책흐름(policy stream)모형
② 단절적 균형(punctuated equilibrium)모형
③ 정책지지연합(advocacy coalition framework)모형
④ 정책패러다임변동(paradigm shift)모형

③ **단절균형모형**

ㄱ 역사적 신제도주의의 제도변화 이론 중 단절균형모형이 있다. 이는 제도가 어떤 계기에 의해 급격히 변화하는 이유나 정책이 급격히 변동하는 상황을 설명하는 데 유용하다.
ㄴ 이 모형에서 제시되는 제도의 협착(lock-in)과 같은 개념은 제도가 복잡하게 얽힌 이해관계로 정체된 상황을 설명해 정책변동 현장에서 발생하는 정책갈등 현상이 정책 공급자의 관점이 아닌 이해관계자 전체 혹은 정책대상집단의 관점에서 접근해야 할 필요가 있다는 점을 강조한다.

**(4) 정책변동에 대한 저항과 극복전략**

① **정책종결에 대한 저항요인**

ㄱ **정책 담당자의 저항**: 정책종결은 조직의 소멸을 의미하기 때문에 정책 담당조직은 심한 저항을 하게 된다.
ㄴ **정책 수혜자의 저항**: 기존 정책에 의해 수혜를 받아온 집단은 기득권 박탈을 회피하기 위하여 정책종결을 반대하는 정치세력과 연합하여 반대운동을 전개한다.
ㄷ **정치적 부담의 기피**: 해당 정책과 관련되는 정치인이나 정책의 입안자 내지 집행 책임자 등은 기존 정책 수혜자들의 불만이나 정책종결에 따른 자신들의 능력에 대한 과소평가 등의 정치적 부담을 기피하기 위해 정책종결에 비협조적이다.

② **동태적 극복전략**

ㄱ **관련 정보의 누수 방지**: 정책종결은 저항을 수반하기 때문에 철저한 사전 준비를 해야 하고, 관련 정보가 누설되지 않도록 해야 한다.
ㄴ **동조세력의 확대와 외부 인사의 참여**: 해당 정책에 관계없는 일반국민은 정책종결에 무관심하므로 정책종결에 대한 저항을 중화시키기 위해서는 적극적 관심을 가진 동조세력을 규합하고 외부 인사의 참여를 확대해야 한다.
ㄷ **기존 정책의 폐해와 새로운 정책도입의 홍보**: 종결이 필요한 정책의 문제점을 주지시키고 이에 따른 새로운 정책도입의 필요성을 홍보해야 한다.
ㄹ **부담의 보상**: 정책종결에 따른 각종 피해를 보상해 주는 조치가 필요하다.
ㅁ **대가의 지불**: 정책수혜집단의 무마를 위해서 대가를 제공하든지 정책담당조직의 삭감, 축소의 경우에 해고되는 직원을 다른 직장에 알선하는 등의 방법이 필요하다.
ㅂ **정책변동의 필요성 홍보**: 정책변동의 필요성 홍보를 통해 일반국민의 지지를 얻어 정치적 지지세력을 확대하고, 가능한 한 반대세력을 극소화하기 위해 정책의 변동을 필요한 부분에 한정한다.
ㅅ **부분적 정책종결**: 부분적으로 정책을 종결한다.

③ **제도적 극복전략**

ㄱ 영기준 예산(ZBB)
ㄴ 일몰법(sunset law)

④ **로버트 벤(Robert Behn)의 종결전략:** 벤은 구체적인 전술에 초점을 두면서 다음과 같은 종결전략들을 제시하였다.

　　㉠ 시험적인 관측기구의 배격

　　㉡ 정책종결 지지세력의 확장

　　㉢ 종결대상인 정책의 해독성 폭로

　　㉣ 정책의 폐단 폭로에 이념적 측면 활용

　　㉤ 타협의 배격

　　㉥ 종결 담당자(ⓐ 해결사)에 외부 인사 기용

　　㉦ 의회의결을 피하도록 할 것(기존 정책의 지지자가 많으므로)

　　㉧ 의회 고유권한을 침해하지 말 것

　　㉨ 단기적 종결비용 증가를 감수할 것

　　㉩ 기존 정책수혜자에 대한 대가 지불

　　㉪ 종결을 강조하지 말고 쇄신의 채택을 강조할 것

　　㉫ 필수적인 것만 종결할 것

**59**　　　　　　　　　　　2011 국가직 9급

정책옹호연합모형(advocacy coalition framework)에 대한 설명으로 옳지 <u>않은</u> 것은?

① 신념체계별로 여러 개의 연합으로 구성된 정책행위자 집단이 자신들의 신념을 정책으로 관철하기 위하여 경쟁한다는 점을 강조한다.

② 사바티어(Sabatier) 등에 의해 종전의 정책과정 단계모형의 한계를 극복하기 위하여 개발되었다.

③ 정책문제나 쟁점에 적극적으로 관심을 가지는 공공 및 민간 조직의 행위자들로 구성되는 정책하위체계(policy subsystem)라는 개념을 활용한다.

④ 정책변화 또는 정책학습보다 정책집행과정에 초점을 맞춘 이론이다.

**60**　　　　　　　　　　　2016 지방직 9급

홀(Hall)에 의해 제시된 정책변동모형으로 정책목표, 정책수단, 정책환경의 세 가지 변수 중 정책목표와 정책수단에 급격한 변화가 발생하는 정책변동모형은?

① 쓰레기통모형

② 단절균형모형(punctuated equilibrium)

③ 정책지지연합모형(advocacy coalition framework)

④ 정책패러다임변동모형

**61**　　　　　　　　　　　2007 군무원(정책학)

합리적 정책변동에 대한 저항의 극복전략 중 동태적 전략이 <u>아닌</u> 것은?

① 영기준 예산

② 대가의 지불

③ 부분적 정책종결

④ 정책변동의 필요성 홍보

**62**　　　　　　　　　　　2006 군무원(정책학)

R. Behn의 정책종결전략이 <u>아닌</u> 것은?

① 정책종결 지지세력의 확장

② 단기적 종결비용 증가 감수

③ 종결 담당자에 내부인사 기용

④ 기존 정책수혜자에 대한 보상

PART

III

조직이론

# 20%

※최근 5개년(국, 지/서)
출제비중

# Ⅲ 조직이론

정답과 해설 ▶ P.10

### 바로 확인문제

**01**　　　　　　　2004 지방직 9급

Scott의 조직이론 체계와 발달에서 이론이 전개된 시대적 순서로 올바른 것은?

① 폐쇄합리적 이론－폐쇄자연적 이론－
　개방합리적 이론－개방자연적 이론
② 폐쇄자연적 이론－폐쇄합리적 이론－
　개방자연적 이론－개방합리적 이론
③ 개방합리적 이론－개방자연적 이론－
　폐쇄합리적 이론－폐쇄자연적 이론
④ 개방자연적 이론－개방합리적 이론－
　폐쇄자연적 이론－폐쇄합리적 이론

**02**　　　　　　　2011 지방직 9급

혼돈이론(chaos theory)에 대한 설명으로 옳지 <u>않은</u> 것은?

① 현실의 복잡성과 불확실성을 극복하기 위해 단순화, 정형화를 추구한다.
② 비선형적, 역동적 체제에서의 불규칙성을 중시한다.
③ 전통적 관료제 조직의 통제중심적 성향을 타파하도록 처방한다.
④ 조직의 자생적 학습능력과 자기조직화 능력을 전제한다.

---

### Theme 01　조직이론 분류(Scott)

#### (1) 분류 기준

① **환경적 요인의 고려 여부**(폐쇄/개방): 환경적 요인의 고려 여부에 따라 폐쇄 또는 개방형으로 나눌 수 있다.
② **구성원에 대한 가정**(합리/자연): 구성원에 대한 가정에 따라 합리 또는 자연으로 나눌 수 있다.

#### (2) 발달과정

| 구분 | 기본가정 | 주요 이론 | 단점 |
|---|---|---|---|
| 폐쇄·합리모형<br>(~1930) | • 조직은 외부환경과 단절된 폐쇄체제<br>• 구성원의 합리적 사고·행동 가정 | • 과학적 관리론<br>• 고전적 관료제론<br>• 행정관리론 | • 환경적 요인 무시<br>• 인간적, 비공식적 측면 간과 |
| 폐쇄·자연모형<br>(1930~1960) | • 조직은 외부환경과 단절된 폐쇄체제<br>• 구성원의 인간적 문제(비공식 구조, 사회적 욕구) 중시 | • 인간관계론<br>• 환경유관론<br>• McGregor의 X·Y 이론 | • 환경적 요인 무시<br>• 비공식적 측면만 강조 |
| 개방·합리모형<br>(1960~1970) | • 조직환경의 중요성 인식<br>• 환경에 적합한 조직 구조설계 초점 | • 체제이론<br>• 구조적 상황이론 | • 조직의 전략적 선택의 중요성 무시<br>• 구성원의 사회·정치성 불고려 |
| 개방·자연모형<br>(1970~) | • 조직환경의 중요성 강조<br>• 조직의 생존이나 비합리적 동기 측면 강조 | • 쓰레기통모형<br>• 혼돈이론 | • 처방적 연구 부족 |

---

### Theme 02　혼돈이론

📖 필수편 ▶ P.286

#### (1) 개념

혼돈(chaos)이론이란 혼돈상태에서 숨겨진 질서를 발견하고 혼돈의 변화상태를 설명하려는 이론이다. 즉, 비선형동학을 이용하여 불규칙적 행태에서 규칙성을 발견하려는 이론이다(무질서 속의 질서, 질서 있는 무질서).

**(2) 혼돈의 발생원인**

① 나비효과: 초깃값의 미세한 차이에 의해 결과가 완전히 달라지는 현상(초기조건의 민감성)을 의미한다.

② 비선형적 변화: 불규칙적 변화를 의미한다.

**(3) 혼돈 속에서 질서를 찾는 과정**

① 자기조직화: 비선형적 변화 속에서 스스로의 구조와 질서를 갖추어 가는 것(경로의존성)이다.

② 공(동)진화: 서로에게 적응하면서 상호진화하는 것이다.

**(4) 행정학적 함의**

① 행정조직은 개인과 집단 그리고 환경적 세력이 상호작용하는 복잡한 체제이다.

② 복잡한 사회문제에 대한 통합적 접근을 시도한다.

③ 행정조직의 자생적 학습능력과 자기조직화 능력을 전제한다.

④ 전통적 관료제 조직의 통제중심적 성향을 타파하도록 처방한다.

## Theme 03 조직전략과 조직구조

 고난도

### 1 저비용전략과 조직구조

**(1) 저비용전략**

저비용전략은 내부 지향적이고, 안정성을 위주로 한 전략으로, 효율적 시설관리, 비용절감, 생산비용 통제 등 경제성과 효율성을 적극적으로 추구하여 경쟁자에 비해 가격경쟁력을 확보하고자 한다.

**(2) 효과적 조직구조**

저비용전략을 추구하는 관리자는 조직을 기계적 구조로 설계하는 것이 효과적이다.

### 2 차별화전략과 조직구조

**(1) 차별화전략**

차별화전략은 외부 지향적이고 모험을 취하는 전략으로, 시장에 독특한 혁신적 산출물을 개발하고 경쟁자와 차별화를 추구함으로써 시장점유율을 넓히고자 한다.

**(2) 효과적 조직구조**

차별화전략을 추구하는 관리자는 조직을 유기적 구조로 설계하는 것이 효과적이다.

**06** 2007 국가직 7급

견인이론(pull theory)이 말하는 구조의 특성을 설명한 것 중 옳지 <u>않은</u> 것은?

① 기능의 동질성과 일의 흐름을 중시한다.
② 권한의 흐름을 하향적·일방적인 것이 아니라 상호적인 것으로 생각한다.
③ 자율규제를 촉진하여 통솔범위를 넓힐 수 있다.
④ 구성원의 변동에 대한 적응을 용이하게 한다.

**07** 2008 국가직 7급

'이음매 없는 행정서비스(seamless service)'에 관한 설명으로 옳지 <u>않은</u> 것은?

① 린덴(Linden)의 '이음매 없는 조직'과의 관련성이 높다.
② 전통적 조직에 비하여 조직 내 역할 구분이 비교적 명확하지 않다.
③ BSC(Balanced Score Card)를 비롯한 신공공관리적 성과관리방식과는 지향성에 있어서 차이가 있다.
④ 행정조직의 구성원들은 시민에게 보다 향상된 서비스를 직접 제공한다.

---

## Theme 04 후기(반) 관료제이론

### 1 견인이론(牽引理論, pull theory)

#### (1) 개념

① 견인이론은 조직 내에 자유로운 분위기를 조성하고 구성원들로 하여금 일하면서 보람과 만족을 느끼도록 처방하는 이론을 말한다.
② 이에 반해 압력이론(push theory)은 구성원들로 하여금 고통스러운 결과를 피하기 위해 일하도록 만드는 방안을 처방하는 이론을 말한다.

#### (2) 특징

① 인간이 자율규제적이며 직무수행을 통해 만족을 얻으려는 존재임을 전제하는 견인이론은 분화보다는 통합을, 억압보다는 행동의 자유를, 안정보다는 새로운 것을, 기능보다는 일의 흐름을 선호해야 한다는 원리를 처방한다.
② 견인이론에 입각한 구조는 통합·행동의 자유·변동 그리고 전체적인 일의 흐름을 중요시함으로써, 분권화·사업관리·기능의 복합적 중첩·목표관리·자율적인 사업담당반 등 여러 가지 적응적 장치를 구조적 특성으로 한다.

### 2 이음매 없는 조직(SO: Seamless Organization)

① 지식정보사회의 도래와 함께 린덴(Linden)이 정의한 '이음매 없는 조직'의 출현이 확산되었다.
② 소비자 중심사회의 다양한 요구에 대응하기 위해 전통적 분산적 조직(FO: Fragmented Organization)에서 이음매 없는 조직으로 변화해야 한다고 주장하였다.

**▎분산적 조직과 이음매 없는 조직 비교**

| 구분 | 분산적 조직 | 이음매 없는 조직 |
|---|---|---|
| 직무 | 협소한 직무범위, 낮은 자율성 | 폭넓은 직무범위, 높은 자율성 |
| 평가 | 투입을 기준 | 성과와 고객만족을 기준 |
| 기술 | 통제지향적 기술구조 | 분권지향적 기술구조 |
| 구조 | 조직단위와 기능을 분산 | 통합과정적 팀구조 |
| 시간 감수성 | 둔한 시간감각 | 예민한 시간감각 |
| 역할 구분 | 개인·조직단위 간 뚜렷한 역할 구분 | 교차기능적 팀들이 활용, 구분의 명확성 낮음 |
| 산출의 성격 | 생산자 중심, 생산이 용이한 표준화 | 소비자 중심, 주문 생산적 |

**스키너(Skinner)의 강화이론**

## (1) 개념

① 강화란 어떤 요인에 의해 자극과 반응 사이의 특정 관계가 강력해지는 현상을 말하고, 강화전략(행위변화전략)은 보상과 처벌을 적절히 이용함으로써 구성원의 바람직한 행위의 가능성을 증가시키거나 바람직하지 못한 행위를 감소시키는 것을 말한다.

② 스키너는 적극적 강화와 소거를 합성하는 행위변화전략이 가장 효과적이라고 주장하였다.

## (2) 유형

| 구분 | 유형 | 요인 | 예 |
|---|---|---|---|
| 바람직한 행위의 증가 | 적극적 강화 | 행동자가 원하는 상황을 제공 | 승진, 칭찬, 봉급인상 |
| | 소극(부정)적 강화 | 행동자가 원하지 않는 상황을 제거하거나 회피 | 불편 제거, 벌의 제거, 괴로움의 중지 |
| 바람직하지 못한 행위의 감소 | 처벌(제재) | 행동자가 원하지 않는 상황을 제공 | 징계, 질책, 해고 |
| | 소거(중단) | 행동자가 원하는 상황의 제공을 중단 | 성과금 폐지, 봉급인상 철회 |

## (3) 강화계획

| 연속적 강화 | | • 요구되는 행동이 일어날 때마다 보상<br>• 초기단계 학습에 효과적이나 효과가 빨리 소멸<br>• 강화요인을 제거하면 바람직한 행위가 급격히 하락 |
|---|---|---|
| 단속적 강화 | 간격강화 | • 고정간격강화: 규칙적 시간간격으로 강화 **예** 기본급제도<br>• 변동간격강화: 불규칙적 시간간격으로 강화 |
| | 비율강화 | • 고정비율강화: 일정한 빈도 또는 비율의 성과에 따라 강화 **예** 성과급<br>• 변동비율강화: 불규칙적 빈도 또는 비율의 성과에 따라 강화 |

**공직동기이론**

## (1) 의의

① 공공조직은 민간조직과 여러 가지 차이점이 있는데, 그 차이가 조직원의 동기에도 존재하는가를 연구한 것이 공직동기(public service motivation)이론이다.

② 합리적 차원(에서 공공정책호감도), 규범적 차원(에서 공익몰입), 감성(정서)적 차원(에서 동정과 자기희생)으로 구성된다.

## (2) 가정

① 공직동기이론은 공공부문의 종사자들은 '봉사 의식이 투철하고 공공문제에 더 큰 관심을 가지며 공공의 문제에 영향을 미칠 수 있다는 것에 큰 가치를 부여하고 있는 사람들'이라고 가정한다. 즉, 공공부문의 종사자들은 민간부문의 종사자

---

**08**  2006 국회직 8급

아래의 내용과 관련성이 가장 큰 학자는?

- 인간행동의 경험적 분석 강조
- 조작적 조건화를 통한 인간행동 변화 유도
- 구성원을 움직이기 위한 긍정적 강화(reinforcement)의 중요성 강조
- 업무성과에 따른 인센티브 지급 시, 그 간격이나 비율 스케줄의 중요성 강조

① 매슬로(A. H. Maslow)
② 애덤스(J. Adams)
③ 스키너(B. F. Skinner)
④ 반두라(A. Bandura)
⑤ 브룸(V. Vroom)

**09**  2007 부산 9급, 2004 경북 9급

동기이론의 하나인 강화이론의 설명으로 틀린 것은?

① 강화이론은 동기이론 가운데 과정이론에 속한다.
② 강화이론에서 불만족스럽거나 불쾌한 상태를 제거하며 기대행동을 유도하는 것을 처벌이라고 한다.
③ 강화이론에서 강화물은 사람에 따라서 차이가 있다.
④ 강화이론은 행태주의자들의 동기이론이다.

**10**  2010 서울시 9급

팀의 주요 사업에 기여도가 약한 사람에게는 팀에 주어지는 성과포인트를 배정하지 않음으로써, 성실한 참여를 유도하는 방식은 다음 중 어디에 해당하는가?

① 긍정적 강화  ② 소거
③ 처벌  ④ 부정적 강화
⑤ 타산적 몰입

**11**  2011 경정승진

조직의 강화 일정에 대한 설명 중 초기단계의 학습에서 바람직한 행동의 빈도를 늘리는 데 가장 효과적인 방법은?

① 고정비율강화  ② 변동간격강화
③ 변동비율강화  ④ 연속적 강화

**12**

동기유발요인으로 금전적·물질적 보상보다 지역공동체나 국가, 인류를 위해 봉사하려는 이타심에 주목하는 이론은?

① 페리(Perry)의 공공서비스동기이론
② 스키너(Skinner)의 강화이론
③ 해크만(Hackman)과 올드햄(Oldham)의 직무특성이론
④ 매슬로(Maslow)의 욕구계층이론

**13**

동기부여이론에 대한 설명으로 옳은 것은?

① 허즈버그(Herzberg)의 욕구충족이론에서는 위생요인이 충족되면 동기가 유발된다고 하였다.
② 맥그리거(McGregor)의 X·Y이론은 매슬로(Maslow)의 욕구단계설과 관련이 없다.
③ 브룸(Vroom)의 기대이론은 내용이론에 속한다.
④ 페리(Perry)의 공직동기이론은 신공공관리론에 대한 반론으로 제기되었다.

**14**

공공봉사동기이론(public service motivation)에 대한 설명으로 옳지 <u>않은</u> 것은?

① 공사부문 간 업무성격이 다르듯이, 공공부문의 조직원들은 동기구조 자체도 다르다는 입장에 있다.
② 정책에 대한 호감, 공공에 대한 봉사, 동정심(compassion) 등의 개념으로 구성되어 있다.
③ 공공봉사동기가 높은 사람을 공직에 충원해야 한다는 주장의 근거가 될 수 있다.
④ 페리와 와이스(Perry & Wise)는 제도적 차원, 금전적 차원, 감성적 차원을 제시하였다.

들과 다른 직업 동기를 가진다고 가정한다. 따라서 공사부문 간 업무성격이 다르듯이, 공공부문의 조직원들은 동기구조 자체도 다르다는 입장이며, 공공봉사동기가 높은 사람을 공직에 충원해야 한다는 주장의 근거가 될 수 있다.

② 이러한 가정에서 출발하는 타인에 대한 봉사동기와 공익 우선의 동기는 민간기업 근로자의 일반적인 동기와 다른 새로운 동기의 내용에 해당된다. 즉, 공공부문 종사자들만이 갖고 있는 특유의 동기적 특성으로 인해 일반적인 민간부문의 보상기제가 다르게 작동할 수 있다는 점에서 비롯된다.

### (3) 연구결과

① 현재까지의 연구결과는 공직 종사자들과 민간기업 종사자들 간 동기에 차이가 있으나 이러한 차이는 특별히 '공직동기'라고 보기 어렵다. 매슬로(Maslow)가 분류한 인간의 다섯 가지 욕구의 내용에서 공공부문 종사자들의 욕구(안전 욕구)와 민간기업 종사자들의 욕구(경제적 욕구)의 내용상 차이가 있을 뿐이라는 것으로 정리되고 있다.

② 신공공관리론에서 강조하는 이기적인 개인의 전제나 성과급 등을 통한 외재적 보상의 중요성보다는 공공부문 종사자가 갖고 있는 내적 동기 요인의 제고를 강조한다.

| 개념 차원 | 특징 |
|---|---|
| 합리적 차원 | • 공공정책에 대한 호감도와 매력<br>• 정책형성과정의 참여<br>• 특정 이해관계에 대한 지지 |
| 규범적 차원 | • 공익에 대한 몰입<br>• 공익에 대한 봉사 욕구<br>• 사회적 형평성의 추구<br>• 의무와 정부 전체에 대한 충성 |
| 감성적 차원 | • 정책의 사회적 중요성에 기인한 정책 몰입<br>• 선의의 애국심 |

## Theme 07 경로·목표모형(House) 고난도

### (1) 의의

① 하우스(House)의 경로·목표모형은 조직원들의 목표달성에 필요한 정보자원 등을 제공하는 것이 리더의 직무라는 점을 핵심으로 한다.
② 리더십의 근원은 리더가 조직원의 목표달성 경로를 명확히 해 주고, 목표달성 경로에 있는 장애요인을 줄여 주어 결국에 목표를 달성할 수 있을 것이라는 조직원의 믿음이라는 점을 지적하였다.

### (2) 리더십 행동

① **지시적 리더**: 자신이 원하는 바를 부하들에게 알려 주고, 부하들이 해야 할 작업의 일정 계획 및 과업 수행 방법을 지도해 준다.
② **지원적 리더**: 부하들의 욕구에 관심을 보인다.
③ **참여적 리더**: 부하들과 상담하고 의사결정에 부하들의 의견을 반영한다.
④ **성취지향적 리더**: 도전적 목표를 설정하고 부하들이 최고의 성과를 내기를 기대한다.

## (3) 환경변수와 상황변수

경로·목표모형에서는 조직원이 통제할 수 없는 환경변수와 조직원 개인의 특성변수를 상황변수로 제시한다.
① 환경변수: 리더 행동의 유형을 결정하는 것. 과업의 구조, 공식적 권위체계, 작업집단의 특성
② 상황변수: 환경과 리더의 행동에 대한 해석기준이 되는 개인의 특성변수(부하의 특성). 통제 성향, 경험 및 지각 능력

**▌하우스(House)의 경로 – 목표모형**

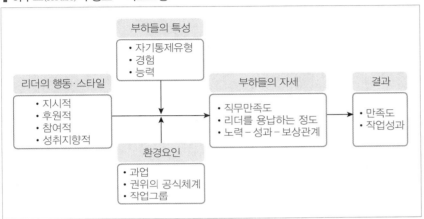

## (4) 함의

① 업무가 불분명하고 불확실한 경우에는 지시적 리더십이 부하에게 더 큰 만족을 준다.
② 구조화된 과업을 수행할 때 지원적 리더십이 발휘될 경우 부하의 성과와 만족은 더 크다.
③ 고도의 지각능력과 상당한 경험을 가진 부하들에게 지시적 리더십은 불필요한 것으로 여겨진다.
④ 내적 통제성향을 가진 부하들은 참여적 리더십 유형에 더 만족한다.
⑤ 과업이 모호하게 구조화되어 있을 때 성취지향적 리더십은 노력을 통해 좀 더 높은 성과를 가져오리라는 부하의 기대를 증대시켜 줄 수 있다.

---

## Theme 08  리더십 대체물 접근법(Kerr & Jermier)

### (1) 리더십 대체이론의 개념

여러 가지 상황적 요인들이 리더십을 대체하거나 리더십의 필요성을 약화시키는 현상을 의미한다.

### (2) 대체물과 중화물

① 대체물(substitution): 리더의 행동을 불필요하게 만드는 요인
② 중화물(neutralizer): 리더의 행동을 약화 또는 중화시키는 요인

---

## 18

리더십에 대한 설명으로 옳지 않은 것은?

① 피들러(F. Fiedler)에 따르면 리더십의 효과성을 제고하기 위해서는 리더의 스타일을 정확히 파악하고 상황에 맞춰 리더를 배치하는 것이 필요하다.

② 하우스(R. J. House)의 경로-목표이론에 따르면 참여적 리더십은 부하들이 구조화되지 않은 과업을 수행할 때 필요하다.

③ 허시(P. Hersey)와 블랜차드(K. Blanchard)의 생애주기이론에 따르면 효과적 리더십을 위해서는 리더가 부하의 성숙도에 따라 다른 행동 양식을 보여야 한다.

④ 리더십 대체이론(leadership substitutes theory)에 따르면 구성원들이 충분한 경험과 능력을 갖추고 있는 상황에서는 지원적 리더십이 불필요하다.

## 19

커와 저미어(S. Kerr & J. Jermier)가 주장한 '리더십 대체물 접근법'에 대한 설명으로 옳은 것만을 모두 고른 것은?

> ㄱ. 구조화되고, 일상적이며, 애매하지 않은 과업은 리더십의 대체물이다.
> ㄴ. 조직이 제공하는 보상에 대한 무관심은 리더십의 대체물이다.
> ㄷ. 부하의 경험, 능력, 훈련 수준이 높은 것은 리더십의 중화물이다.
> ㄹ. 수행하는 과업의 결과에 대한 환류(feedback)가 빈번한 것은 리더십의 대체물이다.

① ㄱ, ㄷ      ② ㄱ, ㄹ
③ ㄴ, ㄷ      ④ ㄴ, ㄹ

## ▌상황요인의 특성에 따른 대체물과 중화물

| 상황요인 | 특성 | 리더 영향 | | 비고 |
|---|---|---|---|---|
| | | 지시적 리더십 | 지원적 리더십 | |
| 부하 | 경험, 능력, 훈련 | 대체물 | | 대체물(리더십의 필요성 제거) |
| | 전문가적 지향 | 대체물 | 대체물 | |
| 과업 | 구조화 및 일상적 | 대체물 | | |
| | 피드백(feedback) | 대체물 | | |
| | 내적 만족 | | 대체물 | |
| 조직 | 높은 응집력 | 대체물 | 대체물 | |
| | 조직의 공식화 | 대체물 | | |
| 부하 | 보상에 대한 무관심 | 중화물 | 중화물 | 중화물(리더십의 필요성 감소) |
| 조직 | 리더가 통제할 수 없는 보상 | 중화물 | 중화물 | |
| | 비유연성(엄격한 규칙과 절차) | | 중화물 | |
| | 리더와 부하의 공간적 거리 | 중화물 | 중화물 | |

## Theme 09 권위

### (1) 의의

① 개념

㉠ 카츠(D. Katz)와 칸(R. Kahn): 권위란 제도화되고 정당화된 권력이라고 한다.

㉡ 사이몬(H. A. Simon): 타인의 행동을 인도하여 의사결정을 할 수 있는 힘을 권위라고 한다.

㉢ 바나드(C. I. Barnard): 부하들의 명령 수용 여하에 따라 상관의 권위는 인정·확인되는 것이라고 한다.

② 기능

㉠ 규범 준수와 개인 책임을 강제하는 기능을 한다.

㉡ 의사결정을 전문화·합리화하는 기능을 지닌다.

㉢ 조직 활동을 조정·통합하는 기능을 한다.

㉣ 갈등 해결 및 효과적 리더십 발휘의 수단이다.

### (2) 유형

① 사이몬(Simon)의 분류: 권위 수용의 심리적 동기 기준

㉠ 신뢰성의 권위: 권위를 수용하는 심리적 동기가 신뢰성을 바탕으로 하는 경우이다.

㉡ 동일화의 권위: 일체감이 권위를 수용하는 심리적 바탕이 되는 경우이다.

㉢ 제재성의 권위: 제재 때문에 권위를 수용하는 경우이다.

㉣ 정당성의 권위: 정당성이라는 심리적·논리적 귀결에서 그 근거를 찾을 수 있는 권위이며, 정당성은 권위의 가장 중요한 근거로 인정되고 있다.

② 베버(M. Weber)의 분류: 권위의 정당성의 근거 기준

㉠ 전통적 권위: 권위의 정당성의 근거가 전통의 신성함·지배자의 권력의 신성

함에 대한 신념에 있다.
- ⓛ **카리스마적 권위**: 지도자의 비범한 자질·능력이나 영웅적 행위에 대한 외경심이 복종의 근거가 된다.
- ⓒ **합법적·합리적 권위**: 권위의 정당성을 법규화된 질서나 명령권의 합법성에 대한 신념에 두고 있다.

③ **에치오니(A. Etzioni)의 분류**
- ㉠ **지배권력의 유형 기준**
  - ⓐ **강제적 권위**: 물리적인 힘이 통제의 주된 수단이다.
  - ⓑ **공리적 권위**: 경제적 유인이 통제의 주된 수단이다.
  - ⓒ **규범적 권위**: 규범·가치가 통제의 주된 수단이다.
- ㉡ **일반성·전문성 기준**
  - ⓐ **행정적 권위(관료제적 권위)**: 일반적·관리적 성격을 지니는 권위로서 이러한 행정적 권위에 의하여 상급자는 부하의 활동이나 전문가의 활동을 조정·통제할 수 있다.
    - **예** 대학사무처의 교수지원활동
  - ⓑ **전문적 권위**: 전문적 권위는 개인적 특성을 가진 전문적 지식이나 전문적 능력에 근거를 둔다.
    - **예** 국립과학수사연구소의 범죄 감식, 교수의 대학생 설득과 지도, 의사의 환자 판정
  - ⓒ 양자는 일반적으로 충돌하는 경향을 보인다.
    - **예** 계선과 막료의 갈등

### (3) 권위의 원천으로서의 권력의 유형

① **프렌치(J. R. P. French)와 라벤(B. Raven)의 분류**
- ㉠ **합법적 권력**
  - ⓐ 권한과 유사한 개념인 합법적 권력은 상사가 보유하고 있는 직위에 기반을 둔 권력인데, 일반적으로 직위가 높으면 높을수록 합법적 권력은 더욱 커지는 경향이 있다.
  - ⓑ 합법성의 한계는 직위의 공식적인 속성과 비공식적인 규범 및 전통에 의해 결정된다.
- ㉡ **보상적 권력**
  - ⓐ 다른 사람들이 가치를 두고 있는 보상을 갖고 있는 정도를 말한다. 즉, 보상적 권력은 다른 사람들에게 보상을 제공할 수 있는 능력에 기반을 둔다.
  - ⓑ 조직이 제공하는 보상의 예에는 봉급, 승진, 직위 부여 등이 있다.
- ㉢ **강압적 권력**: 인간의 공포에 기반을 둔 권력으로, 어떤 사람이 다른 사람을 처벌할 수 있는 능력을 가지거나, 육체적 또는 심리적으로 다른 사람에게 위해를 가할 수 있는 능력을 가진 경우에 발생한다.
- ㉣ **전문적 권력**
  - ⓐ 다른 사람들이 가치를 두는 정보를 갖고 있는 정도를 말한다. 즉, 전문적 권력은 다른 사람이 필요로 하는 전문적인 기술이나 지식을 어떤 사람이 갖고 있을 때 발생하는 권력으로, 그러한 정보가 중요하면 중요할수록 또한 그러한 정보를 얻을 수 있는 대안이 적으면 적을수록 전문적 권력은 강화된다.

**20** 2000 국가직 7급
권력유형을 설명하는 권력기초의 예로 옳지 <u>않은</u> 것은?
① 보상적 권력 – 임금
② 강제적 권력 – 처벌
③ 합법적 권력 – 지위
④ 전문적 권력 – 인기

**21** 2010 국회직 9급
권력의 원천에 대한 설명으로 옳지 <u>않은</u> 것은?
① 권한과 유사한 개념인 강압적 권력은 상사가 보유하고 있는 직위에 기반을 둔 권력으로서 어떤 사람이 다른 사람을 처벌할 수 있는 능력을 가지거나, 육체적 또는 심리적으로 다른 사람에게 위해를 가할 수 있는 능력을 가진 경우에 발생하게 된다.
② 전문적 권력이란 다른 사람들이 가치를 두는 정보를 갖고 있는 정도를 말한다.
③ 준거적 권력은 어떤 사람이 자신보다 뛰어나다고 생각하는 사람을 닮고자 할 때 발생하며 일면 카리스마의 개념과 유사하다.
④ 보상적 권력은 다른 사람들에게 보상을 제공할 수 있는 능력에 기반을 두며 이러한 보상의 예로는 봉급, 승진, 직위 부여 등이 있다.
⑤ 전문적 권력은 직위와 직무를 초월하여 조직 내의 누구나 가질 수 있다.

**22**

2011 국회직 8급

프렌치(J. French)와 라벤(B. Raven)의 권력의 원천에 관한 설명으로 옳지 <u>않은</u> 것은?

① 권한과 유사한 개념인 합법적 권력은 상사가 보유하고 있는 직위에 기반을 둔 것으로 일반적으로 직위가 높을수록 합법적 권력은 더욱 커지는 경향이 있다.

② 준거적 권력은 다른 사람들이 가치를 두는 정보를 갖고 있는 정도에 기반을 둔 것으로 다른 사람이 필요로 하는 전문적인 기술이나 지식을 어떤 사람이 갖고 있을 때 발생한다.

③ 강압적 권력은 인간의 공포에 기반을 둔 것으로 어떤 사람이 다른 사람을 처벌할 수 있는 능력을 가지거나 육체적 또는 심리적으로 다른 사람에게 위해를 가할 수 있는 능력을 가진 경우에 발생한다.

④ 보상적 권력은 다른 사람들에게 보상을 제공할 수 있는 능력에 기반을 둔 것으로 조직이 제공하는 보상의 예에는 봉급, 승진, 직위 부여 등이 있다.

⑤ 합법적 권력의 합법성의 한계는 직위의 공식적인 속성과 비공식적인 규범 및 전통에 의해 결정된다.

**23**

2018 국가직 9급

프렌치(J. R. P. French, Jr)와 라벤(B. H. Raven)의 권력유형 분류에서 권력의 원천이 <u>아닌</u> 것은?

① 준거(reference)
② 전문성(expertness)
③ 강제력(coercion)
④ 상징(symbol)

**24**

2020 국가직 9급

프렌치와 라벤(French & Raven)이 주장하는 권력의 원천에 대한 설명으로 옳지 <u>않은</u> 것은?

① 합법적 권력은 권한과 유사하며 상사가 보유한 직위에 기반한다.

② 강압적 권력은 카리스마 개념과 유사하며 인간의 공포에 기반한다.

③ 전문적 권력은 조직 내 공식적 직위와 항상 일치하는 것은 아니다.

④ 준거적 권력은 자신보다 뛰어나다고 생각하는 사람을 닮고자 할 때 발생한다.

ⓑ 전문적 권력은 직위와 직무를 초월하여 조직 내의 누구나 가질 수 있다.

ⓒ 합법적 권력, 보상적 권력, 강압적 권력 등이 항상 조직 내 공식적 직위와 일치하는 것은 아니지만, 대부분의 경우 이러한 권력은 공식적 직위와 관련이 깊다. 그러나 전문적 권력은 공식적 직위와 일치하지 않을 수도 있다.

　ⓜ 준거적 권력

　　ⓐ 어떤 사람이 자신보다 뛰어나다고 생각하는 사람을 닮고자 할 때 발생한다.

　　ⓑ 전문적 권력이 조직 내의 공식적 직위와 항상 일치하는 것은 아니듯이, 준거적 권력도 공식적 직위와 항상 일치하지는 않는다.

　　ⓒ 준거적 권력은 일면 카리스마의 개념과 유사하다.

　② 직위권력과 개인권력

　　㉠ **직위권력**: 직위권력은 직무를 가지고 있는 사람과는 관계없이 그 직위 자체로 인해 부여받는 권력이다. 따라서 합법적 권력, 보상적 권력, 강압적 권력과 전문적 권력의 몇 가지 측면 등은 모두 직위권력과 관련이 있고, 결국 직위권력은 권한과 유사하다고 할 수 있다.

　　㉡ **개인권력**: 개인권력은 조직 내의 직위와 관계없이 그 개인 자체로 인해 발생하는 권력이다. 따라서 준거적 권력, 전문적 권력과 강압적 권력 및 보상적 권력의 몇 가지 측면 등은 모두 개인권력과 관련이 있다.

## (4) 권위수용이론

① **명령권리설과 수용설**

　㉠ **명령권리설**: 고전적 조직이론은 권위를 상관이 부하에게 명령을 내릴 수 있는 권리로 보는 하향적 권위로서 인식하였다.

　㉡ **수용설**(동의모형): 대부분의 인간관계론자들과 행태론자들은 권위를 부하가 어느 정도 수용하느냐에 따라 권위가 좌우된다고 보는 상향적 권위로서 인식하고 있다.

　㉢ **결론**: 양자는 상호보완적 관계에 있다고 보아야 할 것이며 종합적 인식이 요구된다.

② **바나드 이론과 무차별권**: 바나드(Barnard)는 명령이 수용될 가능성에 따라 다음과 같이 구별하였다.

　㉠ 명백히 수용될 수 없는 경우

　㉡ 중립적인 경우

　㉢ 아무런 이의 없이 수용되는 경우(무차별권이라고 한다.)

③ **사이몬 이론과 수용권**: 사이몬(Simon)은 사람이 타인의 의사결정을 따르는 경우를 다음과 같이 구분했다. ㉡과 ㉢의 경우가 권위의 수용권 내지 수용 범위에 해당된다고 보고 있다.

　㉠ 의사결정의 장·단점을 검토하여 장점을 확신해서 따르는 경우

　㉡ 장·단점에 대하여 충분한 검토 없이 따르는 경우

　㉢ 의사결정이 잘못되었음을 확신하면서도 따르는 경우

## (1) 스마트워크(smart work)

① 개념: 스마트워크란 원격근무의 한 형태로, 영상회의 등 정보통신기술을 이용해 시간과 장소의 제약 없이 업무를 수행하는 유연한 근무 형태를 말한다.

② 주요 형태: 스마트워크의 주요 형태는 이동근무, 재택근무, 스마트워크센터 근무 등을 포함한다.

## (2) e – 거버넌스와 전자민주주의

① e – 거버넌스는 모범적인 거버넌스를 실현하기 위하여 다양한 차원의 정부와 공공부문에서 정보통신기술의 잠재력을 활용하기 위한 과정과 구조의 실현을 추구한다.

② e – 거버넌스는 전자민주주의, 전자정부, e – 비즈니스를 포괄한다.

## (3) 지역정보화

① 개념
  ㉠ 광의의 개념: 특정 지역을 대상으로 하는 국가 및 지방자치단체 주도의 정보화
  ㉡ 협의의 개념: 특정 지역을 대상으로 하는 지역 주도의 지역민을 위한 정보정책의 수립과 추진을 의미

② 기본 목표
  ㉠ 지역경제의 활성화
  ㉡ 주민의 삶의 질 향상
  ㉢ 행정의 효율성 강화

③ 추진방향
  ㉠ 자치단체 각 분야에서 정보화를 추진할 수 있는 기반 조성
  ㉡ 기업의 적극적 참여 유도
  ㉢ 시·군·구 중심의 행정종합정보체계 구축

## (4) 정보격차 해소방안으로서의 웹 접근성 강화

웹 접근성이란 장애인 등 정보 소외계층이 일반인과 동일하게 웹사이트에 있는 모든 정보에 접근해 활용할 수 있도록 편의를 제공하는 것을 말한다. 이때 장애인 및 노인의 인터넷 이용을 실질적으로 보장하려면 웹 접근성과 병행해 웹 사용성을 높이려는 노력이 필요하다.

## (5) 유비쿼터스 정부(ubiquitous government)

① 개념
  ㉠ 유비쿼터스 정부(u-government)란 지식정보사회의 등장과 함께 기존의 관료제 정부의 문제점을 극복하기 위하여 등장한 전자정부(e-govenrnment)의 일종이자 보다 진화된 형태이다.
  ㉡ 유비쿼터스 정부란 유비쿼터스 기술을 적극 도입하고 이를 리엔지니어링·리스트럭처링 등 다양한 행정혁신과 결합하여 내부적으로 행정효율성을 높이고 외부적으로 언제 어디서나 개인화되고 중단 없는 맞춤서비스를 제공하는 유비쿼터스 시대의 새로운 정부 형태이다.

**25**     2016 국가직 9급

정보화와 전자정부 등에 대한 설명으로 옳지 않은 것은?

① e-거버넌스는 모범적인 거버넌스를 실현하기 위하여 다양한 차원의 정부와 공공부문에서 정보통신기술의 잠재력을 활용하기 위한 과정과 구조의 실현을 추구한다.

② 웹 접근성이란 장애인 등 정보 소외계층이 웹사이트에 있는 정보에 접근할 수 있도록 편의를 제공하는 것을 말한다.

③ 빅데이터(big data)의 3대 특징은 크기, 정형성, 임시성이다.

④ 지역정보화 정책의 기본 목표는 지역경제의 활성화, 주민의 삶의 질 향상, 행정의 효율성 강화이다.

**26**     2013 국가직 9급

유비쿼터스 정부(u-government)의 특성과 거리가 먼 것은?

① 중단 없는 정보 서비스 제공
② 맞춤 정보 제공
③ 고객 지향성, 실시간성, 형평성 등의 가치 추구
④ 일방향 정보 제공

② 유비쿼터스 기술의 의미

　　㉠ 유비쿼터스는 1988년 미국 제록스사의 팰로 알토 연구소의 와이저(Mark Weiser)가 최초로 제창한 개념으로서, 어원은 '언제 어디서나 존재한다.'라는 의미를 지닌 라틴어 'ubique'이다.

　　㉡ 와이저는 배우기 복잡하고 사용이 불편하며 휴대가 불가능한 컴퓨터와 네트워크가 아니라 누구나 쉽게 언제 어디서나 사용가능한 컴퓨터와 네트워크를 만들고자 유비쿼터스 개념을 도입하였다. '사용자가 네트워크나 컴퓨터를 의식하지 않고 장소에 관계없이 자유롭게 네트워크에 접속할 수 있는 환경'(Weiser, 1991)으로서의 유비쿼터스 개념은 점점 진화하여 현재는 생활 속에 스며들어 사용자가 그 기술의 존재를 깨닫지 못하거나 의식할 필요가 없고, 또한 언제 어디서나 네트워크에 접속되어 정보서비스를 제공받을 수 있는 상황을 말한다.

　　㉢ 유비쿼터스는 우리가 깨닫지는 못하지만 생활 속에서 수많은 컴퓨터와 기술을 사용하게 되는 환경으로서, 우리의 생활과 밀접하게 관련되어 함께 사용되어지는 기술이며 생활은 물론 사회·문화의 모든 부문에 걸쳐 널리 영향을 미치는 기술이다(정보통신정책연구원, 2004: 2).

③ 유비쿼터스 정부의 등장과정 및 주요 특징

　　㉠ 1980년대 중반부터 시작된 '행정전산화'는 '행정정보화' 단계를 지나 1990년대 중반부터 초고속인터넷을 활용한 전자정부(e-Gov)로 진화하였고, 2000년대 중반부터 모바일로 웹포털 정부홈페이지에 접근하고 이메일·SMS 등을 통해 날씨·교통·여행·구인·환자의료정보 등의 서비스를 제공하는 모바일 정부(m-Gov)로 진화하였으며, 2010년 이후부터는 유비쿼터스 정부의 초기 단계로 진입하고 있다(윤상오, 2009).

　　㉡ 유비쿼터스 정부는 고객지향성, 지능성, 실시간성, 형평성을 실현하여 인간과 기계의 접촉, 정부와 국민의 접촉이 최소화되고 수요자가 원하는 방식으로 인간중심적 서비스를 구현하는 정부이다(박정은, 2007: 43).

　　㉢ 유비쿼터스 정부의 핵심 특징은 유·무선·모바일 기기 통합으로 언제 어디서나 중단 없는 서비스를 제공하는 편재성·상시성(ubiquity), 개인별 요구사항·특성·선호를 사전에 파악하여 맞춤형 서비스를 제공하는 고객맞춤화(uniqueness), 사회인프라에 센서나 태그를 이식해 공간환경·사물·사람에 관한 상황인식 정보를 감지해 사물·컴퓨터가 직접 지능화된 서비스를 제공하는 지능화(intelligence)이다(Belanger & Schaupp, 2005).

　　㉣ 유비쿼터스 정부는 언제 어디서나 개인화되고 중단 없는 정보서비스를 제공함으로써 부가적인 가치를 제공하는 웹(web) 3.0 시대의 정부를 의미한다.

**(6) 지능형 전자정부**

① 개념

　　㉠ 지능형 전자정부란 인공지능, 빅데이터, 사물인터넷 등 지능정보기술을 활용하여 국민중심으로 정부서비스를 최적화하고 스스로 일하는 방식을 혁신하며, 국민과 함께 국정 운영을 실현함으로써 안전하고 편안한 상생의 사회를 만드는 디지털 신정부를 의미한다.

---

**27**　　2009 지방직 7급

유비쿼터스 정부(u-government)에 대한 설명으로 옳지 <u>않은</u> 것은?

① 언제 어디서나 개인화되고 중단 없는 정보서비스를 제공함으로써 부가적인 가치를 제공하는 정부이다.

② 개인의 관심사, 선호도 등에 따른 실시간 맞춤정보 제공으로 시민참여도가 제고되어 궁극적으로 투명한 정책결정과 행정처리가 가능해진다.

③ 행정서비스가 추구하는 가치는 고객지향성, 지능성, 실시간성, 형평성 등으로 요약된다.

④ 인터넷 기반 온라인 서비스의 강화에 초점을 맞춘 웹(web) 2.0 시대의 미래형 전자정부이다.

ⓒ 지능형 정부를 달성하기 위해, 6개(공정, 투명, 유연, 신뢰, 창의, 포용) 핵심가치를 바탕으로 "스스로 진화하는 WISE 정부"라는 비전을 제시하고, 4대 목표[1]를 추구하고 있다.

② 기존 전자정부 대비 지능형 정부의 특징

　ⓐ 시스템 측면에서 제4차 산업혁명의 기반이 되는 인공지능, 빅데이터 등의 최첨단 기술을 활용한 차세대 전자정부 플랫폼 구축을 의미한다.

　ⓑ 국정 운영 측면에서 신기술과 인간의 창의성을 접목하여 국민이 감동하는 서비스를 제공하고, 국민과 함께하는 현명한 국정 운영을 지원하는 정부를 의미한다.

| 구분 | 전자정부 | 지능형 정부 |
|---|---|---|
| 정책결정 | 정부 주도 | 국민 주도 |
| 행정업무 | • 국민/공무원 문제 제기 → 개선<br>• 현장 행정: 단순업무 처리 중심 | • 문제 자동인지 → 스스로 대안제시 → 개선<br>• 현장 행정: 복합문제 해결 가능 |
| 서비스 목표 | 양적·효율적 서비스 제공 | 질적·공감적 서비스 공동생산 |
| 서비스 내용 | 생애주기별 맞춤형 | 일상틈새 + 생애주기별 비서형 |
| 서비스 전달방식 | 온라인 + 모바일 채널 | 수요 기반 온·오프라인 멀티채널 |

## Theme 11　조직시민행동

### (1) 개념

① 한 조직이 지향하는 목표를 효과적으로 달성하기 위해서는 각 구성원들이 자신의 담당 업무를 충실히 수행해 내는 것만으로는 충분치 않은데, 조직행위론 분야의 대가인 카츠(Katz)는 '공식적으로 주어진 업무에만 충실한 구성원들로 이루어진 조직은 쉽게 붕괴될 것'이라고 말한 바 있다.

② 이는 구성원들이 비록 자신의 명시화된 업무가 아니라 할지라도, 필요시 조직에 도움이 되는 행동을 적극 수행할 수 있어야 한다는 뜻이다. 즉, 각 구성원들이 '내게 맡겨진 일만 하면 될 뿐'이라는 인식을 넘어 한 조직의 구성원으로서 보다 강력한 주인의식과 사명감을 바탕으로 조직 발전을 위해 다양한 노력을 기울일 수 있어야 한다는 것이다.

③ 이렇듯 공식적인 담당 업무도 아니고 적절한 보상도 없지만 자신이 소속된 조직의 발전을 위해 자발적으로 수행하는 각 구성원들의 지원 행동들을 조직시민행동이라 한다.

---

1) ① 마음을 보살피는 정부(Wonderful Mind-Caring Government)로 국민의 어려움을 먼저 찾아 해결하고, 이를 모든 국민이 차별없이 누릴 수 있도록 마음까지 보살피는 따뜻한 서비스를 제공하는 것이다. ② 사전에 해결하는 정부(Innovative Problem-Solving Government)로 스스로 혁신하는 진화형 행정을 구현함으로써 행정 프로세스 전반을 끊임없이 재설계하고, 데이터 중심의 스마트 행정을 구현하는 것이다. ③ 가치를 공유하는 정부(Sustainable Value-Sharing Government)로 국민과 정부가 새로운 경제·사회적 가치를 공동으로 생산·공유·사용하는 플랫폼 기반의 디지털 파트너십을 구현하는 것이다. ④ 안전을 지켜주는 정부(Enhanced Safety-Keeping Government)로 재산안전, 생활안전 등 각종 안전망을 지능화하여 국민이 안심하고 살 수 있는 환경을 구축하고, 인공지능 기반의 자가진화형 사이버 이용 기반을 확립하는 것이다.

바로 확인문제

**28**　2022 군무원 9급

기존 전자정부 대비 지능형 정부의 특징에 대한 설명으로 가장 옳지 않은 것은?

① 국민주도로 정책결정이 이루어진다.
② 현장 행정에서 복합문제의 해결이 가능하다.
③ 생애주기별 맞춤형 서비스를 제공한다.
④ 서비스 전달방식은 수요기반 온·오프라인 멀티채널이다.

**29**　2016 국가직 9급

조직시민행동(organizational citizenship behavior)에 대한 설명으로 옳지 않은 것은?

① 공식적인 보상 시스템에 의하여 직접적으로 또는 명시적으로 인식되지 않는 직무역할 외 행동이다.
② 구성원들의 역할모호성 지각은 조직시민행동에 긍정적 영향을 미친다.
③ 구성원들의 절차공정성 지각은 조직시민행동에 긍정적 영향을 미친다.
④ 작업장의 청결을 유지하는 것은 조직시민행동 유형 중 양심행동에 속한다.

**30**  2021 국가직 7급(인사조직론)

조직시민행동(organizational citizenship behavior)의 구성 요소에 대한 설명으로 옳은 것은?

① 시민의식(civic virtue)은 조직과 관련된 업무나 문제에 대해 특정 인물을 도와주려는 자발적인 행동을 말한다.

② 예의성(courtesy)은 조직에서 요구되는 최소 수준 이상의 업무를 수행하는 것을 말한다.

③ 스포츠맨십(sportsmanship)은 불평불만을 하거나 사소한 문제에 대해 번거로운 고충처리를 하지 않는 것을 말한다.

④ 양심성(conscientiousness)은 타인과의 사이에서 발생할 수 있는 문제나 갈등의 소지를 사전에 예방하기 위해 노력하는 행동을 말한다.

**31**  2020 군무원 7급

윌리엄스와 앤더슨(Williams & Anderson)에 의해 주장되는 조직에 대한 조직시민행동(OCB-O)으로 옳지 <u>않은</u> 것은?

① 신사적 행동(sportsmanship)
② 성실행동(conscientiousness)
③ 시민의식행동(civic virtue)
④ 이타적 행동(altruism)

## (2) 조직시민행동의 다섯 가지 요소

연구자들마다 조직시민행동의 구성요인에 대해 다양하게 제시하지만 일반적으로 인디애나대학교 오르간(Organ) 교수가 1988년에 발표한 분류가 가장 대표적으로 쓰인다.

① **이타적 행동**(altruism): 조직과 관련된 업무나 문제에 대해 특정 인물을 도와주려는 자발적인 행동을 말하며, 보상을 바라지 않고 다른 구성원을 도와주려는 친사회적인 행동을 말한다.

　예 결근한 동료의 빈자리를 대신하는 행동

② **예의성**(courtesy): 타인과의 사이에서 발생할 수 있는 문제나 갈등의 소지를 사전에 예방하기 위해 노력하는 행동을 말하며, 자기로 인해 다른 조직구성원이 피해보지 않게 하는 사려깊은 행동을 말한다.

　예 업무를 방해하지 않는 행동

③ **양심성**(성실행동, conscientiousness): 조직이 요구하는 수준 이상의 역할을 수행하는 행동을 말한다.

　예 부지런하고 시간을 낭비하지 않는 행동

④ **시민의식**(civic virtue): 조직의 이익을 위해서 책임의식을 갖고 솔선수범하는 행동을 말한다.

　예 조직 변화활동에 자발적으로 참여하는 행동

⑤ **스포츠맨십**(신사적 행동, sportsmanship): 불평불만을 하거나 사소한 문제에 대해 번거로운 고충처리를 하지 않는 것을 말하며, 조직에 대한 비난을 삼가고 조직 차원의 의사결정이나 정책을 받아들이는 행동을 말한다.

　예 상사에 대해 불평하거나 욕하지 않음

위 다섯 가지 요인은 크게 두 가지로 나뉘기도 하는데, 이타적 행동과 예의성은 사람을 대상으로 한다는 점에서 'OCB-I(OCB for individual)'로 지칭되며, 나머지 세 개의 요인인 양심성(성실행동), 시민의식, 스포츠맨십은 조직을 대상으로 한다는 점에서 'OCB-O(OCB for organization, OCB)'로 분류된다.

## (3) 리더의 관심과 인정

① 구성원들의 조직시민행동과 관련하여 조직 내부적으로 공식적인 보상 체계가 존재하지 않는 만큼, 이를 활성화시키려면 다양한 비공식적인 보상이 이루어져야 한다. 특히 현장 구성원들의 태도와 행동에 가장 큰 영향력을 행사할 수 있는 직속 상사의 관심과 인정이 중요하다.

② 여러 연구 결과에 따르면 리더의 스타일에 따라 구성원들의 조직시민행동의 발휘 여부가 상당 부분 영향을 받는다고 한다. 그러므로 현장의 리더들은 구성원들을 면밀히 관찰하면서 조직시민행동에 대해 즉각적으로 칭찬·격려하여 구성원들이 보다 적극적으로 조직시민행동을 발휘할 수 있도록 이끌어야 할 것이다.

## ▌개인에 대한 조직시민행동 vs. 조직에 대한 조직시민행동

| | |
|---|---|
| 개인에 대한<br>조직시민행동<br>(OCB-I: 조직 내 구성원을<br>돕는 행동) | • 이타적 행동(altruism): 직무상 필수적이지는 않지만 다른 구성원들을<br>도와주려는 자발적인 행동<br>• 예의(courtesy): 구성원이 자신의 의사결정과 행동으로 인해 다른 구성<br>원들에게 피해가 가지 않게 미리 예방하는 행동 |
| 조직에 대한<br>조직시민행동<br>(OCB-O: 조직에 이익이<br>되는 행동) | • 성실행동(conscientiousness): 조직이 요구하는 수준 이상의 역할을 수<br>행하는 행동<br>• 시민의식행동(civic virtue): 조직의 이익을 위해서 조직의 활동에 책임<br>의식을 갖고 솔선수범하는 행동<br>• 신사적 행동(sportsmanship): 조직 내에서 불평이나 타인에 대한 비난<br>을 하지 않는 행동 |

자신을 어떻게 생각하느냐가
자신의 운명을 결정짓는다.

– 헨리 데이비드 소로(Henry David Thoreau)

# 인사행정론

# 18%

※최근 5개년(국, 지/서)
출제비중

# IV 인사행정론

정답과 해설 ▶ P.12

## 바로 확인문제

**01**
2023 군무원 9급

다음 중 전략적 인적자원관리에 대한 설명으로 가장 거리가 먼 것은?

① 장기적이며 목표 성과 중심적으로 인적자원을 관리한다.

② 조직의 전략 및 성과와 인적자원관리 활동 간의 연계에 중점을 둔다.

③ 인사업무 책임자가 조직 전략 수립에 적극적으로 관여한다.

④ 개인의 욕구는 조직의 전략적 목표달성을 위해 희생해야 한다는 입장이다.

## Theme 01  인적자원관리

### 1  전략적 인적자원관리

#### (1) 개념

전략적 인적자원관리(strategic human resource management)는 조직의 궁극적인 목표를 좀 더 효과적으로 달성하기 위한 조직의 전략과 조직구성원의 욕구를 통합시키는 적극적인 인적자원관리를 의미한다.

#### (2) 특징

① 조직 내 인적자원은 조직의 성공적인 목표 달성에 있어 매우 가치 있는 자산이며 적극적인 투자를 통해 그 가치가 증대한다는 점을 강조한다.

② 조직은 개인의 욕구와 조직의 전략적 요구를 동시에 충족시키는 방향으로 인적자원을 관리해야 한다. 따라서 정부 인적자원정책의 수립과 집행은 정부목표의 달성에 직접적으로 공헌할 수 있도록 조직의 전략과 연계해 이루어져야 하며, 개인과 조직 모두에 도움이 되는 방향으로 인적자원에 대한 관리가 이루어져야 한다.

③ 전략적 인적자원관리의 기본적인 목적은 조직의 궁극적인 목표를 달성하고 조직의 성과를 향상시키는 것이다. 이를 위해서 우수한 인재의 충원, 직무다양화, 교육훈련의 확대, 근무환경의 개선, 참여 기회의 확대, 직무성과와 보상과의 연계 강화 등 조직구성원의 다양한 욕구를 반영하는 신축적인 인사정책이 실시되어야 하며, 궁극적으로는 조직의 목표를 달성하고 성과를 향상시키는 데 기여하는 방향으로 운영되어야 한다는 점을 강조한다.

### 2  역량기반 인적자원관리

#### (1) 전통적 직무기반 인적자원관리의 문제점

① 직무분석을 통해 작성하는 직무기술서와 직무명세서에는 해당 점직자가 직무 수행과정에서 무엇을 해야 하는가와 직무수행에 필요한 최소한의 학력과 경력요건은 무엇인가를 기록하고 있을 뿐 해당 점직자가 조직의 성공을 위해 필요한 측정 가능한 직무수행의 결과물이 무엇인지 명시하지 않고 있다.

② 직무기술서와 직무명세서가 신축성 있게 수정되기 어렵기 때문에 변화에 재빨리 적응하기 힘들다.

## (2) 역량의 개념

역량이란 특정한 상황이나 직무수행과정에서 미리 설정된 준거기준에 비춰볼 때, 효과적이거나 우수한 성과의 원인이 되는 개인의 내재적 특성(동기, 특질, 자아인식, 지식, 실무기술)을 말한다.

## (3) 역량기반 인적자원관리의 개념

① 역량기반 인적자원관리는 역량을 인적자원관리의 핵심어로 등장시킨 하나의 조류이다. 즉, 기존의 직무기반 인적자원관리 방식의 약점을 극복하고자 인적자원관리의 여러 활동 국면인 인적자원계획, 모집 및 선발, 승진, 교육훈련, 성과관리, 보상 체계 등 전반에 걸쳐서 역량과 역량 모델을 활용하는 것을 말한다.

② 역량기반 인적자원관리의 핵심은 평균적인 조직구성원과 구별되는 아주 뛰어난 성과를 보이는 조직구성원의 역량을 어떻게 찾아내고 그것을 어떻게 인적자원관리의 모든 측면에서 활용할 수 있도록 할 것인가에 있다.

## (4) 사례

중앙부처 고위공무원과 과장급 승진 예정자, 서울시 사무관 승진 예정자를 대상으로 하는 역량평가, 5급 공무원 채용시험의 역량면접 도입 등이 그 사례이다.

## 3 성과 중심 인적자원관리

### (1) 인적자원관리 패러다임으로의 변화

전통적인 인사행정에서는 형식 요건, 규격화되고 경직된 틀을 중시했지만, 새로운 인적자원관리에서는 형식보다는 실적과 성과에 더 큰 비중을 두어 유연한 임용방식을 확대한다. 이에 따라 폐쇄적 임용체계에서 개방형 체계로의 전환, 계약제 임용방식의 확산을 통한 과업 중심의 인적자원관리 시스템의 구축이 새로운 패러다임으로 자리 잡고 있다.

### (2) 연공주의와 성과주의 비교

| 구분 | 연공주의 | 성과주의 |
|---|---|---|
| 채용 | • 정기 및 신입사원 채용 중심<br>• 일반적인 선발기준 | • 수시 및 경력사원 채용 강화<br>• 전문성과 창의성 중심의 선발기준 |
| 평가 | • 태도와 근속연수 중심의 평가<br>• 모호하고 불투명한 평가 | • 성과와 능력 중심의 평가<br>• 객관적이고 투명한 평가 |
| 진급<br>보상 | • 직급과 연차 중심의 연공 승진<br>• 연공형 월급제, 고정상여금 | • 직급 파괴 및 성과, 역량에 의한 승진<br>• 연봉제, 성과급제 등 |
| 퇴직 | 평생고용 | • 조기퇴직<br>• 전직 지원 활성화 |

**02** 2016 국가직 7급

전통적인 연공주의 인적자원관리와 비교할 때 성과주의 인적자원관리의 특징으로 옳지 않은 것은?

① 형식 요건을 중시하고 규격화된 임용 방식을 확대한다.
② 태도와 근속연수보다 성과와 능력 중심의 평가를 강조한다.
③ 직급파괴와 역량에 의한 승진을 강조한다.
④ 조기퇴직 및 전직 지원을 활성화한다.

**03** 2023 국가직 9급

연공주의(seniority system)에 대한 설명으로 옳은 것만을 모두 고르면?

ㄱ. 장기근속으로 조직에 대한 공헌도를 높인다.
ㄴ. 개인의 성과에 따른 적절한 보상을 통해 사기를 높인다.
ㄷ. 계층적 서열구조 확립으로 조직 내 안정감을 높인다.
ㄹ. 조직 내 경쟁을 통해서 개인의 역량 개발에 기여한다.

① ㄱ, ㄴ　　② ㄱ, ㄷ
③ ㄴ, ㄹ　　④ ㄷ, ㄹ

## 04
2009 국회직 8급

다음 각 제도와 제도가 추구하는 취지와의 연결이 적절하지 **않은** 것은?

① 시민헌장(citizen's charter) – 공공서비스의 질적 수준 향상
② 시장성 테스트(market testing) – 공공서비스 공급 주체 간 경쟁 유도
③ 공동생산(co-production) – 시민사회의 적극적 행정참여 유도
④ 대표관료제(representative bureaucracy) – 다양한 계층의 충원
⑤ 적극적 조치(affirmative action) – 행정기능 강화로 효율성 증대

## 05
2019 서울시 7급 제1회

인사행정에 대한 설명으로 가장 옳지 **않은** 것은?

① 균형인사정책은 대표관료제의 단점, 즉 소외집단에 대한 배려가 다른 집단에 대한 역차별을 불러올 가능성을 낮추는 데 기여할 수 있다.
② 대표관료제는 정부관료제 인적 구성의 대표성 확보를 통해 전체 국민에 대한 정부의 대응성을 향상시킬 수 있다.
③ 엽관제는 정당정치의 발달과 행정의 민주성 제고에 기여할 수 있다.
④ 엽관제는 정치지도자의 행정 통솔력을 강화시켜 정책과정의 능률성을 제고할 수 있다.

## 06
2021 국가직 7급

다양성 관리(diversity management)에 대한 설명으로 옳지 **않은** 것은?

① 오늘날 개인의 성격, 가치관의 차이와 같은 내면적 다양성의 중요성이 커지고 있다.
② 다양성 관리란 내적·외적 차이를 가진 다양한 조직구성원을 공평하고 효율적으로 활용하기 위한 체계적인 인적자원관리과정이다.
③ 균형인사정책, 일과 삶 균형정책은 다양성 관리의 방안으로 볼 수 없다.
④ 대표관료제를 통한 조직 내 다양성 증대는 실적주의와 충돌할 가능성이 있다.

---

## Theme 02  균형인사정책

### (1) 대표관료제와 균형인사정책

① **공통점**: 해당 사회를 구성하는 다양한 집단구성원을 공직사회에 적절히 포함시킴으로써 이들의 대표성을 높이려는 것이다.
② **차이점**: 균형인사정책은 여성이나 장애인, 지방 인재, 이공계 출신 인재, 고졸 출신 인재 등 상대적으로 사회에서 소외된 집단에 대한 배려를 강조한다.

### (2) 적극적 임용정책으로서의 균형인사정책

① **고용평등정책**: 소외집단의 공평한 임용을 저해하는 장벽의 제거에 초점을 둔다.
② **적극적 임용정책**: 소외집단 출신자에 대한 실제 공평임용의 결과까지 보장한다.

### (3) 적극적 인사조치(affirmative action)

① 적극적 인사조치란 형평성 유지를 위한 적극적 대책으로서, 구체적으로는 채용·훈련·보직·승진·임금책정 등과 같은 인사과정에서 수동적·중립적 무차별 정책이나 실적주의(merit system)의 정책을 넘어서서 적극적으로 소수민족, 심신장애인, 여성인력 등의 소외계층을 위해 할당제(quoata)를 채택해서라도 이들을 활용하는 정책이다.
② 지역별, 성별 임용할당제에 대해 「헌법」상의 평등원리에 어긋나며 역차별을 초래할 수 있다는 비판이 일부 제기되고는 있지만, 현재 우리나라 등 대부분의 나라에서는 성별 임용할당제를 도입하여 시행하고 있다. 참고로 미국의 경우 이러한 비판이 제기되어 최근 캘리포니아를 포함한 17개 주에서 적극적 인사조치제도를 폐지하였다.

### (4) 다양성 관리(diversity management)

① 다양성 관리란 내·외적 차이를 가진 다양한 조직구성원을 공평하고 효율적으로 활용하기 위한 체계적인 인적자원관리과정이다.
② 오늘날 개인의 성격, 가치관의 차이와 같은 내면적 다양성의 중요성이 커지고 있다.
③ 다양성 관리의 방안으로 대표관료제, 균형인사정책, 일과 삶 균형정책 등이 있다.

---

## Theme 03  중앙인사행정기관

### 1 중앙인사행정기관의 조직상의 성격

### (1) 독립성

① 개념
　㉠ 중앙인사행정기관의 독립성이란 정치적·정당적 기초를 가지고 있는 행정부로부터의 상대적 독립성을 말한다.
　㉡ 대체로 위원의 신분보장, 자주조직권, 예산상의 자주성 등을 포함한다.

② 장·단점

| | |
|---|---|
| 장점 | • 인사행정에 대한 엽관·정실의 압력을 배제할 수 있음<br>• 행정부패를 방지할 수 있음<br>• 인사행정의 객관성·공정성을 확보할 수 있음<br>• 정치권력의 개입을 막아 공무원·관료제를 보호할 수 있음 |
| 단점 | • 막료기능인 인사를 계선으로부터 독립시키는 것은 비합리적임<br>• 독립성이 있으므로 중앙인사기관이 어느 기관에 대하여 책임을 지거나 통제를 받는지 모호하여 통제 및 책임성의 확보가 곤란해짐<br>• 인적 구성이나 운영방법에 따라 독립성이 유명무실화될 수 있음<br>• 행정수반의 인사통제가 곤란함 |

## (2) 합의성

① 개념

㉠ 합의성이란 중앙인사기관이 단독제기관이 아니라 복수의 구성원으로 이루어지는 것을 말한다.

㉡ 중앙인사기관이 독립성을 갖는 경우 일반적으로 준입법적 기능 또는 준사법적 기능을 갖게 되며 합의성이 요구된다.

② 장·단점

| | |
|---|---|
| 장점 | • 준입법적·준사법적 직무에 대해 보다 신중하고 공정한 결정을 내릴 수 있음<br>• 여러 이해관계인 및 전문가의 의견을 반영할 수 있음<br>• 독재권력의 출현을 방지할 수 있음<br>• 창의적·민주적 결정이 이루어질 수 있음 |
| 단점 | • 책임이 분산되고 불명확해짐<br>• 인사행정에 대한 행정수반의 통제가 어려워짐<br>• 인사행정의 지체를 가져옴<br>• 인사행정의 능률성 실현을 어렵게 함<br>• 타협적 결정이 우려됨 |

## (3) 집권성

① 개념

㉠ 집권성이란 종래 각 부처에 분산화되어 있던 인사권을 중앙인사기관에 집중시키는 것을 의미한다.

㉡ 인사행정의 공정성·통일성을 확보하자는 데 그 의의가 있다.

② 장·단점

| | |
|---|---|
| 장점 | • 엽관·정실의 개입을 방지하여 실적주의의 확립에 기여함<br>• 인사행정의 집중적인 연구·개발로 인사행정의 전문성을 촉진하며 인사행정의 능률성을 제고할 수 있음<br>• 인사행정의 기술·절차를 개선·발전시키는 데 공헌함<br>• 각 부처의 부당한 인사행정을 시정하고 인사행정의 공정성을 확보해 줌<br>• 인사기준의 확립으로 통일적인 인사행정의 운영을 촉진시킴<br>• 효과적인 통제와 조정을 확보할 수 있음 |

| 단점 | • 막료기능인 인사는 계선기관에 종속화·분권화시켜야 함<br>• 각 행정기관의 인사행정의 자율성·신축성을 저해하고 인사행정의 지체를 가져옴<br>• 각 기관의 실정·특수성에 부응하는 인사행정이 이루어지기 어려움<br>• 각 부처의 재량권이 결여되어 분권화에 입각한 적극적 인사행정을 탄력적으로 추진할 수 없게 하고 사기를 저하시킴<br>• 각 기관장이 인사권을 직접 행사할 수 없게 됨으로써 심리적 무력감이나 좌절감을 갖게 됨<br>• 중앙인사기관에 의한 지나친 통제는 인사행정의 경직화를 초래함<br>• 각 부처 인사담당자의 경험·기술의 활용이 곤란해짐 |
|---|---|

## 2 우리나라의 소청심사제도 📖 필수편 ▶ P.395

① 행정소송은 소청심사위원회의 심사·규정을 거치지 아니하면 이를 제기할 수 없다 (행정심판전치주의).
② 소청심사위원회가 소청사건을 심사할 때에는 소청인 또는 대리인에게 진술의 기회를 부여하여야 하며, 진술의 기회를 부여하지 아니한 결정은 이를 무효로 한다 (의견진술기회).
③ 소청심사위원회가 징계처분을 받은 자의 청구에 의하여 소청을 심사할 경우에는 원징계처분에서 과한 징계보다 중한 징계를 과하는 결정을 하지 못한다(불이익 변경 금지의 원칙).
④ 소청의 처리가 진행되는 동안에는 후임자를 결정하지 못하게 함으로써 공무원의 권익보호를 한다.
⑤ 징계처분을 받은 자의 약 5%가 소청을 제기하며, 구제율은 시대적 상황의 영향을 받아 연도별로 기복을 보인다.
⑥ 공무원의 근무규율에 엄격한 제약을 가할 경우에는 구제율이 떨어지는 경향이 나타난다.

## Theme 04  일반직 공무원의 직급표

📖 필수편 ▶ P.404

| 직군 | 직렬 | 직류 | 계급 및 직급 | | | | | | |
|---|---|---|---|---|---|---|---|---|---|
| | | | 3급 | 4급 | 5급 | 6급 | 7급 | 8급 | 9급 |
| 행정 | 교정 | 교정 | 부이사관 | 서기관 | 교정관 | 교감 | 교위 | 교사 | 교도 |
| | 보호 | 보호 | | | 보호<br>사무관 | 보호<br>주사 | 보호<br>주사보 | 보호<br>서기 | 보호<br>서기보 |
| | 검찰 | 검찰 | | | 검찰<br>사무관 | 검찰<br>주사 | 검찰<br>주사보 | 검찰<br>서기 | 검찰<br>서기보 |
| | 마약<br>수사 | 마약<br>수사 | | | 마약수사<br>사무관 | 마약수사<br>주사 | 마약수사<br>주사보 | 마약수사<br>서기 | 마약수사<br>서기보 |
| | 출입국<br>관리 | 출입국<br>관리 | | | 출입국<br>관리<br>사무관 | 출입국<br>관리<br>주사 | 출입국<br>관리<br>주사보 | 출입국<br>관리<br>서기 | 출입국<br>관리<br>서기보 |
| | 철도<br>경찰 | 철도<br>경찰 | | | 철도경찰<br>사무관 | 철도경찰<br>주사 | 철도경찰<br>주사보 | 철도경찰<br>서기 | 철도경찰<br>서기보 |

| 행정 | 일반행정 | 행정<br>사무관 | 행정<br>주사 | 행정<br>주사보 | 행정<br>서기 | 행정<br>서기보 |
|---|---|---|---|---|---|---|
| | 인사조직 | | | | | |
| | 법무행정 | | | | | |
| | 재경 | | | | | |
| | 국제통상 | | | | | |
| | 고용노동 | | | | | |
| | 문화홍보 | | | | | |
| | 교육행정 | | | | | |
| | 회계 | | | | | |
| 세무 | 세무 | | 세무<br>주사 | 세무<br>주사보 | 세무<br>서기 | 세무<br>서기보 |

## Theme 05  임기제 공무원과 시간선택제 공무원

## 1 임기제 공무원

### (1) 개념

임기제 공무원이란 국가나 지방자치단체의 임용권자가, 담당 직원이 전문지식이나 기술을 요구하거나, 임용관리에 특수성이 요구되는 업무를 수행하도록 하기 위해 근무 기간을 정해 경력직 공무원으로 임용하는 공무원을 말한다.

### (2) 구분

① **일반임기제 공무원**: 직제 등 법령에 규정된 경력직 공무원의 정원에 해당하는 직위와 책임운영기관장의 직위에 채용되는 임기제 공무원

② **전문임기제 공무원**: 특정 분야에 대한 전문적 지식이나 기술 등이 요구되는 업무를 수행하기 위해 임용되는 공무원

③ **시간선택제 임기제 공무원**: 통상적인 근무시간보다 짧은 시간(주당 15시간에서 35시간 이하의 범위에서 정한 기간)을 근무하는 공무원으로 시간선택제 일반임기제 공무원과 시간선택제 전문임기제 공무원으로 구분

④ **한시임기제 공무원**: 장기간 휴직을 하거나 30일 이상 휴가를 내는 공무원의 업무를 대행하기 위해 임용되는 공무원으로 1년 6개월 이내의 기간 동안 업무를 대행하는 데 필요한 기간 동안 통상적인 근무시간보다 짧은 시간을 근무

### (3) 임기

① 한시임기제 공무원을 제외한 임기제 공무원은 5년의 범위 안에서 해당 사업의 수행에 필요한 기간이 임기가 된다.

② 근무실적이 우수하거나 해당 사업이 계속되어 근무기간을 연장해야 하는 경우에는 다시 5년의 범위 안에서 공고 절차 등을 거치지 않고 근무기간을 연장할 수 있다.

③ 한시임기제 공무원도 근무기간을 연장할 수 있다.

**07** 2020 군무원 9급

통상적인 근무시간보다 짧은 시간(주 15~35시간)을 근무하는 공무원으로서 일반 공무원처럼 시험을 통해 채용되고 정년이 보장되는 공무원으로 옳은 것은?

① 시간선택제 전환 공무원
② 시간선택제 임기제 공무원
③ 시간선택제 채용 공무원
④ 한시임기제 공무원

**08** 2017 지방직 7급

우리나라의 시간선택제 공무원제도에 대한 설명으로 옳은 것은?

① 2013년에 국가공무원, 2015년에 지방공무원을 대상으로 시간선택제 공무원 시험이 최초로 실시되었다.
② 시간선택제 채용 공무원의 주당 근무시간은 40시간으로 한다.
③ 유연근무제도의 일환으로 도입되었으며, 기관 사정이나 정부의 일자리 나누기 정책 구현 등을 위해서는 활용되지 않는다.
④ 시간선택제 채용 공무원을 통상적인 근무시간 동안 근무하는 공무원으로 임용하는 경우 어떠한 우선권도 인정하지 않는다.

**09** 2019 국가직 9급

공무원의 근무방식과 형태에 대한 설명으로 옳지 <u>않은</u> 것은?

① 유연근무제는 공무원의 근무방식과 형태를 개인·업무·기관 특성에 따라 선택할 수 있는 제도이다.
② 시간선택제 근무는 통상적인 전일제 근무시간(주 40시간)보다 길거나 짧은 시간을 근무하는 제도이다.
③ 탄력근무제는 전일제 근무시간을 지키되 근무시간, 근무일수를 자율 조정할 수 있는 제도이다.
④ 원격근무제는 직장 이외의 장소에서 정보통신망을 이용하여 근무하는 제도이다.

## 2 시간선택제 공무원

### (1) 개념

① 공무원은 일반적으로 전일제(全日制) 근무를 전제로 한다. 전일제 근무는 통상적인 근무시간을 근무하는 것을 말하는데, 대체로 주당 40시간 내외를 통상적인 근무시간으로 하며, 이를 상근공무원, 전임공무원이라고 한다.
② 반면, 시간선택제 공무원은 원래 가족친화적 인사정책을 적극적으로 활용하기 위한 유연근무제도의 일환으로 통상적인 근무시간보다 짧은 시간을 근무하는 공무원을 말한다.

### (2) 구분

① 시간선택제 채용 공무원: 주당 15시간 이상 35시간 이하의 범위에서 근무할 것을 예정해 일반직 공무원으로 채용하는 공무원을 말한다.
② 시간선택제 전환 공무원: 임용권자 또는 임용제청권자는 공무원이 원할 때에는 주당 15시간 이상 35시간 이하의 범위에서 통상적인 근무시간보다 짧은 시간을 근무하는 공무원으로 지정할 수 있으나, 시간선택제 채용 공무원, 시간선택제 임기제 공무원 및 한시임기제 공무원은 제외한다.
③ 시간선택제 임기제 공무원: 통상적인 근무시간보다 짧은 시간(주당 15시간 이상 35시간 이하의 범위에서 임용권자 또는 임용제청권자가 정한 시간)을 근무하는 공무원으로 임용되는 시간선택제 일반임기제 공무원 또는 시간선택제 전문임기제 공무원으로 구분된다.

┌─「국가공무원법」
제26조의2【근무시간의 단축 임용 등】국가기관의 장은 업무의 특성이나 기관의 사정 등을 고려하여 소속 공무원을 대통령령 등으로 정하는 바에 따라 통상적인 근무시간보다 짧게 근무하는 공무원으로 임용 또는 지정할 수 있다.
제26조의5【근무기간을 정하여 임용하는 공무원】① 임용권자는 전문지식·기술이 요구되거나 임용관리에 특수성이 요구되는 업무를 담당하게 하기 위하여 경력직 공무원을 임용할 때에 일정기간을 정하여 근무하는 공무원(이하 "임기제 공무원"이라 한다)을 임용할 수 있다.

┌─「공무원임용령」
제3조의2【임기제 공무원의 종류】임기제 공무원의 종류는 다음 각 호와 같다.
  1. 일반임기제 공무원: 직제 등 법령에 규정된 경력직 공무원의 정원에 해당하는 직위에 임용되는 임기제 공무원
  2. 전문임기제 공무원: 특정 분야에 대한 전문적 지식이나 기술 등이 요구되는 업무를 수행하기 위하여 임용되는 임기제 공무원
  3. 시간선택제 임기제 공무원: 법 제26조의2에 따라 통상적인 근무시간보다 짧은 시간(주당 15시간 이상 35시간 이하의 범위에서 임용권자 또는 임용제청권자가 정한 시간)을 근무하는 공무원으로 임용되는 일반임기제 공무원(시간선택제 일반임기제 공무원) 또는 전문임기제 공무원(시간선택제 전문임기제 공무원)
  4. 한시임기제 공무원: 다음 각 목의 어느 하나에 해당하는 공무원의 업무를 대행하기 위하여 1년 6개월 이내의 기간 동안 임용되는 공무원으로서 법 제26조의2에 따라 통상적인 근무시간보다 짧은 시간을 근무하는 임기제 공무원
    가. 법 제71조 제1항 또는 제2항에 따라 휴직하는 공무원

나. 「국가공무원 복무규정」 제18조 제1항 또는 제2항에 따라 30일 이상의 병가를 실시하는 공무원

다. 「국가공무원 복무규정」 제20조 제2항 또는 제10항에 따라 30일 이상의 특별휴가를 실시하는 공무원

라. 제57조의3 제1항에 따라 통상적인 근무시간보다 짧은 시간을 근무하는 공무원으로 지정된 공무원(시간선택제 전환 공무원)

**제3조의3 【시간선택제 채용 공무원의 임용】** ① 임용권자 또는 임용제청권자는 법 제26조의2에 따라 통상적인 근무시간보다 짧은 시간을 근무하는 일반직 공무원(임기제 공무원은 제외)을 신규채용할 수 있다.

② 제1항에 따라 채용된 공무원(시간선택제 채용 공무원)의 주당 근무시간은 「국가공무원 복무규정」 제9조에도 불구하고 15시간 이상 35시간 이하의 범위에서 임용권자 또는 임용제청권자가 정한다. 이 경우 근무시간을 정하는 방법 및 절차 등은 인사혁신처장이 정한다.

③ 시간선택제 채용 공무원을 통상적인 근무시간 동안 근무하는 공무원으로 임용하는 경우에는 어떠한 우선권도 인정하지 아니한다.

## 3 유연근무제

### (1) 개념

유연근무제는 공무원의 근무방식과 형태를 개인·업무·기관 특성에 따라 선택할 수 있는 제도이다. 공무원이 일하는 시간과 장소를 유연하게 사용할 수 있는 제도로, 주5일 전일제 근무에 얽매이지 않고 다양한 방식으로 근무할 수 있다.

### (2) 유형

유연근무제는 크게 근무시간과 장소를 조절하는 유형으로 구분할 수 있다.

① 시간선택제 근무는 통상적인 전일제 근무시간(주 40시간)보다 짧은 시간을 근무하는 제도이다.

② 탄력근무제는 전일제 근무시간을 지키되 근무시간, 근무일수를 자율 조정할 수 있는 제도이다. ㉠ 시차출퇴근형(1일 8시간 근무체제 유지, 매일 같은 출근시각과 요일마다 다른 출근시각), ㉡ 근무시간선택형(1일 4~12시간 근무하면서 주5일 근무), ㉢ 집약근무형(1일 10~12시간 근무하면서 주 3.5~4일 근무), ㉣ 재량근무형(출퇴근의무 없이 프로젝트 수행으로 주40시간 인정) 등이 있다.

③ 원격근무제는 직장 이외의 장소에서 정보통신망을 이용하여 근무하는 제도로 재택근무형(사무실에 출근하지 않고 자택에서 일하는 근무형태, 정액분은 지급, 실적분은 지급×)과 스마트워크 근무형(자택 인근 스마트워크센터 등 별도사무실에서 일하는 근무형태)으로 구분된다.

**10** 2018 지방직 9급

유연근무제도에 대한 설명으로 옳지 않은 것은?

① 유연근무제도에는 시간선택제 전환근무제, 탄력근무제, 원격근무제가 포함된다.

② 원격근무제는 재택근무형과 스마트워크 근무형으로 구분된다.

③ 심각한 보안위험이 예상되는 업무는 온라인 원격근무를 할 수 없다.

④ 재택근무자의 재택근무일에도 시간외 근무수당 실적분과 정액분을 모두 지급하여야 한다.

**11** 2022 지방직(= 서울시) 9급

다음 설명에 해당하는 유연근무제의 유형은?

- 탄력근무제의 한 유형
- 1일 8시간에 구애받지 않음
- 주 3.5~4일 근무

① 재택근무형  ② 집약근무형
③ 시차출퇴근형  ④ 근무시간선택형

**12**

다음 중 역량평가제도에 대한 설명으로 가장 옳은 것은?

① 역량평가제도는 근무실적 수준만으로 해당 업무수행을 위한 역량을 보유하고 있는지에 대해 평가하는 것을 목적으로 한다.

② 역량평가제도는 대상자의 과거 성과를 평가하는 것이고, 성과에 대한 외부 변수를 통제하지 않는다.

③ 역량평가제도는 구조화된 모의상황을 설정한 뒤 현실적 직무상황에 근거한 행동을 관찰해 평가하는 방식이다.

④ 역량평가는 한 개의 실행과제만을 활용하여 평가한다.

---

## Theme 06 역량평가제도

### (1) 개념

① 역량평가제도는 단순한 근무실적 수준을 넘어 해당 업무수행을 위한 충분한 역량을 보유하고 있는지에 대한 평가를 목적으로 하는 제도이다.

② 여기에서 역량은 조직의 목표달성과 연계해 뛰어난 직무수행을 보이는 고성과자의 차별화된 행동특성과 태도를 의미하며, 실제 업무와 유사한 모의상황하에서 나타나는 평가대상자의 행동 특성을 다수의 평가자가 다양한 평가기법을 활용해 평가하는 체계이다.

### (2) 역량평가 요소

현행 제도는 고위공무원단의 구성과 함께 고위공무원으로서 요구되는 역량의 사전적 검증장치로 도입되었으며, 평가대상 역량은 성과지향, 변화관리, 문제인식, 전략적 사고, 고객만족, 조정과 통합의 여섯 가지 평가역량에 대해 업무, 사고, 관계 역량군의 세 가지로 범주화하고 있다. 이러한 대상 역량은 공익을 대변하고, 조직을 관리하며, 성과에 책임을 지고, 변화와 혁신을 주도하며, 국정의 목표를 대변하기 위한 고위공무원의 역할 수행에 기초가 된다.

### (3) 특징 및 장점

① **역량에 대한 객관적 평가**

　㉠ 역량평가는 구조화된 모의상황을 설정해 현실적 직무상황에 근거한 행동을 관찰하여 평가하는 방식이다. 이 방법은 추측이나 유추가 아닌 직접적 관찰을 통해 평가자의 주관성을 배제할 수 있다.

　㉡ 성과에 대한 외부 변수를 통제함으로써 개인의 역량에 대한 객관적 평가가 가능하다.

② **미래 행동에 대한 잠재력 측정**: 역량평가는 대상자의 과거 성과를 평가하는 것이 아니라 미래 행동에 대한 잠재력을 측정하는 것이다.

③ **다양한 역량 측정**: 역량평가는 다양한 실행과제를 종합적으로 활용함으로써 개별 평가기법의 한계를 극복하고 대상자들의 몰입을 유도하며 다양한 역량을 측정할 수 있다.

④ **평가의 공정성 확보**: 역량평가는 다수의 평가자가 참여하여 합의를 통해 평가 결과를 도출하므로 개별 평가자의 오류를 방지하고 평가의 공정성을 확보할 수 있다.

「고위공무원단 인사규정」

**제7조【고위공무원단후보자】** ① 제9조에 따른 역량평가를 통과한 사람으로서 다음 각 호[1]의 어느 하나에 해당하는 사람은 고위공무원단후보자가 된다. 이 경우 재직한 기간의

---

1) 1. 3급 공무원

2. 4급 공무원 중 해당 계급에서 5년 이상 재직한 사람

3. 고위공무원이 아닌 연구관·지도관으로서 7년 이상 재직한 사람(연구관·지도관으로 재직한 기간에는 5급 이상 일반직공무원으로 재직한 기간을 합산하며, 중앙행정기관의 실장·국장 밑에 두는 보조기관 또는 이에 상응하는 직위에 재직한 연구관·지도관의 경우에는 해당 직위에서 총 3년 이상 재직한 사람을 말한다)

4. 고위공무원단 직위 또는 그에 상응하는 직위에 일반직 국가공무원(임기제공무원은 제외한다)으로 재직한 사람

5. 수석전문관으로서 5년 이상 재직하였으며 과장급 직위에 2년 이상 재직한 사람(수석전문관 및 과장급 직위에서 재직한 기간에는 3급 또는 4급 일반직공무원으로 재직한 기간을 합산한다)

6. 「개방형 및 공모직위규정」 제9조 제3항에 따라 일반직공무원으로 임용된 사람

계산에 관하여는 임용령 제31조의 승진소요최저연수에 산입되는 재직연수 계산 방식을 준용한다.

② 4급 공무원 또는 고위공무원이 아닌 연구관·지도관이 해당 직급으로 임용된 이후 근무한 다음 각 호[2]의 기간을 합산한 기간(이하 "인사교류기간 등"이라 한다)이 1년 이상인 경우에는 제1항 제2호 및 제3호에도 불구하고 같은 규정에 따라 고위공무원단 후보자가 되기 위하여 필요한 기간에서 그 인사교류기간 등에 해당하는 기간을 감한 기간을 해당 공무원이 고위공무원단후보자가 되기 위하여 필요한 기간으로 본다.

**제8조【고위공무원단후보자 교육】** ① 인사혁신처장은 4급 이상 공무원(고위공무원단이 아닌 연구관·지도관과 수석전문관을 포함한다)을 대상으로 고위공무원에게 필요한 역량을 함양하기 위한 교육과정(이하 "고위공무원단후보자교육과정"이라 한다)을 운영하여야 한다.

② 소속 장관은 해당 기관의 교육 대상자를 선발하여 인사혁신처장에게 추천할 수 있으며, 인사혁신처장은 소속 장관별 고위공무원단 직위의 정원, 고위공무원단 직위로의 승진 예정 인원 등을 고려하여 교육 대상자 수를 결정해야 한다.

③ 고위공무원단후보자교육과정의 이수기준은 인사혁신처장이 정한다.

**제9조【역량평가】** ① 법 제2조의2 제3항에 따른 평가(이하 "역량평가"라 한다)는 고위공무원으로 신규채용되려는 사람 또는 4급 이상 공무원(수석전문관을 포함한다. 이하 같다)이 고위공무원단 직위로 승진임용되거나 전보되려는 사람을 대상으로 신규채용, 승진임용 또는 전보 전에 실시하여야 한다. 다만, 다음 각 호[3]의 어느 하나에 해당하는 경우에는 역량평가를 실시하지 아니할 수 있다.

② 제1항 제1호·제2호 또는 다른 법령에 따라 역량평가를 받지 아니하고 고위공무원으로 임용된 사람을 역량평가를 실시하여야 하는 고위공무원단 직위로 임용하려는 때에는 역량평가를 실시하여야 한다.

③ 역량평가는 역량 항목별로 5점 만점으로 평가하되, 평가점수 범위에 따라 매우우수·우수·보통·미흡 또는 매우미흡 중 하나의 등급으로 나누며, 역량평가의 통과기준은 평가대상자의 평균점수가 "보통" 이상(평균점수 2.5점 이상을 말한다)인 경우로 한다.

④ 역량평가를 통과하지 못한 사람은 부족한 역량을 보완한 후 재평가를 받을 수 있다. 이 경우 연속하여 2회 이상 통과하지 못한 경우에는 인사혁신처장이 정하는 기간이 지난 후 재평가를 받을 수 있다.

⑤ 「외무공무원법」제2조의2 제2항에 따라 외교부장관이 실시하는 평가를 통과한 사람은 제1항의 역량평가를 통과한 것으로 본다.

**제9조의2【역량평가의 응시요건】** ① 역량평가에 응시하려는 4급 이상 공무원은 역량평가 실시일을 기준으로 다음 각 호[4]의 경력을 합산한 기간이 재직 중 2년 이상이거나 4급

---

2) 1. 법 제28조의4에 따라 다른 중앙행정기관의 개방형 직위에 임용된 기간
　 2. 법 제28조의5에 따라 다른 중앙행정기관의 공모 직위에 임용된 기간
　 3. 법 제32조의2에 따른 인사교류계획에 따라 교류임용된 기간
3) 1. 지방공무원이나 민간인을 법 제2조의2 제2항 제3호의 직위에 신규채용하는 경우
　 2. 다음 각 목의 어느 하나에 해당하는 고위공무원단 직위에 임기제 공무원 또는 별정직 공무원으로 임용하는 경우
　　 가. 비서관　　　　　　　　　　　　　　　나. 「정책보좌관의 설치 및 운영에 관한 규정」에 따른 정책보좌관
　　 다. 비상안전기획관　　　　　　　　　　라. 대통령경호처의 경호업무 관련 직위
　　 마. 그 밖에 가목부터 라목까지의 직위에 상응하는 직위
　 3. 고위공무원단 직위 또는 그에 상응하는 직위(법 제2조의2 제2항 제3호 및 이 항 제2호의 직위는 제외한다)에 국가공무원으로 재직하였던 사람을 임용하는 경우
　 4. 그 밖에 다음 각 목의 어느 하나에 해당하는 경우로서 소속 장관이 인사혁신처장에게 역량평가를 실시하지 않도록 요청하는 경우. 이 경우 인사혁신처장은 특별한 사유가 없으면 그 요청에 따라야 한다.
　　 가. 고위공무원으로서 역량을 이미 갖추고 있다고 볼 만한 사람을 개방형 직위에 신규채용하는 경우
　　 나. 인사혁신처장이 정하는 고도의 전문성이 요구되는 직위에 임기제 공무원 또는 별정직 공무원으로 신규채용하는 경우
4) 1. 법 제28조의4 및 제28조의5에 따라 소속 장관이 다른 기관의 개방형 직위 또는 공모 직위에 임용되어 근무한 경력
　 2. 법 제71조 제2항 제1호에 따라 휴직한 경력
　 3. 「외무공무원법」제31조에 따라 재외공관에서 근무한 경력

---

**13** 2014 사회복지직 9급

역량평가제에 대한 설명 중 옳은 것만을 모두 고른 것은?

> ㄱ. 일종의 사전적 검증장치로 단순한 근무실적 수준을 넘어 공무원에게 요구되는 해당 업무수행을 위한 충분한 능력을 보유하고 있는지에 대한 평가를 목적으로 한다.
> ㄴ. 근무실적과 직무수행능력을 대상으로 정기적으로 이루어지며 그 결과는 승진과 성과급 지급, 보직관리 등에 활용된다.
> ㄷ. 조직구성원으로 하여금 조직 내외의 모든 사람과 원활한 인간관계를 증진시키려는 강한 동기를 부여함으로써 업무수행의 효율성을 제고할 수 있다.
> ㄹ. 다양한 평가기법을 활용하여 실제 업무와 유사한 모의상황에서 나타나는 평가대상자의 행동 특성을 다수의 평가자에 의해 평가하는 체계이다.
> ㅁ. 미래 행동에 대한 잠재력을 측정하는 것이며 성과에 대한 외부 변수를 통제함으로써 객관적 평가가 가능하다.

① ㄱ, ㄴ, ㄷ　　　　② ㄱ, ㄹ, ㅁ
③ ㄴ, ㄷ, ㄹ　　　　④ ㄷ, ㄹ, ㅁ

**14** 2018 지방직 9급(사회복지직 9급)

역량평가에 대한 설명으로 옳은 것만을 모두 고르면?

> ㄱ. 역량은 조직의 평균적인 성과자의 행동특성과 태도를 의미한다.
> ㄴ. 다수의 훈련된 평가자가 평가대상자가 수행하는 역할과 행동을 관찰하고 합의하여 평가결과를 도출한다.
> ㄷ. 고위공무원단 역량평가의 대상은 문제인식, 전략적 사고, 성과지향, 변화관리, 고객만족, 조정·통합의 6가지 역량으로 구성되어 있다.
> ㄹ. 고위공무원단 후보자가 되기 위해서는 역량평가를 거친 후 반드시 고위공무원단 후보자 교육과정을 이수해야 한다.

① ㄱ, ㄴ　　　　② ㄱ, ㄹ
③ ㄴ, ㄷ　　　　④ ㄷ, ㄹ

이상에서 1년 이상이어야 한다. 다만, 기구개편에 따라 기관이 통·폐합되거나 소관 업무의 일부가 소속 장관이 다른 기관으로 이관되는 경우와 「공무원 인재개발법」에 따른 교육훈련 및 법 제29조 제1항에 따른 시보 임용 중에 다른 기관에서 근무한 경력은 제외한다.
② 제1항에도 불구하고 4급 이상 공무원이 역량평가 실시일을 기준으로 다음 각 호[5]의 어느 하나에 해당하는 경우에는 제1항에 따른 응시요건을 갖추지 않아도 역량평가에 응시할 수 있다. 다만, 제4호의 경우에는 인사혁신처장과 협의해야 한다.
③ 제1항 및 제2항에서 규정한 사항 외에 역량평가의 응시요건에 관하여 필요한 사항은 인사혁신처장이 정한다.
제11조 【역량평가방법】 역량평가는 4명 이상의 역량평가위원이 참여하여 제시된 직무상황에서 나타나는 평가대상자의 행동을 관찰하여 그 역량을 평가하는 방법으로 한다.

## Theme 07  시험의 타당도(성)

📖 필수편 ▶ P.414

### 1 기준타당도

#### (1) 개념

① 기준타당도란 시험성적과 본래 시험으로 예측하고자 했던 기준 사이에 얼마나 밀접한 상관관계가 있는가를 말한다.
② 시험으로 예측하고자 하는 것은 직무수행실적으로 기준타당도는 시험이라는 예측치와 직무수행실적이라는 기준의 두 요소 간의 상관계수로 측정된다. 즉, 시험성적과 근무실적의 상관계수로 검증할 수가 있다.

#### (2) 주요 내용

① 기준타당도는 시험이 예측하고자 하는 근무실적에 대한 기준치가 분명하게 설정되고 충분한 경험적 자료를 수집할 수 있을 때 가능한데, 이는 기준타당도의 계산을 상관계수로 통계처리하기 때문이다. 그러나 이러한 계량적 자료를 구하기 힘들거나 통계분석에 필요한 최소한의 자료 수(일반적으로 30명 이상)를 확보하지 못하는 경우에는 기준타당도를 적용하기가 곤란하다.
② 이러한 상황에서 타당성을 확보하는 하나의 방법이 내용타당도이다. 내용타당도는 직무를 성공적으로 수행하는 데 필요한 지식이나 기술의 내용을 시험에 얼마나 반영시키고 있는가의 정도를 의미하는데, 내용타당도에서 시험을 통해 예측하고자 하는 것은 성공적 직무수행의 내용 내지는 성공적 직무수행에 필수적인 지식이나 기술이다. 그 직무내용이나 요건은 어느 정도 추상적이기는 하나, 해당 분야 전문가들의 판단으로 검증이 가능하다.

---

**15**     2012 지방직 7급
측정의 타당성에 대한 설명으로 옳은 것은?
① 추상적 개념과 측정지표 간의 일치 정도를 구성개념타당성이라 한다.
② 어떤 개념의 측정지표와 이미 타당성이 검증된 다른 기준과의 상관성 정도를 내용타당성이라 한다.
③ 측정지표가 지표의 모집단을 대표하고 있는 정도를 기준타당성이라 한다.
④ 같은 개념을 상이한 측정방법으로 측정했을 때, 그 측정값 사이의 상관관계의 정도를 차별적 타당성이라 한다.

---

4. 임용령 제41조 제1항 제1호부터 제3호까지 및 같은 항 제5호부터 제7호에 따라 파견되어 근무한 경력
5. 임용령 제48조 제1항에 따른 인사교류계획에 따라 다른 기관에서 근무한 경력
6. 4급 이상에서 국정과제 등 주요 국정 현안과 관련하여 「행정업무의 운영 및 혁신에 관한 규정」 제42조 제2항 제1호 또는 제2호에 따른 행정협업과제를 수행한 경력. 이 경우 경력 인정 여부에 대해서는 인사혁신처장과 협의해야 한다.
7. 그 밖에 기관 간 전보, 전입·전출 등을 통하여 소속 장관이 다른 기관 또는 지방자치단체 등에서 근무한 경력 등 인사혁신처장이 인정하는 경력
5) 1. 법 제28조의4에 따라 소속 장관이 다른 기관의 개방형직위에 임용되기 위하여 역량평가에 응시하는 경우
   2. 「전문직공무원 인사규정」 제2조 제1항에 따른 전문직 공무원으로 근무한 경력이 4년 이상이거나 「공무원임용령」 제43조의3 제2항에 따라 지정된 동일한 전문직위군에서 근무한 경력이 4년 이상인 경우
   3. 제7조 제1항 제6호에 해당하는 경우
   4. 기관의 특성 및 역량평가 응시대상자의 재직기간 등을 고려하여 역량평가의 응시요건을 갖추지 못한 특별한 사유가 있는 경우

③ 이때 전문가의 판단에만 의존하지 않고 행태과학적인 조사를 통한 검증절차를 거치거나, 추상성이 아주 강해 단순한 판단만으로는 검증이 불가능한 인간의 특성을 측정하고자 할 때에는 구성타당도를 고려해야 한다. 즉, 구성타당도는 시험이 직무수행의 성공에 상관되어 있다고 이론적으로 구성·추정한 특성을 얼마나 정확하게 측정할 수 있느냐를 의미하는 것이다.

## 2 구성적 타당성 검증방법

### (1) 상관을 이용한 방법

① 수렴적(convergent) 타당성: 같은 개념을 측정하는 경우에는 상이한 측정방법을 사용하더라도 그 측정값은 하나의 차원으로 수렴해야 한다. 예를 들어, 학업성취도를 측정하기 위해 주관식 시험, 상호 토론을 시켰을 경우 모두 상관관계가 높게 나타난다면 수렴타당도가 높다고 볼 수 있다.

② 차별적(discriminant) 타당성: 상이한 개념을 측정하는 경우에는 동일한 측정방법을 사용하더라도 그 측정값 간에는 차별성이 나타나야 한다. 예를 들어, 진보주의, 보수주의를 측정하는 경우, 상관관계가 낮게 나타난다면 차별적 타당성은 높다고 볼 수 있다.

### (2) 요인분석방법

① 개념: 검사의 구성타당도를 검증하는 방법으로 가장 잘 알려진 통계방법이 요인분석(factor analysis)이다. 요인분석은 다수의 상호 관련된 변수·문항들을 좀 더 제한된 수의 자원이나 공통요인으로 분류하는 통계분석 기법이다.

② 기본원리
  ㉠ 요인분석의 기본원리는 항목들 간의 상관관계가 높은 것끼리 하나의 요인으로 묶어 내며, 요인들 간에는 상호독립성을 유지하도록 하는 것이다.
  ㉡ 하나의 요인으로 묶인 측정항목들은 하나의 개념을 측정하는 것으로 간주할 수 있고, 요인 간에는 서로 상관관계가 없으므로 각 요인들은 서로 상이한 개념이 된다.
  ㉢ 요인 내의 항목들은 수렴적 타당성에 해당되며 요인 간에는 차별적 타당성이 적용되는 것으로 해석할 수 있다.

## Theme 08 역량기반 교육훈련제도

### (1) 의의

① 역량이란 직무에서 탁월한 성과를 나타내는 고성과자에게서 일관되게 관찰되는 행동적 특성을 의미한다. 즉, 지식, 기술, 태도 등 내적 특성들이 상호작용하여 높은 성과로 이어지는 행동적 특성을 말한다.

② 역량기반 교육훈련은 직무분석으로 도출된 직무명세서를 바탕으로 교육과정을 설계하는 직무지향적 교육훈련 방법의 약점을 극복하기 위해 역량분석으로 도출된 역량모델을 바탕으로 교육과정을 설계한다.

③ 역량모델은 전체 구성원에게 적용되는 공통역량, 원활한 조직운영을 위한 관리역량, 전문적 직무수행을 위한 직무역량으로 구성된다.

---

**16**      2013 국회직 8급

다음 중 연구조사방법론에서 사용하는 타당성(validity)에 대한 설명으로 가장 옳지 않은 것은?

① 기준타당성(criterion-related validity)은 하나의 측정도구를 이용하여 측정한 결과와 다른 기준을 적용하여 측정한 결과를 비교했을 때 도출된 연관성의 정도이다.

② 구성타당성(construct validity)은 연구에서 이용된 이론적 구성개념과 이를 측정하는 측정수단 간에 일치하는 정도를 의미한다.

③ 내용타당성(content validity)은 측정도구를 구성하는 측정지표 간의 일관성이다.

④ 수렴적 타당성(convergent validity)은 동일한 개념을 다른 측정방법으로 측정했을 때 측정된 값 간의 상관관계를 의미한다.

⑤ 차별적 타당성(discriminant validity)은 서로 다른 이론적 구성개념을 나타내는 측정지표 간의 관계를 의미하며, 서로 다른 구성개념을 측정하는 지표 간의 상관관계가 낮을수록 차별적 타당성이 높다.

**17**      2017 국가직 7급 추가채용

역량기반 교육훈련(CBC: Competency-Based Curriculum)에 대한 설명으로 옳은 것만 모두 고른 것은?

> ㄱ. 맥클리랜드(McClelland)는 우수성과자의 인사 관련 행태를 역량으로 규정하고 이를 중심으로 한 인사관리를 주장하였다.
> ㄴ. 직무분석으로 도출된 직무명세서를 바탕으로 교육과정을 설계하는 직무지향적 교육훈련 방법이다.
> ㄷ. 역량모델은 전체 구성원에게 적용되는 공통역량, 원활한 조직운영을 위한 직무역량, 전문적 직무수행을 위한 관리역량으로 구성된다.
> ㄹ. 피교육자의 능력을 정확히 진단하여 부족한 부분(gap)을 보충하는 교육이 가능하다.

① ㄱ, ㄴ      ② ㄱ, ㄹ
③ ㄴ, ㄷ      ④ ㄷ, ㄹ

**18**

교육훈련 방식에 대한 설명으로 옳은 것만을 〈보기〉에서 모두 고르면?

┌─ 보기 ──────────────┐
ㄱ. 멘토링은 조직 내 핵심 인재의 육성과 지식 이전, 구성원들 간의 학습활동을 촉진할 수 있는 방법으로, 조직 내 업무 역량을 조기에 배양할 수 있다.
ㄴ. 학습조직은 암묵적 지식으로 관리되던 조직의 내부 역량을 체계적으로 관리하는 방법으로, 조직설계 기준 제시가 용이하다.
ㄷ. 액션러닝은 참여와 성과 중심의 교육훈련을 지향하는 방법으로, 현장에서 발생하는 현안 문제를 가지고 자율적 학습 또는 전문가의 지원을 받아 구체적인 문제 해결 방안을 모색한다.
ㄹ. 워크아웃 프로그램은 전 구성원의 자발적 참여에 의한 행정혁신을 추진하는 방법으로, 관리자의 의사결정과 문제 해결이 지연되는 한계가 있다.
└───────────────────┘

① ㄱ, ㄴ      ② ㄱ, ㄷ
③ ㄱ, ㄹ      ④ ㄴ, ㄷ
⑤ ㄴ, ㄹ

**19**

교육참가자들이 팀을 구성하여 실제 현안 문제를 해결하면서 동시에 문제해결과정에 대한 성찰을 통해 학습하도록 지원하는 행동학습(learning by doing)으로서, 주로 관리자훈련에 사용되는 교육방식은?

① 멘토링(mentoring)
② 감수성 훈련(sensitivity training)
③ 액션러닝(action learning)
④ 워크아웃 프로그램(work-out program)

④ 역량기반 교육훈련을 통해 피교육자의 능력을 정확히 진단하여 부족한 부분(gap)을 보충하는 교육이 가능하다.

### (2) 종류

① **멘토링**(mentoring)
  ⊙ 멘토링은 개인 간의 신뢰와 존중을 바탕으로 조직 내 발전과 학습이라는 공통 목표의 달성을 도모하고자 하는 상호관계를 말한다.
  ⓒ 조직 내에서 직무에 대한 많은 경험과 전문지식을 갖고 있는 멘토가 일대일 방식으로 멘티를 지도함으로써 조직 내 업무 역량을 조기에 배양시킬 수 있는 학습활동이다.
  ⓒ 각급 행정기관의 장이 신규임용과 관련해 수습행정관에 대한 지도와 교육을 위해 수습지도관을 임명하도록 규정하고 있다.

② **학습조직**
  ⊙ 학습조직은 조직 내 모든 구성원의 학습과 개발을 촉진시키는 조직형태로, 지식의 창출 및 공유와 상시적 관리 역량을 갖춘 조직이다.
  ⓒ 학습조직의 운영을 통해 개인의 업무수행과 관련성이 높은 지식의 창출과 공유, 학습이 가능하다.
  ⓒ 학습조직은 암묵적 지식으로 관리되던 조직의 내부 역량을 구체화시켜 체계적으로 관리할 수 있으며, 조직구성원의 적극적 참여를 통해 새로운 지식 창출을 촉진한다. 그러나 학습조직 운영을 위한 구체적인 조직설계의 기준을 제시하기가 어렵다.

③ **액션러닝**(action learning)
  ⊙ 액션러닝은 대표적인 역량기반 교육훈련방법의 하나이다. 액션러닝은 이론과 지식 전달 위주의 전통적인 강의식·집합식 교육의 한계를 극복하고 참여와 성과 중심의 교육훈련을 지향한다.
  ⓒ 액션러닝은 정책 현안에 대한 현장 방문, 사례조사와 성찰 미팅을 통해 문제해결능력을 함양하는 것으로, 교육생들은 실제 현장에서 부딪치는 현안 문제를 가지고 자율적 학습 또는 전문가의 지원을 받으며 구체적인 문제해결방안을 모색한다.
  ⓒ 액션러닝은 효과적인 학습과 업무 현장에서 나타나는 어려운 문제의 해결이 동시에 이뤄지도록 구성되며, 업무와 교육이 연계되고, 구상과 실행이 일원화돼 이뤄진다는 점에서 일과 학습, 이론과 실제, 교육과 행정을 연결한 적시형 학습(just in time learning) 형태로 떠오르고 있다.

④ **워크아웃 프로그램**(work-out program): 조직의 수직적·수평적 장벽을 제거하고, 전 구성원의 자발적 참여에 의한 행정혁신, 관리자의 신속한 의사결정과 문제 해결을 도모하는 교육훈련 방식이다. 1980년대 후반부터 미국 GE사의 전략적 인적자원 개발 프로그램으로 활용되었으며, 정부조직에서도 정책 현안에 대한 각종 워크숍의 운영을 통해 집단적 토론과 함께 문제 해결 방안을 모색하고, 개별 공무원의 업무 역량을 제고하기 위한 목적에서 적극 활용되고 있다.

## (1) 의의

① **개념**: 경력개발제도는 조직구성원이 장기적인 경력목표를 설정하고 이를 달성하기 위해 경력계획을 수립하여 자신의 능력을 개발하여 나가는 활동을 말한다.

② **목표**: 조직구성원의 경력경로를 개인과 조직이 함께 설계하고 장기적 관점에서 관리해 나가는 종합적 인적자원 개발 시스템으로서의 경력개발제도의 목표는 조직의 인적자원 개발을 극대화시켜 개인 욕구와 조직 욕구를 조화시키는 데 있다.

③ **도입 배경**
　㉠ 경력개발제도는 1955년 미국 연방정부에 최초로 도입되었으며, 1960년대 초부터는 IBM 등 대기업을 중심으로 사기업에 도입되기 시작했다.
　㉡ 우리나라에서는 2005년 12월 「공무원임용령」을 개정하여 공무원의 잦은 보직 변경으로 인한 전문성 부족과 행정서비스의 질 저하를 방지하기 위해 경력개발제도를 도입하였다.

## (2) 운영방안

① 조직 차원에서 접근하는 경력개발 제도의 과정
　㉠ **직무설계 단계**: 직무분석을 통해 전문 분야를 분류하는 작업을 수행
　㉡ **경력설계 단계**: 자신의 희망·적성·역량 등 자기 진단을 행한 후, 자기 진단에 부합되는 경력목표를 설정하고, 이에 이를 수 있는 경력경로를 설계
　㉢ **경력관리 단계**: 개인의 경력경로에 따라 해당 직위를 추구해 가는 과정
　㉣ **평가 및 보완**: 목표했던 경력계획의 달성 정도를 평가하고, 이에 따른 보완점을 모색·반영하는 과정

② 개인 차원에서 접근하는 경력개발 단계

> 자기평가 → 관심 있는 경력 탐색 → 경력목표 설정 → 실행계획 수립 → 경력관리

③ 경력개발 시 준수해야 할 기본원칙
　㉠ 적재적소의 원칙
　㉡ 승진경로의 원칙
　㉢ 인재양성의 원칙
　㉣ 직무와 역량 중심 원칙
　㉤ 개방성 및 공정경쟁 원칙
　㉥ 자기주도의 원칙

## (3) 한계와 극복방안

① 한계
　㉠ 지나친 비현실적 경력목표의 설정
　㉡ 빠른 승진경로의 선호
　㉢ 프로그램에의 지나친 의존
　㉣ 경력정체 및 침체
　㉤ 순환보직의 문제
　㉥ 유능한 인재에 대한 상사의 욕심

**20**　2024 국가직 9급
다음 설명에 해당하는 공무원 교육훈련 방법은?

> 교육 참가자들을 소그룹 규모의 팀으로 구성해 개인, 그룹 또는 조직에 중요한 의미가 있는 실제 현안 문제를 해결하면서 동시에 문제 해결 과정에 대한 성찰을 통해 학습하도록 지원하는 교육방식이다. 우리나라 정부 부문에는 2005년부터 고위공직자에 대한 교육훈련 방법으로 도입되었다.

① 액션러닝　　② 역할연기
③ 감수성 훈련　④ 서류함기법

**21**　2023 군무원 7급
역량기반 교육훈련제도의 하나로서, 조직의 수직적·수평적 장벽을 제거하고 전 구성원의 자발적 참여에 의한 행정혁신, 관리자의 신속한 의사결정과 문제 해결을 도모하는 교육훈련 방식으로 가장 적절한 것은?
① 멘토링(mentoring)
② 학습조직
③ 액션러닝(action learning)
④ 워크아웃 프로그램(work-out program)

**22**　2015 군무원 9급
경력개발 중 조직 차원에서 접근하는 경력개발제도의 과정을 〈보기〉에서 찾아 바르게 연결한 것은?

> (가) 직무설계　(나) 경력설계
> (다) 경력관리　(라) 평가 및 보완

> ┤ 보기 ├
> ⓐ 자신의 희망·적성·역량 등 자기 진단을 한 후, 자기 진단에 부합되는 경력목표를 설정하고, 이에 이를 수 있는 경력경로를 설계한다.
> ⓑ 개인의 경력경로에 따라 해당 직위를 추구해 가는 과정이다.
> ⓒ 직무분석을 통해 전문 분야를 분류하는 작업을 수행한다.
> ⓓ 목표했던 경력계획의 달성 정도를 평가하고, 이에 따른 보완점을 모색, 반영하는 과정이다.

① (가) – ⓒ　　② (나) – ⓓ
③ (다) – ⓐ　　④ (라) – ⓑ

**23**

2014 지방직 7급

공무원 경력개발 시 준수해야 할 기본원칙에 해당되지 <u>않는</u> 것은?

① 적재적소의 원칙
② 직급 중심의 원칙
③ 인재양성의 원칙
④ 자기주도의 원칙

---

　　　Ⓐ 지원 인프라 부족
　　　Ⓞ 다른 인사관리 제도와의 연계 미비
② **극복방안**
　　　㉠ 조직구성원으로 하여금 자신의 역량과 적성 그리고 장·단점을 파악하게 해야 한다.
　　　㉡ 인기 직위와 비인기 직위 간의 형평성을 확보해야 한다.
　　　㉢ 조직은 경력정체를 예측하고 이에 대한 사전 방지 또는 사전 조치를 취해야 한다.

## Theme 10 교육훈련

📖 필수편 ▶ P.417

### 1 교육훈련의 수요와 목적

#### (1) 교육훈련의 수요

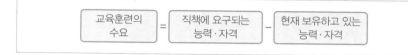

#### (2) 교육훈련의 일반적 목적

① 공무원의 능력발전(가장 일반적인 목적)
② 조직의 안정성과 융통성 향상
③ 능률·생산성 향상
④ 행정발전
⑤ 공무원의 가치관 및 태도의 변화
⑥ 행정윤리의 확립에 이바지함으로써 관료제의 역기능 극복
⑦ 일에 대한 자신감과 흥미 제고
⑧ 사기앙양
⑨ 사치와 낭비의 감소
⑩ 통제와 감독의 필요성 감소
⑪ 국민을 유능한 인재로 성장시켜야 한다는 정치적·사회적 요청에의 부응

### 2 교육훈련의 종류(유형)

#### (1) 신규채용자 훈련(기초훈련, 적응훈련)

① **개념**: 신규채용된 공무원이 어떠한 직위의 직책을 담당하기 전에 받는 기초적 훈련
② **목적**: 소속할 조직의 목표·계획, 자기역할·담당직무의 내용 등의 정확한 이해 및 파악
③ **훈련내용**
　　　㉠ 근무조건, 보수, 연금, 승진제도, 근무시간, 휴가 등
　　　㉡ 조직의 목표·계획·위치·기능·규칙
　　　㉢ 직무의 내용·절차·수행방법
④ **훈련방법**: 주로 강의

## (2) 정부 고유업무 담당자 훈련

① 정부 고유업무 담당자 훈련이란 기초훈련(적응훈련)의 일종으로서 직책의 내용이 정부에만 고유한 것일 경우 신규채용된 후 실제로 직무를 담당하기 전에 받는 일정한 기초적 훈련을 말한다.

② 이 경우 처음부터 이러한 직책을 담당할 사람을 대상으로 장기간 별도의 훈련을 시키는 교육기관을 설립·운영하기도 하는데, 경찰대학, 한국철도대학 등이 그 예에 속한다.

## (3) 재직자 훈련[보수훈련, 직무(수행개선)훈련, 전공훈련]

① **개념**: 재직 공무원에게 새로운 지식·기술이나 새로운 규칙·법령의 내용을 습득시키기 위하여 정기적으로 또는 수시로 실시되는 훈련

② **훈련내용**: 새로운 지식·기술, 새로운 규칙·법령 등

③ **훈련방법**: 주로 실습으로 진행

## (4) 감독자 훈련

① **개념**: 인간관계의 개선에 중점을 두고 감독자에게 부하 및 업무의 감독·관리에 필요한 지식·기술을 습득시키고자 행하는 훈련

② **훈련내용**: 사기, 리더십, 커뮤니케이션, 인간관계, 사무관리, 인사행정 및 근무규율 등

③ **훈련방법**: 사례연구, 역할연기, 회의·토론, 세미나, 강의 등

## (5) 관리자 훈련(관리능력 향상 훈련, 고급관리자 훈련)

① **개념**: 최고관리자 또는 중간관리자를 대상으로 고도의 관리·지도능력과 정책결정능력의 배양에 중점을 두고 행하는 훈련

② **훈련내용**: 고도의 관리·지도에 관한 지식·방법, 사회 각 분야에 대한 폭넓은 식견, 창의력·통찰력·판단력 등 문제해결·의사결정에 필요한 광범한 능력

③ **훈련방법**: 분임연구, 사례연구, 회의, 토론 등

## 3 현장훈련(직장훈련, OJT: On the Job Training)

### (1) 개념

현장훈련은 피훈련자가 직무를 수행하는 과정에서 경험을 쌓고 지도를 받게 하는 방법이다.

### (2) 장·단점

| | |
|---|---|
| 장점 | • 실용적인 효과가 큼<br>• 직무수행의 중단이 없음<br>• 외부에서의 별도 훈련이 필요 없고 계속적으로 직무는 수행된다는 점에서 경제적임<br>• 경제적인 만큼 국민 등 외부의 반대가 적음 |
| 단점 | • 직무의 현장에서 배울 수 있는 것에는 한계가 있음<br>• 감독자의 지도기술이 미숙하면 훈련의 성과를 기대하기 어려움<br>• 감독자들은 다른 직무수행에 지장을 받게 됨<br>• 다수의 참여가 어려움 |

바로 확인문제

**24** 2019 국가직 7급

**교육훈련 방법에 대한 설명으로 옳은 것은?**

① 직장 내 훈련(OJT: On the Job Training)은 감독자의 능력과 기법에 따라 훈련 성과가 달라지며 많은 사람을 동시에 교육하기 어렵다.

② 감수성 훈련(sensitivity training)은 원래 정신병 치료법으로 발달한 것으로 전문가의 지원을 받아 과제의 해결책을 도출하는 방법이다.

③ 모의연습(simulation)은 T-집단훈련으로도 불리며 주어진 사례나 문제에서 어떠한 역할을 실제로 연기해 봄으로써 당면한 문제를 체험해 보는 방법이다.

④ 액션러닝(action learning)은 미국 GE 사 전략적 인적자원 개발프로그램으로 활용된 것으로 태도와 행동의 변화를 통해 인간관계 기술을 향상하려는 것이 주된 목적이다.

평상 시 근무하면서 일을 배우는 직장 내 교육훈련방법으로 가장 옳지 <u>않은</u> 것은?

① 실무지도  ② 인턴십
③ 직무순환  ④ 감수성 훈련

교육훈련의 종류를 OJT(On the Job Training)와 Off JT(Off the Job Training)로 구분할 때 OJT의 주요 프로그램에 해당하지 <u>않는</u> 것은?

① 인턴십(internship)
② 역할연기(role playing)
③ 직무순환(job rotation)
④ 실무지도(coaching)

## (3) 방법

① **순환보직**(직무순환, job rotation)

　㉠ **개념**: 여러 가지 직위를 맡아볼 수 있도록 보직을 바꾸는 방법이다.

　㉡ **장·단점**

| 장점 | • 종합적 지식과 폭넓은 경험의 획득<br>• 관리능력의 함양 및 전문화로 인한 무능을 방지<br>• 직무 간의 지식·경험의 교류적 활용이 가능<br>• 다른 사람들의 문제와 견해를 이해하고 협조하는 태도를 조성 |
|---|---|
| 단점 | • 연속적인 배치전환으로 인하여 업무수행의 능률성 저하<br>• 업무수행의 일관성 저하 |

② **실무수습**(실무실습, 실무지도, 견습, coaching)

　㉠ 장차 공무원이 되려고 준비하는 사람으로 하여금 정부기관의 업무를 실습하게 하는 것이다.

　㉡ 학교에서 배운 지식을 정부업무의 실제에 적용해 보고 반성하는 기회를 제고하는 훈련방법이다.

③ **임시대역**(임시대리)

　㉠ 상급자의 직무수행을 대리하게 함으로써 부하 능력의 발전을 도모하고자 하는 것이다.

　㉡ 상급자의 출장이나 장기 부재 시 혹은 유고 시를 대비하는 데 의의가 있다.

④ **기타**: 인턴십(internship), 감화·훈화·대화, 업무의 계획적인 지도, 과제연구, 직장에서의 회의 등이 있다.

## 4 현장 외 훈련(Off JT: Off the Job Training)

### (1) 강의

① **의의**

　㉠ 피훈련자를 일정한 장소에 모아 놓고 강사가 말로 정보를 전달하는 방법이다. 이것은 가장 오랫동안 그리고 널리 활용되어 온 방법이며, 교육내용을 다수의 피교육자에게 단시간에 전달하는 데 효과적이다.

　㉡ 우리나라에서 가장 많이 사용되는 훈련방법이다.

② **장·단점**

| 장점 | • 새로운 정보를 조직적으로 전달할 수 있음<br>• 한꺼번에 많은 사람을 대상으로 할 수 있어 경제적임<br>• 다른 훈련에 앞선 준비, 다른 훈련에서 다룬 자료의 요약 등의 방법에 가장 유용함 |
|---|---|
| 단점 | • 능동적 참여기회가 없음<br>• 피훈련자의 이해·반응의 파악이 곤란함<br>• 우수한 강사의 확보에 어려움이 따름 |

### (2) 토론

① **종류**

　㉠ **포럼**(forum): 청중으로 참여하는 피훈련자들의 질의와 토론을 허용하고 촉구하는 방법이다.

ⓒ 패널(panel): 여러 연사들이 어떤 하나의 주제에 관하여 발표하고 공동으로 토론하는 것을 피훈련자들이 듣게 하는 방식이다.

ⓒ 심포지엄(symposium): 여러 연사들이 각각 별개의 주제에 관하여 발표하는 것을 피훈련자들이 듣게 하는 방식이다. 연사들 간의 토론은 부차적인 것이다.

ⓒ 대담(dialogue): 전문가 한 사람과 피훈련자들의 대표 한 사람이 질의·응답의 형식으로 대담하는 것을 피훈련자들이 참관하게 하는 방법이다.

② 장·단점

| 장점 | • 적은 시간에 비교적 많은 사람 간의 자유로우며 공개적인 토론이 가능함<br>• 어떠한 문제의 모색이나 정보·의견의 교환에 유용함<br>• 단시간 내에 여러 의견·생각의 개진·발전이 가능함<br>• 협조정신과 지도력을 길러 줌<br>• 태도의 변경이 용이함 |
|---|---|
| 단점 | • 자칫 토의가 아닌 논쟁이 될 우려가 있고, 토의의 초점을 잃기 쉬움<br>• 논제에 대한 어느 정도의 예비지식이 있어야 함<br>• 결론을 내리지 못하는 것에 불안감을 갖기 쉬움<br>• 인원이 많아 누구나 이야기할 기회를 갖지 못함<br>• 토의 진행을 능숙히 끌어갈 유능한 사회자가 확보되어야 함 |

## (3) 사례연구

① 개념: 사례(case)를 놓고 토의하는 과정에서 거기에 내포된 원리를 스스로 터득하게 하는 방법이다.

② 장·단점

| 장점 | • 전원에게 참여 기회가 부여됨<br>• 공동으로 문제를 해결하는 경험을 쌓게 함<br>• 폭넓은 지식을 얻음<br>• 통찰력·이해심·분석적 사고능력·문제해결능력을 길러 줌 |
|---|---|
| 단점 | • 작은 집단에만 적용할 수 있음<br>• 참여할 수 있는 지적 능력을 갖춘 사람이어야 함<br>• 매우 능숙하고 사례에 대한 전문성을 지닌 사회자가 요구됨<br>• 적합한 사례가 없으면 사례를 만드는 고도의 어려운 작업이 따름<br>• 사례의 파악·토의과정에 많은 시간이 소요됨 |

## (4) 역할연기(role playing)

① 개념: 어떤 사례 또는 사건을 피훈련자들이 연기로 표현하고 난 후, 집단토론을 행하는 방식이다.

② 장·단점

| 장점 | • 실제적인 연기를 행하는 것이므로 문제에 대한 이해가 빠름<br>• 참여자들은 보호된 경험을 할 수 있음. 즉, 현실의 업무수행이 아니므로 시행착오에 따르는 불이익이 없음<br>• 대인관계에 대한 통찰력과 기술을 길러 줌(인간관계의 개선에 유용함)<br>• 참여자들의 태도변화를 촉진함(행태의 변화에 유용함) |
|---|---|
| 단점 | • 많은 사전준비가 요구됨<br>• 수줍어하는 사람들에게는 고통을 줌<br>• 연출되는 상황이 인위적이기 때문에 어색한 경우가 많음. 따라서 상당한 연기력이 요구됨 |

**27**        2005 서울시 7급

공무원의 교육훈련에 대한 아래의 설명 중에서 바르지 <u>않은</u> 것은?

① 교육훈련의 목적에는 공무원의 전문성 향상, 변화대응능력 배양, 새로운 가치관 확립 등이 포함된다.

② 신규 채용자 훈련은 기관의 목적·구조·기능 등 일반적인 내용과 개인의 구체적인 직책에 관한 내용을 가르치는 것이다.

③ 감수성 훈련은 대인관계에 대한 이해와 감수성을 높이려는 현대적 훈련방법으로서 조직발전(OD)의 핵심 기법이다.

④ 관리자 훈련은 정책결정에 관한 지식, 가치관, 조직의 통솔 등에 관한 내용을 주로 다룬다.

⑤ 사례연구는 피훈련자의 능동적인 참여를 유도할 수 있기 때문에 훈련의 목적 달성에 시간이 많이 걸리지 않는다.

**28**        2009 국가직 7급

공무원 교육훈련방법에 대한 설명으로 옳지 <u>않은</u> 것은?

① 강의(lecture)는 교육내용을 다수의 피교육자에게 단시간에 전달하는 데 효과적인 방법이다.

② 역할연기(role playing)는 실제 직무상황과 같은 상황을 실연시킴으로써 문제를 빠르게 이해시키고 참여자들의 태도변화와 민감한 반응을 촉진시킨다.

③ 감수성 훈련(sensitivity training)은 어떤 사건의 윤곽을 피교육자에게 알려 주고 그 해결책을 찾게 하는 방법이다.

④ 시뮬레이션(simulation)은 업무수행 중 직면할 수 있는 어떤 상황을 가상적으로 만들어 놓고 피교육자가 그 상황에 대처해 보도록 하는 방법이다.

공무원 교육훈련방법에 대한 설명으로 옳지 않은 것은?

① 현장훈련(On the Job Training)은 피훈련자가 실제 직무를 수행하면서 직무수행에 관한 지식과 기술을 배우는 방법이다.

② 강의, 토론회, 시찰, 시청각교육 등은 태도나 행동의 변화를 주된 목적으로 한다.

③ 액션러닝(action learning)은 소규모로 구성된 그룹이 실질적인 업무현장의 문제를 해결해 내고 그 과정에서 성찰을 통해 학습하도록 하는 행동학습(learning by doing) 교육훈련방법이다.

④ 감수성 훈련(sensitivity training)은 대인관계의 이해와 이를 통한 인간관계의 개선을 목적으로 한다.

## (5) 모의실험(simulation)

### ① 개념

    ㉠ 피훈련자가 업무수행 중 직면하게 될 어떤 상황을 가상적으로 설정하여 놓고 피훈련자가 거기에 대처하도록 하는 것이다.

    ㉡ 모의실험의 의미를 넓게 풀이하는 경우 사례연구, 역할연기, 감수성 훈련, 관리게임(management game), 전쟁게임(war game), 민방공 훈련, 예행연습 등이 모두 이에 포함된다.

### ② 장·단점

| | |
|---|---|
| 장점 | • 업무에 대한 관심과 흥미를 자극하고 동기를 부여함<br>• 이론과 실무에서 발생하는 격차를 해소할 수 있음<br>• 보호된 경험을 할 수 있음 |
| 단점 | 적절한 가상상황의 설계에 따르는 난점이 큼 |

## (6) 분임연구(syndicate)

① 개념: 관리자 훈련을 위해 개발된 집단적 과제연구의 한 형태로서 피훈련자들을 몇 개의 반으로 나누고, 분반별로 각각 주어진 과제를 연구·토의하며 그 결과를 전원에게 보고하여 비판·토의를 가하는 방식이다.

### ② 장·단점

| | |
|---|---|
| 장점 | • 문제·활동목적을 명확하게 파악하는 능력, 문제해결능력, 의사결정능력을 길러 줌<br>• 광범하고 복잡하게 얽힌 관리문제에 대한 이해를 증진시키며, 협동적인 노력을 통해서 움직이는 관리집단을 다루는 방법을 배우게 함<br>• 다른 분야에 종사하는 사람들의 견해와 능력을 이해하고 존중하는 태도를 길러 줌<br>• 다른 사람의 지식과 능력을 동원하는 기술을 육성함 |
| 단점 | • 유능한 사회자(교관)의 확보가 어려움<br>• 훈련기간이 너무 짧음 |

## (7) 감수성 훈련

감수성 훈련은 행태과학의 지식을 이용하여 자기·타인·집단에 대한 행태를 변화시킴으로써 조직 내의 개인 역할이나 조직목표를 잘 인식시켜 조직 개선에 기여하게 하려는 것이다.

▌훈련목적에 따른 훈련방법

| 훈련의 목적 | 훈련방법 |
|---|---|
| 지식의 축적 | 강의, 토론회, 시찰, 사례연구, 시청각교육, 사이버 강좌 등 |
| 기술의 연마 | 사례연구, 모의연습, 현장훈련, 전보·순환보직, 실무수습, 시청각교육 등 |
| 태도·행동의 변경 | 사례연구, 역할연기, 감수성 훈련 등 |

## Theme 11 근무성적평정

고난도

📖 필수편 ▶ P.418

### (1) 근무성적평정의 유형

① 행태기준평정척도법(BARS: Behaviorally Anchored Rating Scales)

　㉠ 도표식 평정척도법이 갖는 평정요소 및 등급의 모호성과 해석상의 주관적 판단 개입, 그리고 중요사건평정법이 갖는 상호비교의 곤란성을 보완하기 위하여 두 방법의 장점을 통합시킨 것이다.

　㉡ 주관적 판단을 배제하기 위하여 직무분석에 기초하여 직무(job)와 관련한 중요한 과업(task) 분야를 선정하고 각 과업 분야에 대하여 가장 이상적인 과업 행태에서부터 가장 바람직하지 못한 행태까지를 몇 개의 등급으로 구분하고 각 등급마다 중요 행태를 명확하게 기술하고 점수를 할당한다(중요사건기록법과 도표식 평정척도법의 결합).

#### ▌BARS의 예

평정대상자의 행태를 가장 대표할 수 있는 란에 체크 표시하여 주십시오.

〈평정요소: 문제해결을 위한 협조성〉

| 등급 | 행태유형 |
|---|---|
| (　)6 | 스스로 해결할 수 없는 문제는 상관에게 자문을 받아 해결책을 모색한다. |
| (　)5 | 스스로 해결하려는 노력은 하나 가끔 잘못된 결과를 초래한다. |
| (　)4 | 일시적인 해결책으로 대응하여 문제가 계속 발생한다. |
| (　)3 | 부하 직원의 의사를 고려하지 않고 독단적으로 결정을 내린다. |
| (　)2 | 문제해결을 할 때 개인적인 감정을 앞세운다. |
| (　)1 | 어떤 결정을 내려야 할 상황인데 결정을 회피하거나 계속 미룬다. |

② 행태관찰척도법(BOS: Behavioral Observation Scale)

　㉠ BARS의 단점인 바람직한 행동과 바람직하지 않은 행동과의 상호배타성을 극복하기 위해 개발된 것이다.

　㉡ BOS도 BARS와 마찬가지로 행태에 관한 구체적인 사건·사례를 기준으로 평정한다.

　㉢ 등급에서는 도표식 평정척도법과 유사하게 사건의 빈도수를 표시하는 척도를 구성한다. 즉, BARS와 도표식 평정척도법을 혼합한 것이다.

#### ▌BOS의 예

〈평정요소: 부하 직원과의 의사소통〉

| 평정항목 | 등급 | | | | |
|---|---|---|---|---|---|
| | 거의 관찰하지 못한다. | | | | 매우 자주 관찰한다. |
| 새 정책이나 내규가 시행될 때 게시판에 내용을 게시한다. | 1 | 2 | 3 | 4 | 5 |
| 주의력을 집중하여 대화에 임한다. | 1 | 2 | 3 | 4 | 5 |

바로 확인문제

**30** 2020 지방직(= 서울시) 7급

다음의 설명과 근무성적평정방법을 바르게 연결한 것은?

> ㄱ. 피평정자들의 성적분포가 과도하게 집중되는 것을 방지하기 위해 등급별로 비율을 정하여 준수하도록 하는 방법
>
> ㄴ. 시간당 수행한 공무원의 업무량을 전체 평정기간 동안 계속적으로 조사해 평균치를 측정하거나, 일정한 업무량을 달성하는 데 소요된 시간을 계산하여 그 성적을 평정하는 방법
>
> ㄷ. 선정된 중요 과업 분야에 대해서 가장 이상적인 과업수행 행태에서부터 가장 바람직하지 못한 과업수행 행태까지를 몇 개의 등급으로 구분하고, 등급마다 중요 행태를 명확하게 기술하고 점수를 할당하는 방법

① ㄱ: 강제배분법, ㄴ: 산출기록법, ㄷ: 행태기준평정척도법
② ㄱ: 강제선택법, ㄴ: 주기적 검사법, ㄷ: 행태기준평정척도법
③ ㄱ: 강제선택법, ㄴ: 산출기록법, ㄷ: 행태관찰척도법
④ ㄱ: 강제배분법, ㄴ: 주기적 검사법, ㄷ: 행태관찰척도법

**31** 2008 선관위 9급

다음에서 설명하고 있는 근무성적평정 방법은?

> • 주관적 판단을 배제하기 위하여 직무분석에 기초하여 직무와 관련된 중요한 과업 분야를 선정한다.
> • 각 과업 분야에 대하여는 가장 이상적인 과업 행태에서부터 가장 바람직하지 못한 행태까지를 몇 개의 등급으로 구분한다.
> • 각 등급마다 중요 행태를 명확하게 기술하고 점수를 할당한다.

① 행태기준평정척도법
② 도표식 평정척도법
③ 행태관찰척도법
④ 체크리스트

**32** 2018 서울시 7급 제1회

성과평가의 방법과 모형에 대한 〈보기〉의 설명 중 옳은 것을 모두 고른 것은?

┤ 보기 ├

ㄱ. 논리모형(Logic Model)은 직무활동이 설정된 성과목표를 성취하는 과정보다는 단기적인 산출물을 중시한다.

ㄴ. 성과표준평정법(Performance Standard Appraisal)은 구체적이고 측정 가능한 성과수준을 명시한다.

ㄷ. 균형성과평정법(Balanced Score card)은 내부과정의 관점보다는 고객 관점의 평가방법이다.

ㄹ. 행태관찰평정법(Behavioral Observation Scales)은 성과와 관련된 직무행태를 관찰하여 활동의 발생빈도를 측정한다.

① ㄴ, ㄹ
② ㄱ, ㄴ, ㄷ
③ ㄴ, ㄷ, ㄹ
④ ㄱ, ㄴ, ㄷ, ㄹ

**33** 2017 서울시 9급

근무성적평가제에 대한 설명 중 가장 옳은 것은?

① 4급 이상 공무원을 대상으로 한다.
② 매년 말일을 기준으로 연 1회 평가가 실시된다.
③ 평가단위는 소속 장관이 정할 수 있다.
④ 공정한 평가를 위해 평가자와 피평가자의 사전협의가 금지된다.

## (2) 우리나라의 근무성적평정 📖 필수편 ▶ P.422

① 근무성적평정의 종류

　㉠ 성과계약에 의한 목표달성도의 평가(4급 이상 공무원 및 연구관·지도관)

　㉡ 근무성적평가제도: 근무실적 및 능력에 대한 평가(5급 이하 공무원, 연구직·지도직 공무원 및 우정직 공무원)

② 평정자 및 확인자

　㉠ 평정자는 평정대상 공무원의 상급감독자 중에서, 확인자는 평정자의 상급감독자 중에서 평정단위별로 소속 장관이 각각 지정한다.

　㉡ 우리나라는 평정상의 오차나 편파적 평정을 시정하기 위하여 이중평정제를 실시한다.

③ 평가시기

　㉠ 성과계약평가는 12월 31일을 기준으로 하여 실시한다.

　㉡ 근무성적평가는 정기평가 및 수시평가로, 경력평정은 정기평정 및 수시평정으로 각각 구분하여 실시한다.

　㉢ 정기평가 또는 정기평정은 6월 30일과 12월 31일을 기준으로 하여 각각 실시한다.

④ 등급

　㉠ 평가등급의 수는 3개 이상으로 한다.

　㉡ 최상위 등급의 인원은 평가단위별 인원수의 상위 20%의 비율로, 최하위 등급의 인원은 하위 10%의 비율로 분포하도록 평가한다.

⑤ 평정자의 수: 평정자(평가대상 공무원의 업무수행과정 및 성과를 관찰할 수 있는 상급 또는 상위 감독자)와 확인자(평가자의 상급 또는 상위 감독자)가 복수평정방식으로 2인이 하며, 각각 소속 장관이 지정한다.

⑥ 공개성 여부: 평가자는 근무성적평정이 완료되면 평정대상 공무원 본인에게 근무성적평정 결과를 알려 주어야 한다.

　㉠ 장점

　　ⓐ 평정의 공정성 제고

　　ⓑ 피평정자로 하여금 자신의 장·단점을 자각할 수 있게 함으로써 자기발전을 도모

　　ⓒ 평정결과의 광범위한 활용

　㉡ 단점

　　ⓐ 관대화 또는 집중화 경향

　　ⓑ 평정자와 피평정자 간의 불화 조성

　　ⓒ 성적이 불량한 피평정자의 사기 저하

⑦ 신뢰도·타당도·객관도: 우리나라의 근무성적평정은 그 신뢰도·타당도·객관도가 낮기 때문에 객관적이고 공정한 인사관리의 기준으로 활용하기 어렵다.

⑧ 승진후보자명부의 작성: 임용권자는 근무성적평가 점수의 반영비율은 90%, 경력평정점의 반영비율은 10%로 하여 승진후보자명부를 작성하되, 근무성적평가 점수의 반영비율은 95%까지 가산하여 반영할 수 있고, 경력평정점의 반영비율은 5%까지 감산하여 반영할 수 있다. 이 경우 변경한 반영비율은 그 변경일부터 1년이 경과한 날부터 적용한다.

⑨ 소속 장관의 재량 인정

   ㉠ 소속 장관의 재량을 폭넓게 인정하되 타당도의 제고를 기하고 있다.

   ㉡ 소속 장관은 직급별·부서별 또는 업무 분야별 직무의 특수성을 고려하여 근무성적평정서(평정요소 및 평정요소별 배점을 포함)를 달리 정할 수 있다.

⑩ **성과면담**: 평가자는 근무성적평정이 공정하고 타당하게 실시될 수 있도록 하기 위하여 근무성적평정 대상 공무원과 성과면담을 실시하여야 한다.

**34**      2017 국가직 7급

성과평가제도에 대한 설명으로 옳은 것은?

① 일반직 공무원의 근무성적평정은 크게 5급 이상을 대상으로 한 '성과계약 등 평가'와 6급 이하를 대상으로 한 '근무성적평가'로 구분된다.

② '성과계약 등 평가'는 정기평가와 수시평가로 나눌 수 있으며 정기평가는 6월 30일과 12월 31일 기준으로 연 2회 실시한다.

③ 다면평가는 평가의 객관성과 공정성을 제고할 수 있으나 각 부처가 반드시 이를 실시해야 하는 것은 아니다.

④ 역량평가제도는 5급 신규 임용자를 대상으로 업무수행에 필요한 충분한 역량을 보유하고 있는지를 평가한다.

**35**      2007 경기 9급(변형)

우리나라 5급 이하 공무원에 적용되고 있는 근무성적평정의 제도에 관한 다음 설명 중 적합하지 않은 것은?

① 평가자는 성과계약평가 또는 근무성적평가 정기평가를 실시하는 때에는 근무성적평정이 공정하고 타당성 있게 실시될 수 있도록 하기 위하여 근무성적평정 대상 공무원과 의견교환 등 성과면담을 3회 이상 실시하여야 한다.

② 직무수행태도에 대한 평가는 근무실적 및 근무수행능력에 대한 평가와는 달리 해당 기관의 업무특성을 고려하여 소속 장관이 추가로 선택할 수 있도록 하였다.

③ 평가자는 근무성적평정이 완료되면 근무성적평정 대상 공무원에게 근무성적평정 결과를 알려주어야 한다.

④ 5급 이하 공무원은 근무실적 및 능력에 대한 근무성적평가와 경력평가를 연 2회 실시한다.

**지방공무원 평정규칙 [별지 제2호 서식]**

## (   ) 공무원 근무성적평정서

▫ 평정 대상기간:     부터     까지

| 성명 | 소속 | 직위 | 직급 | 현 직급 임용일 | 현 보직일 |
|------|------|------|------|----------------|-----------|
|      |      |      |      |                |           |

### 1. 담당 업무

### 2. 근무실적 평정(50점)

| 일련 번호 | 성과목표 또는 단위과제 | 업무 비중(%) ㉮ | 주요 실적 | 평정요소 |  |  |  | 소계 점수 |
|-----------|------------------------|-----------------|-----------|----------|--|--|--|-----------|
|  |  |  |  | 업무난이도 (10점) ㉯ | 완성도 (20점) ㉰ | 적시성 (20점) ㉱ | 합산 점수 |  |
| 1 |  |  |  | ①②③④⑤ | ①②③④⑤ | ①②③④⑤ |  |  |
| 2 |  |  |  | ①②③④⑤ | ①②③④⑤ | ①②③④⑤ |  |  |
| 3 |  |  |  | ①②③④⑤ | ①②③④⑤ | ①②③④⑤ |  |  |
| 4 |  |  |  | ①②③④⑤ | ①②③④⑤ | ①②③④⑤ |  |  |
| 추가 업무 |  |  |  | ①②③④⑤ | ①②③④⑤ | ①②③④⑤ |  |  |
| 추가 업무 |  |  |  | ①②③④⑤ | ①②③④⑤ | ①②③④⑤ |  |  |
| 총점 |  |  |  |  |  |  |  |  |

\* 비고
1) 추가 업무는 연초에 성과계획을 수립한 이후에 추가된 업무를 의미한다.
2) 각 평가요소별로 불량(①)-미흡(②)-보통(③)-우수(④)-탁월(⑤)의 5단계로 평가하되, 불량(①)은 원래 계획에 현저히 미달한 경우, 미흡(②)은 원래 계획에 미달한 경우, 보통(③)은 원래 계획을 달성한 경우, 우수(④)는 원래 계획을 초과한 성과를 달성한 경우, 탁월(⑤)은 획기적인 성과를 달성한 경우에 부여하도록 한다.
3) 합산점수 = ㉯+㉰+㉱, 소계점수 = ㉮×(㉯+㉰+㉱), 총점은 각 소계점수를 합산한다.

210mm×297mm[백상지 80g/㎡]

## 3. 직무수행능력 평정(50점)

| 일련<br>번호 | 평정<br>요소 | 요소별<br>배점 | 내용 | 평정등급 | 소계<br>점수 |
|---|---|---|---|---|---|
| 1 | 기획력 | 9점 | • 창의적인 시각을 가지고 문제를 예측하고 실행 가능한 계획을 만든다.<br>• 효과적인 설명이 가능하도록 일목요연한 계획을 만든다. | ① ② ③ ④ ⑤ | |
| 2 | 의사<br>전달력 | 6점 | • 표현이 간결하면서도 논점이 빠지지 않도록 문서를 만든다.<br>• 논리적이면서 설득력 있는 말로 설명을 한다. | ① ② ③ ④ ⑤ | |
| 3 | 협상력 | 6점 | • 상대방의 의도를 적절히 파악하여 자신의 입장을 설득한다.<br>• 서로 상반되는 이해관계에 대하여 효과적으로 조정을 한다. | ① ② ③ ④ ⑤ | |
| 4 | 추진력 | 5점 | • 맡은 업무에 책임감을 가지고 목적한 바를 완수한다.<br>• 열정을 가지고 환경적인 불리함을 극복한다. | ① ② ③ ④ ⑤ | |
| 5 | 신속성 | 5점 | • 계획된 일정에 따라 지연됨이 없이 일을 처리한다.<br>• 주어진 과제에 대한 집중력을 가지고 예상되는 소요시간보다 빨리 일을 처리한다. | ① ② ③ ④ ⑤ | |
| 6 | 팀워크 | 8점 | • 타인을 존중하며 팀원들과 협조적인 분위기를 만든다.<br>• 타인의 적절한 요구와 건설적인 비판을 수용한다.<br>• 조직의 성과를 중요시하며, 다른 부서 및 타인과 협업하여 일을 처리한다. | ① ② ③ ④ ⑤ | |
| 7 | 성실성 | 5점 | • 지각·조퇴·결근 등 조직운영에 장애가 되는 행위를 하지 않는다.<br>• 맡은 업무 및 조직의 발전에 헌신적인 자세를 갖는다. | ① ② ③ ④ ⑤ | |
| 8 | 고객·<br>수혜자<br>지향 | 6점 | • 업무와 관련하여 국민이나 내부 수혜자(다른 공무원)가 원하는 바를 이해하며, 그들의 요구를 충족하도록 배려하는 능력이 있다.<br>• 업무 추진 시 정책 고객의 다양한 의견을 적극적으로 청취한다. | ① ② ③ ④ ⑤ | |
| 총점 | | | | | |

* 비고: 평가요소별로 '전혀 그렇지 않다(①)-거의 그렇지 않다(②)-가끔 그렇다(③)-자주 그렇다(④)-항상 그렇다(⑤)'의 5단계로 평가한다.

## 4. 종합평가

| 종합평정 등급 및 점수 | 종합평정 의견 | |
|---|---|---|
| | 실적 | |
| | 능력 | |

평정자 직위(직급):      성명:      서명:

확인자 직위(직급):      성명:      서명:

210mm×297mm[백상지 80g/m²]

**36**

다음 직무성과관리제도에 대한 설명으로 틀린 것은?

① 직무성과관리제도는 직무분석을 통해 도출된 성과책임을 바탕으로 성과목표를 설정, 관리, 평가하고, 그 결과를 보수에 반영하는 제도이다.

② 직무성과관리제도를 적용하는 부처에서는 중앙인사기관이 제공한 운영요령을 참고하여 해당 부처의 실정에 맞는 직무성과관리계획을 수립하여 운영한다.

③ 목표설정단계에서는 성과책임의 확인, 성과목표안 설정, 상급자와 면담을 통해 목표를 확정한다.

④ 성과평정단계에서는 상급자에 의한 지도와 점검, 중간면담의 실시 및 필요한 경우 목표를 수정할 수 있다.

**37**

다음 중 직무성과계약제에 대한 설명으로 가장 옳은 것은?

① 직무성과계약제는 상·하급자 간의 합의를 통해 목표를 설정하고 성과계약의 내용이 구체적이며 상향식으로 체결된다는 점에서 목표관리제(MBO)와 유사하다.

② 직무성과계약제는 실·국장 등과 5급 이하 공무원 간에 공식적 성과계약을 체결한다.

③ 직무성과계약제는 주로 개인의 성과평가제도로 조직 전반의 성과관리를 중심으로 하는 균형성과지표(BSC)와 구분된다.

④ 직무성과계약제는 산출이나 성과보다는 투입부문의 통제에 초점을 두고 있다.

---

### (3) 직무성과관리제도(PMS: Performance Management System)

① **개념**: 직무성과관리제도(PMS)는 직무분석을 통해 도출된 성과책임을 바탕으로 성과목표를 설정·관리·평가하고, 그 평가결과를 보수(처우) 등에 적용하는 일련의 과정을 말한다.

② **주요 내용**

　㉠ 직무성과관리제도는 성과책임을 바탕으로 상·하급자가 상호 합의하여 당해 연도의 사업목표와 달성수준을 정하며, 연말의 성과평가 시에도 상사와 부하가 함께 평가에 참여하여 그동안의 추진실적을 점검하게 된다.

　㉡ 직무성과관리제도에 심사분석, 부서별 평가제도 또는 다면평가제도 등에 의한 평가결과를 반영할 수 있다.

③ **직무성과관리제도 기본절차**

| 목표설정 | | 성과관리 | | 성과평정 |
|---|---|---|---|---|
| • 성과책임의 확인<br>• 성과목표안 설정<br>　- 목표별 비중<br>　- 목표별 평정기준<br>• 상급자와의 면담을 통해 확정 | ⇒ | • 상급자에 의한 지도·점검<br>• 중간면담 실시<br>• 필요시 목표수정 | ⇒ | • 평정면담 실시<br>• 성과목표의 평정<br>• 결과 활용 |

### (4) 직무성과계약제

① 직무성과계약제는 장·차관 등 기관의 책임자와 실·국장 등 고위관리자, 실·국장과 과장 등 중간관리자 간에 성과목표와 평가지표 등에 관해 공식적인 성과계약을 하향적(Top-down)으로 체결하는 제도이다.

② 계약서에 명시한 목표의 달성도에 따라 인사·보수상 차별을 받는 제도이다.

③ 주로 개인의 성과평가제도로 조직 전반의 성과관리를 중심으로 하는 균형성과지표(BSC)와 구분된다.

④ 투입부문의 통제보다는 산출이나 성과에 초점을 두고 있다.

---

### Theme 12　성과지향적 보수제도

## 1 총액인건비제도

### (1) 개념

① 총액인건비제도 시행 주관부처에서는 각 부처별 인건비 예산의 총액을 관리하고, 해당 부처에서는 인건비 예산 총액의 한도 안에서 인력의 직급별 규모, 직렬·직류 등의 종류, 기구의 설치 및 인건비 배분에 대하여 자율성을 가지고 운영하되, 그 결과에 대해 책임을 지는 제도이다.

② 2007년부터 중앙행정부처 장관이 부처의 인건비 총액 한도 내에서 자율적으로 직급에 따른 인력규모를 조정하고 기구를 설치할 수 있는 총액인건비제도가 전면 도입되었다.

## (2) 정부 성과향상과의 연계

① 총액인건비제도의 기본취지는 부처의 업무특성에 적절한 조직·보수제도의 운영을 통하여 조직의 성과를 향상시키는 데 있으므로, 조직·보수의 자율적인 조정이 성과향상을 위한 효율적 인센티브로 작용할 수 있도록 관련 사항 등을 충분히 고려하여야 한다.

② 주관부처는 총액인건비제도의 성공적인 운영을 통하여 각 부처의 성과가 향상되는 경우에는 이를 평가하여 해당 기관의 다음 연도 총액인건비에 반영되도록 하며, 성과가 낮은 경우 자율권 보장 범위를 축소하는 등의 다각적인 조치를 취하도록 노력한다.

## (3) 각 부처 자율성 확대

① 조직·정원관리 측면(인력규모 결정과 기구설치의 자율성)

  ㉠ 각 부처가 성과를 극대화하는 방향으로 자체 인력을 탄력적으로 운영할 수 있도록 총정원 및 포괄적 정원관리 기준 범위 내에서 조직·인력 조정의 자율성을 부여한다.

  ㉡ 행정안전부는 국가공무원 총정원 및 부처별 정원상한만 관리하고, 정원규모 및 계급별·직급별 정원은 부처에서 자율적으로 결정한다.

  ㉢ 부처기구 및 정원관리는 매년 1회 시행하는 소요정원으로 대체하고, 수시 직제 개정은 법 개정에 따른 부처 간 기능 조정, 조직 통·폐합 등 불가피한 경우를 제외하고는 불인정한다.

  ㉣ 파견에 따른 별도 정원 관리의 경우, 파견 직원을 고려하여 부처별 총액인건비를 산정하되, 향후 파견을 받는 기관에서 파견자의 인건비를 부담(교육훈련 등의 경우에는 수혜기관에서 부담)하는 것을 원칙으로 한다.

### ▌총액인건비제도의 시행 전과 후 비교

| 구분 | | 총액인건비제 시행 前 | 총액인건비제 시행 後 |
|---|---|---|---|
| 조직, 정원 분야 | 부처정원 규모 | 정원 1인 증감의 경우에도 행정안전부 승인 필요 | 행정안전부는 각 부처 정원상한을 관리하고, 총액인건비 범위 안에서 총정원의 5% 내 증원은 부처 자율로 결정 |
| | 계급별 정원 | 행정안전부에서 계급별로 정원 관리, 1인의 직급조정의 경우에도 행정안전부 승인 필요 | 3·4급 이하 정원은 부처 자율로 계급별·직급별 정원 관리(단, 4·5급 이상의 계급 간 적정비율 기준 유지) ※ 고위공무원단 정원은 별도 관리 |
| | 기구설치 | 과(課) 단위 기구신설 시 상한 제한 | 국장급 이상 기구는 직제로 규정하나, 과(課) 단위 기구는 부처 자율 설치 |
| 보수 분야 | 자율항목 | 초과근무수당, 연가보상비, 정액급식비, 특수업무수당 등에 대한 부처 자율적 운영권 한 없음 | • 수당 등의 신설·통합·폐지·조정 가능 • 절감재원으로 성과급 또는 맞춤형 복지 점수 추가 지급, 인력증원 등에 활용 가능 |
| | 운영경비 | 운영경비 절감액에 대한 자율적 사용 제한 | 운영경비 절감재원으로 맞춤형 복지 점수 또는 성과급 추가 지급, 인력증원 등에 활용 가능 ※ 맞춤형 복지 예산은 감액 불가 |

**38**     2020 국가직 7급

총액인건비제도에 대한 설명으로 옳지 않은 것은?

① 정원관리에 대한 각 부처의 자율성 확대를 목표로 한다.

② 김대중 정부에서 중앙행정기관 및 지방자치단체에 처음 도입되었으며, 공공기관으로 확대되었다.

③ 보수관리에 대한 각 부처의 자율성이 확대되었다.

④ 시행기관은 성과 중심의 조직운영을 위하여 총액인건비제도를 활용할 수 있다.

**39**     2011 지방직 9급

총액인건비제도의 운영 목표와 가장 거리가 먼 것은?

① 민주적 통제의 강화

② 성과와 보상의 연계 강화

③ 자율과 책임의 조화

④ 기관운영의 자율성 제고

**40**     2007 부산 9급

현행 총액인건비제에 대한 설명으로 옳지 않은 것은?

① 인건비 총액 한도 내에서 계급에 따른 인력규모의 조정과 기구설치에 대한 재량권이 인정된다.

② 보수 중 성과상여금과 같은 성과향상 항목에 대해서는 지급액의 증감이 인정된다.

③ 국단위 이상 기구는 현행직제 규정대로 운영하되 과단위 기구만 자율성이 인정된다.

④ 총정원과 계급별·직급별 정원에 대해 자율권이 인정된다.

**41**

공무원 인사제도에 대한 설명으로 옳지 않은 것은?

① 직업공무원제도는 공직을 직업전문 분야로 확립시키기도 하지만, 행정의 전문성 약화를 가져오기도 한다.

② 엽관주의하에서는 행정의 민주성과 관료적 대응성의 향상은 물론 정책수행 과정의 효율성 제고도 기대할 수 있다.

③ 대표관료제는 역차별 문제의 발생과 실적주의 훼손의 비판이 제기되며, 사회적 소외집단을 배려하는 우리나라의 균형인사정책은 미국의 적극적 조치(affirmative action)의 관점에서 이해될 수 있다.

④ 총액인건비제도는 일반적으로 기구·정원 조정에 대한 재정당국의 중앙통제는 그대로 둔 채 수당의 신설·통합·폐지와 절감예산 활용 등에서의 부처 자율성을 부여하는 특성을 갖는다.

| | | | |
|---|---|---|---|
| | 연봉책정 관련 | 일반계약직 공무원 신규채용 시 연봉책정 관련 인사위와 협의 필요 | 일반계약직 6호 이하 신규채용 시 연봉상한액 범위 안에서 인사위와 협의 없이 직접 정함 |
| | 파견자 인건비 | 파견공무원에 대한 보수 등 인건비를 원 소속 기관에서 부담 | 파견공무원에 대하여는 파견받는 기관에서 인건비 부담 ※ 단, 2007년도에는 직제상 정원(141명)에 의한 파견자에 한해 우선 적용 |
| 예산 분야 | 이용·전용 관련 | 사업비에서 인건비로의 이·전용, 예비비의 사용 가능(기획재정부 승인)으로 인건비 규모증대 가능성 | 사업비에서 인건비로의 이·전용, 예비비의 사용 등은 원칙적으로 금지, 총인건비 규모 억제 |
| | | 전용의 범위에 대한 부처 자율권 제한 | 총액인건비 내 대상경비 간 전용은 각 기관의 장에게 원칙적으로 위임 |

② 보수관리 측면(인건비 배분의 자율성)

　㉠ 각 부처별·기관별 보수수준 및 보수지급의 자율성을 부여하고 인센티브 성격의 보수를 확대하되, 자율성 부여범위 결정을 위해 보수항목별 인건비 분류체계를 변경한다.

| 구분 | | 세부 내역 |
|---|---|---|
| 인건비 | 기본 항목 | 봉급, 기말수당, 대우공무원수당, 정근수당(가산금), 가족수당, 자녀학비보조수당, 육아휴직수당, 관리업무수당, 명절휴가비, 가계지원비 |
| | 자율 항목 | 성과상여금, 특수지근무수당, 위험근무수당, 특수업무수당(기술업무수당 등 26종), 업무대행수당, 초과근무수당, 연가보상비, 정액급식비, 교통보조비 |
| 운영경비 | | 직급보조비, 월정직책급, 각종 보수성경비와 활동비, 맞춤형 복지제도운영예산 등 |

　㉡ 「공무원연금법」상 연금보수월액이거나, 생활급 성격의 인건비 또는 전 부처의 통일적 기준을 줄 필요가 있는 보수항목인 기본항목은 인사혁신처에서 종합 관리한다.

　㉢ 시범운영단계에서는 자율항목의 지급대상, 지급요건 결정권을 각 부처로 이관하고 수당 간 지급액 조정 등의 재량권을 부여한다.

③ 예산관리 측면(인건비 예산 운용의 자율성)

　㉠ 총액인건비 범위 내에서 인건비 운영 중 발생한 잉여 인건비 사용에 대한 각 부처의 재량권을 확대한다. 각 부처가 절약한 인건비에 대해서는 전체 금액의 15% 한도 내에서 인센티브로 지급해 자율적으로 사용할 수 있다.

　㉡ 부처 인건비의 운영평가 결과 인센티브로 증액된 인건비 사용에 대해서도 부처 자율권을 부여한다.

　㉢ 단, 사업비에서 인건비로의 이·전용 및 예비비의 사용은 엄격하게 제한한다.

## 2 연봉제

### (1) 개념

① 연봉제란 개인의 능력, 실적, 공헌도에 대한 평가를 통해 연 단위의 계약으로 임금액이 결정되는 능력 중시형 임금 지급 체계이다.

② 연봉제는 임금 지급 형태의 일종이면서 동시에 능력주의 임금 체계의 일환이다.

③ 기존의 연공서열형 임금 체계하에서는 매년 정기승급이 이루어져 성과에 관계없이 임금 상승이 자동적으로 이루어진 반면, 연봉제하에서는 개인의 업적과 능력에 대한 평가를 기초로 하여 매년 임금의 변동이 있을 수 있다.

## (2) 도입 필요성

① 최근 공직사회의 경쟁력을 키우고 창의적이고 열심히 일하는 공직분위기를 조성하기 위해 계급과 연공 중심의 경직적인 인사관리 체계에서 직무와 성과 중심의 유연한 인사관리 체계로의 전환이 필요했다.

② 이러한 성과 중심의 인사관리 체계로 전환하면서 연공급 보수 체계 대신 성과급 보수 체계를 도입하는 방안이 논의되었으며, 1998년 말 국장급 이상 공무원에게 연봉제를 도입했고 2000년부터 호봉의 승급 대신 전년도의 성과를 평가하여 연봉을 조정하게 되었다.

## (3) 형태

① 연봉제는 그 형태가 다양하며, 우리나라의 경우는 미국식의 순수한 연봉제가 아니라 변형된 형태의 연봉제로서 연봉에 포함되지 아니하는 연봉 외 급여가 지급되고 있다. 현재 공직사회에는 고정급적 연봉제, 성과급적 연봉제, 직무성과급적 연봉제 등이 운용되고 있다.

② 외무공무원의 경우 계급제와 이에 기초한 연봉제를 폐지하고, 직무분석을 실시하여 각 직위별 직무값과 성과에 따라 연봉이 결정되는 직무성과급적 연봉제를 2002년부터 도입했으며, 적용 대상도 과장급까지 확대했다.

> 「공무원보수규정」
> 제4조【정의】7. "연봉"이란 매년 1월 1일부터 12월 31일까지 1년간 지급되는 다음 각 목의 기본연봉과 성과연봉을 합산한 금액을 말한다. 다만, 고정급적 연봉제 적용대상 공무원의 경우에는 해당 직책과 계급을 반영하여 일정액으로 지급되는 금액을 말한다.
> 　가. 기본연봉은 개인의 경력, 누적성과와 계급 또는 직무의 곤란성 및 책임의 정도를 반영하여 지급되는 기본급여의 연간 금액을 말한다.
> 　나. 성과연봉은 전년도 업무실적의 평가 결과를 반영하여 지급되는 급여의 연간 금액을 말한다.
> 제39조【성과연봉의 지급】① 연봉제 적용대상 공무원(고정급적 연봉제 적용대상 공무원 및 국립대학의 교원은 제외한다)의 성과연봉은 전년도의 업무실적 평가 결과에 따라 지급한다.
> ② 성과연봉은 별표 34의2의 지급기준에 따라 지급한다.
> 제63조【고위공무원의 보수】① 고위공무원에 대해서는 별표 31에 따라 직무성과급적 연봉제를 적용한다. 다만, 대통령경호처 직원 중 고위공무원단에 속하는 별정직 공무원에 대해서는 호봉제를 적용한다.
> ② 직무성과급적 연봉제를 적용하는 고위공무원의 기본연봉은 개인의 경력 및 누적성과를 반영하여 책정되는 기준급과 직무의 곤란성 및 책임의 정도를 반영하여 직무등급에 따라 책정되는 직무급으로 구성한다.

## 3 성과상여금제도

### (1) 의의 및 대상

① 의의: 공직사회에 경쟁 원리를 도입하여 열심히 일하는 분위기를 조성하고 행정의 생산성과 서비스의 질을 높이기 위해 성과상여금제도가 도입되었다. 즉, 우

**42** 2016 지방직 7급

공무원 보수제도 중 연봉제에 대한 설명으로 옳지 <u>않은</u> 것은?

① 직무성과급적 연봉제는 고위공무원단 소속 공무원에게 적용된다.

② 고정급적 연봉제에서 연봉은 기본연봉과 성과연봉으로 구성된다.

③ 직무성과급적 연봉제에서 기본연봉은 기준급과 직무급으로 구성된다.

④ 성과급적 연봉제와 직무성과급적 연봉제의 성과연봉은 전년도의 업무실적에 따른 평가결과에 따라 차등지급된다는 점에서 유사한 면이 있다.

**43** 2017 지방직 9급

「공무원보수규정」상 고위공무원단 소속 공무원에 적용되는 직무성과급적 연봉제에 대한 설명으로 옳지 <u>않은</u> 것은?

① 고위공무원단에 속하는 모든 공무원에 대하여 적용한다.

② 기본연봉은 기준급과 직무급으로 구성된다.

③ 기준급은 개인의 경력 및 누적성과를 반영하여 책정된다.

④ 직무급은 직무의 곤란성 및 책임의 정도를 반영하여 직무등급에 따라 책정된다.

**44** 2009 군무원 9급

인센티브제도에 대한 설명으로 옳지 <u>않은</u> 것은?

① 성과보너스는 탁월한 성과를 거둔 조직구성원에게 금전적 보상을 지급하는 제도이다.

② 제안상제도는 조직의 자원을 절약할 수 있는 우수한 제안을 한 조직구성원에게 인센티브를 제공하는 제도이다.

③ 행태보상제도는 관리층이 권장하는 특정 행동에 대해 인센티브를 제공하는 제도이다.

④ 종업원인정제도는 조직에 대한 특수한 기여를 인정해 금전적 보상을 제공하는 제도이다.

수한 인재를 육성·관리하고 공직의 경쟁력을 높이기 위해 공무원 인사와 급여 체계를 사람과 연공 중심에서 성과와 능력 중심으로 개편하면서 연봉제와 함께 성과급제를 도입했다.

② **대상**: 중앙행정기관을 중심으로 운영되고 있는 성과상여금제도의 적용 대상은 모든 직종의 과장급 이하 공무원이다.

### (2) 방법

성과상여금은 개인별로 차등하여 지급하는 방법, 부서별로 차등하여 지급하는 방법, 개인별 차등 지급 방법과 부서별 차등 지급 병용, 부서별 차등 지급 후 부서 내 개인별 차등 지급 방법 중에서 각 부처가 소속 공무원의 의견을 수렴하고 해당 기관의 업무와 구성원의 특성을 감안하여 자율적으로 선택하여 운영하도록 되어 있다.

① **부서별로 차등 지급하고자 하는 경우**: 인사혁신처와 협의해야 한다.
② **기관의 특성상 필요한 경우**: 인사혁신처와 협의하여 위의 네 가지 방법 이외의 다른 방법도 사용할 수 있다.

### 4 인센티브제도

| 성과보너스 | 탁월한 성과를 거둔 구성원에게 금전적 보상을 지급하는 제도 |
|---|---|
| 작업량 보너스 | 작업량에 따라 금전적 보상을 제공하는 제도 |
| 수익분배제도 | 특정 집단이 가져온 수익 또는 절약분을 구성원들에게 나누어 주는 제도 |
| 제안상제도 | 조직의 자원을 절약할 수 있는 우수한 제안을 한 구성원에게 인센티브를 제공하는 제도 |
| 행태보상제도 | 관리층이 권장하는 특정 행동에 대해 인센티브를 제공하는 제도 |
| 종업원인정제도 | 금전적 보상을 제공하는 것은 아니나, '이 달의 인물' 등과 같이 특정 구성원 또는 집단의 특수한 기여를 인정해 줌으로써 동기를 유발하고자 하는 제도 |

## Theme 13 「공무원연금법」의 주요 개정내용

고난도

📖 필수편 ▶ P.427

### (1) 기여율 및 부담률 인상

공무원의 기여금을 현행 기준소득월액의 7%에서 2016년 8%, 2017년 8.25%, 2018년 8.5%, 2019년 8.75%, 2020년 9%로 단계적으로 인상하고, 국가 및 지방자치단체의 연금부담금도 현행 보수예산의 7%에서 2016년 8%, 2017년 8.25%, 2018년 8.5%, 2019년 8.75%, 2020년 9%로 단계적으로 인상하기로 하였다.

### (2) 퇴직연금액 인하 및 퇴직연금의 소득재분배 도입

퇴직연금액을 현행 재직기간 1년당 평균기준소득월액의 1.9%에서 2035년 1.7%로 단계적으로 인하하고, 1%에 상당하는 부분에 대하여는 공직 내 연금격차가 완화되도록 하였다.

### (3) 연금 지급개시 연령 연장

퇴직연금의 지급개시연령을 2010년 1월 1일 이후 임용자부터 65세로 적용하고 있으나, 1996년 1월 1일 이후에 임용된 전체 공무원에 대하여도 2022년부터 2033년까지 단계적으로 65세가 되도록 하였다.

---

**45** 2016 교육행정직 9급

2016년 1월 27일부터 시행된 공무원연금제도 내용에 대한 설명으로 옳지 <u>않은</u> 것은?

① 재직기간 상한을 최대 36년까지 인정한다.
② 유족연금 지급률을 모든 공무원에게 60%로 한다.
③ 연금 지급개시 연령은 임용 시기 구분 없이 65세로 한다.
④ 연금지급률을 1.9%에서 1.5%로 2025년까지 단계적으로 인하한다.

**46** 2022 지방직(= 서울시) 9급

2015년 공무원연금 개혁에 대한 설명으로 옳지 <u>않은</u> 것은?

① 퇴직연금 지급률을 1.7%로 단계적 인하
② 퇴직연금 수급 재직요건을 20년에서 10년으로 완화
③ 퇴직연금 기여율을 기준소득월액의 9%로 단계적 인상
④ 퇴직급여 산정 기준은 퇴직 전 3년 평균보수월액으로 변경

### (4) 유족연금액 조정

2010년 이후 임용자에게만 적용되도록 하였던 유족연금 지급률을 2009년 이전 임용자와 이 법 시행 당시 수급자에게도 적용하였다.

### (5) 법 시행 후 5년간 연금액 동결

2016년부터 2020년까지는 퇴직자에게 적용하는 연금액 조정률인 '소비자물가상승률'을 반영하지 아니하였다.

### (6) 기준소득월액 상한 하향 조정

기여금과 연금액 산정의 기초인 기준소득월액의 상한을 현행 전체 공무원 기준소득월액 평균액의 1.8배에서 1.6배로 조정하였다.

### (7) 연금액 전액 지급정지 대상 확대

연금 전액 지급정지 대상을 선거직 공무원으로 재임용된 경우나 정부 전액 출자·출연기관에 재취업한 경우로 확대하였다.

### (8) 기여금 납부기간 연장

기여금 납부기간을 현행 33년에서 36년으로 단계적으로 연장하되, 현행 제도 유지 시 연금 급여수준을 넘지 아니하도록 하였다.

### (9) 분할연금 제도 도입

공무원과의 혼인기간이 5년 이상인 자가 이혼하고 65세가 되면 혼인기간에 해당하는 연금액을 균등하게 지급받을 수 있도록 하여 공무원 배우자의 노후소득보장을 강화하였다.

### (10) 비공무상 장해연금의 도입

공무상 질병·장해 등에만 지급하는 장해연금을 비공무상 질병·장해 시에도 지급하되, 그 금액은 공무상 장해연금의 50% 수준으로 하였다.

### (11) 연금수급요건 조정

퇴직연금 및 유족연금 등을 받을 수 있는 최소 재직기간을 현행 20년 이상에서 10년 이상으로 완화하였다.

## Theme 14  행정윤리

### 1 행정윤리의 의미

행정윤리는 '공직자가 행정행위를 할 때 마땅히 갖추어야 할 바람직한 행위의 준칙'으로, 특정 시기에 특정 사람들의 의식과 행태를 결정하는 것으로서 추상적인 것이라기보다는 구체적이고 실질적인 것이다.

### 2 결과주의(consequentialism)와 의무론(deontology)

① 공직자 윤리나 책임성을 평가하기 위해서는 결과주의와 의무론이 균형 있게 결합되어야 한다. 공무원의 행위에 대한 평가는 결과주의적이며 동기에 대한 평가

**47**  2014 지방직 7급

행정윤리의 특징에 대한 설명으로 옳지 않은 것은?

① 공직자 윤리나 책임성을 평가하기 위해서는 결과주의와 의무론이 균형 있게 결합되어야 한다.

② 공무원들은 국민생활에 심대한 영향을 미칠 수 있는 독점적 권력을 행사하기 때문에 높은 직업윤리를 요구받게 된다.

③ OECD는 정부의 '신뢰적자(confidence deficit)' 문제를 해결하기 위한 방안으로 윤리의 확보를 제시하고 있다.

④ 행정윤리는 특정 시점이나 사실과 관계없이 규범성과 당위성을 가지고 작동되어야 한다.

**48** 2017 서울시 사회복지직 9급

「공무원 행동강령」에 따르면, 공무원은 직무 관련 여부 및 기부·후원·증여 등 그 명목에 관계없이 동일인으로부터 1회에 100만 원 또는 매 회계연도에 300만 원을 초과하는 금품 등을 받거나 요구 또는 약속해서는 아니 된다. 그 예외에 해당하지 <u>않는</u> 것은?

① 특정인에게 배포하기 위한 기념품 또는 홍보용품 등이나 경연·추첨을 통하여 받는 보상 또는 상품 등

② 공무원의 친족(「민법」 제777조에 따른 친족)이 제공하는 금품 등

③ 원활한 직무수행 또는 사교·의례 또는 부조의 목적으로 제공되는 음식물·경조사비·선물 등으로서 중앙행정기관의 장 등이 정하는 가액 범위 안의 금품 등

④ 공무원과 관련된 직원상조회·동호인회·동창회·향우회·친목회·종교단체·사회단체 등이 정하는 기준에 따라 구성원에게 제공하는 금품 등 및 그 소속 구성원 등 공무원과 특별히 장기적·지속적인 친분관계를 맺고 있는 자가 질병·재난 등으로 어려운 처지에 있는 공무원에게 제공하는 금품 등

**49** 2016 국가직 9급

공직윤리 확보를 위한 행동강령(code of conduct)에 대한 설명으로 옳지 <u>않은</u> 것은?

① 행동강령은 공무원에게 기대되는 바람직한 가치판단이나 의사결정을 담고 있으며, 공무원이 준수하여야 할 행동기준으로 작용한다.

② 「공무원 행동강령」은 「부패방지 및 국민권익위원회의 설치와 운영에 관한 법률」 제8조에 근거해 대통령령으로 제정되었다.

③ 「공무원 행동강령」은 중앙행정기관의 장 등에게 「공무원 행동강령」의 시행에 필요한 범위에서 해당 기관의 특성에 적합한 세부적인 기관별 공무원 행동강령을 제정하도록 규정하고 있다.

④ OECD 국가들의 행동강령은 1970년대부터 집중적으로 제정되었으며, 주로 법률 형식으로 규정하고 있다.

는 의무론적인 것으로서, 양자는 모두 불완전한 상태이기 때문이다.

② 결과주의에 근거한 행위의 평가는 사후적인 것으로 문제의 해결보다는 행위 혹은 그 결과에 대한 처벌에 중점을 두며, 의무론에 입각한 동기에 대한 평가는 상대적으로 도덕적 원칙을 강조한다.

③ 의무론이 정당화되기 위해서는 선한 목적을 위한 부도덕한 수단을 사용할 필요성이 없어야 하고 선한 목적을 달성하기 위한 수단은 도덕적이라는 전제가 수용되어야 한다. 그러나 이와 같은 전제는 오히려 사람으로서 공직자의 불완전성에 의해 용이하게 확인되지 않는다. 양자는 사실상 모두 불완전한 상태에 있다.

### 3 '더러운 손(dirty hand)'의 딜레마

개인의 가치관이나 윤리관에서는 수용할 수 없는 결정일지라도, 대표성을 지닌 공무원 입장에서는 수용할 수밖에 없는 수많은 정당하지 않은 결정, 즉 더러운 손이 되는 상황에 처하게 된다.

### 4 행동강령

#### (1) 특성

① 규범성: 행동강령은 공무원에게 기대되는 바람직한 가치판단이나 의사결정을 담고 있다는 점에서 '규범성'을 지향한다.

② 실천성: 행동강령은 규범의 차원에서만 머물지 않고 공무원들에 의해 제대로 '실천'될 수 있을 때 강령이 지향하는 궁극적인 의미가 달성될 수 있다.

③ 자율성: 행동강령은 '자율성'을 기본 속성으로 한다.

④ 포괄적·보편적: 행동강령은 공무원의 바람직한 행동의 방향을 제시하는 '가이드라인'의 목적이 있으므로, 지나치게 세부적인 내용보다는 어느 정도 포괄적이고 보편적인 내용에 대한 규정을 담고 있다.

⑤ 예방적: 행동강령은 사후적 처벌보다는 사전적인 '예방적 기능'을 주된 목적으로 한다.

#### (2) 우리나라의 행동강령

현행 「공무원 행동강령」은 「부패방지 및 국민권익위원회의 설치와 운영에 관한 법률」 제8조에 근거해 대통령령으로 제정되었다.

> 「공무원 행동강령」
> **제1조【목적】** 이 영은 「부패방지 및 국민권익위원회의 설치와 운영에 관한 법률」 제8조에 따라 공무원이 준수하여야 할 행동기준을 규정하는 것을 목적으로 한다.
> **제14조【금품 등의 수수 금지】** ① 공무원은 직무 관련 여부 및 기부·후원·증여 등 그 명목에 관계없이 동일인으로부터 1회에 100만 원 또는 매 회계연도에 300만 원을 초과하는 금품 등을 받거나 요구 또는 약속해서는 아니 된다.
> ② 공무원은 직무와 관련하여 대가성 여부를 불문하고 제1항에서 정한 금액 이하의 금품 등을 받거나 요구 또는 약속해서는 아니 된다.
> ③ 제15조의 외부강의 등에 관한 사례금 또는 다음 각 호의 어느 하나에 해당하는 금품 등은 제1항 또는 제2항에서 수수(收受)를 금지하는 금품 등에 해당하지 아니한다.

### (3) OECD 국가의 행동강령

① OECD 국가들은 공무원들에게 기대되는 바람직한 행위를 <u>행동강령만이 아니라 법과 지침서 등 다양한 방식으로 규정</u>하고 있다. OECD 국가의 3분의 2 이상이 공무원의 기준 행위를 법률적 형식으로 규정하고 있다.

② OECD 국가들의 행동강령은 <u>1990년대부터 집중적으로 제정</u>되었는데, OECD가 회원국에 권고한 강령 제정의 기준은 다음과 같다.

ㄱ 공무원 윤리 기준은 명료해야 한다.

ㄴ 윤리적 기준은 법적인 틀에 반영되어야 한다.

ㄷ 윤리적 안내(guidance)는 공무원에게 적용 가능해야 한다.

ㄹ 공무원들은 부패행위를 했을 때 자신의 권리와 의무를 알고 있어야 한다.

ㅁ 윤리에 대한 정치적 지지는 공무원의 윤리적 행동을 강화해야 한다.

ㅂ 의사결정과정은 다른 사람이 알 수 있도록 투명하고 공개적이어야 한다.

ㅅ 공공부문과 민간부문 간의 상호작용에는 명료한 기준이 있어야 한다.

ㅇ 고위 관리직은 윤리적 행동을 하고 이를 증진시켜야 한다.

ㅈ 관리정책, 절차와 관행은 윤리적 행동을 증진시켜야 한다.

ㅊ 공무원의 근무 조건과 인적자원관리는 윤리적 행동을 강화해야 한다.

ㅋ 적절한 책임성의 메커니즘이 공직에 존재해야 한다.

ㅌ 잘못된 행동을 다루기 위한 적절한 절차와 제재가 있어야 한다.

## 5 신뢰적자(confidence deficit)와 윤리적 정부

공직사회에 부패가 만연하고 공직자들의 윤리가 확립돼 있지 않을 경우, 정부에 대한 불신감은 팽배하게 되고 사회 전반에 걸친 신뢰의 위기를 초래하게 되며 생산의욕이 저하돼 건전한 사회발전을 기대하기 어렵다. 이 때문에 OECD는 회원국들이 직면하는 '신뢰적자'의 문제를 해결하기 위한 방안으로 윤리의 확보를 제시하고 있다.

### (1) 공공부문에서의 타율적 개혁

전통적인 관리방식과 새로운 관리방식 간의 충돌과 갈등이 윤리적 문제를 야기한다. 우리나라의 경우 최근 신공공관리 방식이 타율적·수동적으로 활용되고 있다는 점에서 윤리의 핵심가치인 자율성을 크게 침해하고 있다.

### (2) 재정적 압박

재정적 압박으로 인해 효율성 가치에 치중하고, 결국 직접적 산출이 적고 단기적 효과가 나타나지 않는 규범적 문제나 윤리적 문제에 대한 대응이 부족하게 된다.

### (3) 민간부문 관리기법의 유입

경제논리 중심의 민간부문 관리기법의 유입과 더불어 생산성과 효율성이 주된 가치가 됨으로써 공공성이나 공익성이 우선적으로 고려되지 못하고 있다.

### (4) 직접적인 산출과 성과를 지향하는 환경 변화

사회·정치·경제적 환경과 분위기가 행정활동에 영향을 미치게 되는데, 직접적 산출과 성과를 기대하는 결정론 지향적 환경 변화는 결국 자율성의 지속적 상실을 초래하게 된다.

---

**50**     2018 국가직 7급

행정윤리에 대한 설명으로 옳지 않은 것은?

① 「공직자윤리법」상 취업심사대상자는 퇴직일부터 3년간 퇴직 전 5년 동안 소속하였던 부서 또는 기관의 업무와 밀접한 관련성이 있는 취업제한기관에 취업할 수 없다.

② 각급 학교의 입학·성적·수행평가 등의 업무에 관하여 법령을 위반하여 처리·조작하도록 하는 행위는 「부정청탁 및 금품 등 수수의 금지에 관한 법률」상 부정청탁에 해당한다.

③ 「부패방지 및 국민권익위원회의 설치와 운영에 관한 법률」에서는 내부고발자 보호제도를 규정하고 있다.

④ 공직자 행동강령은 공무원이 준수하여야 할 행동기준으로 「국가공무원법」에 규정되어 있다.

**51**     2006 전북 9급

다음 중 행정윤리 문제가 국정운영의 핵심 쟁점이 되는 이유로 보기 어려운 것은?

① 민간부문 관리기법의 유입으로 생산성이 강조되기 때문

② 공직에 대한 위신의 저하로 정부 신뢰성이 약화되기 때문

③ 공공부문에서의 타율적 개혁이 진행되기 때문

④ 지방분권의 강화로 인해 분권화가 확대되기 때문

⑤ 직접적인 산출과 성과를 지향하는 환경의 변화 때문

**52**     2021 국가직 7급(인사조직론)

공무원 행정윤리와 이해충돌 방지에 대한 설명으로 옳지 않은 것은?

① OECD는 회원국들이 직면하는 신뢰적자(confidence deficit)의 문제를 해결하기 위한 윤리기반 구축을 강조하였다.

② 행정의 양적 증대와 재량권의 확대는 행정윤리의 중요성을 증대시키는 요인이다.

③ 이해충돌의 세 가지 유형 중 실질적(actual) 이해충돌은 공무원이 미래에 공적 책임과 관련되는 일에 연루되는 경우 발생하는 이해충돌과 관련된다.

④ 이해충돌 방지를 목적으로 주식백지신탁제도가 활용된다.

### (5) 공직에 대한 위신의 저하

공직에 대한 가치와 열망이 줄어들고 있으며, 다른 직업에 비해 바람직한 직업으로 인정받지 못하고 있다. 이것은 곧 공직과 정부에 대한 신뢰성의 상실을 초래하며, 나아가서 공직에 대한 각종 투입(인력, 시간, 열정 등)을 제한하게 된다.

### (6) 정치적 후원 증대

정치와 행정의 인터페이스가 증대되고 있다. 이에 따라 중하위직은 사기업의 논리로, 고위직은 정치의 논리로 분절되는 현상이 발생하고 있다. 특히 정치적 후원의 증대는 공직자의 정치화를 초래하고 그 결과 부정적 측면에서 부패의 가능성이 증대된다.

■ 윤리적 정부와 비윤리적 정부 비교

| 윤리적 정부 | 비윤리적 정부 |
| --- | --- |
| • 행정정보의 적극적 공개<br>• 행정 체제의 안정성<br>• 정부 접근에 대한 저렴한 비용<br>• 정부–시민의 원활한 상호작용<br>• 기준의 명료성<br>• 법적 원칙 준수 | • 행정정보의 비공개<br>• 행정 체제의 불안정성<br>• 정부 접근에 대한 비싼 비용<br>• 정부의 일방성<br>• 기준의 불명료성<br>• 법적 원칙의 부재 |

---

## Theme 15  내부고발자보호제도

### (1) 개념

① 내부고발: 조직구성원인 개인 또는 집단(퇴직자도 포함)이 비윤리적이라고 판단되는 조직 내부의 일을 대외적으로 폭로하는 행위를 의미한다.

② 내부고발자보호제도: 내부고발자(whistle blower)의 내부비리 폭로행위를 보호해 주는 제도이다. 즉 내부고발자의 신변보호, 신분보장, 책임의 감면, 보상 등을 의미한다.

### (2) 특징

① 내부자에 의한 자발적 부패통제: 조직의 내부자에 의한 자발적이고 양심적 의지에 의한 부패방지 노력이다.

② 이타주의적 외형과 실질적 동기의 다양성: 내부고발은 윤리적 신념 등 이타주의적 동기에 의한 경우도 있고, 자기이익추구적 동기에 의한 경우도 있다.

③ 비공식적 경로: 조직 내부의 계선을 거치지 않고 외부적 통로를 이용한 대외적 공표를 의미한다.

### (3) 기능

| 순기능 | • 부패근절에 기여<br>• 국민의 알권리 확보<br>• 조직 내부 민주화에 기여<br>• 건전한 시민의식 함양 |
| --- | --- |

---

**53**  2004 금산 9급

내부고발자보호제도에 관한 설명 중 **틀린** 것은?

① 공직자가 부패를 발견하였을 때에는 반드시 이를 신고하여야 한다.

② 내부고발자보호제도의 목적은 조직을 보호하기 위한 것이다.

③ 부패행위를 신고할 때에는 반드시 인적사항과 고발이유를 문서로 제출해야 한다.

④ 내부고발자는 법적으로 보호된다.

**54**  2009 서울시 9급

내부고발에 대한 설명으로 가장 타당한 것은?

① 퇴직 후의 고발은 내부고발이 아니다.

② 조직 내의 비정치적 행위를 대상으로 한다.

③ 내부고발은 익명으로 이루어져야 한다.

④ 내부고발은 공직사회의 응집력을 강화시킨다.

⑤ 내부적인 이의제기 형식과는 다르다.

| 역기능 | • 구성원 간 불신조장<br>• 공무상 기밀누설 우려<br>• 응집성 저하<br>• 조직 내부질서 교란 가능성 |
|---|---|

## (4) 외국 사례

① **미국**: 부정주장법과 내부고발자보호법

② **영국**: 공익제보보호법

## (5) 미국의 연방부정청구법(the federal false claims act)

① 연방정부에서의 납세자 소송제도는 1863년에 제정된 연방부정청구법에서 비롯되었다.

② 연방부정청구법은 남북전쟁 당시에 만연하고 있던 연방보급품 구매 과정에서의 부정행위를 막기 위해 링컨 대통령이 입법을 하여 링컨법(Lincoln law)이라고 불린다.

③ 연방부정청구법은 개인이 '정부를 상대로 부정행위를 한 자'를 상대로 소송을 하여 피고로부터 환수한 금액의 최고 50%까지를 보상받을 수 있도록 제정되었다. 그러나 1943년 군수업계의 로비로 인해 상당 부분 약화되었고, '법은 존재하나 실질적으로 이용되지 못하는 상태'가 지속되었다. 그러다가 1986년 법 개정으로 그동안 사문화된 부정청구법을 부활시켜 오늘에 이르게 되었다.

**바로 확인문제**

**55**      2007 국가직 9급

행정통제와 관련된 다음 설명 중 옳지 않은 것은?

① 행정의 전문성, 복잡성이 증가할수록 외부통제보다는 내부통제가 더욱 강조된다.

② 우리나라에서는 내부고발인 보호를 위한 규정을 「부패방지법」에 두고 있다.

③ 미국에서는 내부고발인 보호를 위한 규정을 「행정절차법」에 두고 있다.

④ 행정정보가 공개될수록 행정통제가 활성화된다.

# 재무행정론

**14%**

※최근 5개년(국, 지/서)
출제비중

# V 재무행정론

정답과 해설 ▶ P.17

## 바로 확인문제

**01** 　　　　　　　　　2008 경기 9급

성인지 예산제도의 설명 중 **틀린** 것은?

① 예산과 지출에 있어서 남녀에게 드는 비용이 다르지 않다는 것을 전제로 한다.
② 예산집행 후 그 결과가 양성에 평등하게 나타나야 한다.
③ 호주에서 처음 시작되어 OECD 많은 국가들이 채택하고 있다.
④ 기획재정부장관은 성인지 예산서와 성인지 결산서를 작성하여 각각 예산안 및 결산안에 첨부하여 국회에 제출해야 한다.

**02** 　　　　　　　　　2021 국가직 7급

성인지 예산제도에 대한 설명으로 옳은 것은?

① 2010회계연도 성인지 예산서가 처음으로 국회에 제출되었다.
② 성인지 예산제도의 목적은 여성성을 지원하는 것이다.
③ 1984년 독일에서 처음 도입되었다.
④ 우리나라 성인지 예산제도는 예산사업만을 대상으로 하고 기금사업을 제외한다.

**03** 　　　　　　　　　2012 지방직 9급

성인지 예산(gender budgeting)에 대한 설명으로 옳지 **않은** 것은?

① 예산과정에 성 주류화(gender mainstreaming)의 적용을 의미한다.
② 성 중립적(gender neutral) 관점에서 출발한다.
③ 우리나라는 「국가재정법」에서 성인지 예산서와 결산서 작성을 의무화하였다.
④ 성인지적 관점의 예산 운영은 새로운 재정 운영의 규범이 되고 있다.

---

## Theme 01　성인지 예산

📖 필수편 ▶ P.470

### (1) 개념

① 예산이 여성과 남성에게 미치는 효과를 분석해 국가재정이 성별로 평등하게 집행될 수 있도록 편성된 예산을 성인지 예산이라고 하며, 이를 분석한 보고서를 '성인지 예산서'라고 한다.
② 「국가재정법」 제16조에는 예산이 여성과 남성에게 미칠 영향을 미리 분석한 보고서인 성인지 예산서를 작성하도록 명시하고 있으며 중앙정부는 2010년, 지방정부는 2014년도부터 실시하고 있다.

### (2) 성 주류화(gender mainstreaming)와 성인지 예산

① 성인지 예산은 예산이 성별에 미치는 영향이 다르다는 것을 전제하며, 예산 과정에 성 주류화의 적용을 의미한다. 성 주류화란 여성이 사회 모든 주류 영역에 참여해 목소리를 내고 의사결정권을 갖는 형태로 사회시스템 운영 전반이 전환되는 것을 말한다.
② 1995년 중국 베이징(北京)에서 열린 유엔 세계여성대회에서 국가정책의 모든 단계에서 양성평등적인 시각이 통합되고 정책의 설정, 시행, 결과의 측면에서 양성이 평등한 권리를 갖는다는 성 주류화가 채택되었다.
③ 성인지 예산제도는 결과물로서 성인지 예산서를 작성하는 것에 그치지 않고, 예산재원 배분 및 재정사업의 성별 영향 분석과정을 통해 양성평등 인식을 제고하고 실질적인 예산배분의 변화를 유도하기 위한 목적이 있다.

### (3) 관련 법조문(「국가재정법」)

> 제26조 【성인지 예산서의 작성】 ① 정부는 예산이 여성과 남성에게 미칠 영향을 미리 분석한 보고서를 작성하여야 한다.
> ② 성인지 예산서에는 성평등 기대효과, 성과목표, 성별 수혜분석 등을 포함하여야 한다.
> ③ 성인지 예산서의 작성에 관한 구체적인 사항은 대통령령으로 정한다.
>
> > 「국가재정법 시행령」
> > 제9조 【성인지 예산서의 내용 및 작성기준 등】 ① 법 제26조에 따른 성인지 예산서에는 다음 각 호의 내용이 포함되어야 한다.
> > 1. 성인지 예산의 개요
> > 2. 성인지 예산의 규모

2의2. 성인지 예산의 성평등 기대효과, 성과목표 및 성별 수혜분석

　　3. 그 밖에 기획재정부장관이 정하는 사항

② 성인지 예산서는 기획재정부장관이 여성가족부장관과 협의하여 제시한 작성기준 및 방식 등에 따라 각 중앙관서의 장이 작성한다.

**제57조【성인지 결산서의 작성】** ① 정부는 여성과 남성이 동등하게 예산의 수혜를 받고 예산이 성차별을 개선하는 방향으로 집행되었는지를 평가하는 보고서(이하 "성인지 결산서"라 한다)를 작성하여야 한다.

② 성인지 결산서에는 집행실적, 성평등 효과분석 및 평가 등을 포함하여야 한다.

---

## Theme 02　예산의 형식(법률주의와 예산주의)　고난도

📖 필수편 ▶ P.488

### 1 법률과 예산

| 구분 | 법률 | 예산 |
|------|------|------|
| 제출권자 | 국회, 정부 | 정부 |
| 제출기간 | 제한 없음 | 회계연도 개시 120일 전 |
| 국회심의권 | 자유로운 수정 가능 | 정부 동의 없이 증액 및 새 비목 설치 불가 |
| 대통령거부권 | 거부권 행사 가능 | 거부권 행사 불가 |
| 공포 | 공포로서 효력 발생 | 공포 불필요, 의결로서 확정 |
| 대인적 효력 | 국가기관과 국민 모두 구속 | 국가기관을 구속 |
| 시간적 효력 | 폐지 시까지 효력 | 회계연도에 국한 |
| 형식적 효력 | 법률로써 예산 변경 불가 | 예산으로 법률 개폐 불가 |

### 2 법률주의와 예산주의

| 구분 | 법률주의 | 예산주의 |
|------|----------|----------|
| 형식 | 세입·세출 예산을 매년 의회가 법률로 확정 | 행정부가 편성한 예산을 매년 국회가 의결로 확정 |
| 조세제도 | 일년세주의 | 영구세주의 |
| 효력 | 세입·세출 모두 법률적 구속력 있음 | 세입은 참고자료, 세출은 법률에 준하는 효력 |
| 거부권 | 대통령 거부권 가능 | 대통령 거부권 불가능 |
| 해당 국가 | 미국, 영국 등 | 한국, 일본 등 |

### 3 예산에 대한 거부권의 행사

① 예산이 법률 형식으로 통과되는 경우 의회가 의결한 예산에 대해 대통령이 거부권을 행사할 수 있다. 즉, 의회가 의결한 예산에 불만이 있는 경우 대통령은 거부권을 행사할 수 있다. 그러나 의회가 3분의 2 이상의 찬성으로 재의결한 경우에는 거부권을 행사할 수 없으며 예산이 확정된다. 예산이 법률이 아닌 예산 형식으로 통과되는 경우에는 거부권을 행사할 수 없다.

---

**04**　　　　　　　　　2016 교육행정직 9급

우리나라 성인지(性認知) 예산제도에 관한 설명이다. 〈보기〉에서 옳은 것을 모두 고른 것은?

┌─ 보기 ─┐

ㄱ. 중앙부처 및 지방자치단체는 공히 성인지 결산서를 작성하여야 한다.

ㄴ. 성인지 예산서에는 성평등 기대효과, 성과목표, 성별 수혜분석 등을 포함하여야 한다.

ㄷ. 정부는 예산과 기금이 여성과 남성에게 미칠 영향을 미리 분석한 보고서를 작성하여야 한다.

ㄹ. 국회는 성인지 예산서와 결산서를 예산안이나 결산서와는 독립적인 안건으로 상정하여 심사를 진행하여야 한다.

① ㄱ, ㄹ　　　　② ㄱ, ㄴ, ㄷ
③ ㄴ, ㄷ, ㄹ　　　④ ㄱ, ㄴ, ㄷ, ㄹ

**05**　　　　　　　　　2018 국가직 9급

우리나라의 성인지 예산제도에 대한 설명으로 옳지 않은 것은?

① 정부는 예산이 여성과 남성에게 미치는 효과를 평가하고, 그 결과를 정부의 예산편성에 반영하기 위하여 노력하여야 한다.

② 성인지 예산서는 기획재정부장관이 각 중앙관서의 장과 협의하여 제시한 작성기준 및 방식 등에 따라 여성가족부장관이 작성한다.

③ 성인지 예산서에는 성인지 예산의 개요, 규모, 성평등 기대효과, 성과목표 및 성별 수혜 분석 등의 내용이 포함되어야 한다.

④ 성인지 결산서에는 집행실적, 성평등 효과분석 및 평가 등이 포함되어야 한다.

**06**                                    2019 국가직 7급

우리나라에서 예산과 법률의 차이에 대한 설명으로 옳은 것은?

① 국회는 발의·제출된 법률안을 수정·보완할 수 있지만, 제출된 예산안은 정부의 동의 없이는 수정할 수 없다.

② 국회에 제출된 법률안은 의결기한에 제한이 없으나, 예산안은 매년 12월 2일까지 예산결산특별위원회의 심사를 마쳐야 한다.

③ 대통령은 국회가 의결한 법률안에 대해 거부권이 있지만, 국회의결 예산에 대해서는 사안별로만 재의요구권이 있다.

④ 일반적으로 법률은 국가기관과 국민에 대해 구속력을 갖지만, 예산은 국가기관에 대해서만 구속력을 갖는다.

**07**                                    2023 국가직 7급

예산과 법률의 차이점에 대한 설명으로 옳지 않은 것은?

① 법률안은 국회의원과 정부가 제출할 수 있지만, 예산안은 정부만이 제출할 수 있다.

② 발의·제출된 법률안에 대해 국회는 수정할 수 있지만, 예산안의 경우 국회는 정부의 동의 없이 제출된 지출예산 각 항의 금액을 증가하거나 새 비목을 설치할 수 없다.

③ 법률안은 대외적 효력을 인정받기 위해 공포 절차를 거쳐야 하지만 예산안은 국회에서 의결되면 효력을 갖는다.

④ 대통령은 국회가 의결한 법률안에 대해 재의 요구를 할 수 있으나, 국회는 정부가 제출한 예산안에 대한 심의·의결 자체를 거부할 수 있다.

**08**                                    2021 군무원 7급

우리나라 국회에 관한 현행 「대한민국헌법」에서 규정한 내용으로 옳지 않은 것은?

① 지방세의 세목과 세율도 국세처럼 모두 법률로 정하지 않으면 안 된다.

② 국회의장이 확정된 법률을 공포하는 경우도 있다.

③ 국회에서 심의·의결된 예산안은 공포 없이 확정되어 효력을 가진다.

④ 심의·확정된 예산은 법률로 변경할 수 있다.

② 그런데 미국은 1996년 예산 항목별 거부권(line-item veto power)을 행사할 수 있도록 했다. 그 내용은 특정 세출 항목과 제한된 세제상의 혜택을 대통령이 취소할 수 있게 한 것이다. 이 제도는 의회와 대통령 간의 관계에서 대통령의 예산 결정의 입지가 상대적으로 불리하다는 불만에서 비롯되었다. 즉 예산의 우선순위 결정에 양 기관 간 갈등이 발생할 경우 전부 아니면 무(all or nothing) 방식의 거부권 행사만으로는 대통령의 의사 표명에 한계가 있다는 것이다. 또한 미국의 42개 주정부도 거부권을 예산 항목별로 행사할 수 있는 권한을 갖고 있었다. 실제로 클린턴(Bill Clinton) 미국 대통령은 1997년 의회를 통과한 예산안의 3개 항목에 대해 선별적인 거부권을 행사했다.

③ 그러나 이 법은 1998년 미국 대법원의 위헌 판결에 의해 무효화되었다. 위헌 근거는 헌법에 대통령이 법령을 제정, 개정 및 폐지할 권한을 갖는 조항이 없다는 것이다.

## Theme 03  예산운영의 새로운 규범

### (1) 의의

① 최근 재정적자의 누적으로 인한 재정위기가 주요 이슈로 등장하면서 건전 재정 운영에 관한 관심이 높아지고 있다. 이러한 시대적 흐름에 따라 건전한 재정 운영을 위한 규범이 다양하게 제시되고 있다.

② 쉬크(Schick, 1998)는 공공지출관리의 세 가지 규범을 제시하였다. 즉, 총량적 재정규율, 배분적 효율성, 운영상의 효율성이다.

### (2) 공공지출관리의 세 가지 규범

① 총량적 재정규율

ㄱ 총량적 재정규율은 예산총액의 효과적인 통제를 의미한다. 만성적 재정적자로 인해 재정위기가 우려되는 상황에서 재정 건전성을 유지하기 위한 중요한 규범이다.

ㄴ 예산총액은 분명하고 의도적인 결정의 결과이어야 한다. 예산총액은 각 부처 예산 요구를 단순히 수용해서는 안 되며, 개별적인 지출 결정이 이루어지기 전에 결정되어야 한다.

ㄷ 이것은 정부의 재정 및 경제정책과 관련한 예산 운용 전반에 대한 거시적 예산 결정을 의미한다. 그리고 총량적 재정규율은 중장기적으로 지속되어야 한다.

② 배분적 효율성

ㄱ 배분적 효율성은 부문 간 재원배분을 통한 재정지출의 총체적 효율성을 도모하는 것을 말한다. 다시 말해서, 예산배분 측면에서의 파레토 최적을 달성하는 것이다. 패키지 효율성이라고 볼 수 있으며, 이론적으로는 재정 부문 간 한계편익을 동일하게 함으로써 예산상의 총편익을 극대화할 수 있다. 따라서 예산지출의 한계편익이 큰 분야에 예산액을 집중 배분할 때 배분적 효율성은 높아진다.

ㄴ 실제 적용 과정에서는 투자 우선순위의 조정이 핵심 문제이다. 넓게 볼 경우 정부와 민간 간의 역할 분담, 중앙과 지방 간의 기능 조정 등도 배분적 효율성

과 관련이 있다. 배분적 효율성을 실현하는 것은 우선순위에 따라 자원을 배분하는 것을 의미한다.

③ **운영상의 효율성:** 운영상의 효율성은 개별적 지출 차원의 효율성을 의미하며, 기술적 효율성 또는 생산적 효율성이라고도 한다.

　㉠ 배분적 효율성을 부문 간 효율성이라고 한다면 기술적 효율성은 부문 내 효율성을 말한다.

　㉡ 기술적 효율성은 투입−산출 관계에서의 효율성을 의미하며, 공공서비스의 생산함수가 개입한다.

## Theme 04  프로그램 예산제도

📖 필수편 ▶ P.476

### (1) 의의

① **개념:** 프로그램 예산제도는 프로그램(사업)을 중심으로 예산을 편성하는 제도이다. 여기서 프로그램이란 동일한 정책을 수행하는 단위사업의 묶음이다.

② **기본 구조:** 일반적으로 '정부의 기능−정책−프로그램−단위사업'의 계층구조를 갖는다. 따라서 프로그램 예산의 핵심적 작업은 '프로그램−단위사업'의 프로그램 구조를 예산 체계에 정립하는 일이다.

③ **특징:** 프로그램 예산제도는 프로그램(사업) 중심의 예산편성을 함으로써 성과지향적 예산편성 및 운용이 가능해진다. 따라서 기존 투입 중심의 예산 운용을 사업(프로그램) 또는 성과 중심의 예산 운용으로 전환하는 패러다임 전환의 의미가 있다.

④ **도입:** 프로그램 예산제도는 중앙정부는 2007년, 지방정부는 2008년부터 공식적으로 도입되었다.

### (2) 프로그램 예산제도에서의 예산과목 체계

| 장 | 관 | 항 | 세항 | 세세항 | 목 | 세목 |
|---|---|---|---|---|---|---|
| 분야 | 부문 | 프로그램 (정책사업) | 단위사업 | (세부사업) | 편성비목 | 통계비목 |
| 기능별 분류 | | 사업별 분류 | | | 품목별 분류 | |

① 프로그램 중심으로 예산구조를 설계할 경우 예산과목 체계는 대폭 단순화된다. 종전 예산과목 체계는 '장−관−항−세항−세세항−목−세목'의 다단계의 복잡한 체계로 되어 있으나, 프로그램 예산구조는 '분야−부문−프로그램−단위사업−목−세목'의 단순한 체제로 구성된다.

② 기능별 분류인 '분야−부문', 프로그램 구조인 '프로그램−단위사업', 품목별 분류인 '편성비목'−'통계비목'이 예산과목 체계에 반영된다. 여기에 자율성과 책임성의 중심점으로서의 조직 단위를 연계하고, 별도로 운용되는 회계 및 기금을 통합적으로 보여 주는 프로그램 예산구조의 양식이 만들어진다.

### (3) 역할

프로그램 예산제도는 재정 운영에서 제도적 허브(hub) 역할을 한다. 프로그램 예산이 제도적 허브로서의 역할을 하는 논거는 다음과 같다.

**바로 확인문제**

**09**　　　2017 지방직 9급

우리나라 행정환경의 주요 행위자들 간의 관계에 대한 설명으로 옳지 않은 것은?

① 국회는 국민의 대표기관으로서 민주주의 원칙에 합당하게 행정이 이루어지고 있는지를 감시하고 통제하는 권한을 가진다.

② 정부는 국회에 법률안을 제출할 수 있고, 대통령은 법률에서 구체적으로 범위를 정하여 위임받은 사항과 법률을 집행하기 위하여 필요한 사항에 관하여 대통령령을 발할 수 있다.

③ 헌법재판소의 위헌 결정은 행정부의 활동에 지대한 영향을 미칠 수 있다.

④ 대통령은 국회가 확정한 본예산에 대하여 재의를 요구할 수 있다.

**10**　　　2018 서울시 9급

우리나라의 예산안과 법률안의 의결방식에 대한 설명으로 가장 옳지 않은 것은?

① 법률에 대해서는 대통령의 거부권 행사가 가능하지만 예산은 거부권을 행사할 수 없다.

② 예산으로 법률의 개폐가 불가능하지만, 법률로는 예산을 변경할 수 있다.

③ 법률과 달리 예산안은 정부만이 편성하여 제출할 수 있다.

④ 예산안을 심의할 때 국회는 정부가 제출한 예산안의 범위 내에서 삭감할 수 있고, 정부의 동의 없이 지출예산의 각 항의 금액을 증가하거나 새 비목을 설치할 수 없다.

**11**

다음 중 공공지출관리의 규범에 대하여 잘못 설명한 것은?

① 총량적 재정규율(aggregate fiscal discipline)은 예산총액의 효과적인 통제를 의미한다.

② 배분적 효율성(allocative efficiency)은 재정부문 간 재원배분을 통한 재정지출의 총체적 효율성을 도모하는 것을 말한다.

③ 총량적 재정규율은 예산운영 전반에 대한 미시적 예산결정(microbudgeting)을 토대로 이루어져야 한다.

④ 운영효율성(operational efficiency)을 높이기 위해서는 투입에 대한 산출의 비율을 높여야 한다.

**12**

2000년대 초반 도입된 한국의 프로그램 예산제도에 대한 설명으로 옳지 않은 것은?

① 프로그램 예산제도는 현재 운영되지 않는 제도이다.

② 프로그램 예산분류(과목) 체계는 분야－부문－프로그램－단위사업－세부사업 등으로 구성된다.

③ 프로그램 예산제도 도입 시 비목(품목)의 개수를 대폭 축소함으로써 비목 간 칸막이를 최대한 줄였다.

④ 프로그램 예산제도는 정책과 성과 중심의 예산운영을 위해 설계·도입된 제도이다.

**13**

우리나라의 프로그램 예산제도에 대한 설명으로 옳지 않은 것은?

① 세부업무와 단가를 통해 예산금액을 산정하는 상향식 방식을 사용하고 단년도 중심의 예산이다.

② 프로그램은 동일한 정책을 수행하는 단위사업의 묶음이다.

③ 예산 운용의 초점을 투입 중심보다는 성과 중심에 둔다.

④ '프로그램－단위사업－세부사업'은 품목별 예산체계의 '항－세항－세세항'에 해당한다.

① 프로그램 예산은 성과관리, 발생주의회계, 중기재정계획, 총액배분자율편성 등의 제도들과 함께 상호 직·간접적으로 연계되어 있으며, 제도의 중심점 또는 인프라의 성격을 갖는다.

② 예산 운영의 규범 차원에서도 프로그램 예산은 중심적 역할을 한다. 자율성, 책임성, 투명성, 효율성, 성과 지향성 등의 가치 개념에서 볼 때 프로그램은 그 중심점이 된다. 즉, 프로그램은 자율 중심점, 책임 중심점, 성과 중심점, 정보공개 중심점 등이 된다.

③ 프로그램은 예산과정의 모든 단계에서도 중심적 역할을 한다. 프로그램은 예산편성 단계에서 전략적 배분 단위가 되며, 총액배분 자율편성방식의 한도액(ceiling) 설정 단위가 된다. 예산사정 단계에서 사정 단위, 심의 단계에서 심의 단위, 집행 단계에서 이용 단위, 결산 단계에서 성과평가 단위, 결산보고 단위가 된다.

④ 회계 차원에서도 프로그램은 중심점이 된다. 원가 계산의 중심이 프로그램이다. 다만, 간접비 배분 등의 정교한 기법이 발전된다면 하위 단위인 단위사업이 중심이 될 수 있다.

⑤ 조직 차원에서도 프로그램은 중심점이 된다. 이때 조직은 부처단위와 실·국단위 모두 해당된다. 프로그램은 조직 단위의 자율 중심점, 책임 중심점, 관리 중심점이 된다.

### (4) 프로그램 예산제도 도입의 효과

① 성과·자율·책임 중심의 재정 운영

    ㉠ 프로그램 예산제도의 도입으로 그동안 품목 중심의 투입관리와 통제 중심 재정 운영에서 프로그램 중심의 성과, 자율, 책임 중심 재정 운영으로 바뀌게 된다.

    ㉡ 프로그램 구조를 통해 정책목표와 예산집행을 연계시키고 재정 투입을 통해 달성하고자 하는 성과목표와 성과지표를 설정해 그 실적을 평가할 수 있다.

② 자율 중심점으로서의 관리단위: 예산의 편성, 집행, 결산과정에서 자율적 예산 운용을 할 수 있는 자율 중심점으로서의 관리단위가 분명히 설정된다.

③ 분명한 책임 소재: 조직의 자율에 대한 책임 소재를 보여 주는 책임 중심점이 분명해진다.

④ 총체적 재정배분 내용 파악

    ㉠ 프로그램 예산 체계 내에 일반회계, 특별회계, 기금이 모두 포괄적으로 표시됨으로써 총체적 재정배분 내용을 파악할 수 있다.

    ㉡ 프로그램별 재원배분 규모를 총체적으로 파악함으로써 중·장기 전략적 자원배분을 하는 것이 용이하다.

⑤ 예산 낭비 제거: 일반회계, 특별회계, 기금 간 유사·중복 사업의 파악이 가능해져 예산 낭비를 제거할 수 있다.

⑥ 예산과정의 투명성과 효율성 제고

    ㉠ 프로그램 예산제도에는 사업관리 시스템이 함께 운용되기 때문에 재정 집행의 투명성과 효율성을 제고할 수 있다.

    ㉡ 세부사업 단위의 사업의 전 생애주기를 관리함으로써 예산과정의 투명성과 효율성을 제고할 수 있는 것이다.

⑦ **유용한 정보 제공**: 프로그램별 원가정보를 제공해 성과평가와 재정의 전략적 배분에 유용한 정보를 제공할 수 있다.

⑧ **예산의 연계 가능**
　㉠ 프로그램 예산 체계에서 기능별 분류를 중앙정부와 지방정부 간에 통일시킴으로써 중앙정부와 지방정부 예산의 연계가 가능해진다.
　㉡ 중앙정부와 지방정부 간 재정자금 이동에 관한 정보를 정확하게 파악할 수 있다.
　㉢ 특정한 분야에 대한 중앙정부와 지방정부 간 재정 분담 비율 등을 파악할 수 있다.

⑨ **일반 국민들에게 이해하기 쉬운 예산사업**
　㉠ 프로그램 중심의 예산은 일반 국민들이 예산사업을 쉽게 이해할 수 있게 해준다.
　㉡ 실제 예산분석을 시도해 본 시민단체 활동가들이 종전 예산서보다 훨씬 예산 정보의 질이 높아졌다고 평가하고 있다.

**▌품목별 예산 형식과 프로그램 예산 형식**

| 〈품목별 예산 형식〉 | | | | |
|---|---|---|---|---|
| 구분 | 합계 | 사업A | 사업B | ‥ |
| 인건비 | | | | |
| 물건비 | | | | |
| 시설비 | | | | |
| ‥ | | | | |

⇒

| 〈프로그램 예산 형식〉 | | | |
|---|---|---|---|
| 구분 | 합계 | 인건비 | 물건비 | ‥ |
| 사업A | | | |
| 사업B | | | |
| 사업C | | | |
| ‥ | | | |

• 문제점
－ 단위 사업별 총예산 규모 파악 곤란
－ 사업목적(성과)에 대한 관심 미흡
－ 전년 대비 점증적 예산 편성
－ 정책분석에 관심 미흡
－ 품목별 총액 내 지출사업 자율변경
－ 품목별 한도 내에서 관리책임 국한

⇒

• 기대되는 효과
－ 단위 사업별 예산 규모 파악 용이
－ 성과 측정 용이
－ 사업 기간별 중장기 예산 편성
－ 사업성·효율성 등 정책분석 강조
－ 사업별 총액 내에서 지출 자율 변경
－ 사업의 성과관리에 대한 책임 강화

## Theme 05　**중앙예산기관**

출제 하락세

 필수편 ▶ P.476

### (1) 의의
① **개념**: 행정수반의 기본정책과 정부의 재정·경제정책에 입각하여 각 부처의 예산요구를 사정·조정하고 예산안을 편성하여 국회에 제출하며 정부예산의 전반적인 관리를 담당하는 기관을 말한다.
② **기능**
　㉠ **관리·계획 기능**: 국가목표의 달성을 위한 합리적인 자원배분기능을 통해 정부사업 계획을 조정·평가하며 감독하는 관리기능을 한다.
　㉡ **각 부처에 대한 기능**: 행정수반의 기본정책과 정부의 재정·경제정책에 입각하여 각 부처의 예산을 사정·편성하며 그 집행을 통제·감독하고 집행의 신축성을 확보해 준다.

**바로 확인문제**

**14**　2013 서울시 7급

우리나라 정부예산의 과목구조에 대한 설명으로 옳은 것은?

① 우리나라 예산은 소관별로 구분된 후 목별로 분류되고 마지막으로 기능을 중심으로 분류된다.
② 성질별로 분류할 때 물건비는 목(성질)에 해당하고, 운영비는 세목에 해당한다.
③ 기능을 중심으로 장은 부문, 관은 분야, 항은 프로그램, 세항은 단위사업을 의미한다.
④ 장 사이의 상호융통(전용)은 국회의 통제를 받는다.
⑤ 세항의 경우 입법과목이고, 목은 행정과목이다.

ⓒ **국회에 대한 기능**: 국민과 입법부의 의사를 반영하여 정부의 통합예산안을 편성하고 이를 국회에 제출하는 기능을 한다.

ⓔ **국민에 대한 기능**: 정부의 재무상황을 국민에게 보고하고 국민에게 정부의 정책방향을 알려 국민의 이해와 협조를 확보하고 국민의 자유로운 비판을 보장한다.

ⓜ **행정수반에 대한 기능**: 예산행정 전반에 걸친 행정수반의 지휘·감독을 보좌한다.

### (2) 중앙예산기관의 위치

① **행정수반 직속형**

  ㉠ **목적**: 행정수반의 효과적인 행정관리의 확보에 주된 의의가 있다.

  ㉡ **사용 국가**: 일반적으로 대통령 중심제 국가에서 채택하고 있다.

   예 미국의 관리예산처(OMB), 필리핀의 예산위원회

② **재무부형**(재무부 소속 기관)

  ㉠ **목적**: 세입과 세출의 유기적 연계, 예산운영과 재정정책과의 연계를 확보하자는 데 주 목적이 있다.

  ㉡ **사용 국가**: 일반적으로 내각책임제 국가에서 채택하고 있다.

   예 영국의 재무성, 일본의 대장성(재무성), 프랑스의 예산성 예산국 등

③ **중간형**(기획성 소속 기관): 기획과 예산의 유기적 연계에 주된 의미가 있다.

   예 캐나다의 내각예산국

### (3) 우리나라의 중앙예산기관(이원체제)의 연혁

① 1948년 국무총리 직속의 기획처 예산국

② 1954년 재무부 예산국

③ 1961년 경제기획원의 예산국

④ 1979년 예산실로 승격

⑤ 1995년 재정경제원의 예산실

⑥ 1998년 대통령 직속의 기획예산위원회와 재정경제부의 예산청으로 이원화

⑦ 1999년 기획예산처

⑧ 2008년 기획예산처와 재정경제부를 기획재정부로 일원화

### (4) 예산 관련 조직

① **재무행정기관**

  ㉠ **중앙예산기관**: 예산의 편성과 집행의 총괄기관

  ㉡ **국고수지총괄기관**: 정부의 수입과 지출을 총괄하는 기관

  ㉢ **중앙은행**: 정부의 모든 국고금 출납업무를 대행하는 기관

② **삼원체제와 이원체제**

  ㉠ 중앙예산기관과 국고수지총괄기관의 분리 여부

---

**15** 2022 국가직 7급

우리나라 중앙예산기관의 변천에 대한 설명으로 옳지 않은 것은?

① 국무총리 직속 기획처 예산국이 우리나라에서 처음으로 중앙예산기관의 역할을 담당하였다.

② 1961년 설립된 경제기획원은 수입·지출의 총괄기능을 담당하였으며, 재무부는 중앙예산기관의 역할을 담당하였다.

③ 김영삼 정부는 1994년 정부조직개편을 통해 경제기획원과 재무부를 재정경제원으로 통합하여 세제, 예산, 국고 기능을 일원화하였다.

④ 현재는 기획재정부 예산실이 중앙예산기관의 역할을 담당하고 있다.

ⓛ 장·단점

| 구분 | 삼원체제<br>(기획예산처, 재정경제부) | 이원체제<br>(기획재정부) |
|------|------|------|
| 장점 | • 강력한 재정구현<br>• 분파주의 방지<br>• 예산쟁탈전에 초월적 입장 | 세입·세출의 유기적 연계성 제고 |
| 단점 | 세입·세출기관의 분리로 세입·세출 간 연계성 저하 | 예산편성 시 분파주의 등의 발생가능성 |

## Theme 06 정부가 동원하는 공공재원

### 1 조세의 장·단점

#### (1) 장점

① 이자 부담이 없으며 부채관리와 관련된 재원관리 비용이 발생하지 않는다.
② 납세자인 국민들은 정부지출을 통제하고 성과에 대한 직접적인 책임을 강하게 요구할 수 있다.
③ 현 세대의 의사결정에 대한 재정 부담이 미래 세대로 전가되지 않는다.
④ 장기적으로 차입보다 비용이 저렴하다.

#### (2) 단점

① 미래 세대까지 혜택이 발생하는 자본투자를 현 세대만 부담한다면 세대 간 비용·편익의 형평성 문제가 발생한다.
② 조세를 통해 투자된 자본시설은 대가를 지불하지 않는 자유재(free good)로 인식되어, 과다수요 혹은 과다지출되는 비효율성 문제가 발생한다.
③ 일시적으로 대규모 재원투자가 필요한 전략 투자사업에서는 조세 재원 동원의 시의성을 맞추지 못할 수 있다. 과세의 대상과 세율을 결정하는 법적 절차가 복잡하고 시간이 많이 소요되는 경직성이 있기 때문이다.

### 2 수익자부담금의 장점

① 수익자부담금은 시장기구와 유사한 메커니즘을 통해 공공서비스의 최적 수준을 결정할 수 있어 자원배분의 효율성을 제고할 수 있다.
② 수익자부담금은 부담과 편익의 공평한 배분을 보장할 수 있다.
③ 수익자부담이 정당화될 수 있다.

### 3 국공채

#### (1) 개념

국공채란 국가나 지방자치단체가 공공지출 경비의 재원을 조달하기 위해 부담하는 채무이다.

**[OX]** 조세는 현 세대의 의사결정에 대한 재정 부담을 미래 세대로 전가하지 않는다는 장점이 있다. (2018 국가직 9급)　(　　)

**[정답]** ○

**16** 　　　　　　2016 국회직 8급
다음 중 국가의 재정지출을 조세수입에 의해 충당하는 경우의 장점과 단점에 대한 설명으로 옳지 않은 것은?

① 현 세대의 의사결정에 대한 재정 부담이 미래 세대로 전가되지 않는다.
② 납세자인 국민들은 정부지출을 통제하기 어렵고 성과에 대한 직접적인 책임을 요구하기 어렵다.
③ 조세를 통해 투자된 자본시설은 대가를 지불하지 않는 자유재(free goods)로 인식돼 과다수요 혹은 과다지출되는 비효율성 문제가 발생한다.
④ 과세의 대상과 세율을 결정하는 법적 절차가 복잡하고 시간이 많이 소요되기 때문에 경직적이다.
⑤ 미래 세대까지 혜택이 발생하는 자본투자를 조세수입에 의해 충당할 경우 세대 간 비용·편익의 형평성 문제가 발생한다.

**17**

조세의 성격에 대한 설명으로 가장 적절하지 않은 것은?

① 국가가 재정권에 기초해 동원하는 공공재원으로 형벌권에 기초해서 처벌을 목적으로 부과하는 벌금이나 행정법상 부과하는 과태료와 다르다.
② 내구성이 큰 투자사업의 경비를 조달하기에 적합하며 사업이나 시설로 인해 편익을 얻게 될 후세대도 비용을 분담하기 때문에 세대 간 공평성을 높일 수 있다는 점에서 국공채와 다르다.
③ 일반국민을 대상으로 부과한다는 점에서 행정활동으로부터 이익을 받는 특정 시민을 대상으로 이익의 일부를 징수하는 수수료나 수익자부담금과 다르다.
④ 강제로 징수하기 때문에 합의원칙 내지 임의원칙으로 확보되는 공기업수입, 재산수입, 기부금과 다르다.

**18**

정부가 동원하는 공공재원에 대한 설명으로 옳지 않은 것은?

① 조세의 경우 납세자인 국민들은 정부 지출을 통제하고 성과에 대한 직접적인 책임을 요구할 수 있다.
② 국공채는 사회간접자본(SOC) 관련 사업이나 시설로 인해 편익을 얻게 될 경우 후세대도 비용을 분담하기 때문에 세대 간 형평성을 훼손시킨다.
③ 수익자부담금은 시장기구와 유사한 메커니즘을 통해 공공서비스의 최적 수준을 지향하여 자원배분의 효율성을 제고할 수 있다.
④ 조세로 투자된 자본시설은 개인이 대가를 지불하지 않는 것으로 인식되어 과다 수요 혹은 과다 지출되는 비효율성 문제가 발생할 수 있다.

**(2) 주요 내용**

① 국공채는 내구성이 큰 투자사업의 경비를 조달하기 위해 발행되는데, 사업이나 시설로 인해 편익을 얻게 될 후세대도 비용을 부담하기 때문에 세대 간 공평성을 높일 수 있다.
② 정부가 국공채를 발행하면 민간부문에서 투자할 자본이 정부로 이전되기 때문에 구축효과가 발생할 수 있다.

### 4 민간자본 투자유치

민간투자 방식은 BTO, BOO, BOT, BTL 등과 같이 소유와 운영권한의 결합 형태에 따라 다양하게 운용된다.

### Theme 07 중앙예산기관의 예산사정기준

### 1 한도액 설정법(fixed-ceiling budgeting)

**(1) 개념**

① 하급기관이 예산을 요구하기 전에 초과할 수 없는 예산요구 한도액을 미리 설정하는 방법이다.
② 상급기관은 그 기준을 지켰는지 세밀하게 검토한다. 예산총액배분 자율편성제도는 이 방법을 제도한 것이다.

**(2) 장·단점**

① 장점: 하급기관에 예산편성의 자율성을 부여함으로써 사업의 상대적 가치를 스스로 판단하고 우선순위를 정하게 하는 방식으로, 상급기관이 예산사정에 도움을 받을 수 있다는 장점이 있다.
② 단점
　㉠ 한도액을 정하는 객관적 근거를 확보하기 어려운 점이 있다.
　㉡ 또한 하급기관에 대해서 미리 단일 한도액을 규정하는 것은 자료와 증거가 제시되기 전에 사안을 판단할 위험성을 안고 있다.

### 2 무제한 예산법(open-end budgeting)

**(1) 개념**

하급 부서가 예산을 요구할 때 한도액을 제한하지 않는 방법이다.

**(2) 장·단점**

① 장점
　㉠ 하급기관의 입장에서 볼 때 새로운 사업을 추가하기가 용이하다.
　㉡ 희망하는 사업의 종류와 규모를 모두 표현할 수 있다는 점에서 유리하다.
② 단점: 상급기관이 예산 삭감의 모든 부담을 져야 한다는 점에서 예산사정에 어려움이 따른다.

## 3 업무량 측정 및 단위원가계산법

### (1) 개념

업무량 측정이 가능한 영역에서 업무 단위를 개발하고 단위 원가를 결정해 예산액을 산정하는 방법이다.

### (2) 장·단점

① 장점: 성과주의 예산에서 활용된 방법이며, 정밀한 계량적인 측정을 바탕으로 예산을 요구한다는 점에서 합리적인 사정이 가능하다.
② 단점: 업무 단위와 단위 원가의 결정이 쉽지 않다.

## 4 증감 분석법(increase-decrease analysis)

### (1) 개념

전년도 예산과 대비해 증감된 예산 요구 항목을 중점적으로 사정하는 방법이다.

### (2) 장·단점

① 장점: 예산 사정기관이 가장 손쉽게 사용하는 방법이며, 모든 예산 항목을 매년 재검토할 필요가 없다.
② 단점
　㉠ 예산 사정기관은 감소된 예산 항목보다 증가된 예산 항목에 관심을 보이는 경향이 있다.
　㉡ 각 기관에 필요한 기본 예산액이 얼마인지에 대한 검토가 등한시된다.

## 5 우선순위 명시법(priority listing)

### (1) 개념

① 하급기관이 예산 항목 또는 예산사업 간의 우선순위를 명시해 줌으로써 예산을 사정하는 데 도움을 주는 방법이다.
② 정부가 영기준 예산제도를 적용하면서, 부처의 장이 소관 사업에 대해서 우선순위를 책정하도록 요구한 것이 예이다.

### (2) 장·단점

① 장점: 예산 사정기관이 예산을 삭감할 때에 우선순위가 낮은 사업부터 배제함으로써 예산사정을 용이하게 한다.
② 단점: 예산 항목 간의 우선순위를 정하기가 쉽지 않다.

## 6 항목별 통제법(item-item control)

### (1) 개념

하급기관이 제출한 예산 항목을 항목별로 검토해 사정을 하는 방법이다.

### (2) 장·단점

① 장점: 예산실의 한 직원이 모든 부처의 인건비, 공공요금 등의 단일 항목을 전문적으로 사정할 수 있다.
② 단점: 전체 사업의 관점에서 개별 사업들을 검토하기가 힘들다.

**19** 　　　　　2007 국가직 9급

각 예산제도별로 널리 사용하는 예산사정 방법을 연결한 것으로 옳지 <u>않은</u> 것은?

① 목표관리-한도액(fixed ceiling) 설정법
② 영기준 예산-우선순위 통제법(priority listing)
③ 품목별 예산-항목별 통제법(line-item control)
④ 성과주의 예산-업무량 측정 및 단위원가 계산

**20** 　　　　　2011 국가직 7급

각 부처의 예산요구에 대해 중앙예산기관이 사용할 수 있는 대응전략들에 대한 내용으로 옳지 <u>않은</u> 것은?

① 한도액 설정법(fixed-ceiling budgeting) - 각 부처에 예산편성의 자율성을 부여할 수 있고 중앙예산기관은 예산사정과정에서 도움을 받을 수 있다.
② 우선순위 명시법(priority listing) - 각 부처는 예산사업 간의 우선순위를 책정함으로써 중앙예산기관이 예산을 사정하는 데 도움을 줄 수 있다.
③ 항목별 통제법(item-item control) - 전체 사업의 관점에서 개별 사업을 검토하기가 힘들다는 문제점이 있다.
④ 증감분석법(increase-decrease analysis) - 모든 예산 항목을 매년 재검토할 필요는 없지만, 각 기관에 필요한 기본 예산액이 얼마인지에 대한 충분한 검토가 이루어질 수 있다.

## Theme 08 성과 중심의 재정운용과 성과평가를 통한 재정사업관리  고난도

기획재정부 주관으로 중앙정부가 관리하는 공공재원을 정기적으로 평가하는 대표적인 제도들로서 재정성과목표관리제, 재정사업자율평가, 재정사업심층평가제도, 복권기금사업평가, 그리고 국고보조금운용평가 등이 있다.

### 1 재정성과목표관리제도

① 재정성과목표관리제도란 성과계획서를 통해 성과목표와 성과지표를 사전에 설정하고, 재정운용 후 성과보고서를 통해 성과목표의 달성 여부를 점검하는 제도이다.

② 기획재정부는 2015년도부터 성과관리 작성체계를 개선하여, 성과관리 목표체계와 예산 프로그램 체계를 일치시켜 성과계획서를 작성하도록 하고 있다.

③ 각 중앙부처에서는 「국가재정법」 제4장의2(성과관리)에 따라 예산요구서를 제출할 때에 다음 연도 예산의 성과계획서 및 전년도 예산의 성과보고서를 기획재정부장관에게 제출해야 한다. 기금사업에서도 마찬가지이다.

> 「국가재정법」
> 제85조의5【재정사업 성과관리의 추진체계】① 각 중앙관서의 장과 기금관리주체는 재정사업 성과관리를 위한 추진체계를 구축하여야 한다.
> ② 각 중앙관서의 장은 재정사업 성과관리 중 성과목표관리를 책임지고 담당할 공무원(재정성과책임관), 재정성과책임관을 보좌할 담당 공무원(재정성과운영관) 및 개별 재정사업이나 사업군에 대한 성과목표관리를 담당할 공무원(성과목표담당관)을 지정하여 재정사업 성과목표관리 업무를 효율적으로 수행하도록 하여야 한다.
> 제85조의7【성과계획서 및 성과보고서의 제출】각 중앙관서의 장은 제31조 제1항에 따라 예산요구서를 제출할 때 다음 연도 예산의 성과계획서 및 전년도 예산의 성과보고서를 함께 제출하여야 하며, 기금관리주체는 제66조 제5항에 따라 기금운용계획안을 제출할 때 다음 연도 기금의 성과계획서 및 전년도 기금의 성과보고서를 함께 제출하여야 한다.

### 2 재정사업자율평가제도

① 재정사업자율평가제도는 각 중앙관서의 장과 기금관리주체가 기획재정부장관이 정하는 바에 따라 주요 재정사업을 스스로 평가하고, 그 결과를 예산안 편성 등에 활용하여 재정사업의 효율성을 제고하기 위한 제도이다.

② 재정사업심층평가제도는 주요 사업군을 대상으로 사업 간 유사·중복, 우선순위, 재원배분 방향, 부처 간 역할 분담 등을 종합, 검토하는 제도이다.

> 「국가재정법 시행령」
> 제39조의3【재정사업의 성과평가 등】① 기획재정부장관은 법 제85조의8 제1항에 따라 각 중앙관서의 장과 기금관리주체에게 기획재정부장관이 정하는 바에 따라 주요 재정사업을 스스로 평가(이하 "재정사업자율평가"라 한다)하도록 요구할 수 있으며, 다음 각 호의 어느 하나에 해당하는 사업에 대해서는 심층평가를 실시할 수 있다. 다만, 「과학기술기본법」 제11조에 따른 국가연구개발사업에 대한 평가는 「국가연구개발사업 등의 성과평가 및 성과관리에 관한 법률」에 따른 성과평가로 재정사업자율평가 또는 심층평가를 대체할 수 있다.

**21** 2023 국가직 9급

우리나라의 재정사업 성과관리에 대한 설명으로 옳지 <u>않은</u> 것은?

① 재정사업 성과관리의 내용은 성과목표관리와 성과평가로 구성된다.

② 재정사업성과평가 결과는 지출 구조조정 등의 방법으로 재정운용에 반영될 수 있다.

③ 재정사업심층평가 결과 기획재정부장관이 필요하다고 판단하면 재정사업자율평가를 실시할 수 있다.

④ 재정사업자율평가는 미국 관리예산처(OMB)의 PART(Program Assessment Rating Tool)를 우리나라 실정에 맞게 도입한 제도이다.

1. 재정사업자율평가 결과 추가적인 평가가 필요하다고 판단되는 사업
2. 부처간 유사·중복 사업이나 비효율적인 사업추진으로 예산낭비의 소지가 있는 사업
3. 향후 지속적 재정지출 급증이 예상되어 객관적 검증을 통해 지출효율화가 필요한 사업
4. 그 밖에 심층적인 분석·평가를 통해 사업추진 성과를 점검할 필요가 있는 사업
② 기획재정부장관은 법 제85조의8 제1항에 따라 주요 재정사업의 지역균형발전에 대한 영향을 평가할 수 있다.

## 3 국고보조금운용평가

① 기획재정부는 「보조금 관리에 관한 법률」 제15조에 근거해 재정사업 자율평가 대상사업 중 보조사업에 대해 실효성 및 지원 필요성 등을 평가하고 그 존속 여부를 결정한다.
② 이를 위해 보조사업평가단을 운영하며 평가 결과는 예산안과 함께 국회에 제출한다.

「보조금 관리에 관한 법률」
제15조 【보조사업의 존속기간과 연장평가】 ① 대통령령으로 정하는 보조사업을 제외한 보조사업의 존속기간은 3년 이내로 한다.
② 기획재정부장관은 존속기간이 만료되는 보조사업에 대하여 실효성 및 재정지원의 필요성을 평가하여 3년 이내의 범위에서 해당 보조사업의 존속기간을 연장할 수 있다. 존속기간이 연장된 보조사업에 대해서도 또한 같다.
③ 기획재정부장관은 제2항에 따른 평가를 실시하기 위하여 대통령령으로 정하는 바에 따라 보조사업평가단을 구성·운영할 수 있다.
④ 기획재정부장관은 제2항에 따른 보조사업에 대한 평가 결과 및 해당 결과의 예산안 반영 정도를 「국가재정법」 제33조에 따른 예산안과 함께 국회에 제출하여야 한다.

## Theme 09 중앙예산부서의 사업예산관리 혁신

중앙예산부서에서는 「국가재정법」 체계의 거시적인 재정관리 구조를 설계·운용하는 데 그치지 않고 구체적인 예산 단위 사업을 직접 관리하는 기능도 맡고 있다. 최근 새로 도입했거나 기능과 비중을 대폭 강화했던 미시적인 재정관리혁신을 위한 대표적인 조치로서 예비타당성조사, 총사업비관리, SOC 민간투자제도, 예산성과금제도와 예산낭비신고센터 운영 등이 있다.

## 1 예비타당성조사

### (1) 의의

① 예비타당성조사는 1999년도부터 실시하여 2000년 예산편성 때부터 적용하고 있는 제도이다.
② 총사업비가 500억 원 이상이면서 국가 재정 지원 규모가 300억 원 이상인 신규사업 가운데 건설공사가 포함된 사업, 기능정보화, 그리고 연구개발사업에 대해서는 담당 부처의 본격적인 타당성 조사 및 기본 설계 이전에 경제적 타당성을 예산 담당부처의 중립적인 입장에서 집중 검토하여 사업의 추진 여부를 결정하도록 하고 있다(「국가재정법」 제38조).

바로 확인문제

**22**         2012 국가직 9급

정책평가 수행을 위해 설립된 기구와 법적 근거가 바르지 않게 연결된 것은?
① 복권위원회 - 「복권 및 복권기금법」
② 공기업·준정부기관 경영평가단 - 「공공기관의 운영에 관한 법률」
③ 보조사업평가단 - 「지방공기업법」
④ 지방자치단체합동평가위원회 - 「정부업무평가 기본법」

**23**         2004 전북 9급 변형

예비타당성조사와 타당성조사에 대해서 틀린 설명은?
① 현재 우리나라에서도 실시하고 있다.
② 예비타당성조사는 대형 신규사업의 신중한 착수와 재정투자의 효율성을 높이기 위한 제도이다.
③ 예비타당성조사는 경제적, 재정적, 기술적 측면에서 타당성을 검토하는 것이다.
④ 타당성조사란 당해 사업에 대해서만 실시하는 조사를 말한다.
⑤ 예비타당성조사는 기획재정부가 실시하며, 타당성조사는 사업주무부처가 실시한다.

**24**

예비타당성조사에 대한 설명으로 옳은 것은?

① 기존에 유지된 타당성조사의 문제점을 보완하기 위해 2013년부터 도입하였다.
② 신규 사업 중 총사업비가 300억 원 이상인 사업은 예비타당성조사 대상에 포함된다.
③ 중앙행정기관의 장은 예비타당성조사를 실시하고 기획재정부장관과 그 결과를 협의해야 한다.
④ 조사대상 사업의 경제성, 정책적 필요성 등을 종합적으로 검토하여 그 타당성 여부를 판단한다.

**25**

예비타당성조사의 분석 내용을 경제성 분석과 정책적 분석으로 구분할 때, 경제성 분석에 해당하는 것은?

① 상위계획과의 연관성
② 지역경제에의 파급효과
③ 사업추진 의지
④ 민감도 분석

**26**

정부 예산편성에 대한 설명으로 옳지 않은 것은?

① 국가재정운용계획은 중·장기적 국가비전과 정책 우선순위를 고려한 계획으로 단년도 예산편성의 기본틀이 된다.
② 기획재정부는 예산안 편성 시 사전에 지출한도를 설정하고 각 중앙부처는 그 한도 내에서 예산을 자율적으로 편성한다.
③ 기획재정부는 예비타당성조사를 실시하여 정치·경제적 이해관계가 배제될 수 있도록 예산배분의 타당성을 검토한다.
④ 각 중앙관서의 장은 완성에 2년 이상이 소요되는 사업으로서 대통령령으로 정하는 대규모사업에 대하여는 그 사업규모·총사업비 및 사업기간을 정하여 미리 기획재정부장관과 협의해야 한다.

## (2) 주요 내용

① 일반적인 관행이 되고 있듯이, 사업 집행을 담당하는 부처에서 대형 사업의 타당성 연구를 추진하면 사업을 추진한다고 전제하고 기술적인 검토와 예비설계 작업을 수행하게 된다. 그런데 사업 추진 여부는 기술적 측면뿐 아니라 근본적인 사업의 목적과 적정 투자 시기, 그리고 경제적인 효과성과 대안에 대한 비교 검토, 재원조달계획의 현실성과 파급 효과 등을 종합적으로 검토해서 판단해야 한다.
② 예산은 순수 경제적 효율성 관점뿐 아니라 정치적 성격까지 동시에 고려되어야 하는 정치 경제적 특성이 내재되어 있다. 따라서 단위사업당 예산 규모가 큰 대형 투자사업에서 정치 경제적 이해관계가 충분히 고려되지 못하면 상당한 국가 재정 손실이 발생하게 된다.
③ 구체적인 사업과 이해관계가 없는 제3의 기관에서 실시하도록 하는 예비타당성조사는 경제성 분석과 정책성 분석을 동시에 제시한다.
   ㉠ **경제성 분석**: 비용편익 비율, 순현재가치, 내부수익률, 민감도 분석 등을 중심으로 사업의 경제적 타당성 여부를 검정
   ㉡ **정책성 분석**: 지역경제 파급효과, 균형발전을 위한 낙후도 평가, 정책의 일관성 및 추진 의지, 사업에서의 위험 요인, 상위 계획과의 연계, 환경영향 등을 분석

## 2 총사업비관리

### (1) 의의

중앙정부의 각 부처에서는 단년도에 완공되지 않는 대규모사업에 대하여는 그 사업의 규모·총사업비 및 사업기간을 정하여 미리 기획재정부장관과 협의하도록 「국가재정법」 제50조에서 규정하고 있는데, 이를 총사업비관리제도라고 한다.

### (2) 주요 내용

① **재정지출의 생산성 제고**: 예산자원 확보 전략 중 하나로서 '문에 한 발 들여놓기'라는 것이 있다. 처음에는 예산이 적게 소요되는 것처럼 포장하고 일단 작은 규모의 예산을 확보한 이후 추가적인 사업 수행을 위해 엄청나게 부풀려진 대형 본예산이 돈을 배정해 주기를 기다리는 것이다. 일차적으로 예비타당성조사제도에서 이러한 문제에 대응한다. 하지만 그것으로 끝나는 것이 아니라, 일단 시작된 대형 사업에 대해서 총사업비를 관리하여 재정지출의 생산성을 제고하고 있다.
② **총사업비관리의 운영**
   ㉠ 총사업비관리제도는 예비타당성조사제도 실시 이전인 1994년도부터 운영되고 있다.
   ㉡ 국가 직접시행사업, 국가 대행사업, 국고보조사업 및 국고보조를 받는 민간기관 사업 가운데 사업기간이 2년 이상으로 총사업비가 토목사업은 500억 원 이상, 건축사업은 200억 원 이상인 경우에는 총사업비관리제도의 대상이 된다. 여기에 속하면 사업비의 총액뿐 아니라 공정별·단위사업별 사업비도 독립적으로 관리되어 사업 주무부서는 불합리하게 해당 사업비를 증가시킬 수 없도록 하고 있다.
   ㉢ 특히, 공사가 착공된 이후 발생하는 설계 변경 등에 의한 총사업비 변경은 불가피한 경우를 제외하고 허용하지 않는다는 원칙이 있다.

## 3 SOC 민간투자제도

### (1) 의의

① 세계화의 급진전과 국가 간 혹은 지역 간 경쟁이 심화되면서 사회간접자본(SOC)에 대한 집중적인 국가의 역할이 강조되었고, 부족한 투자재원 여건과 공공재원의 비효율성 등을 고려하여 민간의 자본을 공공의 SOC 투자에 동원할 수 있는 방안들이 1990년대 중반에 활발히 논의되었다.

② 이러한 논의 결과 1994년도에 「사회간접자본시설에 대한 민간자본유치 촉진법」이 제정되었고, 현재 「사회기반시설에 대한 민간투자법」에 의해 민간투자를 활성화할 수 있는 제도 기반이 구축되었다.

### (2) 주요 내용

① 민간투자 방식은 BTO, BOO, BOT, BTL 등과 같이 소유와 운영 권한의 결합 형태에 따라 다양하게 운용될 수 있도록 허용했으며, 매수청구권 인정 등과 같은 정부의 지원 조치로 민간투자 사업의 위험도 대폭 낮추었다.

② 민간 투자사업에 대해서는 재정 및 금융 그리고 세제상 지원이 많기 때문에 2천억 원 이상의 대형 사업은 중앙예산부서인 기획재정부장관이 위원장으로 되어 있는 '민간투자사업심의위원회'의 심의를 거쳐 지정하도록 되어 있다. 그 밖의 사업은 주무부처가 자체적으로 지정한다.

## 4 예산성과금제도와 예산낭비신고센터

### (1) 예산성과금제도

① 예산의 집행 방법 및 제도 개선 등으로 지출이 절약되거나 새로운 세입원 발굴과 제도 개선으로 수입을 증대시키는 데 기여한 사람들에게 인센티브로서 성과금을 지급하고 있다.

② 1998년부터 도입되었으며 현재 「국가재정법」 제49조에 근거를 두고 있다.

③ 과거에는 주로 공무원을 대상으로 성과금이 지원되었으나 지금은 예산 낭비를 신고하거나 예산 낭비 방지 방안을 제안한 일반 국민 모두에게 성과금이 지급될 수 있도록 확대하였다.

④ 예산성과금은 예산성과금심사위원회에서 기여자의 창의성과 노력 정도, 재정개선 효과 및 파급 효과 등을 종합적으로 고려하여 개발 사례별로 등급에 따라 구체적인 지급액을 결정한다.

⑤ 예산 절감과 수입 증대의 경우 절감된 사업비 그리고 증대된 수입액의 10%까지 지급이 가능하다. 경상경비의 경우는 절약된 경비의 50% 이내 그리고 정원 감축 사례에서는 감축된 인원의 인건비 1년분 한도 내에서 성과금이 지급될 수 있다. 개인별 성과금은 신청건별 지급액을 기여도에 따라 배분하며 1인당 지급 최고한도액은 6,000만 원이다.

### (2) 예산낭비신고센터

① 예산의 낭비를 막기 위해 성과금제도뿐 아니라 적극적인 시민들의 비판과 감시를 제도적으로 활성화하고 있다.

② 「국가재정법」 제100조에 '예산·기금의 불법 지출에 대한 국민감시' 조항을 명문화하고 2006년 1월부터 기획재정부에 예산낭비신고센터를 설치 운영하고 있다.

**27** 　　　　　　　　　2017 서울시 9급

우리나라의 재정건전성 관련 제도에 대한 설명으로 가장 옳은 것은?

① 총사업비관리제도는 예비타당성조사 제도와 같은 시기에 도입되었다.

② 예비타당성조사는 총사업비 500억 원 이상이면서 국자재정지원이 300억 원 이상인 신규사업 중에서 일정한 절차를 거쳐 실시한다.

③ 토목사업은 400억 원 이상일 경우 총사업비관리 대상이다.

④ 재정사업자율평가제도는 2004년부터 실시되었다.

이는 중앙 각 부처의 자율적인 조치와 민간 시민단체의 예산감시운동이 중앙예산부처 차원의 공식적인 대응으로 연결된 사례이다.

### 5 재정사업자율평가, 복권기금평가, 국고보조금운용평가 등

기획재정부 주관으로 중앙정부가 관리하는 공공재원을 정기적으로 평가하는 대표적인 제도들로서 재정사업자율평가, 복권기금평가 그리고 국고보조금운용평가 등이 있다.

## Theme 10 정부회계제도

### (1) 정부회계제도의 유형

| 기장방식＼인식기준 | 현금주의 | 발생주의 |
|---|---|---|
| 단식부기 | I | II |
| 복식부기 | III | IV |

① **전형적인 형태: I유형, IV유형**
  ㉠ I유형: 가계부에서 볼 수 있는 유형
  ㉡ IV유형: 기업회계에서 사용하고 있는 유형
② **절충적 형태: II유형, III유형**
  ㉠ II유형: 실제적인 운용이 불가능하다. 단식부기에서는 자산, 부채, 자본을 별도로 인식하지 않으므로 발생주의에 의한 단식부기로는 기장이 불가능하기 때문이다. 따라서 발생주의 회계 기준의 도입은 복식부기 제도 도입이 전제되어야만 가능하다. 다시 말해서, 발생주의 회계를 도입하기 위해서는 복식부기 제도의 도입이 선행되어야 하는 것이다.
  ㉡ III유형: 현금 기준 재무상태 변동표, 금융기관 제무제표 일부에서 보듯이 현실적으로 운용이 가능하다.

### (2) 발생주의에서 인정되는 계정과목

① 감가상각충당금, 대손충당금 등 자산의 정당한 가치를 반영하기 위한 평가성 충당금 및 관련 비용
② 퇴직급여충당금 등 미래의 대규모지출에 대비해 현금이 지출되지 않았더라도 특정기간의 비용으로 인식·설정되는 부채성 충당금
③ 미래에 지출·수입의 가능성이 있는 손해배상 등의 우발채무, 미지급금·미수금의 채권·채무

윌다브스키(Wildavsky)는 경제력(부의 정도)과 재원의 예측가능성의 정도에 따라 예산형태를 다음과 같이 분류하였다.

| 구분 | | 경제력 | |
|---|---|---|---|
| | | 큼 | 작음 |
| 재정의<br>예측가능성 | 높음 | • 점증적 예산<br>• 선진국 | • 세입예산<br>• 선진국 도시정부 |
| | 낮음 | • 보충적 예산<br>• 대체점증예산 | • 반복예산<br>• 후진국 |

## (1) 점증적 예산

① 경제력이 크고 예측가능성이 높은 경우에 발생하는 형태이다.

② 경제력이 충분하고, 재원의 예측성이 안정되어 있으므로 예산의 결정 시 과거의 지출수준에 의거하여 작은 변화만을 추구한다.

　예 선진국, 미국 연방정부

## (2) 세입예산(양입제출예산)

① 경제력은 작지만 예측가능성이 높은 경우에 발생하는 형태이다.

② 예산의 세입능력을 초과할 수 없기 때문에 통제에 치중하는 예산결정을 하게 된다.

　예 선진국의 도시정부, 미국 지방정부

## (3) 보충적 예산

① 경제력은 높지만 행정능력이 낮아 재정의 예측가능성이 떨어지는 경우에 발생하는 형태이다.

② 반복예산과 점증예산이 교체적으로 나타날 수 있다.

　예 행정능력이 낮은 후진국, 정치적으로 불안정하지만 경제력이 높은 국가

## (4) 반복적 예산

① 경제력이 낮고 예측가능성도 낮은 경우에 발생하는 형태이다.

② 경제력이 낮으므로 재원의 고갈을 방지하기 위해 예산의 급격한 변화를 추구하지 못하며, 낮은 예측가능성으로 인해 기존의 사업을 그대로 유지하는 예산결정을 하게 된다.

　예 후진국

---

**29** 　2011 국가직 7급

윌다브스키(A. Wildavsky)가 부(wealth)와 재정의 예측성(predictability)을 기준으로 분류한 예산과정형태 중에서, 경제력은 낮으나 재원의 예측가능성이 높은 경우로서 미국의 지방정부에서 많이 발견되는 형태는?

① 점증예산(incrementalism)

② 대체점증예산(alternating incrementalism)

③ 반복예산(repetitive budgeting)

④ 세입예산(revenue budgeting)

**30** 　2016 군무원 9급

예산결정문화론에서 선진국처럼 국가의 경제력이 크고, 예측가능성이 높은 경우는?

① 점증적 행태

② 보충적 행태

③ 양입제출적 행태

④ 반복적 행태

**31** 　2019 국가직 7급

윌다브스키(A. Wildavsky)의 예산행태 유형 중 국가의 경제력은 낮지만 재정 예측력이 높은 경우에 나타나는 행태는?

① 점증적 예산(incremental budgeting)

② 반복적 예산(repetitive budgeting)

③ 세입예산(revenue budgeting)

④ 보충적 예산(supplemental budgeting)

**32**  2006 선관위 9급

결과지향적 예산개혁의 일환으로 대두된 최근의 성과주의 예산제도에 대한 설명으로 가장 옳지 **않은** 것은?

① 사업성과와 예산을 연계시키되 투입요소인 예산이 아니라 산출요소인 사업성과를 중심으로 예산을 운영한다.

② 결과 중심의 성과를 강조하기 때문에 국민의 요구에 대한 대응성은 무시한 채 행정의 효율성만을 강조하기 쉽다.

③ 성과계획 수립, 예산편성 및 집행, 성과측정 평가의 기본구조를 가지고 있다.

④ 예산집행의 자율권을 부여함으로써 사업집행이나 서비스 전달의 구체적인 수단을 탄력적으로 동원할 수 있다.

**33**  2006 지방직 9급

예산제도에 대한 설명으로 **틀린** 것은?

① 최근의 예산은 대체로 새롭게 성과주의를 지향하고 있다.

② 최근의 신성과주의는 성과를 중시하므로 관료의 재량권을 줄이면서 책임을 강화한다.

③ 미국에서 합리주의를 지향하던 예산개혁은 성공하지 못한 것으로 평가되고 있다.

④ 최근의 예산은 거시적·하향적 예산을 지향하고 있다.

**34**  2015 국가직 7급

1990년대에 새롭게 주목받게 된 성과관리 예산제도에 대한 설명으로 옳지 **않은** 것은?

① 투입보다는 산출 또는 성과를 중심으로 삼고 있다.

② 거리청소사업으로 예를 들면, 거리의 청결도와 주민의 만족도 등을 다음 연도 예산배분에 반영하는 것이다.

③ 장기적인 기획과 단기적인 예산편성을 유기적으로 연결하여 합리적인 자원배분을 이루려는 제도다.

④ 모든 조직에 공통적으로 적용할 수 있는 표준적 성과측정 지표를 개발하기 어렵다는 점은 성과관리 예산제도의 단점으로 지적된다.

## Theme 12　신성과주의 예산　고난도

### (1) 의의

① 1980년대 중반 이후 지속적인 경기침체와 재정적자 그리고 공공서비스의 품질에 대한 불만 등으로 인해 정부 관료조직의 비효율성과 정부능력에 대한 불신이 증대하였다. 이에 따라 관료제에 따른 병리를 극복하고 정부에 대한 신뢰를 회복하기 위하여 전통적인 정부에 대한 시각을 전면 재검토하게 된다.

② 이를 뒷받침한 이론이 시장메커니즘을 지향하는 신공공관리주의이며, 이러한 정부개혁의 일환으로 등장한 예산개혁이 바로 '경쟁 – 성과 – 책임을 강조하는 새로운 성과주의 예산제도'이다.

③ 성과주의 예산제도는 기존의 투입 중심 예산제도와는 반대되는 개념으로서, 정부의 산출(output) 또는 성과(performance)를 중심으로 예산을 운영하는 제도이다. 즉, 예산집행결과 어떠한 산출물을 생산하고 어떠한 성과를 달성하였는가를 측정하고 이를 기초로 책임을 묻거나 보상을 하는 결과중심 예산체계를 말한다.

### (2) 1950년대 성과주의 예산과의 차이

결과 중심의 예산운영이라는 점에서는 제1차 후버위원회(hoover committee)가 권고한 초기의(고전적) 성과주의 예산제도나 1990년대의 성과주의 예산제도나 그 논리는 동일하다. 그러나 다음과 같은 점에서 차이가 있다.

① 예산편성과 운영에서 중요하게 생각하는 성과정보

　㉠ 1950년대 성과주의 예산제도

　　ⓐ 투입(input)과 업무량(workload)에 대한 성과정보들이 주로 활용되었지만, 최근에는 계량화된 산출(output)과 성과(outcome)에 대한 정보를 강조한다.

　　ⓑ 과거 성과주의 예산서에는 차기연도의 예산이 지향하는 궁극적인 목적이 제시되는데, 이는 대개 프로그램의 집행으로 나타나는 미래의 바람직한 영향(impact)에 대한 추상적인 선언의 성격을 갖는다. 하지만 예산서의 산출 근거란에 포함된 숫자로 표시된 사업별 성과정보들은 대부분 '투입과 업무량'에 관한 것이다.

　㉡ 신성과주의 예산제도

　　ⓐ 추상적인 정부의 성과를 보다 엄격하게 구분하여 전략적인 성과에 초점을 맞추는 정부운영을 강조한다.

　　ⓑ 고객 중심의 성과를 강조한다.

② **성과의 유형**: 성과의 유형을 투입(input) 및 업무량이나 활동(workload), 산출(output), 성과(outcome)로 구분해 볼 수 있다.

　㉠ **1950년대 성과주의 예산제도**: 고전적인 성과주의는 투입과 산출의 관계, 즉 능률성(efficiency)을 중시하였다.

　㉡ **신성과주의 예산제도**: 전통적인 정부성과에 해당하는 앞의 두 가지 성과보다 '산출과 성과 중심의 예산운영', 즉 효과성(effectiveness)을 강조한다.

③ 성과평가의 결과에 대한 책임의 강도
　㉠ 1950년대 성과주의 예산제도: 창출한 성과에 따라 '정치적이고 도덕적인 책임'이 상대적으로 중요시되었다.
　㉡ 신성과주의 예산제도: 최근에는 '성과 계약장치를 활용한 구체적인 책임'을 부여한다. 따라서 성과에 대한 유인과 처벌이라는 구체적인 보상시스템이 함께 작동한다.
④ 투입－성과에 대한 경로가정
　㉠ 전제
　　ⓐ 1950년대 성과주의 예산제도: 투입－업무수행－산출－성과 간의 인과관계가 순조롭게 진행될 것이라는 '단선적 가정'을 전제로 한다.
　　ⓑ 신성과주의 예산제도: 투입이 자동적으로 의도한 성과나 영향을 보장하지 않는다는 '복선적 가정'을 전제로 한다.
　㉡ 주요 내용
　　ⓐ 공무원의 공익윤리가 투철하고 사회구조가 복잡하지 않았던 시대에는 단선적 가정이 설득력을 가질 수 있으나, 사회가 복잡하고 또한 공공선택론이나 신공공관리론에서 주장하고 있는 합리적이고 이기적인 공무원 가정이 현실적으로 설득력이 있는 상황에서 투입－성과가 개인 이익추구의 산물로 귀결한 가능성도 배제하지 못한다.
　　ⓑ 투입－영향의 중간에 있는 산출(output)과 성과(outcome)정보를 통하여 목표달성의 가능성을 평가하고자 한다.

▌1950년대와 1990년대 성과주의 예산제도 비교

| 구분 | 1950년대 성과주의 | 1990년대 성과주의 |
|---|---|---|
| 성과정보 | 투입과 산출(능률성) | 산출과 결과(효과성) |
| 성과책임 | 정치적, 도덕적 책임 | 구체적, 보상적 책임 |
| 경로가정 | 투입은 자동으로 성과로 이어진다는 '단선적 가정' | 투입이 반드시 성과를 보장해 주지는 않는다는 '복선적 가정' |
| 성과관점 | 정부(공무원) 관점 | 고객(만족감) 관점 |
| 회계방식 | 불완전한 발생주의(사실상 현금주의) | 완전한 발생주의 |
| 연계범위 | 예산제도에 국한 | 국정전반에 연계(인사, 조직, 감사, 정책 등) |

## (3) 신성과주의 예산제도의 내용

1990년대 다시 등장한 성과주의 예산제도는 공무원의 성과가 아닌 고객의 만족감 차원에서 정부성과를 재구성한 것이다. 다음은 1993년 미국의 '국가성과를 평가하는 작업(NPR: National Performance Review)'과 '정부성과 및 결과법(GPRA: Government Performance and Rersult Act)'에 나타난 새로운 성과주의 예산제도의 주요 내용으로, 우리나라에서 참여정부가 진행하였던 성과관리 예산제도의 골격과 거의 동일하다.

바로 확인문제

**35** 2018 서울시 7급 제1회
신성과주의 예산(New Performance Budgeting)의 특징으로 가장 옳지 <u>않은</u> 것은?

① 투입요소 중심이 아니라 산출 또는 성과를 중심으로 예산을 운용하는 제도이다.
② 과거의 성과주의 예산과 비교하여 프로그램 구조와 회계제도에 미치는 영향이 훨씬 광범위하고 포괄적이다.
③ 책임성 확보를 위해 시행되고 있는 성과관리를 예산과 연계시킨 제도이다.
④ 예산집행에서의 자율성을 부여하되, 성과평가와의 연계를 통해 책임성을 확보하고자 한다.

**36** 2017 국가직 7급
결과 지향적 예산제도(New Perfomance Budgeting; result-oriented budgeting)에 대한 설명으로 옳지 <u>않은</u> 것은?

① 20세기 후반부터 주요 국가들이 재정사업의 운영과정이나 기능에 초점을 두고 새로운 성과주의 예산체계를 도입하기 시작했다.
② 재정사업의 목표, 결과, 재원을 연계하여 예산을 '성과에 대한 계약'의 개념으로 활용한다.
③ 각 부처 재정사업 담당자들에 대한 동기부여를 강조하고 이들에게 더 많은 권한을 부여하고자 한다.
④ 미국 클린턴 행정부는 결과 지향적 예산제도의 일환으로 PART(Program Assessment Rating Tool)를 도입했다.

① 예산서의 형식보다는 담겨질 성과정보에 초점

    ㉠ 성과주의 예산개혁은 종전과 다른 새로운 형태의 예산형식을 도입하는 것이 아니다. 즉, 형식이 아니라 재정 운영의 논리와 접근방식을 결과지향적인 성과정보를 중심으로 한 예산운영체제로 바꾸는 것이 핵심이다. 미국에서 GPRA를 도입할 때 GAO가 발표한 많은 보고서에서 성과주의 예산제도를 다음과 같이 설명하였다.

    ㉡ 예산의 형식개혁은 더 이상 중요하지 않다. 예산형식은 주어진 환경에 따라 다양하게 작성될 수 있다. 중요한 것은 형식 속에 담겨지는 내용의 성격이며, 이를 조직 내부에서 스스로 수용할 수 있는 학습행정체제가 구축되어 있는가 하는 것이다. 개혁엔진이 작동되지 않은 상태에서 예산형식의 개혁은 불필요한 문서업무량만 증대시킨다.

    ㉢ 실제 성과주의 예산제도의 일반적인 예산형식은 먼저 달성해야 할 목표를 총괄목표(general goal), 전략목표(strategic goal), 그리고 성과목표(performance goal)로 계층화한 후, 산출목표를 달성하기 위한 프로그램을 정하고 거기에 세부적인 예산을 연계시킨다. 여기서 총괄목표는 성과(outcome)에 해당하며, 성과목표는 산출물(output)에 해당한다.

    ㉣ 최근의 성과주의 예산제도는 성과정보가 담겨져 있는 성과계약서를 통하여 기존의 재정 운영관행을 변화시키려는 예산개혁이다. 따라서 예산형식에 초점을 맞추는 예산개혁 이상의 의미가 있다. 일종의 성과 중심의 조직문화를 위한 행태개혁이라 할 수 있다.

② 성과평가 결과에 대한 책임 강조

    ㉠ 최근의 성과주의 예산제도는 성과목표와 정책의 틀(policy framework)을 강조한다. 즉, 성과목표와 정책에 따라 사업이 기획되고, 예산이 편성되며, 유관사업들을 통합한다.

    ㉡ '성과평가서(annual performance report)'를 통해 시민들에게 성취된 실제 결과들을 보고한다. '성과백서'의 발간을 포함해 다양한 방법으로 성과달성도를 보고해야 하므로 성과결과의 보고는 시민들이 이해하기 쉽고, 정확하며, 의미 있는 성과지표를 통해 보고되어야 한다.

    ㉢ 예산운영자로 하여금 그 결과에 대하여 구체적으로 책임을 지게 한다.

③ 집행에 대한 재량권과 관리자에 대한 권한 부여

    ㉠ 최근 예산개혁의 특징은 성과목표는 통제하되, 그 목표를 달성하기 위한 수단의 선택과 운영에 대해서는 대폭적인 재량을 허락한다. 주어진 예산범위 내에서는 사업관리자가 가장 효과적이고 경제적이라고 판단하는 방법대로 행정을 하도록 한다(총액경비예산제도).

    ㉡ 예산과목을 지나치게 세분화하지 않으며(예산구조의 통합 및 개편), 예산융통을 자유롭게 허락하고, 다년도 예산제도의 예산이월제도에 대하여 융통성을 부여한다.

④ **정보생산을 위한 예산회계체제의 구축**: 1950년대의 성과주의 예산제도가 성공하지 못한 이유 중의 하나는 단위원가 생산인프라가 구축되지 못했기 때문이다. 그러나 1990년대 성과주의 예산제도는 현금주의에 입각한 통합재정정보시스템의 구축을 통하여 유의미하고 적실성(relevance) 있는 성과정보를 생산하는 것을 그 내용으로 하고 있다.

### (4) 성과주의 예산제도의 평가

① 1990년대 이후 최근에 유행하고 있는 성과주의 예산제도는 목표 및 재정한도액에 대한 총량규제를 강화할 수 있다.

② 하향적 예산운영방식(top-down budgeting)과 예산의 경기조절기능을 강화할 수 있는 다년도 예산제도(multi-year budgeting)를 사용하고 있기 때문에 총재정규정률을 준수하는 데도 유리하다.

③ 프로그램중심의 예산제도(program budgeting)를 사용하고 있기 때문에 자원의 효율적 배분, 즉 배분적 효율성(allocative efficiency)을 충족시킬 수 있으며, 복식부기 발생주의 회계를 사용하여 성과를 평가하고 관리하기 때문에 스스로 원가를 절감할 수 있다. 따라서 운영적 효율성, 즉 기술적 효율성(technical efficiency)을 충족시킨다는 점에서도 유리하다.

④ OECD 국가들을 포함해 전 세계가 예산제도의 개혁을 현재 진행 중에 있다. 총액배분·자율편성제도, 중기재정운용계획의 도입, 성과관리 예산제도, 그리고 디지털 예산회계정보시스템의 도입 등이 바로 그것이다.

---

## Theme 13   실시간 예산운영모형(Rubin)

### (1) 개념

① 루빈(Rubin)의 실시간 예산운영(RTB: Real Time Budgeting)모형은 서로 성질이 다르지만 서로 연결된 세입, 세출, 균형, 집행, 과정의 다섯 개의 의사결정 흐름이 통합되면서 나타나는 의사결정모형을 말한다.

② 실시간이란 한 결정의 흐름에서 이루어지는 결정이, 다른 결정의 흐름 및 환경으로부터 오는 정보와 결정에 계속적으로 적응하는 것을 말한다.

### (2) 의사결정 흐름

| 흐름 | 정치 | 관심 |
|---|---|---|
| 세입 흐름 | 설득의 정치 | • 누가, 얼마만큼 부담할 것인가?<br>• 세입원의 기술적 추계 |
| 세출 흐름 | 선택의 정치 | • 예산획득을 위한 경쟁과 예산의 배분에 관한 의사결정<br>• 기준예산의 기술적 추계 |
| 예산균형 흐름 | 제약조건의 정치 | • 예산균형의 정의, 방법<br>• 정부의 범위와 역할에 대한 결정 |
| 예산집행 흐름 | 책임성의 정치 | 예산계획에 따른 집행과 수정 및 일탈의 허용 범위 |
| 예산과정 흐름 | 누가 예산을 결정하는가의 정치 | 행정부와 사법부, 시민과 관료 간의 결정권한의 균형 |

**37**     2016 지방직 7급

루빈(Rubin)의 '실시간 예산운영(Real Time Budgeting)'모형에 대한 설명으로 옳지 않은 것은?

① 세입 흐름에서 의사결정 - '누가, 얼마만큼 부담할 것인가'에 관한 의사결정으로 의사결정의 흐름 속에는 설득의 정치가 내재해 있다.

② 세출 흐름에서 의사결정 - '누구에게 배분할 것인가'에 관한 의사결정으로서 선택의 정치로 특징지어지며, 참여자들은 지출의 우선순위가 재조정되기를 바라거나 현재의 우선순위를 고수하려고 노력한다.

③ 예산균형 흐름에서 의사결정 - '예산 균형을 어떻게 정의할 것인가'에 관한 의사결정으로 제약조건의 정치라는 성격을 지니며, 예산균형의 결정은 근본적으로 정부의 범위 및 역할에 대한 결정과 연계되어 있다.

④ 예산과정 흐름에서 의사결정 - '계획된 대로 수행할 수 있는가'에 대한 의사결정으로 기술적 성격이 강하고 책임성의 정치라는 특성을 지니며, 예산계획에 따른 집행과 수정 및 일탈의 허용 범위에 대한 문제가 중요하다.

**38**     2020 국가직 7급

다중합리성 예산모형(multiple rationalities model of budgeting)의 근간이 되는 두 모형에 대한 설명으로 옳지 않은 것은?

① 루빈(Rubin)의 실시간 예산운영(real-time budgeting)모형은 세입, 세출, 균형, 집행, 과정 등과 관련한 의사결정 흐름 개념을 활용하고 있다.

② 킹던(Kingdon)의 의제설정모형은 정책과정의 복잡하고 불확실한 역동성을 부각시킨다는 점에서 다중합리성 모형의 중요한 모태라고 할 수 있다.

③ 루빈(Rubin)의 실시간 예산운영(real-time budgeting)모형에서 다섯 가지의 의사결정 흐름은 느슨하게 연계된 상호의존성을 가지고 있다.

④ 루빈(Rubin)의 실시간 예산운영(real-time budgeting)모형에서 예산균형 흐름에서의 의사결정은 기술적 성격이 강하며, 책임성(accountability)의 정치적 특징을 갖는다.

# 행정환류론

**2%**

※최근 5개년(국, 지/서)
출제비중

☐ 1 회독 　 월 　 일
☐ 2 회독 　 월 　 일
☐ 3 회독 ＊ 월 　 일
☐ 4 회독 　 월 　 일
☐ 5 회독 　 월 　 일

정답과 해설 ▶ P.20

## 바로 확인문제

**01**　　　　　　2011 서울시 7급

행정이론의 발달과정에 대한 다음의 설명 중 가장 적절하지 **않은** 것은?

① 파이너(H. Finer)는 전문성이나 윤리헌장 같은 내부통제 장치들을 통해 행정책임을 확보해야 한다고 주장하였다.

② 베버(M. Weber)는 합리적·법적 권한에 기초한 관료제 모형이 근대사회의 대규모 조직을 설명하는 데 가장 적합하다고 보았다.

③ 바나드(C. I. Barnard)는 조직 내에서 조직의 요구와 노동자의 요구 사이의 동적 균형을 유지하는 것이 관리자의 기능이라고 보았다.

④ 사이먼(H. A. Simon)은 논리적 실증주의의 관점에서 행정원리의 보편성과 과학성에 대한 비판을 전개하였다.

⑤ 사바스(E. S. Savas)는 민영화의 필요성을 민간 부문과 정부 부문 간의 역할 분담이라는 관점에서 접근하였다.

**02**　　　　　2019 군무원 9급 추가채용

책임성에 대한 설명으로 옳지 **않은** 것은?

① 파이너(H. Finer)는 관료의 내면적 기준에 의한 내재적 책임을 강조하고 프리드리히(C. Friedrich)는 법률, 입법부, 사법부, 국민 등에 의한 통제 등은 외부적 힘에 의한 통제로 확보되는 외재적 책임을 강조한다.

② 듀브닉(Dubnick)과 롬젝(Romzek)에 따르면 강조되는 책임성의 유형은 조직의 특성에 따라 달라진다.

③ 신공공관리론은 책임성을 확보하기 위하여 객관적·체계적 성과측정을 중시한다.

④ 책임성은 수단적 가치이다.

# VI 행정환류론

## Theme 01 　행정책임에 관한 논쟁(Friedrich & Finer)　　

### (1) 프리드리히의 이론(내재적 책임)

프리드리히는 현대행정국가에서 행정책임은 단순히 기존정책의 집행에 대한 책임이라고만 생각할 수 없는 포괄적인 것이며, 전통적인 의회나 법원에 의한 통제만으로는 그것을 확보할 수 없다고 주장하였다. 그는 정책형성에 관여하는 행정인의 책임에 대하여 두 가지의 기준을 제시하였다.

① 정책을 수립할 때 거기에 내포되어 있는 기술적 문제에 관한 기존의 인간의 지식을 충분히 고려하지 않는다면 그것은 무책임한 정책이다.

② 어떤 정책이 그 사회에 존재하는 선호, 특히 그 사회의 대다수 시민의 선호에 대한 충분한 배려 없이 채택된 것이라면 그 정책도 무책임한 정책이다.

③ 따라서 책임 있는 행정인이란 기술적 지식과 대중의 감정에 대하여 응답할 수 있는 사람이라고 볼 수 있다.

### (2) 파이너의 이론(외재적 책임)

파이너는 행정인은 대중이 선출한 대표자들에게 책임을 져야 한다고 하였다. 파이너는 이들 대표자들이 행정인의 행동지침을 기술적으로 가능한 한 상세히 결정하여야 한다고 말하면서 책임의 의미에 대하여 다음과 같이 정의하였다.

① '책임은 무엇보다도 먼저 X가 Y에 관하여, Z에 대해서 해명할 수 있다는 것을 의미한다.'라는 정의에 의하면 책임 있는 행정이란 개개의 행정의 수행자, 개개의 행정기관 내지는 정부 전체가 그 수행하는 일정한 사항에 관해서 외부의 인간 내지 기관의 문책에 대해서 충분한 근거를 가지고 설명 또는 답할 수 있는 행위가 된다.

② 또한 파이너는 책임이 도덕적 의무에 관한 내면적인 개인의 감각을 의미한다고도 하였다.

### (3) 프리드리히와 파이너의 차이점

파이너는 책임을 정치가와 행정인 누구를 막론하고 파면까지 시킬 수 있는 시정 및 처벌제도라고 인식하고 있으나, 프리드리히는 전문적인 표준에 따르거나 또는 충실해야 한다는 것 이외에는 대체로 처벌받는 일이 없는 책임감으로서의 책임을 강조한다.

# Theme 02　사회적 기업

## (1) 의의

① **개념**: 사회적 기업(social enterprise)이란 취약계층에게 사회서비스 또는 일자리를 제공하거나 지역사회에 공헌함으로써 지역주민의 삶의 질을 높이는 등의 사회적(공익적) 목적을 추구하면서 재화 및 서비스의 생산·판매 등 영업활동을 하는 기업으로 고용노동부장관의 인증을 받은 기업을 가리킨다.

② **구분**: 사회적 기업은 유급근로자를 고용하여 영리활동을 수행한다는 점에서 자원봉사자들로만 구성되는 비정부기구(NGO)와는 구분된다.

## (2) 인증 요건

사회적 기업은 다음의 요건을 모두 갖추어야 한다.

① 「민법」에 따른 법인·조합, 「상법」에 따른 회사 또는 비영리민간단체 등 대통령령으로 정하는 조직 형태를 갖출 것

② 유급근로자를 고용하여 재화와 서비스의 생산·판매 등 영업활동을 할 것

③ 취약계층에게 사회서비스 또는 일자리를 제공하거나 지역사회에 공헌함으로써 지역주민의 삶의 질을 높이는 등 사회적 목적의 실현을 조직의 주된 목적으로 할 것(구체적인 판단기준은 대통령령으로 정한다.)

　㉠ **일자리 제공형**: 근로자의 30% 이상이 취약계층

　㉡ **서비스 제공형**: 서비스 수혜자의 30% 이상이 취약계층

④ 서비스 수혜자, 근로자 등 이해관계자가 참여하는 민주적인 의사결정구조를 갖출 것

⑤ 영업활동을 통하여 얻는 수입이 대통령령으로 정하는 기준 이상일 것

⑥ 일정한 정관이나 규약 등을 갖출 것

⑦ 회계연도별로 배분가능한 이윤이 발생한 경우 이윤의 3분의 2 이상을 사회적 목적을 위하여 사용할 것(「상법」에 따른 회사인 경우만 해당)

## (3) 지원

① **경영지원**: 경영·기술·세무·노무(勞務)·회계 등의 분야에 대한 전문적인 자문 및 정보 제공 등 지원

② **교육훈련 지원**: 전문인력의 육성, 근로자의 능력향상을 위한 교육훈련 지원

③ **시설비 등의 지원**: 국가 및 지방자치단체는 부지구입비·시설비 등을 지원·융자하거나 국·공유지를 임대지원

④ **공공기관의 우선 구매**: 공공기관의 장은 사회적 기업이 생산하는 재화·서비스를 우선 구매해야 함

⑤ **조세감면 및 사회보험료의 지원**: 「조세특례제한법」 등에 따라 국세 및 지방세 감면 지원 가능

⑥ **재정 지원**: 예산범위 안에서 인건비, 운영경비, 자문 비용 등 지원

---

**03**　2011 지방직 7급

우리나라 현행 제도상 사회적 기업에 대한 설명으로 옳은 것은?

① 이익을 재투자하거나 그 일부를 연계기업에 배분할 수 있다.

② 재화 및 서비스의 생산·판매 등 영업활동을 하여야 한다.

③ 정부는 매년 사회적 기업의 활동실태를 조사하고 육성계획을 수립·추진하여야 한다.

④ 설립 초기의 일정기간 동안에는 유급근로자를 고용하지 않고 무급근로자만으로 운영할 수 있다.

**04**　2011 국회직 8급

고용노동부의 인증을 받고 활동하고 있는 사회적 기업에 관한 설명으로 옳지 <u>않은</u> 것은?

① 사회적 기업이란 사회적 목적을 우선적으로 추구하면서 영업활동을 수행하는 조직이다.

② 우리나라의 사회적 기업은 취약계층에 대한 일자리 문제해결과 사회서비스 수요에 대한 공급확대 방안으로 시작되었다.

③ 사회적 기업으로 인증받기 위해서는 「민법」상 법인·조합, 「상법」상 회사 또는 비영리단체 등 대통령령으로 정하는 조직형태를 갖추어야 한다.

④ 자원봉사자로만 구성된 비영리조직이라도 사회적 기업으로 인증받을 수 있다.

⑤ 사회적 기업은 다양한 이해관계자가 실질적으로 참여하는 민주적인 의사결정 구조를 갖추어야 한다.

**11%** ※최근 5개년(국, 지/서)
출제비중

# VII 지방행정론

---

정답과 해설 ▶ P.21

## 바로 확인문제

**01**                                2010 지방직 7급(지방자치론)

조선시대 지방자치에 대한 다음 내용이 설명하는 것은?

- 해당 지역에서 자치적으로 처리할 수 있는 일을 심의한다.
- 1895년 개화파 정권에 의해 주도되었으며 참석자에 대한 신분차별이 없었다.
- 군수로부터 위임받은 일을 처리한다.
- 오늘날의 지방의회와 같은 성격을 지니고 있다.

① 향청(鄕廳)        ② 향약(鄕約)
③ 집강소(執綱所)    ④ 향회(鄕會)

**02**                                2013 지방직 7급(지방자치론)

지방자치 역사에 대한 설명으로 옳지 <u>않은</u>것은?

① 조선시대 – 향청제도 실시
② 제1공화국 –「지방자치법」제정 및 공포
③ 제2공화국 – 도의원 및 시·읍·면의원 선거 실시
④ 제3공화국 – 시·도지사 및 시·군·구청장 선거 실시

## Theme 01  우리나라 지방자치의 역사

📖 필수편 ▶ P.555

### 1 조선시대

#### (1) 향청(鄕廳)제도

지방의 수령을 자문·보좌하던 자치기구인 향청제도를 실시하였다.

#### (2) 향회(鄕會)

① 조선시대 고을 단위로 운영된 회의체로, '향중대회(鄕中大會)'라고도 한다.
② 오늘날의 지방의회와 같은 성격이다.
③ 군수로부터 위임받은 일을 처리하였다.
④ 해당 지역에서 자치적으로 처리할 수 있는 일을 심의하였다.
⑤ 1895년 개화파 정권에 의해 주도, 참석자에 대한 신분차별이 없었다.

### 2 대한민국 정부 수립 이후

#### (1) 지방자치의 성립

① 제1공화국 –「지방자치법」 제정 및 공포(1949년)
  ㉠ 서울특별시장과 도지사는 대통령이 임명
  ㉡ 시·읍·면장은 각 시·읍·면의회에서 간접 선출하도록 규정
  ㉢ 1952년 제1차 시·읍·면의회 의원 선거 실시
  ㉣ 1956년 제2차 시·읍·면의회 의원 선거와 제1차 시·읍·면장의 직선제 실시
② 제2공화국 –「지방자치법」 개정(1960년)과 지방선거
  ㉠ 1960년 「지방자치법」에서 직선제로 개정
  ㉡ 지방자치단체의 장(서울특별시장·도지사, 시·읍·면장)을 주민이 직선
  ㉢ 지방의회의원(도의원 및 시·읍·면의원)을 주민이 직선

#### (2) 지방자치의 중단

① 제3공화국 때 지방자치가 중단되었다.
② 1961년 제정된 「지방자치에 관한 임시조치법」으로 군(郡)이 지방자치단체가 되었다.

#### (3) 지방자치의 부활

① 1991년 주민직선으로 지방의회 구성(단체장선거 ×)

② 1995년 '전국동시지방선거(6.27)' 실시, 모든 지방자치단체의 장과 지방의회의
원을 동시에 선출
③ 지방분권을 활성화하기 위한 추진 법률 및 기구

| 구분 | 법률 | 기구 |
|---|---|---|
| 김대중 정부 | 「중앙행정권한의 지방이양촉진 등에 관한 법률」(1999) | 지방이양추진위원회 |
| 노무현 정부 | 「지방분권특별법」(2004) | 정부혁신지방분권위원회 (대통령 자문기구) |
| 이명박 정부 | • 「지방분권촉진에 관한 특별법」(2008) • 「지방행정체제 개편에 관한 특별법」(2010) | • 지방분권촉진위원회 • 지방행정체제개편추진위원회 |
| 박근혜 정부 | 「지방분권 및 지방행정체제 개편에 관한 특별법」(2013) | 지방자치발전위원회 (대통령 소속) |
| 문재인 정부 | 「지방자치분권 및 지방행정체제 개편에 관한 특별법」(2018) | 자치분권위원회 (대통령 소속) |
| 윤석열 정부 | 「지방자치분권 및 지역균형발전에 관한 특별법」(2023) | 지방시대위원회 (대통령 소속) |

## Theme 02 머신폴리틱스와 딜런의 원칙(미국의 지방자치) 〔고난도〕

### 1 개념

#### (1) 머신폴리틱스

19세기 산업화로 도시화가 빠르게 진행되고, 행정수요도 급격히 확대되었으나, 엽
관주의로 인해 지방정부는 이에 대응할 수 있는 전문성이 부족하였다. 또한 정당활
동이 강화되면서 자금이 필요하게 된 정당들은 정책이나 이념이 아닌 특혜와 이권
을 중심으로 정당의 보스(boss)에 의해 일사불란하게 움직이는 소위 '머신폴리틱스
(machine politics-조직의 힘으로 선거의 승리나 입법을 도모하는 것)' 현상이 발생하
였다.

#### (2) 딜런의 원칙(Dillon's rule)

① 아이오와(Iowa)주 대법관이었던 딜런의 주장으로 지방정부에 대한 궁극적인 권
한은 주(州)의회에 있으며, 지방정부는 주정부의 피조물로서 명백히 부여된 자치
권만을 행사하게 되며 주정부는 지방정부를 폐지시킬 수 있다는 것이다.[1]
② 지방정부의 권한을 소극적으로 해석한 딜런의 원칙은 당시 널리 퍼져 있던 지방
정치와 지방정부에 대한 비판과 냉소를 대표하는 것이다.
③ 딜런의 판결은 딜런의 원칙이라는 이름으로 다른 주(州)에 전파되었고, 오늘날까
지도 주와 지방정부의 관계를 규정하는 중요한 원칙이 되고 있다.

---

1) 반면 쿨리 독트린(Cooley doctrine)은 지방정부의 자치권은 절대적인 것이며 주(州)는 이를 앗아갈 수 없다고 주장하였다.

**03** 2022 국가직 7급
우리나라 지방자치의 역사에 대한 설명으
로 옳은 것은?
① 제헌의회가 성립하면서 1949년 전국에
서 도의회의원 선거가 실시되었다.
② 1991년 지방선거에서 지방의회의원을
선출하였으나, 지방자치단체장 선거는
실시되지 않았다.
③ 1995년부터 주민직선제에 의한 시·도
교육감 선거가 실시되면서 실질적 의
미의 교육자치가 시작되었다.
④ 1960년 지방선거에서는 서울특별시
장·도지사 선거는 실시되었으나, 시·
읍·면장 선거는 실시되지 않았다.

**04** 2019 국가직 9급
지방선거에 대한 설명으로 옳은 것은?
① 이승만 정부에서 처음으로 시·읍·면
의회의원을 뽑는 지방선거가 실시되었다.
② 박정희 정부부터 노태우 정부 시기까지
는 지방선거가 실시되지 않았다.
③ 지방자치단체장과 지방의회의원을 동
시에 뽑는 선거는 김대중 정부에서 처
음으로 실시되었다.
④ 2010년 지방선거부터 정당공천제가 기
초지방의원까지 확대되었지만 많은 문
제점이 지적되면서 현재는 실시되지
않고 있다.

**05** 2012 지방직 7급
19세기 말 미국의 지방자치단체에서 발생
한 머신정치(machine politics)의 폐해를
타파하기 위해 미국의 개혁정치가들이 제
안한 제도와 가장 거리가 먼 것은?
① 정당의 지방선거 개입 금지 또는 제한
② 실적제와 직업공무원제의 도입
③ 대선거구제에서 소선거구제로 전환
④ 홈룰(home-rule)제도, 주민소환, 주
민투표의 도입

## 2 도시개혁운동(해결방안)

### (1) 예비선거제도 도입

① 의원들이 당 보스의 명령에 따라 기계처럼 움직인다고 해서 붙여진 '머신폴리틱스(machine politics)'의 원조인 미국 정당들은 주민들이 공직 후보를 직접 뽑는 예비선거제도를 도입함으로써 대변혁을 이루어 냈다. 공천권에서 해방된 의원들은 지도부의 눈치를 보지 않고 오로지 지역 주민들의 요구에 민감하게 반응함으로써 책임정치의 임무를 다했다.

② 여야 의원들은 민감한 법안에 대해 소속 정당의 권고적 당론에 개의치 않고 자연스럽게 '교차 투표'를 감행했고 그 결과를 존중했다.

### (2) 정당의 지방선거 개입 금지 또는 제한

'머신폴리틱스'의 폐해를 경험한 개혁운동가들은 정당을 부패와 비능률의 가장 중요한 원인으로 보았다. 자연히 이들은 지방정치와 지방정부 운영에 있어 정당의 개입을 막아야 한다는 생각을 하게 되었다. 결국 중소규모 도시를 중심으로 많은 지방정부들이 지방선거에 있어 정당의 개입을 금지 또는 제한하게 되었다.

### (3) 홈룰(home-rule)제도, 주민소환, 주민투표의 도입

당시 헌장제정은 주의회의 권한이었으나 주의 이러한 권한행사는 기본적으로 지역공동체의 자율적 의사결정권을 제한하게 되었다. 이를 해결하기 위해서 홈룰방식, 즉 지역주민들이 주의 「헌법」을 위반하지 않는 범위 내에서 스스로 헌장안을 만들고, 이를 주민투표 등의 민주적 절차를 통해 확정하는 자치헌장 방식을 채택했다. 「헌법」이나 법률을 통해 지방정부의 자치권의 범위를 넓게 정의해 주도록 요구하기도 했다.

### (4) 시정관리관제도(city manager)

의회가 행정전문가를 시정관리관으로 임용하여 시정(市政)을 이끌어 가게 하는 제도로, 의회의 '민주성'과 시정관리관의 '전문성'을 조화할 수 있는 제도이다.

### (5) 기타

실적제와 직업공무원제의 도입, 소선거구제에서 대선거구제로의 전환 등이 있다.

## Theme 03 주민자치와 단체자치

📖 필수편 ▶ P.556

### (1) 기초 사상

주민자치는 민주적 정치분권사상에 기초를 두고 있는 데 반해 단체자치는 중앙집권사상에 기초를 두고 있다.

### (2) 자치권의 본질

① 주민자치에서는 시민의 자치권이 자연적·천부적 권리로서 국가 이전의 권리라고 인식되는 데 비하여 단체자치에서는 지방자치단체의 자치권이 국가에 의해서 인정되는 실정법상의 권리로 파악되고 있다.

---

2015 서울시 7급(지방자치론)

다음 중 지방정부의 권한은 주(州)정부로부터 나온다는 것을 선언한 것으로, '지방정부는 주정부로부터 명시적으로 위임받은 권한만을 행사할 수 있다.'라는 내용을 의미하는 것은?

① 딜런의 원칙(Dillon's rule)
② 쿨리 독트린(Cooley doctrine)
③ 자치헌장(home rule) 전통
④ 주-자치정부(state-county) 협약

---

2004 입법고시

다음의 항목은 집권과 자치 양자에 대한 우선순위를 대변하는 역사적 개념이나 이론이다. 집권-분권에 대한 상대적 우선순위 부여에 있어 나머지와 상이한 입장을 내포하는 항목은?

① 보충성의 원칙(principle of subsidiarity)
② 딜런의 규칙(Dillon's rule)
③ 홈룰(home rule)제도
④ 다원주의(pluralism)
⑤ 티부(Tiebout)의 이론

---

2018 국가직 7급

정부 간 관계에 대한 설명으로 옳은 것은?

① 미국 건국초기에는 연방의 권한이 상대적으로 강했으며, 연방과 주의 권한을 명확히 구분하지 않았다.
② 딜런의 규칙(Dillon's rule)에 의하면 지방정부는 '주정부의 피조물'로서 명시적으로 위임된 사항 외에도 포괄적인 권한을 지닌다.
③ 영국의 경우 개별적으로 수권받은 사무에 대해서는 지방자치단체가 자치권을 보유하지만, 그 범위를 벗어나는 행위는 금지된다.
④ 일본의 경우 메이지유신 이래 강력한 중앙집권적 체제를 유지해 왔으며, 국가의 관여를 폐지하거나 축소시키는 등의 분권개혁은 이루어지지 못했다.

② 전래권설은 지방자치의 본질을 지방정부가 국가로부터 위탁된 정치적 지배권을 행사하면서 국가이익을 위한 국가사무를 자치적으로 처리하는 것으로 이해하는 순수탁설(純受託說)과, 지방정부가 국가의 창조물이기는 하지만 일정한 자치권을 지닌 법인이자 권리의 주체임을 강조하는 준독립설(準獨立說)로 나누어진다.

### (3) 자치의 중점

주민자치는 지방정부에의 주민의 참여, 즉 지방정부와 주민과의 협력관계에 자치의 중점을 두고 있으나, 단체자치는 지방정부의 중앙정부로부터의 독립, 즉 중앙과 지방단체와의 권력관계에 중점을 두고 있다.

### (4) 자치의 의미

주민자치는 주민들이 지방의 모든 행정사무를 주민 자신이 처리하고 지방정치에 참여한다는 정치적 의미의 자치행정인 데 비하여 단체자치는 국가로부터 독립된 법인격을 가진 단체의 행정이라는 이른바 법률적 의미의 자치행정이다.

### (5) 중시하는 권리

주민자치는 민주주의 이념의 실천원리에 입각하여 주민의 권리 내지 참여를 중시하는 데 비하여 단체자치는 자치단체가 그 자신의 의사와 목적을 가지고 국가의 간섭을 배제하고 행정을 수행한다는 차원에서 자치단체의 권능, 즉 자치권을 중시한다.

### (6) 권한부여방식

① 주민자치에서는 필요할 때마다 국회가 법률을 제정함으로써 사무의 종류를 지정하여 개별적으로 지방정부에 권한을 부여하는 개별적 수권주의를 택하고 있다.
② 반면, 단체자치는 법률의 규정에 의하여 중앙정부 또는 다른 지방자치단체에 유보되어 있는 사항과 특히 법률로써 금지되어 있는 사항을 제외하고는 포괄적·일반적으로 권한을 부여하고 있는 포괄적 위임주의를 택하고 있다.

### (7) 사무의 구분

주민자치에서는 국가적 사무나 지방적 사무가 모두 주민 자신에 의하여 자치적으로 처리되는 것이기 때문에 양자를 구별하지 아니하나, 단체자치에서는 국가적 사무와 지방적 사무를 엄격히 구별하고 있다.

### (8) 자치단체의 성격

주민자치는 지방자치단체가 처리하는 사무를 자치사무와 위임사무로 구별하지 않으므로 자치단체로서 단일적 성격을 가진다. 이에 반해 단체자치는 자치사무와 위임사무를 구별함으로써 지방정부가 자치사무를 처리할 때에는 자치단체의 성격을 갖지만 국가의 위임사무를 처리할 때에는 국가의 하급행정기관(일선기관)으로서의 지위에 놓이므로 이중적 성격을 띤다.

### (9) 중앙통제방식

주민자치는 입법통제와 사법통제에 중점을 두는 데 비하여 단체자치는 행정통제에 중점을 둔다.

바로 확인문제

**09** 　　　2016 서울시 7급(지방자치론)

지방자치권의 근원에 대한 설명으로 가장 옳은 것은?

① 고유권설은 지방자치단체의 자치권이 국가로부터 주어진다고 본다.
② 지방자치단체를 국가의 창조물로 보는 준독립설은 고유권설의 하나이다.
③ 전래권설에서는 자치권을 지방자치단체가 본래부터 가지고 있는 권리라고 본다.
④ 지방자치단체가 국가로부터 위탁받은 정치적 지배권을 행사한다고 보는 순수탁설은 전래권설의 하나이다.

### (10) 자치권의 범위

주민자치에 있어서는 자치권의 범위가 광범위한 데 비하여 단체자치에 있어서는 자치권의 범위가 협소하다.

### (11) 지방세제

주민자치는 국세와 지방세의 세원을 명확히 구분하는 세원의 분리원칙을 기조로 하며 자치단체는 독립세로서 지방세를 독자적으로 부과·징수하는 데 비하여 단체자치에 있어서는 세원의 공동이용방식을 활용하는 부가세 중심주의를 채택하고 있다.

### (12) 지방정부의 구조

주민자치는 의결기관인 동시에 집행기관을 겸하는 기관통합형을 채택하는 데 비하여 단체자치는 의결기관과 집행기관을 분리시키는 기관대립형을 채택하고 있다.

### (13) 우월적 지위

주민자치는 주민이 선출한 대표에게 권한을 집중시키는 의결기관 우월주의를 바탕으로 하여 의결기관에 집행기관을 부속시키는 기관통합형을 취하는 데 반하여 단체자치는 원칙적으로 집행기관이 의결기관보다 우월한 지위를 갖는다.

### (14) 민주주의와 상관관계

주민자치는 지방자치와 민주주의의 상관관계를 인정하나, 단체자치는 부정한다.

---

## Theme 04 중앙집권과 지방분권

출제
하락세

### (1) 개념

① **중앙집권의 개념**: 중앙집권이란 통치상 또는 행정상의 권한이 중앙정부에 집중·유보되어 지방정부의 자주성이 제한되어 있는 것을 말한다.
② **지방분권의 개념**: 지방분권이란 통치상 또는 행정상의 권한이 지방정부에 위임·분산되어 지방정부의 자주성이 높은 것을 말한다.

### (2) 주요 내용

① **중앙집권하의 직접행정**(관치행정): 중앙정부가 일선기관을 설치하고 이 기관을 통하여 직접 지방행정을 수행하는 것을 말한다. 이는 행정상의 집권을 의미한다.
② **지방분권하의 간접행정**
　㉠ **행정적 분권하의 위임행정**: 지방정부가 중앙정부로부터 위임받은 사무를 중앙정부의 통제·감독하에 보통 지방행정기관으로서 처리하는 경우이다. 이러한 행정적 분권은 그 성격상 중앙집권적 색채가 농후한 지방분권의 한 형태이다.
　㉡ **자치적 분권하의 자치행정**: 지방자치단체의 자치권이 보장되어 지방자치단체가 자기의 책임·판단하에 사무를 자주적으로 수행할 수 있는 경우를 말한다. 이러한 자치적 분권은 본래의 고유한 지방분권으로서 행정적 분권과는 차원을 달리하는 정치적 이념을 반영한 것이다.

## (3) 중앙집권과 지방분권의 측정지표

① 특별지방행정관서의 종류와 수: 그 수가 많으면 중앙집권적
② 지방자치단체 중요 직위 선임방식: 중앙에 의한 임명은 중앙집권적
③ 국가공무원과 지방공무원의 수: 국가공무원의 수가 많으면 중앙집권적
④ 국가재정과 지방재정의 총규모: 국가재정의 비중이 더 크면 중앙집권적
⑤ 지자체의 예산편성·집행 및 회계에 대한 중앙의 통제의 폭과 빈도: 통제의 폭이 크고 빈도가 높으면 중앙집권적
⑥ 고유사무와 위임사무의 구성비율: 위임사무의 비중이 많으면 중앙집권적
⑦ 민원사무의 배분비율: 중앙정부가 관장하는 경우가 많으면 중앙집권적
⑧ 감사 및 보고의 횟수: 중앙으로부터 감사나 보고요구의 횟수가 많으면 중앙집권적

## (4) 장·단점

### ① 중앙집권의 장·단점

| | |
|---|---|
| 장점 | • 행정의 통일성·안정성·능률성·강력성을 확보할 수 있음<br>• 국가적 위기 시에 신속한 동원태세를 확립할 수 있고 국가안보를 확보할 수 있음<br>• 중앙정부나 최고관리층의 정책 및 경제적·사회적 발전계획을 강력히 효과적으로 수행할 수 있음<br>• 행정관리의 전문화를 촉진함<br>• 인적·물적 자원의 최적배분과 최적활용을 기할 수 있음<br>• 지나친 분권보다는 행정능률이 향상됨<br>• 광역적·거시적·국가적 사업계획을 추진할 수 있음 |
| 단점 | • 획일화의 폐단을 초래하여 지역적 특수성·다양성 및 실정에 적응하는 행정활동이 곤란함<br>• 민주적 통제가 약화되어 관료주의화·권위주의화·전제적 경향을 초래하기 쉬움<br>• 중앙정부의 지휘·통제권의 강화 및 다원화로 행정절차가 복잡해짐<br>• 행정구역의 확대로 공동체의식·자치의식이 희박해짐<br>• 창의성·적극성의 감퇴로 행정의 형식주의화를 가져오기 쉬움<br>• 중앙정부의 업무부담이 과중하게 되어 행정능률을 저하시킬 우려가 있음 |

### ② 지방분권의 장·단점

| | |
|---|---|
| 장점 | • 행정에 대한 민중통제를 강화할 수 있음<br>• 광범한 참여기회가 주어지므로 사회적 능률이 향상되며 민중의 여론이 광범하게 반영될 수 있음<br>• 지역의 실정에 적합한 행정이 가능함<br>• 의사결정 및 업무처리를 신속히 할 수 있음<br>• 참여와 정치훈련으로 민주적 정치의식의 수준을 향상시킬 수 있음<br>• 관리자의 양성을 기할 수 있음<br>• 권한의 위양에 따라 지방공무원과 주민의 사기 및 창의성을 높일 수 있음 |
| 단점 | • 국민 전체의 복지 향상을 위한 사회입법이 어려워짐<br>• 업무의 중복을 초래하게 됨<br>• 행정력의 분산으로 강력한 행정을 기할 수 없으며, 국가적 위기에 분열적 경향을 억제하기 어려움<br>• 행정의 전문화가 곤란하고 행정의 능률화를 저해함<br>• 급증하는 행정수요에 대비하는 재원의 확보가 곤란함<br>• 전국적으로 통일된 행정을 하기가 어려움 |

**10** 2014 지방직 7급(지방자치론)
중앙집권과 지방분권의 측정지표로 보기 어려운 것은?
① 특별지방행정기관의 비중
② 국세와 지방세의 종류
③ 전체공무원 대비 지방공무원 비율
④ 조세총액 중 지방세 비율

**11** 2011 지방직 7급(지방자치론)
지방분권의 수준을 측정할 수 있는 지표로 옳지 않은 것은?
① 국가의 특별지방행정기관의 수
② 지방자치단체의 사무구성 비율
③ 지방자치단체의 기관구성 형태
④ 중앙정부와 지방정부 간 세원의 배분 비율

**12** 2008 선관위 9급
중앙집권과 지방분권의 측정지표로 활용할 수 없는 것은?
① 지방에 설치되어 있는 국가 소속 특별지방행정관서의 종류와 수
② 지방자치단체의 단체위임사무와 기관위임사무의 비율
③ 지방자치단체 중요 직위의 선임방식
④ 국가와 지방자치단체의 민원사무 처리의 비율

**13** 2021 지방직(= 서울시) 7급
지방분권화가 확대되는 이유로 옳지 않은 것은?
① 내생적 발전전략에 기반한 도시경쟁력 확보가 중요해지고 있다.
② 중앙집권 체제가 초래하는 낮은 대응성과 구조적 부패 등은 국가 성장의 장애요인으로 작용하고 있다.
③ 사회적 인프라가 어느 정도 갖춰진 국가에서는 지역 간 평등한 공공서비스의 수요가 증가하고 있다.
④ 신공공관리론에 근거한 정부혁신이 강조되고 있다.

**중앙집권제도와 지방분권제도의 장점 비교**

| 중앙집권제도의 장점 | 지방분권제도의 장점 |
| --- | --- |
| • 경제안정화정책의 수행: 재정·금융정책<br>• 소득재분배정책의 수행<br>• 효율적 자원배분(외부성, 규모의 경제, 조세징수의 효율성) | • 주민선호의 충실한 반영<br>• 공공부문의 낭비적 지출 억제<br>• 지방정부 간 효율성 경쟁 |

## Theme 05  주민참여

### (1) 기능

① 정치적 기능
  ㉠ 대의정치의 한계 보완
  ㉡ 민주주의의 활성화
  ㉢ 성숙한 시민의식 육성

② 행정적 기능
  ㉠ 지방정책 순응의 확보와 주민 자원의 활용
  ㉡ 상호 정보교환을 통한 지방자치단체의 정책능력 제고
  ㉢ 행정수요 파악 용이
  ㉣ 집행의 용이성

### (2) 유형(Arnstein)

| | | |
| --- | --- | --- |
| 비참여 | 조작 | 일방적으로 주민을 교육, 지시, 계도 |
| | 치료<br>(임시치료) | 행정기관이 책임회피를 위해 주민참여 |
| 형식적<br>참여 | 정보제공 | 행정기관이 일방적으로 정보제공 |
| | 상담 | 공청회 등을 통한 형식적 참여 |
| | 회유 | 주민이 정보를 제공받고, 각종 위원회 등에서 의견을 제시, 권고하는 등의 역할은 하지만, 주민이 정책결정에 영향력을 행사하는 능력은 갖지 못하는 수준 |
| 실질적<br>참여 | 대등협력 | 행정기관이 최종결정권을 가지고 있지만 주민이 필요하다고 판단될 경우 행정기관에 맞서서 자신의 주장을 내세울 만큼의 영향력을 갖고 있는 수준 |
| | 권한위임 | 주민이 정책의 결정·실시에 우월한 권력을 가지고 참여하는 경우로, 주민의 영향력이 강하여 행정기관은 문제해결을 위하여 주민을 협상으로 유도하는 수준 |
| | 주민통제<br>(자주관리) | 주민에 의한 완전자치 실현 |

### (3) 주민참여의 활성화 과제

① 의의
  ㉠ 지방자치에서 주민은 수동적인 고객이 아니라 능동적인 '주인'이 되어야 하며 이를 위해서는 주민의 참여가 무엇보다 중요하다.
  ㉡ 그동안 제대로 기능 수행을 못한 주민참여제도에 대한 반성과 새로운 참여 방식이 강조되고 있다.

---

**14**
2016 국회직 8급

다음 중 아른슈타인(Arnstein)이 제시한 주민참여의 8단계론 중 명목적(형식적) 참여의 범주에 해당하는 것은?

① 조작(manipulation)
② 치료(therapy)
③ 협력(partnership)
④ 정보제공(informing)
⑤ 주민통제(citizen control)

**15**
2011 국가직 7급

아른슈타인(S. R. Arnstein)이 분류한 주민참여수준에 대한 설명으로 옳지 <u>않은</u> 것은?

① 회유(placation)는 주민이 정보를 제공받고, 각종 위원회 등에서 의견을 제시, 권고하는 등의 역할은 하지만, 주민이 정책결정에 영향력을 행사하는 능력은 갖지 못하는 수준이다.
② 정보제공(informing)은 행정기관과 주민 간의 정보회로가 쌍방향적이어서 환류를 통한 협상과 타협에 연결되는 수준이다.
③ 대등협력(partnership)은 행정기관이 최종결정권을 가지고 있지만 주민이 필요하다고 판단될 경우 행정기관에 맞서서 자신의 주장을 내세울 만큼의 영향력을 갖고 있는 수준이다.
④ 권한위임(delegated power)은 주민이 정책의 결정·실시에 우월한 권력을 가지고 참여하는 경우로, 주민의 영향력이 강하여 행정기관은 문제해결을 위하여 주민을 협상으로 유도하는 수준이다.

② 새로운 참여방식

　㉠ 주민의 직접·실질적 참여 강조

　　ⓐ 과거에는 자문위원회, 도시계획위원회, 환경연합회, 협의회 등을 통한 간접적인 참여제도가 주류를 이루었지만 최근에는 주민과의 공개 대화는 물론 주민감사청구제도, 주민옴부즈만제도, 주민조례발의제, 주민투표제도, 주민소환제도, 주민참여예산제 등 다양한 직접참여제도가 마련되어 있다.

　　ⓑ 주민의 참여의식과 자치의식이 고양되면서 시민참여가 정책의 방향과 내용을 수정 또는 개선시킬 수 있는 실질적인 수단이 되기를 요구하고 있다. 주민투표제도, 주민감사청구제도 등은 직접적인 참여제도임과 동시에 주민들의 실질적인 참여를 담보해 줄 수 있는 수단들이다.

　㉡ 사회적 소외계층에 대한 참여기회의 확대 강조

　　ⓐ 과거에는 일반 주민들의 전체적인 참여를 강조했지만, 1990년대 이후에는 그에 더해 정치와 정책으로부터 소외된 계층에 대한 참여기회의 확대에 역점을 두고 있다.

　　ⓑ 여성, 노약자, 청소년, 장애인, 저소득자, 정치적 무관심층 등의 참여기회를 신장시킨다는 측면에서 기존의 정치적 시민권에 더해서 신시민권 또는 실천적 시민권의 개념이 강조되고 있다.

　㉢ 적극적인 참여 방식으로서 공동생산과 파트너십 강조

　　ⓐ 주민들이 정치나 행정의 객체로서 참여하는 데 그치지 않고 더욱 적극적으로 정치와 주민이 함께 정책을 생산하는 공동생산 또는 공공－민간 파트너십으로까지 나아가고 있다.

　　ⓑ 제4섹터로 명명되는 자원봉사단체와 공공부문이 함께 서비스를 생산하고 제공하는 방식, 공공부문과 민간부문이 전략적으로 협력해 국가기반시설의 건설이나 중요 정책을 추진하는 경우가 이에 해당된다.

　㉣ 개별 자치단체 내 커뮤니티를 활용한 참여 강조

　　ⓐ 초등 혹은 중학교를 아우르는 지역 규모로 커뮤니티를 구성하고 일정한 권한까지도 부여할 수 있도록 하는 것이다.

　　ⓑ 주민들 간의 상호친목과 상호신뢰를 증진시킬 수 있도록 대면적인 상호작용이 가능한 규모의 커뮤니티를 구성하면 공동체 의식과 자치 능력이 동시에 향상될 수 있다.

　　ⓒ 기존의 동사무소 기능을 주민자치센터로 전환하는 것도 이러한 노력의 일환으로 볼 수 있다.

　㉤ 첨단정보통신 수단에 의한 텔레참여(tele-participation) 강조

　　ⓐ 위성방송, CATV, 인터넷, 스마트폰 등 첨단정보통신의 발달에 힘입어 이들 정보통신 수단에 의한 주민 참여가 강조되고 있다.

　　ⓑ 전자결재, 전자사서함, 화상회의 등과 같은 전자정부론에 더해서 정보통신 수단에 의한 투표, 의견 제시, 정보 제공 등 전자 민주주의가 확대되고 있다.

　　ⓒ 방송이나 인터넷 통신, 휴대전화를 이용해 주민들과 직접 대화를 유도하거나 특정 정책에 대한 주민 의견을 조사하는 텔레 의견조사가 이루어지고 있다.

바로 확인문제

**16** 　　　　　　　　　2012 서울시 9급

지방자치에 있어서 주민들의 참여제도에 관한 설명 중 옳지 않은 것은?

① 오늘날에는 자문위원회, 도시계획위원회, 환경연합회, 협의회 등을 통한 직접적인 참여제도가 주류를 이루고 있다.

② 오늘날에는 사회적 소외계층에 대한 참여 기회의 확대가 강조된다.

③ 오늘날에는 적극적인 참여 방식으로서의 공동생산과 파트너십이 강조된다.

④ 오늘날에는 개별 자치단체 내 커뮤니티를 활용한 참여가 강조된다.

⑤ 오늘날에는 첨단 정보통신 수단에 의한 텔레참여(tele-participation)가 강조된다.

**17**

지방자치단체의 재정자립도에 대한 설명으로 옳지 <u>않은</u> 것은?

① 재정지출의 내역이라고 할 수 있는 세출의 질을 고려하고 있지 않다.

② 대규모 사업의 수행을 가능케 하는 재정규모의 중요성을 간과하고 있다.

③ 지방자치단체의 실질적 재정상태를 나타내며 중앙정부로부터 얼마나 많은 지원을 받고 있는가를 보여 준다.

④ 중앙정부에 의한 재정지원을 의존재원으로 처리함으로써 재정지원의 형태를 제대로 파악할 수 없다.

**18**

다음 중 지방자치단체의 지방재정자립도를 제고시키는 방안으로 가장 적합한 것은?

① 국고보조금의 교부방법을 포괄보조금 방식으로 한다.

② 지방교부세의 법정교부율을 대폭 상향 조정한다.

③ 사용료 · 수수료 등의 요율을 인상하는 등 수익자부담 원칙을 강화한다.

④ 지출의 우선순위를 조정하여 감축관리를 강화한다.

⑤ 조세체계를 개편하여 내국세의 비중을 높인다.

**19**

지방자치단체의 재정자립도에 대한 설명으로 가장 옳지 <u>않은</u> 것은?

① 재정자립도는 세입총액에서 지방세수입과 세외수입이 차지하는 비율을 나타낸다.

② 자주재원이 적더라도 중앙정부가 지방교부세를 증액하면 재정자립도는 올라간다.

③ 재정자립도가 높다고 지방정부의 실질적 재정이 반드시 좋다고 볼 수는 없다.

④ 국세의 지방세 이전은 재정자립도 증대에 도움이 된다.

---

# Theme 06 지방재정 고난도

## 1 재정자립도의 문제점과 제고방안 📖 필수편 ▶ P.609

### (1) 문제점

① 지방재정자립도가 같거나 유사하다고 해서 자치단체의 재정력이 같은 것은 아니나, 구성비가 유사할 경우 재정력이 유사하다고 간주해 버리는 오류를 낳게 된다.

② 자치단체별 재정규모를 반영하지 못하며, 대규모 사업의 수행을 가능하게 하는 재정규모의 중요성을 간과하고 있다.

③ 세출구조를 반영하지 않아 재정력 파악이 곤란하며, 세출의 질을 고려하고 있지 않다.

④ 중앙정부에 의한 재정지원을 의존재원으로 처리하기 때문에 재정지원의 형태를 제대로 파악할 수 없다.

### (2) 제고방안

① 국세의 지방세 이전

② 지방세의 확대

③ 세외수입의 확충

④ 사용료 · 수수료 등의 요율을 인상하는 등 수익자부담 원칙을 강화

## 2 자주재원주의와 일반재원주의 📖 필수편 ▶ P.609

### (1) 자주재원주의

① 자주재원주의란 지방세나 세외수입 중심의 세입분권이 바람직하다는 접근으로, 지자체의 재정자율성이 확대되고 지역의 경제기반과 지방재정이 직접 연계될 수 있는 지방세입구조를 강조한다.

② 지역사회에 대한 지자체의 재정책임성을 확보하기 위해서는 지방교부세나 보조금 등과 같은 이전재정장치를 통한 추가적인 재원이양보다는 국세의 지방세 이양을 통해 재정이 확충되어야 한다는 입장이다.

### (2) 일반재원주의

① 일반재원주의란 지방세입의 구조보다는 규모의 순증을 상대적으로 강조하고 세입기반과 세수의 간접적 연계를 선호하는 접근이다. 또한 세원이 지역적으로 불균등하게 편재되고 있고 경제성장과정에서 불가피하게 발생한 지역 간 재정력 격차를 조정하면서 지방세입이 확충되어야 한다는 입장이다.

② 지방재정의 자율성을 확대하기 위해 개별 보조보다는 지방교부세와 같은 포괄보조금 확대를 선호한다. 여기에서는 세입의 분권구조보다는 세출과정에서의 분권수준을 강조한다.

## 3 지방재정관리제도

| 주체 | | 사전예산관리 | 사후재정관리 |
|------|------|------|------|
| 중앙정부 | 재정·예산관리 | 지방자치단체 예산편성기준(매뉴얼) | 지방재정분석 및 재정진단 |
| | | 중기지방재정계획 | 지방재정위기 사전경보시스템 (현, 지방재정위기관리제도) |
| | | 지방재정투자심사 | 보통교부세 인센티브제 |
| | | 국고보조사업 운영지침(개별 부처) | 지방교부세 감액제 |
| | | 지방채 발행(총액한도액 초과발행) | 국고보조사업 정산 보고 |
| | | – | 발생주의, 복식부기 정부회계 |
| | | – | 감사원 감사와 국회의 국정감사 |
| | 정책관리 | 성인지 예산제도(여성가족부) | 행정안전부 합동평가(국고보조사업) |
| | | 성별영향평가제도(여성가족부) | 국고보조사업평가(기획재정부) |
| | | 참여예산제(행정안전부) | – |
| 지방자치단체 | | 프로그램 예산제도 | 행정사무 감사(지방의회) |
| | | 지방채 발행(한도액 이내 발행) | 재정사업 평가(전북 등 자체평가) |
| | | 성과관리계획(서울특별시) | |
| 지역주민 | | 주민 참여 및 감시(주민참여예산) | 재정운영 상황공개(재정공시), 주민소송제도 |

## 4 지방재정의 문제점

① 지방재정의 세입규모가 국가재정에 비해 빈약하다.
② 국고의존성이 매우 높은 편이다.
③ 지방자치단체 간 재정자립도의 불균형이 매우 심하다.
④ 지방세원의 부족과 세원의 지역적 편차가 크다.
⑤ 「지방세법」의 세목과 세율이 획일화되어 있다.
⑥ 독자적 과세주권이 결여되어 있고, 법정 외 조세제도가 인정되지 않는다.
⑦ 경상적 경비의 비중이 높다.
⑧ 중앙통제는 강한 반면, 주민통제는 취약하다.

## Theme 07 지방정치이론 고난도

## 1 엘리트이론(elite theory)

① 헌터(Floyd Hunter)의 이론으로, 지역구조연구에 최초로 적용하였다.
② 1950년대 초 미국의 애틀랜타시의 엘리트분석을 토대로 지역권력이 소수경제엘리트(기업가)에 집중되어 있고 이들이 거의 모든 주요정책결정에 지배적인 영향력을 행사한다고 분석하였다.
③ 정치지도자들이 공식정책 결정자이지만, 그들의 배후에서 실질적으로 영향력을 미치는 집단은 경제엘리트라고 주장하였다.

바로 확인문제

**20** 2006 서울시 5급(승진)

우리나라 지방자치제도에 대한 설명이 사실과 다른 것은?

① 재정력지수란 기준재정수입액이 기준재정수요액에서 차지하는 비율을 말하는 것으로 지방교부세 산정기준이 된다.
② 일반재원주의란 재정규모보다는 재정구조를 중시하는 입장으로 지방교부세와 같은 의존재원을 문제 삼지 않는다.
③ 탄력세율이란 법에 표준세율 또는 제한세율을 정해놓고 필요시 지방정부가 일정 범위 내에서 세율을 가감하는 제도로서 취득세, 등록세, 재산세 등에 인정되고 있다.
④ 지방채수입은 자주재원에는 물론 세외수입에도 포함시키지 않는 것이 일반적이다.
⑤ 재정조정교부금이란 특별시나 광역시가 관내 자치구에 대하여 시세(취득세와 등록세) 수입 중 일정액을 교부하는 재원이며, 증액교부금은 폐지되었다.

**21** 2020 군무원 7급

지방재정의 사전예산관리제도로 옳지 않은 것은?

① 지방재정위기 사전경보시스템
② 지방재정투융자심사
③ 성별영향평가제도
④ 지방채발행

**22**

지역사회 권력구조에 관한 이론에 대한 설명으로 옳은 것은?

① 레짐이론은 기업을 비롯한 민간부문 주요 주체들과의 연합이나 연대를 배제하는 특성을 갖는다.

② 성장기구론에서 성장연합은 비성장연합에 비해 부동산의 사용가치(use value), 즉 일상적 사용으로부터 오는 편익을 중시한다.

③ 지식경제 사회에서 엘리트 계층과 일반 대중 사이의 정보 비대칭성(asymmetry)이 심화되면 엘리트이론의 설명력은 더 높아진다.

④ 신다원론에서는 정책과정이 지역사회의 모든 구성원들에게 공정하게 개방되어 있으며, 엘리트 집단의 영향력은 의도적 노력의 결과이다.

**23**

지방자치에 관한 이론에 대한 설명으로 옳은 것은?

① 피터슨(Peterson)의 저서 「도시한계 (City Limits)」에 따르면, 개방체제로서의 지방정부는 재분배정책보다 개발정책을 추구하는 경향이 있다.

② 라이트(Wright)는 정부 간 관계를 분쟁형, 창조형, 교환형으로 분류하고, 연방정부와 주정부 간 사회적·문화적 측면의 동태적 관계를 기술하였다.

③ 로즈(Rhodes)의 정부 간 관계론은 지방정부가 조직자원과 재정자원 측면에서 중앙정부보다 우월한 지위에 있다고 본다.

④ 티부(Tiebout)의 발에 의한 투표 (voting with feet)가 가능하기 위해서는 주민의 자유로운 이동성, 공공서비스 제공에서 외부효과 존재 등의 전제조건이 충족되어야 한다.

## 2 다원주의 이론(pluralism)

① 다알(R. Dahl)이 주창한 이론으로, 엘리트론과 20년 동안 지역권력논쟁(community power debate)을 벌인 이론이다.

② 미국의 뉴헤이븐(new haven)시를 대상으로 연구하여 공공정책결정과정을 역사적으로 고찰하였다. 그 결과 다알은 귀족과두집단 → 기업가 → 민족집단 지도자 → 정치지도자로 역사적 변천을 도출하였다.

③ 다원론에서는 정치지도자가 자율적인 존재로서 의사결정에 독립적인 영향력을 행사한다고 보고 있다.

## 3 도시한계론

① 피터슨(Peterson)의 연구로, 도시정부는 경제성장에 도움이 되는 개발정책 (development policies)에는 적극적인 반면 재분배정책(redistributive policies)에는 소극적일 수밖에 없는 구조적 한계가 있다는 도시한계론을 주장하고 있다.

② 중앙정부와는 달리 자본과 노동의 흐름을 통제할 수 없는 지방정부는 고용증대, 세수확대, 정부서비스 향상을 위해 경제성장에 최고의 관심을 가질 수밖에 없다는 이론이다.

③ 지방정부가 개발정책을 추구하고 재분배정책을 경시하는 경향을 보이는 이유는 지방의 사회적, 경제적 세력에서 자유롭지 못해서가 아니라 지방정부가 직면한 구조적 제약에서 비롯된 것이라고 주장한다.

## 4 성장기구론(growth machine theory)

① 로건(Logan)과 몰로치(Molotch)의 이론으로, "누가 통치하느냐?"보다 "누가 도시의 물리적 구조 개편에 최고의 영향력을 행사하며, 왜, 그리고 어떤 효과를 갖는가?"라는 질문에서 시작한다.

② 미국 도시의 성장과정을 분석하여, 부동산의 교환가치에 많은 관심을 가진 지주를 중심으로 형성된 성장연합이 도시의 공간 구조 개편을 주도한다고 말하고 있다. 지주들은 기업가, 금융업자, 개발전문가들을 참여시켜 성장연합을 구성하며, 이들이 정부를 움직여 도시 성장에 기여하게 만든다는 것이다.

③ 성장기구론은 토지문제와 개발문제 그리고 이와 연계된 도시의 공간확장 문제 등과 관련이 있다.

④ 자기 소유의 주택가격 상승을 원하는 주민들이 많을수록 성장연합이 더 강한 힘을 발휘하는 경향이 있다.

⑤ 성장연합과 반성장연합의 대결구도에서 대체로 성장연합이 승리하여 권력을 쟁취한다.

⑥ 성장연합은 반성장연합에 비해서 토지 또는 부동산의 사용가치보다는 교환가치를 중시한다.

⑦ 반성장연합은 일부 지역주민과 환경운동집단 등으로 이루어진다.

## 5 레짐이론(regime theory)

① 스톤(Stone)의 이론으로, 선출직 공직자와 특정 주도집단 사이에 형성된 통치연합(governing coalition)이 정책을 형성한다고 주장한다.

② 스톤은 1940년대 이후 미국 애틀랜타시의 사례를 분석하여, 백인 경제 엘리트들과 흑인지도자들로 구성된 통치연합이 형성되고 이를 통해 정책이 형성되는 과정을 분석하였다.

③ 레짐이론은 통치연합의 특성과 형태에 따라 성장을 지향하는 도시정책이 창출될 수도 있지만, 반대로 재분배를 지향하는 도시정책이 창출될 가능성도 인정하고 있다.

## Theme 08 레짐이론

### (1) 개념

1980년대 후반부터 1990년대 중반까지 미국과 영국의 도시 거버넌스 비교연구가 많이 행해졌다. 레짐이론(도시통치론, regime theory)은 도시 거버넌스의 대표적 이론으로, 거버넌스에 대한 지방정부 수준에서 제시되었으며 왜 도시가 변화하는가에 대한 실제적 이해를 증진시켜 준다.

① 레짐의 개념

　㉠ 레짐은 '통치결정을 수행하는 데 있어 지속적인 역할을 유지하려는 제도적 자원에 대한 접근 가능성(access to institutional resources)을 지닌 비공식적이지만 상대적으로 안정적인 집단'을 의미한다(Stone, 1989).

　㉡ 즉, 레짐은 비공식적인 실체를 가진 통치연합(governing coalition)으로서, 자발적 결사체인 이익집단이 사안에 따른 이합집산을 통하여 정책결정을 하는 것이 아니라 도시정부라는 제도적 기제를 매개체로 하여 비공식적이지만 일정한 세력집단으로서 그 중추적 역할을 담당하는 것이다.

② 레짐이론의 특징

　㉠ 레짐이론은 한 도시정부가 직면하는 사회적·경제적 도전에 대응하기 위한 정부부문과 비정부부문의 세력 간의 상호의존성을 강조하면서 이들 두 부문의 행위자들 간의 협조와 조정문제에 초점을 둔다.

　㉡ 도시정부들은 그 어느 때보다도 투자와 경제발전을 위해 치열하게 경쟁해야 하는 관계에 놓이게 되었다.

　㉢ 선진 자본주의 사회에서는 공공과 민간의 협조가 공통적으로 요구된다. 이러한 새로운 상황에 대처하기 위해서 도시정부는 더욱더 도시 내 다른 이해세력과 연합하여 공동으로 업무를 추진하고 있다.

　　　**예** 경제개발, 인적자본과 훈련프로그램, 범죄예방, 환경보존 등

　㉣ 이러한 새로운 도시 정치환경의 변화에 대응하기 위한 정부의 역할변화를 묘사하기 위해 영국에서는 '조정자(enabling)' 개념이, 미국에서는 '재창조(reinvented)' 및 '촉매 역할' 개념이 제시되었다. 따라서 정부부문과 비정부부문의 행위자들의 경계를 넘어 상호협력하여 일을 추진하는 것이 강조되는 시대적 상황 아래 도시정부의 역할 변화라는 조건에서 매우 시기 적절한 이론이다.

　㉤ 레짐이론은 정치적 요인을 강조하며, 도시정부 내 정책결정자들은 상대적 자율성을 지니고 있다고 본다.

**24**　　2012 국가직 9급

지역사회 및 지방자치단체의 권력구조에 대한 이론과 이에 대한 설명으로 옳은 것은?

① 신다원론(neo-pluralism) - 기업이나 개발관계자들의 우월적 지위를 주민이나 지방정부가 용인하지 않는다.

② 엘리트론(elite theory) - 엘리트 계층 내의 분열과 다툼이 최소화되기 때문에 내부 조정과 사회화의 과정은 의미를 지니기 어렵다.

③ 성장기구론(Growth Machine) - 성장연합과 반성장연합의 대결구도에서 대체로 반성장연합이 승리하여 권력을 쟁취한다.

④ 레짐이론(regime theory) - 지방정부와 지방의 민간부문 주요 주체가 연합하여 권력기반을 형성한다.

**25**　　2012 지방직 7급(지방자치론)

지역사회의 권력구조 이론과 그에 대한 설명으로 옳지 <u>않은</u> 것은?

① 성장기구론: 공간의 교환가치보다 사용가치를 중시하는 대부분의 지역사회 구성원의 이해가 일치하여 성장일변도의 개발정책이 추구된다.

② 레짐이론: 지역사회에서 지방정부를 포함해 서로 필요한 자원을 가진 집단들은 연합을 통하여 비교적 안정적으로 사회를 이끌어가게 된다.

③ 다원론: 지역사회의 각 영역에서 영향력을 행사하는 집단은 서로 다를지라도 전체적으로 보면 영향력의 균형을 이루게 된다.

④ 신엘리트론: 사회적 엘리트들은 무의사결정(non-decision making) 방식에 의하여 자신들의 영향력을 행사할 수 있다.

**26** 2017 국가직 7급 추가채용

지역사회의 권력구조를 설명하는 성장기구론에 대한 설명으로 옳은 것만을 모두 고른 것은?

> ㄱ. 자기 소유의 주택가격 상승을 원하는 주민들이 많을수록 성장연합이 더 강한 힘을 발휘하는 경향이 있다.
> ㄴ. 토지문제와 개발문제 그리고 이와 연계된 도시의 공간확장 문제 등과 관련이 있다.
> ㄷ. 반성장연합은 일부 지역주민과 환경운동 집단 등으로 이루어진다.
> ㄹ. 성장연합은 반성장연합에 비해서 토지 또는 부동산의 교환가치보다는 사용가치를 중시한다.

① ㄱ, ㄴ, ㄷ  ② ㄱ, ㄴ, ㄹ
③ ㄱ, ㄷ, ㄹ  ④ ㄴ, ㄷ, ㄹ

**27** 2004 선관위 9급

최근 지식정보화사회의 대두에 따른 행정개혁의 일환으로서의 거버넌스 개념과 전자정부 등 새로운 패러다임이 등장하고 있다. 이에 대한 설명 중 틀린 것은?

① 거버넌스는 구성원의 참여 또는 관리주의 행정을 지향한다.
② 레짐이론은 국가에 의한 일방적 통치로서 최근에 나타난 거버넌스나 신제도론과는 반대되는 개념이다.
③ 국가 중심의 거버넌스는 기업형 정부를 지향한다.
④ 사이버거버넌스는 현실공간을 벗어나서 가상적 공간에 형성된 거버넌스를 말하는 것으로 전자정부의 기반이 된다.

**28** 2008 지방직 9급

지역사회에 관한 대표적인 이론으로 레짐이론이 있다. 레짐이론의 유형 중 '친밀성이 강한 소규모 지역사회'에서 나타나는 레짐이론유형은?

① 개발레짐  ② 진보레짐
③ 현상유지레짐  ④ 기획확장레짐

## (2) 유형

1980년대 이후 발달해 온 레짐의 유형은 전후 미국의 도시발전과정을 대변한다고 볼 수 있다.

① 페인스틴(Fainstein and Fainstein, 1983): 시기적으로 세 가지의 지속적인 레짐적 특성으로서 분류하였다.

  ㉠ **지도형**(directive): 1950 ~ 1964년
  ㉡ **권한양여형**(concessionary): 1965 ~ 1974년
  ㉢ **현상유지형**(conserving): 1975년 이후

② 엘킨(Elkin, 1987)

  ㉠ **다원주의형**(pluralist): 1950년대에서 1960년대 초반까지 북서부 및 중서부 지역
  ㉡ **연방주의형**(federalist): 1960년대 중반에서 1970년대 후반까지 북동부 및 중서부지역
  ㉢ **기업가주의형**(entrepreneurial): 2차대전 이후 남부 및 서부지역

③ 스톤(Stone, 1993): 도시레짐연구에 있어 매우 중요한 의의를 차지하고 있는 스톤의 애틀랜타(Atlanta) 연구(Stone, 1989)는 애틀랜타시의 도시경제와 정치 상호 간의 상호의존성 및 시기별로 그러한 상호의존성의 성격변화를 분석하였는데, 그는 결론적으로 애틀랜타시는 기업엘리트, 선출직 정치인, 언론사 간의 동태적 목표지향적 연합에 의한 통치체제를 구축하여 왔으며, 이 과정에서 실용성과 시민협력(civic cooperation)이 강조되었다고 주장하였다.

  ㉠ **현상유지 레짐**: 친밀성이 높은 소규모 지역사회에서 나타나는 유형으로, 근본적인 변화 노력 없이 일상적인 서비스 전달을 통치과정으로 삼는다. 관련 행위 주체 간 갈등이나 마찰이 작으며, 생존능력이 강한 편이다.

  ㉡ **개발 레짐**: 지역의 성장을 추구하는 레짐으로 재개발, 공공시설의 확충, 보조금 배분, 세제 혜택 등의 수단을 통해 지역개발을 적극 도모한다. 관련 행위주체들 간 갈등이 심하며, 레짐의 생존능력은 비교적 강한 편이다.

  ㉢ **중산계층 진보 레짐**: 중산계층의 주도로 자연 및 생활환경보호, 삶의 질 개선, 성적·인종적 평등 같은 이념을 지향하는 형태이다. 정부의 강력한 기업규제가 실시되어 개발부담금 제도와 같은 수단이 도입되며 시민의 참여와 감시가 강조된다. 생존능력은 보통 수준이다.

  ㉣ **하층 기회확장 레짐**: 저소득층의 기본적인 경제욕구 충족과 이익 확대를 지향하는 유형으로 직업교육 같은 교육훈련을 확대하고, 주택소유 기회배분, 소규모 사업 실시를 수단으로 삼는다. 대중동원이 가장 큰 통치과제로 대두되며, 레짐의 생존능력은 약하다.

④ 스토커와 모스버거(Stoker and Mossberger, 1994): 동기의 상이성에 바탕을 두고 레짐이론을 도구적(instrumental), 유기적(organic), 상징적(symbolic) 레짐으로 유형을 분류하고 있다.

  ㉠ 도구적 레짐

   ⓐ 미국의 연구에서 주도적으로 나타나고 있는 것으로 프로젝트의 실현지향성, 가시적인 성과, 그리고 정치적 파트너십 등이 특징적이다. 이러한 레짐들은 구체적인 프로젝트와 관련되는 단기적인 목표에 의해 구성되며, 실용적인 동기가 함께 내포되어 있다.

ⓑ 올림픽게임과 같은 주요한 국제적 이벤트를 유치하기 위해 구성되는 레짐은 도구적 레짐의 예이다.

ⓒ 유기적 레짐

　　ⓐ 군건한 사회적 결속체와 높은 수준의 합의를 특징으로 하는 레짐으로서, 이들 레짐은 현상유지와 정치적 교섭에 초점을 두고 있다.

　　ⓑ 외부적 영향에 대해 적대적이며, 소규모 도시들은 대체로 유기적 레짐을 유지하려 한다.

ⓒ 상징적 레짐

　　ⓐ 도시발전의 방향에 있어 변화를 추구하려는 도시에서 나타난다.

　　ⓑ 레짐은 기존의 이데올로기나 이미지를 재조정하려 하며, 경쟁적인 동의라는 점에서 특징적이다.

　　ⓒ 참여자들 간에 이해관계와 개입(commitment)에 관해서 본질적인 상이성이 존재하며, 지배적인 가치에 대해서도 상당할 정도의 불확실성이 존재한다.

　　ⓓ 레짐의 형성에도 불구하고 레짐의 목적과 방향에 대한 이념적 논쟁이 흔히 지속된다. 이러한 상징적 레짐은 연합형성을 위한 다른 기반이 존재하지 않는 조건에서도 역시 중요하다.

　　ⓔ 영국의 글래스고우(Glasgow)나 셰필드(Sheffield) 모두 그들의 이미지와 경제적 구조를 변화시키기 위해 적극적으로 노력하였으며, 레짐의 실례가 된다(Judd and Parkinsom, 1990).

　　ⓕ 스토커와 모스버거에 따르면, 상징적 레짐은 흔히 과도기적 역할을 수행하며, 그들은 보다 안정적인 연합으로 나아갈 개연성이 크다.

## Theme 09  도시화

### 1 가도시화

#### (1) 개념

① 도시형성 요인인 토지·인구·건물·교통·산업 등이 갖추어지지 않고 임시 가수요에서 부분적인 도시의 형상을 나타내는 것으로, 경제기반이 약한 개발도상국에서 일어나는 급속한 도시팽창 현상을 말한다.

② 도시의 흡인요인(pull factor)보다는 농촌의 추출요인(push factor)으로 인해 나타나는 도시화를 의미한다.

#### (2) 원인

① 가도시화는 산업성장에 따라 농촌노동인구가 도시로 유입된 결과로 이루어진 것이 아니라, 농촌경제의 파탄 등으로 인한 이농현상에 기인한 것이다.

② 즉, 도시형성의 조건을 갖추지 못한 채, 경제적 기반 없이 농촌실업자의 증가에 따라 비정상적으로 성장한 것이다.

#### (3) 결과

가도시화로 인해 각종 악성도시문제가 발생한다.

**29**　　　　　　　　　　　　2017 지방직 7급

스톤(Stone)이 제시한 레짐(regime) 중 다음 내용과 가장 관련이 깊은 것은?

> A시가 지역사회와 함께 추진한 □□산 제모습찾기 사업의 전체적인 구상은 시가지가 바라보이는 향교, 전통숲 등의 공간에는 꽃 피는 나무와 늘 푸른 나무를 적절히 심어 변화감 있는 도시경관을 만들고, 재해위험이 있는 골짜기는 정비함으로써 인근 주민들의 정주환경을 개선하고 재해로부터 안전한 산림을 복원하는 것이다.

① 개발형 레짐
② 관리형 레짐
③ 중산층 진보 레짐
④ 저소득층 기회확장 레짐

**30**　　　　　　　　　　　　2005 경기 7급

도시화와 도시행정에 관해 잘못 기술하고 있는 것은?

① 도시화의 흡인요인으로 도시의 집적이익, 노동수요 증가, 임금향상 등이 있다.
② 역도시화 현상에는 도심부 슬럼, 탈도시화, 인구유턴 현상이 발생한다.
③ 도심공동화의 문제를 해소하기 위해 도시재개발 행정을 촉진시킬 필요가 있다.
④ 가(假)도시화는 급속한 산업화로 인해 발생하는 개발도상국의 도시화 현상이다.

**31**　　　　　　　　　　　　2005 강원 9급

가도시화의 원인이 아닌 것은?

① 도시의 흡인요인 부재
② 농촌의 추출요인 부재
③ 산업화 이전의 도시화
④ 각종 악성도시문제의 발생

## 2 역도시화(탈도시화, counter-urbanization)

### (1) 개념

① 도시 인구가 비도시 지역으로 이주하여 도시 전체 인구가 감소하는 현상을 역도시화 또는 탈도시화라고 하며, 도시화의 반대 현상을 의미한다.

② 도시화율이 약 70%를 넘어서면 도시화의 종착 단계에 들어서는데, 역도시화는 이처럼 도시화의 종착 단계에 들어선 일부 선진국에 주로 나타나는 현상이다.

### (2) 원인

많은 인구와 다양한 기능이 도시에 밀집하면서 주택문제, 상·하수도문제, 교통문제, 환경문제 등 각종 도시문제가 발생하였기 때문이다. 즉, 쾌적한 생활을 누리고 싶은 욕구와 비용이 많이 드는 대도시 생활을 벗어나려는 경향이 맞물리면서 도시의 인구가 비도시 지역으로 이주하기 시작한 것이다.

### (3) 유형

① 유턴(U-turn) 현상: 농촌에서 살던 인구가 대도시로 이동하였다가 다시 농촌으로 돌아가는 현상을 말한다.

② 제이턴(J-turn) 현상: 농촌을 떠난 인구가 대도시로 이동하였다가 농촌이 아닌 대도시 주변 중·소도시로 이동하는 현상을 말한다.

### (4) 결과와 대책

① 결과: 역도시화의 결과 대도시에는 소외 계층이 남게 되거나 도심의 공동화현상이 나타나며, 도심의 슬럼화가 발생하기도 한다.

② 대책: 도시재개발 등

**32**      2018 국가직 9급

지방정부의 행정서비스 공급체계 및 방식에 대한 설명으로 옳지 않은 것은?

① 정부의 직접적 공급이 아닌 대안적 서비스 공급체계(ASD: Alternative Service Delivery)는 생활쓰레기 수거, 사회복지사업 운영, 시설 관리 등의 분야에 적용되고 있다.

② 과잉생산과 독점 등이 야기한 공공부문 비효율의 해결책으로 계약방식을 통한 서비스 공급이 도입되고 있다.

③ 사용자부담 방식의 활용은 재정부담의 공평성 제고에 기여한다.

④ 사바스(E. Savas)가 제시한 공공서비스 공급유형론에 따르면, 자원봉사(voluntary service) 방식은 민간이 결정하고 정부가 공급하는 유형에 속한다.

**33**      2017 서울시 7급

다음 중 Savas의 공공서비스 제공방식에 대한 유형별 설명으로 가장 옳지 않은 것은?

① 공공부문이 생산자(productor)인 동시에 배열자(arranger)인 경우의 예로 정부 간 협약을 통해 한 정부가 또 다른 정부의 공공서비스를 구매하는 방식이 있다.

② 공공부문이 생산자이고 민간부문이 배열자인 경우의 예로 정부응찰방식을 통해 민간부문이 정부가 생산한 공공서비스를 선별, 구매하고 대가를 지불하는 방식이 있다.

③ 민간부문이 생산자이고 정부가 배열자인 경우의 예로 민간위탁, 바우처(voucher)를 통한 서비스 제공 등이 있다.

④ 민간부문이 생산자인 동시에 배열자인 경우의 예로 임대형 민자사업(BTL), 보조금에 의한 서비스 제공 등을 들 수 있다.

---

## Theme 10   지방정부의 공공서비스 공급유형   고난도   한두번 출제

| 구분 | | 공급책임(arranger, 배열자/중개자) | |
|---|---|---|---|
| | | 정부 | 민간 |
| 생산 (produce) | 정부 | • 정부 직접 공급<br>• 정부 간 협약 | 정부서비스 판매 |
| | 민간 | • 민간계약(위탁)<br>• 허가(franchise)<br>• 보조금(grant) | • 구매권(voucher)<br>• 시장공급(market)<br>• 자급방식(self-service)<br>• 자원봉사(voluntary) |

### (1) 정부가 결정하고 정부가 공급하는 유형

① **정부 직접 공급**(정부서비스 방식): 정부가 정부 자체의 인적·물적 자원을 이용하여 서비스의 공급을 결정·생산하여 공급하는 방식이다.
   예 주민등록 발급 등

② **정부 간 협약**(정부 간 협정에 의한 방식): 한 지방정부가 다른 지방정부에 서비스의 생산과 공급을 위탁하거나 상호협력하에 공동으로 생산·공급하는 방식이다.
   예 소규모 지방정부가 인근 지방정부와 협정을 통해 소방서비스 제공 등

**(2) 정부가 결정하고 민간이 공급하는 유형**(민간위탁)

① **계약방식**: 지방정부가 특정 업무와 서비스를 스스로 처리·공급하지 않고 전문성과 설비를 갖춘 민간부문의 개인이나 단체, 혹은 기업과 계약을 맺어 그들로 하여금 그러한 업무와 서비스를 처리·공급하게 하는 방식이다.

　　◉ 환경미화 등

② **허가방식**: 민간부문의 개인이나 단체 또는 기업에 대하여 공공성을 띤 특정의 업무나 서비스를 제공할 수 있게 하는 방식이다.

　　◉ 자동차 견인 및 보관 등

③ **보조금방식**: 공공성을 띤 서비스를 제공하는 민간부문의 개인이나 단체 또는 기업에 대하여 그러한 서비스를 계속할 수 있도록 보조금을 지급하는 방식이다.

　　◉ 민간 복지시설 보조금 등

**(3) 민간이 결정하고 민간이 공급하는 유형**

① **구매권**(이용권): 식권이나 숙박권 같은 이용권을 나누어 주고, 민간부문에서 관리·운영하는 서비스나 시설을 이용할 수 있도록 하는 방식이다.

　　◉ 식품구입권 등

② **시장공급방식**: 정부개입이 없거나 최소화된 상태에서 자유로운 경제논리에 의해 서비스나 재화가 공급되는 형태를 의미한다.

　　◉ 무가지(無價紙)의 시정(市政)소식 등

③ **자급방식과 자원봉사**: 지역주민 단체나 주민 개개인 스스로가 공공성을 띤 재화나 서비스를 생산하여 공급하거나 자급하는 경우를 말한다.

　　◉ 자율방범대 등

**(4) 민간이 결정하고 정부가 공급하는 유형 – 정부서비스 판매**

특정 음악회에 대한 경비, 특정인에 대한 특별경호나 지방정부의 연수원을 관내기업이 사용하는 것 등이 그 사례이다.

**34** 　2017 지방직 7급(지방자치론)

사바스(E. S. Savas)의 공공서비스 공급 유형 분류에서 민간부문이 공급을 결정하고 공급하는 방식으로서 시장지향적인 접근 방식에 해당하는 것은?

① 이용권지급
② 계약방식
③ 허가방식
④ 보조금지급 방식

끝이 좋아야 시작이 빛난다.

– 마리아노 리베라(Mariano Rivera)

# 여러분의 작은 소리
# 에듀윌은 크게 듣겠습니다.

본 교재에 대한 여러분의 목소리를 들려주세요.
공부하시면서 어려웠던 점, 궁금한 점,
칭찬하고 싶은 점, 개선할 점, 어떤 것이라도 좋습니다.

에듀윌은 여러분께서 나누어 주신 의견을
통해 끊임없이 발전하고 있습니다.

**에듀윌 도서몰 book.eduwill.net**
• 부가학습자료 및 정오표: 에듀윌 도서몰 → 도서자료실
• 교재 문의: 에듀윌 도서몰 → 문의하기 → 교재(내용, 출간) / 주문 및 배송

# 2025 에듀윌 7·9급공무원 기본서 행정학: 심화편

| | |
|---|---|
| 발 행 일 | 2024년 6월 20일 초판 |
| 편 저 자 | 남진우 |
| 펴 낸 이 | 양형남 |
| 펴 낸 곳 | (주)에듀윌 |
| 등록번호 | 제25100-2002-000052호 |
| 주　　소 | 08378 서울특별시 구로구 디지털로34길 55 |
| | 코오롱싸이언스밸리 2차 3층 |

## www.eduwill.net
### 대표전화 1600-6700

# 에듀윌에서 꿈을 이룬
# 합격생들의 진짜 합격스토리

## 에듀윌 강의·교재·학습시스템의 우수성을
## 합격으로 입증하였습니다!

### 에듀윌만의 탄탄한 커리큘럼 덕분에 공시 3관왕 달성

혼자서 공부하다 보면 지금쯤 뭘 해야 하는지, 내가 잘하고 있는지 걱정이 될 때가 있는데 에듀윌 커리큘럼은 정말 잘 짜여 있어 고민할 필요 없이 그대로 따라가면 되는 시스템이었습니다. 커리큘럼이 기본이론-심화이론-단원별 문제풀이-기출 문제풀이-파이널로 풍부하게 구성되어 인강만으로도 국가직, 지방직, 군무원 3개 직렬에 충분히 합격할 수 있었습니다. 혼자 공부하다 보면 내 위치를 스스로 가늠하기 어려운데, 매달 제공되는 에듀윌 모의고사를 통해서 제 수준이 어느 정도인지 파악할 수 있어서 좋았습니다.

김O은 국가직 9급 일반행정직 최종 합격

### 에듀윌 교수님들의 열정적인 강의는 업계 최고 수준!

에듀윌 교수님들의 강의가 열정적이어서 좋았습니다. 타사의 유명 행정법 강사분의 강의를 잠깐 들은 적이 있었는데, 그분이 기대만큼 좋지 못해서 열정적인 강의의 에듀윌로 돌아온 적이 있습니다. 그리고 수험생들은 금전적으로 좀 어려움이 있을 수밖에 없는데 에듀윌이 타사보다는 가격 대비 강의가 매우 뛰어나다고 생각합니다. 에듀윌 모의고사도 좋았습니다. 내가 맞혔는데 남들이 틀린 문제나, 남들은 맞혔는데 내가 틀린 문제를 분석해줘서 저의 취약점을 알게 되고, 공부 방법에 변화를 줄 수 있는 계기를 마련해 줍니다. 에듀윌의 꼼꼼한 모의고사 시스템 덕분에 효율적인 공부를 할 수 있었습니다.

신O은 국가직 9급 일반행정직 최종 합격

### 초시생도 빠르게 합격할 수 있는 에듀윌 공무원 커리큘럼

에듀윌 공무원 커리큘럼은 기본 강의, 심화 강의, 문제풀이 강의가 참 적절하게 배분이 잘 되어 있었어요. 그리고 제가 공무원 시험에 대해서 하나도 몰랐는데 커리큘럼을 따라만 갔는데 바로 시험을 치를 수 있는 실력이 만들어진다는 것이 너무 신기한 경험이었습니다. 에듀윌 공무원 교재도 너무 좋았습니다. 기본서가 충실하게 만들어져 있어서 기본서만 봐도 기초를 쌓을 수 있었습니다. 그리고 기출문제집이나 동형 문제집도 문제 분량이 굉장히 많았어요. 가령, 기출문제집의 경우 작년에 7개년 기출문제집이라서 올해도 7개년 기출문제집인줄 알았는데 올해는 8개년 기출문제로 확장되었더라고요. 이러한 꼼꼼한 교재 구성 덕분에 40대에 공부를 다시 시작했음에도 빠르게 합격할 수 있었어요.

김O경 지방직 9급 사회복지직 최종 합격

## 다음 합격의 주인공은 당신입니다!

더 많은
합격스토리

# 합격자 수 2,100% 수직 상승!
# 매년 놀라운 성장

에듀윌 공무원은 '합격자 수'라는 확실한 결과로 증명하며
지금도 기록을 만들어 가고 있습니다.

합격자 수
**2,100%**
수직 상승

2017  2018  2019  2020  2021  2022

## 합격자 수를 폭발적으로 증가시킨 합격패스

| 합격 시 수강료<br>100% 환급 | + | 합격할 때까지<br>평생 수강 | + | 교재비 부담 DOWN<br>에듀캐시 지원 |
|---|---|---|---|---|

※ 환급내용은 상품페이지 참고. 상품은 변경될 수 있음.

상품
페이지

\* 2017/2022 에듀윌 공무원 과정 최종 환급자 수 기준

# 2025

# 에듀윌
# 7·9급공무원
# 행정학 | 심화편

# 정답과 해설

2025

에듀윌
7·9급공무원
행정학 | 심화편

# 2025
# 에듀윌 7·9급공무원
# 기본서 정답과 해설

행정학 심화편

## PART Ⅰ. 행정학 기초이론

본문 P.16

| | | | | | | | | | |
|---|---|---|---|---|---|---|---|---|---|
| 01 | ③ | 02 | ① | 03 | ③ | 04 | ③ | 05 | ② |
| 06 | ③ | 07 | ② | 08 | ③ | 09 | ② | 10 | ④ |
| 11 | ③ | 12 | ④ | 13 | ④ | 14 | ③ | 15 | ② |
| 16 | ① | 17 | ② | 18 | ③ | 19 | ③ | 20 | ② |
| 21 | ② | 22 | ③ | 23 | ② | 24 | ④ | 25 | ① |
| 26 | ① | 27 | ⑤ | 28 | ④ | 29 | ④ | 30 | ① |
| 31 | ② | 32 | ③ | 33 | ① | 34 | ③ | 35 | ③ |
| 36 | ③ | 37 | ① | 38 | ③ | 39 | ① | 40 | ② |
| 41 | ③ | 42 | ③ | 43 | ③ | 44 | ② | 45 | ③ |
| 46 | ③ | 47 | ① | 48 | ④ | 49 | ③ | 50 | ① |
| 51 | ② | 52 | ④ | 53 | ② | 54 | ③ | 55 | ① |
| 56 | ① | 57 | ① | 58 | ② | 59 | ② | 60 | ② |
| 61 | ② | 62 | ② | 63 | ② | 64 | ② | 65 | ② |

**01 ③**

행정학의 정체성 위기(identity crisis)란 행정학이 타학문(특히 정치학)과 구별되는 독자적인 학문적 패러다임(paradigm)이 부족한 현상을 의미하며, 행정의 정책결정기능을 강조하는 정치·행정 일원론(통치기능설)에서 주로 발생한다.

**02 ①**

가치판단의 문제는 참 또는 거짓으로 입증이 어렵기 때문에 과학화가 어렵다.

**03 ③**

전문직업적 관점은 왈도(D. Waldo)의 주장이다.

**04 ③**

신행정학운동은 행정학의 실천적 성격과 적실성을 회복하기 위해 정책지향적인 행정학을 요구했으며 전문직업주의, 가치중립적인 관리론에 대한 집착을 비판하면서 민주적 가치규범에 입각하여 분권화, 고객에 의한 통제, 가치에 대한 합의 등을 강조했다.

**05 ②**

신행정학운동은 전문직업주의, 가치중립적인 관리론에 대한 집착을 비판하였다.

**06 ③**

신행정학운동은 행정학의 실천적 성격과 적실성을 회복하기 위해 정책지향적인 행정학을 요구했으며, 전문직업주의와 가치중립적인 관리론에 대한 집착을 비판하면서 민주적 가치규범에 입각하여 분권화, 고객에 의한 통제, 가치에 대한 합의 등을 강조했다. 즉 1960년대 미국의 '신행정학' 운동은 전문직업주의와 가치중립적인 관리론(행태주의)에 대한 집착을 비판하였다.

**07 ②**

칼도 기준에서는 실제 보상이 이루어지는 것이 아니라 잠재적인 보상을 가정하고 있다.

**08 ③**

칼도·힉스 기준(보상의 원리)에서 어떤 상태에서 다른 상태로 이동하여 이득을 본 사람에 의해 평가된 이득의 가치가 손해를 본 사람에 의해 평가된 손해의 가치보다 크면 후생수준은 증가한 것으로 판별된다. 그러나 효용이 증가된 사람이 효용이 감소된 사람에게 실제로 금전적인 보상을 하는 것은 아니다. 이는 잠재적으로 보상이 이루어졌다고 가정하는 것이다. 그런 의미에서 보상원리를 '잠재적 파레토 개선'이라고 한다. 상태의 변화가 초래하는 후생수준의 개선 여부를 파레토 기준으로 판단할 수 없을 때 이용된다.

**09 ②**

지니계수(Gini's coefficient)는 로렌츠곡선(Lorenz curve)에서 도출한 개념이다. 지니계수가 0이면 완전평등을 의미하고, 1이면 완전불평등을 의미한다. 즉, 지니계수가 높을수록 소득분배가 잘 이루어진 것이 아니다.

**10 ④**

지니계수는 로렌츠곡선의 상태를 계수화한 것으로, 대각선과 로렌츠곡선 사이의 면적을 대각선 아래의 전체 삼각형의 면적으로 나눈 값이다.

**11 ③**

최초로 환경문제에 경종을 울린 문헌은 카슨(R. Carson)의 「소리 없는 봄(Silent Spring)」이다.

**12 ④**

| **오답해설** | ① 집합재(순수 공공재)는 공적 공급이 활용된다.

② 요금재는 배제성이 있어 시장에서 공급될 수 있으나, 일부 요금재(예 망산업)는 규모의 경제에 따른 자연독점 현상으로 인한 독점이익의 왜곡을 방지하기 위해 공기업을 통한 공적 공급이나 정부규제가 활용되어 왔다. 하지만 공기업의 비효율성으로 인해 민간기업의 참여가 활성화되고 있다.

③ 보조금방식에 관한 설명이다.

**13** ④

공유지 비극의 진정한 원인은 소유권의 불명확이다. 따라서 소유권을 명확(내부화, 사유화, 가격·대가의 지불)하게 하면 공유의 비극이 해결될 수 있다고 주장하였다.

**14** ③

2009년 노벨상을 수상한 오스트롬(E. Ostrom)은 정부규제나 시장 메커니즘이라는 기존 논리에서 탈피해 '공동체 중심의 자치제도'를 통해 공유자원의 고갈을 방지할 수 있는 방안을 제시하였다.

**15** ②

공유재는 비배제성으로 인한 무임승차 현상이 발생할 수 있다. 따라서 공유지의 비극은 비용회피와 과잉소비로 인한 부정적 외부효과의 사례에 해당한다. 반면 공공재는 비배제성으로 인한 무임승차 현상 때문에 시장에 맡겼을 때 바람직한 수준 이하로 공급될 가능성이 높아 시장실패의 원인이 된다. 즉, 공유재는 비용회피와 과잉소비로 인한 부정적 외부효과, 공공재는 바람직한 수준 이하로 공급되기 때문에 시장실패의 원인이 된다.

**16** ①

가치재는 사적재이다.

**17** ②

행정지도는 법적 구속력을 수반하지 않는다.

**18** ③

행정지도는 입법과정의 복잡한 절차가 필요하지 않다.

**19** ③

정부-NGO 관계유형 중 '억압형'은 제도적 다원주의를 거부한다.

**20** ②

Clark(1991)은 정부와 비정부조직(NGO) 간의 관계에 대하여 "NGO가 국가를 반대하고 보완하고 개혁할 수는 있지만 무시할 수는 없다."라고 주장하였다.

| 오답해설 | ① Girdron은 재정 부담 및 공공서비스 공급이라는 두 가지 측면에 따라 정부주도형, 제3섹터주도형, 이중혼합형, 상호공조형으로 구분하였다.
③ Coston은 제도적 다원주의를 거부하는 입장으로 억압형, 적대형(대항형), 경쟁형을 제시하였다.
④ Coston의 적대형은 NGO에 대한 설립 허가를 받도록 하는 형태이다.
⑤ Tandon은 지역과 국가가 직면한 문제를 해결하고자 할 때 정부와 NGO는 진정한 파트너십을 가질 수 있다고 본다.

**21** ②

시장실패에 대한 대응으로 나타난 큰 정부는 규제를 강화하고 사회보장, 의료보험 등 사회정책을 펼침으로써, 정부의 적극적 역할을 강조하였으며, 이러한 이유로 정부의 크기가 커졌다. 즉, 큰 정부는 규제강화, 작은 정부는 규제완화에 해당한다.

**22** ③

작은 정부의 판단기준은 단순히 공무원의 수, 조직 및 예산의 규모나 기능의 범위만을 의미하는 것이 아니고 오히려 국민생활에 대한 규제의 범위나 정부와 국민 사이의 권력관계 등이 중요하며, 특히 시장에 대한 개입정도가 중요하다.

**23** ②

페이욜(H. Fayol)은 프랑스의 한 광산회사의 최고경영자로서 『일반 및 산업관리론(General and Industrial Management)』이라는 저서에서 최고관리자의 관점에서 14가지 조직 관리의 원칙을 제시하였다.

| 오답해설 | ① 테일러(F. Taylor)는 조직의 생산성과 능률성을 향상시키기 위해 표준적인 업무절차(분업)에 따를 것을 강조하였다.
③ 귤릭(L. Gulick)이 제시한 최고관리자의 기능(POSDCoRB) 중에는 협력(Cooperation)은 포함되지 않는다. POSDCoRB의 Co는 조정(Coordinating)을 의미한다.
④ 베버(M. Weber)는 근대관료제가 합법(리)적 지배를 받는다고 주장하였다.
⑤ 메이요(E. Mayo)의 호손(Hawthorne)실험은 비공식조직의 중요성을 강조하였다.

**24** ④

던리비(Dunleavy)에 따르면 예산극대화 행동은 예산유형과 직위의 관계, 기관유형, 시대적 상황 등의 측면에서 다양하게 나타날 수 있다. 예를 들어, 고위관료들은 금전적 편익보다 수행하는 업무성격에 따른 효용 증대에 더 관심을 가진다. 따라서 고위관료들은 예산극대화 전략보다 '관청형성 전략(bureau-shaping strategy, 소속 관청의 형태변화)'을 통한 효용 증대를 위해 노력한다. 고위관료들은 예산극대화 대신, 소관부서를 소규모 참모적 기관으로 재구성함으로써 계선적 책임에서 벗어나고, 이를 통해 그들 정책분야의 전반적인 지출감축이 발생하는 상황에서도 불리한 영향을 덜 받을 수 있게끔 노력하게 된다는 것이다.

**25** ①

| 오답해설 | 던리비(Dunleavy)의 관청형성모형에서는 합리적인 고위직 관료들은 소속 기관의 예산극대화보다는 관청형성 전략을 추구하며(②), 관청예산의 증대로 이득을 얻는 것은 이전기관이며(③), 관료들이 정책결정을 할 때 공적 이익보다는 사적 이익을 우선시한다고 본다(④).

**26** ①

관청형성 전략이 이루어지면 더 분산화된 국가구조의 발전이 나타난다. 예산극대화 전략의 경우 대규모 계선관료제의 팽창을 통한 국가성장이 예상되나, 관청형성 전략의 경우는 고위관료에 의해 주도되는 계선책임이 없는 소규모 중앙정부들에 의해 주도되는 국가기구 형태의 발전이 예상되기 때문이다.

**27** ⑤

통제기관의 기본업무는 교부금 혹은 정부 간 이전 형태로 다른 공공부문기관에 자금을 전달한 다음, 이들 다른 국가조직들의 자금 사용 및 정책집행 방식을 감독하는 일이다. 따라서 통제기관은 예산을 증액하려는 성향이 낮게 나타난다.

**28** ④
규칙중심관리를 효율적으로 강화하는 것은 거버넌스가 아니라 전통적 정부모형이다.

**29** ④
'좋은 거버넌스'는 나랏일을 관리하기 위해 정치권력을 행사하는 것으로 신공공관리와 자유민주주의의 결합이다.

**30** ①
공동생산(co-production)은 공공부문과 민간부문의 협력적 분업 관계를 형성해 공공서비스를 필요로 하는 활동의 목표를 달성하는 것을 의미한다. 공공서비스를 민간부문과 공동으로 생산하면 민간부문의 인력과 재원을 활용할 수 있어 정부의 인력과 재정 규모 팽창을 억제할 수 있다. 또한 민간부문의 전문성과 다양한 생산기법을 활용함으로써 양질의 서비스를 제공할 수 있다. 특히 공동생산은 주민 참여 원리를 바탕으로 행정의 성과를 제고할 수 있는 전략이라는 측면에서 중요성이 인정되고 있다. 공동생산에 활용될 수 있는 민간자원으로는 자원봉사자, 전문인력, 민간재원(기부금, 출연금), 민간단체, 전문장비나 기술 등이 있다. 공동생산 파트너로서 비정부기구(NGO)의 비중이 크다.

**31** ②
시민공동생산(co-production)은 시장실패(무임승차자 문제)가 아니라 정부실패(관료제의 비효율성)를 극복하기 위한 대안으로 등장한 것이다.

**32** ③
브루드니와 인글랜드(Brudney & England)는 공동생산은 서비스의 전달과 같은 정책의 집행분야의 경우에 큰 효과를 나타낼 것으로 보았다.

**33** ①
구축효과란 공채발행을 통하여 정부지출을 증가시키면 민간부문의 이자율 상승으로 민간의 소비와 투자가 위축된다는 것을 말한다. 그 결과 정부지출 증가의 소득확장효과는 장기적으로 소멸되어 정부지출 증가의 국민소득 증가효과는 없다는 것이다.

**34** ③
시장의 원리를 강조하는 신자유주의는 케인즈(Keynes) 경제학에 기반을 둔 수요중시 거시 경제정책을 비판하고, 공급 측면의 경제정책에 지지 입장을 견지한다. 즉, 신자유주의는 정부의 유효수요 창출보다는 공급중시 경제학(Laffer)에 기반을 둔 감세정책 등을 강조한다.

**35** ③
래퍼(A. Laffer)는 경제의 공급 측면을 중시하는 공급중시 경제학자로, 현행의 세율이 최적세율보다 높다고 보았으며, 세율을 낮추더라도 세수의 변화가 없다고 주장하였다. 따라서 래퍼는 조세의 누진도를 낮추어 근로자의 근로의욕과 기업의 투자의욕을 살려야 한다고 주장하였다. 즉, 래퍼는 조세의 누진제도를 낮추는 것이 바람직하다고 보았다.

**36** ③
래퍼곡선은 공급경제학자인 래퍼(A. Laffer)가 고안한 곡선으로 세율과 조세수입의 관계를 나타내는 곡선이다. 세율이 높아지면 처음에는 조세수입이 증가하나 세율이 일정수준을 넘어서면 사람들의 근로의욕 저하로 조세수입이 오히려 감소하므로 래퍼곡선은 종모양의 형태이다. 재정수입이 가장 커지는 최적세율은 나라마다 다른 것이 일반적이다.

**37** ①
포스트모더니즘에 기초한 행정이론은 보편주의, 객관주의를 거부하고 진리는 맥락 의존적이라고 본다.

**38** ③
포스트모더니즘은 '진리의 기준은 맥락 의존적(context dependent)'이라고 보고 있으며, 주체가 중심에 서 있다는 것, 근본주의적인 연구사업과 인식론적인 연구사업, 이성의 성격과 역할, 거시이론, 거대한 설화, 거시정치 등을 부인한다.

**39** ①
포스트모더니티이론에서 규칙에 얽매이지 않는 행정의 운영이나 특수성을 인정하는 것에 해당하는 것은 상상(imagination)이다. 단순히 상상력을 키운다고 하는 뜻 이상으로 이미지를 다루는 능력을 키우는 것을 의미한다. 부정적으로 보았을 때 상상은 규칙에 얽매이지 않는 행정의 운영이며 긍정적으로 보았을 때 상상은 문제의 특수성을 인정하는 것이다. 즉, 과학적 합리성(rationality)보다는 관점에 따라 다양한 가능성이 허용되는 상상(imagination)이 더 중요하다는 것이다.

**40** ②
포스트모더니티 행정이론은 과학적 합리성(rationality)보다는 관점에 따라 다양한 가능성이 허용되는 상상(imagination)이 더 중요하다. 과학적 합리성은 모더니티 행정이론에서 강조하는 내용이다.

**41** ③
즉자성이 아니라 타자성이다.

**42** ③
해체가 아니라 타자성이다.

**43** ③
포스트모더니즘은 행정의 실무는 능률적이어야 한다는 설화를 해체해 봄으로써 그러한 주장의 근거가 불확실하다는 것을 밝히면서 동시에 설화와 텍스트에 대한 이해를 깊게 하려고 한다.

**44** ②
포스트모더니티이론은 인간 이성, 합리성 및 과학 등에 기초한 모더니티이론을 비판하였다.

**45** ③
딜레마의 논리적 구성요건은 분절성, 상충성, 균등성, 선택불가피성이다.

## 46 ②

딜레마란 의사결정을 해야 할 정책결정자가 선택을 하지 못하고 있는 곤란한 상황을 의미하므로 대안을 선택하지 않는 비결정도 딜레마에 대한 하나의 대응형태로 볼 수 있다.

⬛ 이명박 정부의 동남권 신공항건설(부산, 밀양)에 대한 비결정

|오답해설| ① 딜레마 상황이란 관련 참여자, 선택기회, 문제 등의 모호성 여부와는 상관없이 대안들의 표면된 가치를 비교할 수 없기 때문에 선택이 어려운 상황에 처해 있는 상태를 의미한다. 부정확한 정보와 의사결정자의 결정 능력 한계로 인해 발생하는 것은 아니다.

③ 딜레마란 의사결정을 해야 할 정책결정자가 선택을 하지 못하고 있는 곤란한 상황, 이럴 수도 저럴 수도 없는 상황, 거의 동등한 가치를 갖고 있거나 하나의 가치를 포기하는 비용이 너무 큰 두 개의 대안 중 하나를 선택해야만 하는 상황을 의미하므로 절충안을 선택하는 것은 아니다.

④ 딜레마의 구성요건으로서 단절성(분절성, discreteness)이란 대안 간 절충이 불가능하다는 것을 의미한다.

## 47 ①

제시문은 시차이론에 대한 내용으로 원인변수와 결과변수 간 인과관계가 원인변수들이 작용하는 순서에 따라 달라진다고 본다.

|오답해설| ②③ 시차이론은 정책이나 제도의 도입 이후 어느 시점에서 변경을 시도해야 바람직한 결과를 낳을 것인지에 주목하며, 정책이나 제도의 효과는 어느 정도 숙성기간이 지난 후에 평가하는 것이 보다 합리적이라고 본다.

④ 시차이론은 현실적으로 한국의 정책집행과정, 특히 정부개혁이 효과를 거두지 못한 이유를 파악하려는 데서 시작된 접근방법으로 시차적 요소에 대해 적절하게 고려하지 않아 정부개혁의 실패가 나타난다고 본다.

## 48 ④

ㄱ. 넛지 방식으로 정책을 설계하는 것을 선택설계(choice architecture)라고 한다. 넛지는 어떤 선택을 금지하거나 경제적 유인을 크게 변화시키지 않으면서 예측 가능한 방향으로 사람들의 행동을 변화시키는 선택설계의 제반 요소를 의미한다. 선택설계는 선택의 대안이 정책 대상자에게 제시되는 방법과 이를 통해 판단, 선택, 행동에 영향을 주는 방안을 설계하는 것을 의미한다. 결국 넛지는 명령이나 지시, 또는 경제적 유인이나 제재를 가하지 않으면서 사람들이 바람직한 행동을 하도록 유도하는 수단이다. 예를 들어 학교급식에서 튀김음식과 채소의 순서를 바꿔 학생들의 채소 섭취를 늘리는 것이다.

ㄴ. 넛지는 정책대상집단의 행동에 개입하지만 개인의 자유로운 선택을 허용한다. 즉, 넛지는 간접적이고 유도적인 방식의 정부개입방식으로 촉매적 정책수단의 성격을 띠고 있다. 예를 들어 튀김음식을 못 먹게 하는 것은 넛지가 아니며 튀김음식과 채소의 순서를 바꿔 채소의 섭취를 늘리는 것은 넛지에 해당한다.

ㄷ. 넛지는 디폴트 옵션[선택적 가입 방식(opt-in), 선택적 탈퇴 방식(opt-out)] 설정 방식처럼 사람들의 인지적 편향을 전략적으로 활용하는 정책수단이다. 더 좋은 선택을 유도하기 위한 선택설계 과정에서 넛지는 사람들의 인지적 편향을 전략적으로 활용한다. 예를 들어 학교급식에서 튀김음식을 건강에 좋은 채소의 뒤에 배치하는 것이다.

## 49 ①

행동경제학에서는 휴리스틱(heuristic)과 행동 편향(behavior bias)으로 인한 비합리적 의사결정을 '행동적 시장실패(behavioral market failure)'의 핵심 요소라고 본다. 외부효과는 신고전학파 경제학에서 강조하는 시장실패의 원인에 해당한다.

## 50 ①

신공공관리론과 공공선택론의 학문적 토대는 신고전학파 경제학이며, 넛지이론은 행동경제학이다.

## 51 ②

발문은 절차적 합리성에 관한 설명이다.

## 52 ④

목표에 비추어 적합한 행동이 선택되는 정도를 의미하는 것은 사이몬(Simon)의 실질적 합리성이다.

## 53 ②

|오답해설| ① 사회적 효율성은 금전적 효율관을 비판하면서 제기된 효율관이다.

③ 능률성은 투입 대비 산출의 비율로 표현된다.

④ 신행정론에서는 특히 형평성을 강조하였다.

⑤ 투명성의 측면에서 특히 중요한 요소는 공개이다.

## 54 ②

디징(Diesing)은 합리성을 기술적 합리성, 경제적 합리성, 사회적 합리성, 법적 합리성, 정치적 합리성으로 나누어 설명한다.

## 55 ①

죄수의 딜레마는 개인적 합리성과 집단적 합리성의 괴리, 즉 개인에게 최선의 대안이 집단에게는 최선의 대안이 아닐 수 있음을 의미하며, 이는 시장실패의 한 원인이기도 하다.

## 56 ①

가치의 선호(도) 차이는 합리성의 제약요인이지만, 다수 간의 조화된 가치선호는 제약요인이 아니다.

## 57 ①

발문은 개방체제 관점에 관한 설명이다.

## 58 ①

위계 문화(내부과정모형)는 안정성을 강조한다. 응집성을 강조하는 것은 관계지향문화(인간관계모형)이다.

## 59 ②

합리목표모형은 조직의 생산성과 능률성을 목표로 기획, 목표설정 등을 중시한다. 조직의 성장과 자원 확보를 목표로 하는 것은 개방체제모형이다.

## 60 ②

퀸과 로보그(Quinn & Rohrbaugh)는 조직의 초점을 내부와 외부 중에서 어디에 두는가와 조직구조의 통제와 융통성에 따라 네 가지 효과성가치모형을 제시하였으며, ㉠은 내부과정모형, ㉡은 인간관계모형, ㉢은 합리적 목표모형, ㉣은 개방체제모형에 해당한다. ㉡ 모형인 인간관계모형은 목표가치가 인적자원 개발이며, 그 수단으로서 조직구성원의 응집성, 사기 및 훈련 등이 강조된다.

|오답해설| ① 조직의 생산성, 능률성, 수익성을 달성하는 것이 목표가치이며, 그 수단으로서 계획과 목표 설정이 강조되는 것은 ㉢의 합리적 목표모형이다.

③ 목표가치는 성장과 자원 획득 등이며, 그 수단으로서 유연성과 신속성 등이 강조되는 것은 ㉣의 개방체제모형이다.

④ 조직의 균형을 확보하는 것이 목표가치이며, 그 수단으로서 정보관리와 의사소통 등이 강조되는 것은 ㉠의 내부과정모형이다.

## 61 ②

창업단계에는 개방체제모형이 적합하다.

## 62 ②

4차 산업혁명은 3차 산업혁명의 연장선상이지만 근본적인 특성을 공유하지는 않는다. 즉 4차 산업혁명은 사이버 물리 시스템(cyber-physical system) 혁명이라고 할 수 있으며, IoT, 인공지능, 빅데이터 등의 신기술을 기존 제조업과 융합해 생산능력과 효율을 극대화시켜 산업과 산업 간의 초연결성을 바탕으로 초지능성을 창출한다.

## 63 ②

대량 생산 및 규모의 경제 확산을 핵심으로 하는 것은 제2차 산업혁명이다. 제1차 산업혁명(1760~1840년)은 철도·증기기관의 발명 이후의 기계에 의한 생산, 제2차 산업혁명(19세기 말~20세기 초)은 전기와 생산 조립라인 등 대량생산체계 구축, 제3차 산업혁명은 반도체와 메인프레임컴퓨팅(1960년대), PC(1970~1980년대), 인터넷(1990년대)의 발달을 통한 정보기술시대로 정리된다.

## 64 ②

호프스테드(Hofstede)가 비교한 문화의 비교차원은 ① 불확실성의 회피, ② 권력거리(power distance), ③ 개인주의 대 집단주의, ④ 장기성향 대 단기성향, ⑤ 남성다움과 여성다움이다. 보편주의 대 특수주의는 포함되지 않는다.

## 65 ②

개인주의가 강한 문화는 집단주의가 강한 문화보다 상대적으로 느슨한 개인 간 관계를 더 중요시한다.

---

## PART II. 정책학

본문 P.44

| 01 | ④ | 02 | ② | 03 | ② | 04 | ④ | 05 | ③ |
|----|---|----|---|----|---|----|---|----|---|
| 06 | ③ | 07 | ② | 08 | ② | 09 | ④ | 10 | ③ |
| 11 | ④ | 12 | ① | 13 | ① | 14 | ① | 15 | ③ |
| 16 | ② | 17 | ② | 18 | ③ | 19 | ① | 20 | ② |
| 21 | ④ | 22 | ② | 23 | ④ | 24 | ③ | 25 | ③ |
| 26 | ② | 27 | ③ | 28 | ② | 29 | ① | 30 | ② |
| 31 | ① | 32 | ② | 33 | ④ | 34 | ④ | 35 | ③ |
| 36 | ② | 37 | ③ | 38 | ③ | 39 | ② | 40 | ② |
| 41 | ② | 42 | ② | 43 | ① | 44 | ① | 45 | ① |
| 46 | ② | 47 | ② | 48 | ③ | 49 | ② | 50 | ② |
| 51 | ② | 52 | ① | 53 | ② | 54 | ④ | 55 | ③ |
| 56 | ③ | 57 | ② | 58 | ③ | 59 | ④ | 60 | ④ |
| 61 | ① | 62 | ③ | | | | | | |

## 01 ④

크렌슨(Crenson)은 문제해결을 통해 전체적 편익을 가져오고 그 비용을 일부 집단이 부담하는 경우 의제채택이 어렵다고 보았다.

## 02 ②

크렌슨(Crenson)은 '대기오염의 비정치화'에서 문제특성론을 강조하며 전체적 이슈 대 부분적 이슈(고통), 전체적 편익 대 부분적 편익(혜택), 전체적 비용 대 부분적 비용(부담)을 기준으로, 문제가 해결되면 전체적 이익을 가져오고 그 해결비용을 일부집단이 부담하는 경우에는 정부의제화가 어렵다고 하였다. 전체적 이슈이면서 부분적 비용을 수반하는 정책문제로서 공해, 대중교통, 범죄예방, 정부조직개혁문제 등이 있다.

## 03 ②

이슈 흐름이 아니라 정책의 흐름이다.

## 04 ④

킹던(Kingdon)이 제시한 정책흐름모형에 대한 설명으로 옳은 것만을 모두 고른 것은 ㄴ, ㄷ이다.

|오답해설| ㄱ. 경쟁하는 연합의 자원과 신념 체계(belief system)를 강조하는 것은 사바티어(Sabatier)가 제시한 정책지지연합모형(Advocacy Coalition Framework)이다.

## 05 ③

문제구조화는 상호 관련된 네 가지 단계인 문제의 감지, 문제의 정의, 문제의 구체화, 문제의 탐색으로 구성되어 있다.

**06** ③

ㄱ은 가정분석(B), ㄴ은 계층분석(C), ㄷ은 경계분석(A), ㄹ은 분류분석(D)에 해당한다. 따라서 정책문제의 구조화 기법과 설명이 바르게 연결된 것은 ③이다. 포화표본추출방법은 이슈와 관련된 이해관계자들에게 전화 또는 개인적 인터뷰를 통해 문제점에 관해서 질문하고 또 추가적인 이해관계자들을 추천하도록 요구하여 표본을 추출하는 방법이다.

**07** ②

문제상황을 정의하고 분류하기 위해 개념을 명백하게 하는 기법은 분류분석이다.

**08** ②

계층분석이란 문제시되는 상황을 야기시켰을 것으로 여겨지는 원인(가능한 원인, 개연적 원인, 통제가능한 원인)을 발견하기 위한 분석기법이다.

|오답해설| ① 분류분석(classification analysis), ③ 가정분석(assumption analysis), ④ 경계분석(boundary analysis)에 해당한다.

**09** ④

문제상황을 정의하고 분류하기 위하여 사용되는 개념을 명백하게 하기 위한 기법은 경계분석이 아니라 분류분석이다.

**10** ③

상징적 유추가 아니라 직접적 유추의 예이다. 직접적 유추는 둘 이상의 문제상황 사이의 유사한 관계를 찾아냄으로써 문제를 분석하는 기법을 말한다.

**11** ④

발문은 대기행렬이론에 관한 설명이다.

**12** ①

시뮬레이션은 모의실험이므로 투입과 산출의 관계를 명백히 예측하기는 어렵다.

**13** ①

여러 사람이 모여서 자유분방하게 의견을 교환하는 질적 분석기법은 브레인스토밍(brain storming)이다.

**14** ①

선형계획이란 주어진 제약조건하에서 생산량이나 편익을 극대화하거나 비용을 최소화할 수 있는 자원들의 최적결합이나 배분점을 모색하기 위한 기법으로 시간적 변수를 고려하면 동적 계획법(DP)으로 발전하게 된다.

**15** ③

발문은 선형계획에 관한 설명이다.

**16** ④

불완전한 정보를 가지고 있는 모형 내의 파라미터의 변화에 따라 대안의 결과가 어떻게 반응하는지를 분석하는 기법은 민감도 분석이다.

**17** ①

발문은 회귀분석에 관한 설명이다.

**18** ③

발문은 회귀분석에 관한 설명이다.

**19** ①

독립변수에는 정책변수(policy variable)와 환경변수(environment variable)가 있다. 정책변수란 독립변수 중에서 정책결정자가 정책대안으로 채택하여 개선하거나 다룰 수 있는, 즉 어느 정도 조작가능한 변수를 말하고, 환경변수란 그렇지 못한 변수, 즉 제약조건을 말한다. 콜만 연구에서 학생들의 학업 열성과 학업성취도는 종속변수에 해당하고, 학급당 학생들의 인종구성비율, 학생 1인당 예산, 교과과정의 질 등은 독립변수 중에서 정책변수에 해당하며, 학생들의 가정환경과 학급동료의 가정환경은 독립변수 중에서 환경변수에 해당한다.

**20** ③

불확실성하의 의사결정의 기준에는 여러 가지가 있지만 라플라스기준(Laplace criterion)이란, 각 대안선택에 따른 모든 가능한 성과들의 '평균값'을 의사결정의 기준으로 삼는 것이다. 이러한 평가기준은 기본적으로 상황 S1, S2, S3이 발생할 확률이 동일하다는 가정에 근거를 두고 있다. 이러한 가정은 '불충분이유의 기준(criterion of insufficient reason)'에 따라 타당성이 인정될 수도 있다. 즉, 한 상황(예를 들어, S1)이 다른 상황(예를 들어, S2)보다 일어날 가능성이 좀 더 높다고 믿을 아무런 근거가 없다면 이 세 가지 상황이 벌어질 가능성은 동일하다고밖에 할 수 없을 것이다. 이 경우에는 상당한 타당성을 가질 수 있다. A1은 $(50+20-10)/3 = 20$, A2는 $(30+24+15)/3 = 23$, A3는 $(25+25+25)/3 = 25$이다. 따라서 A3이 가장 우수한 대안이 된다.

**21** ④

지식의 부족으로 인해 발생하는 불확실성하에서는 총체적 합리성의 확보는 불가능하다. 따라서 정책결정자는 주어진 자료·정보·지식 범위 안에서 제한된 합리성을 추구할 수밖에 없다.

**22** ③

|오답해설| ㄱ. 민감도 분석은 불확실성의 소극적 극복방안에 해당한다.

**23** ④

정책환경의 불확실성을 극복하는 대처방안은 적극적인 방법과 소극적인 방법으로 나눌 수 있다. 불확실성을 극복하는 적극적인 방법은 상황에 대한 정보의 획득이나 모형을 개발하는 방법(정책실험의 수행, 정책델파이, 집단토의 등)과 불확실성을 발생시키는 상황 자체를 통제(협상이나 타협)하는 것이다. 불확실성을 극복하는 소극적인 방법에는 지연이나 회피, 보수적인 접근방법, 중복성의 확보방안, 민감도 분석, 악조건가중 분석 등이 있다.

**24** ③

발문은 보수적 결정에 관한 설명이다.

**25** ③

분기점 분석에 관한 설명이 아니라 악조건가중 분석에 관한 설명이다.

**26** ③

Maximax(최대극대화)기준에 의하면 유리한 상황에서의 이익(각 대안의 최댓값) 중에서 최댓값을 갖는 대안인 S3을 선택하게 된다.

**27** ③

최대최솟값(Maximin) 기준은 최소극대화 기준으로 비관적 기준을 의미한다. 따라서 미래의 상황이 자신에게 불리하게 전개될 것이라고 가정한다. 불리한 상황에서의 이익(각 대안의 최젓값) 중에서 최댓값을 갖는 대안을 선택(Rawls의 정의론에서 무지의 베일에 있는 당사자들이 선택하는 의사결정규칙, 안전제일주의적 입장)하므로 각 대안의 최저이익 15(A1), 20(A2), 10(A3) 중에서 최댓값이 20인 A2의 대안을 선택한다.

**28** ②

시계열자료 분석은 기존자료를 통한 정책대안의 결과예측 방법이다.

**29** ①

브레인스토밍은 다수의 전문가들의 토론을 통해 미래예측을 하는 기법이다.

**30** ②

브레인스토밍은 아이디어에 대한 평가를 하지 않아야 한다.

**31** ①

제시문은 계층화분석법에 관한 설명이다.

**32** ③

계층화분석법은 두 대상의 상호비교가 불가능한 경우에는 사용할 수 없다는 단점을 지니고 있다.

**33** ④

정책결정요인론은 정책환경연구에 커다란 기여를 하였다.

**34** ④

체제이론은 사회경제적 변수, 정치체제, 정책 간의 순차적 관계를 가정하였다. 이에 대해 도슨과 로빈슨(Dawson & Robinson)은 사회경제적 변수가 정치체제와 정책 모두에 영향을 미치고 이것이 정치체제와 정책의 상관관계를 초래하였다고 주장하면서, 사회경제적 변수를 통제하면 정치체제와 정책의 관계는 사라지는데, 이는 정치체제와 정책의 관계가 허위상관에 불과하다는 것을 의미한다고 하였다. 따라서 도슨과 로빈슨은 사회경제적 변수, 정치체제, 정책 간의 순차적 관계를 부정하였다.

**35** ③

정책결정요인론은 정치체제가 지니는 정량적(양적) 변수가 아니라 정성적(질적) 변수를 포함하지 않는다는 비판을 받는다. 즉 정책결정요인론은 계량화가 곤란한 정치적 변수는 과소평가되고, 계량화가 용이한 경제적 변수에 대해서만 과대평가되었다는 비판을 받는다.

**36** ②

도슨-로빈슨(Dawson-Robinson) 모형은 그동안의 체제이론이 가정하였던 사회경제적 변수, 정치체제 그리고 정책 간의 순차적 관계를 부정하며, 사회경제적 변수가 정치체제와 정책 모두에 영향을 미친다는 모형으로, 사회경제적 변수로 인해 정치체제와 정책의 상관관계가 유발된다고 설명한다. 따라서 사회경제적 변수를 통제하면 정치체제와 정책의 관계는 사라지는데, 이는 바로 양자의 관계가 허위상관에 불과하다는 것을 의미한다.

| 오답해설 | ① 정책의 내용에 영향을 미치는 요인이 무엇인가를 밝히는 이론으로, 계량화가 용이한 사회경제적 요인의 중요성을 과대평가한 반면 계량화가 곤란한 정치행정적 요인의 중요성을 과소평가했다는 비판을 받고 있다.

③ 키-로커트(Key-Lockard) 모형(참여경쟁모형)은 사회경제적 변수가 정치적 변수에 영향을 미쳐 정책에 영향을 미친다는 모형으로, 예를 들면 경제발전이 정당 간 경쟁심화로 복지지출 수준에 영향을 준다고 본다.

|  | 사회경제적 변수 → | 정치적 변수 → | 정책 |
|---|---|---|---|
| Key | 대단위농장 | 경쟁제한 | 복지지출 감소 |
| Lockard | 경제발전 | 경쟁심화 | 복지지출 증가 |

④ 루이스-벡(Lewis-Beck) 모형은 혼합모형으로 사회경제적 변수가 정책에 영향을 주는 직접효과가 있고, 사회경제적 변수가 정치체제를 통하여 정책에 영향을 미치는 간접적 효과가 있다고 설명한다.

**37** ③

| 오답해설 | 합리모형은 인간의 전지전능성(완전한 정보)을 가정하며, 점증모형은 정책결정과정에서 경제적 합리성보다 정치적 합리성을 중시한다. 쓰레기통모형은 위계적인 조직구조의 의사결정보다는 조직화된 무정부상태에서의 의사결정에 적용된다.

**38** ③

사이버네틱스모형은 합리모형과 가장 극단적으로 대립되는 적응적·관습적 의사결정모형으로 결과를 미리 예측한 후 합리적 대안을 선택하는 '인과적 학습'이 아닌, '도구적 학습(시행착오적 학습)'에 의존한다.

**39** ②

사이버네틱스모형은 문제를 해결하고 목표를 달성하기 위해 정보와 대안의 광범위한 탐색을 강조하는 합리모형을 비판하고 등장하였다. 사이버네틱스모형은 자동온도 조절장치와 같이 사전에 프로그램된 메커니즘에 따라 의사결정이 이루어지는 적응적 의사결정을 강조하며, 한정된 범위의 변수에만 관심을 집중함으로써 불확실성을 통제하려는 모형이다.

**40** ②

사이버네틱스모형은 합리모형과 가장 극단적으로 대립되는 적응적·관습적 의사결정모형이다. 사이버네틱스란 '기계 및 동물에 있어서의 제어(control)와 통신(communication)에 관한 이론 전반'을 의미한다. 이 모형에서는 인간의 두뇌를 계산기와 같이 정보와 환류에 의한 제어장치로 본다. 즉, 상황의 변화에 따라 달라지는 정보를 해석하여 이에 적응하고, 그에 대한 정보를 환류하여 통제한다고 본다. 따라서 사이버네틱스모형을 설명하는 예시로 자동온도 조절장치를 들 수 있다.

① 앨리슨모형은 1960년대 미국의 쿠바 미사일 위기사건을 설명하기 위해 연구된 모형이다.
③ 회사모형은 갈등의 준해결, 문제 중심의 탐색, 불확실성 회피, 표준운영절차의 활용을 설명하는 모형이다.
④ 만족모형은 만족할 만한 수준에서 의사결정이 이루어진다고 설명하는 모형이다.

## 41 ④

명목집단 기법에서는 집단구성원 간 의사소통이 원활하게 이루어지지 않는다.

## 42 ③

① 델파이기법은 전문가를 활용하는 의사결정기법이다.
② 브레인스토밍은 여러 사람에게 하나의 주제에 대해 아이디어를 무작위로 제시하도록 하는 기법이다.
④ 명목집단 기법에서는 관련자들이 의사결정에 참여하지 않은 채 서면으로 아이디어를 제출한다.

## 43 ①

발문은 델파이기법(delphi method)에 관한 설명이다.

## 44 ①

전통적 델파이기법은 전문가들의 의견일치를 유도하는 기법이다. 즉, 전통적 델파이기법은 예측하려는 현상에 대하여 관련 있는 전문가의 자문을 설문지를 통하여 근접한 의견에 이를 때까지 체계적으로 유도하고 분석하는 직관적인 미래예측기법을 말한다.

## 45 ①

심의민주주의는 의사결정참여자들이 상호작용의 과정 중에 각자의 선호를 기꺼이 변화시킬 수 있다는 점을 전제로 한다. 나머지는 대의민주주의에 관한 설명이다.

## 46 ②

공론조사는 조사 대상자가 중간에 탈락하는 경우도 많고, 표본집단의 수가 적어서, 즉 조사 대상자가 적기 때문에 대표성 측면에서 일반 여론조사보다 우위에 있다고 보기는 어렵다.

## 47 ②

제시문은 회귀 – 불연속 설계의 개념에 해당한다.

## 48 ③

회귀–불연속 설계(regression discontinuity design)나 단절적 시계열설계(interrupted timeseries design)는 준실험설계(quasi-experiment design)에 해당된다. 진실험(true experiment)과 준실험의 차이는 실험집단과 통제집단의 무작위배정에 의한 동질성 확보 여부이다. 준실험의 약점들이 발생하는 근본적인 이유는 실험집단과 통제집단의 비동질성으로 인한 것이다. 따라서 이러한 약점을 보완하기 위해서 실험집단과 통제집단에 실험대상을 배정할 때 어떠한 명백한 기준을 이용하는 방법이 회귀–불연속 설계와 단절적 시계열설계이다.

## 49 ②

정책평가를 위한 조사설계의 유형 중 진실험설계(true experimental design)에 해당하는 것은 통제집단 사전사후측정설계(pretest-posttest control group design)이다.
①③ 단절적 시계열설계(interrupted time-series design), 비동질적 통제집단설계(non-equivalent control group design)는 준실험설계에 해당한다.
④ 단일집단 사전사후측정설계(one group pretest-posttest design)은 비실험설계에 해당한다.

## 50 ④

④는 정치적 학습이 아니라 사회적 학습에 해당한다.

## 51 ③

정책문제의 정의 또는 정책목적 자체에 대한 의문제기는 '외생적 학습'에 해당한다.

## 52 ①

정책혁신은 기존의 조직이나 예산이 없이 새로운 형태의 개입을 결정하는 것이다. 즉 정책혁신이란 정부가 관여하지 않고 있던 분야에 개입하기 위해 새로운 정책을 결정하는 것을 의미한다. 이제까지 그 분야에 대한 정부의 개입이 없었기 때문에 하나의 정책이 완전히 새로 만들어지는 것이므로 엄격하게 보면 정책의 '변동(change)'이 아니다. 사회문제가 처음으로 정책문제로 전환되고, 이것을 해결하기 위해 정부가 정책을 결정하는 것으로서, 현재의 정책이나 활동이 없고, 담당조직도 없으며 예산이나 사업활동도 없는 '무'에서 새로운 것을 만드는 것이다.

## 53 ②

부분적 종결은 일부의 정책을 유지하면서 일부는 완전히 폐지하는 정책승계이며, 하나의 정책이 다수의 새로운 정책으로 분할되는 형태의 정책승계는 정책분할이다.

## 54 ④

제시문은 정책변동의 유형 중 정책유지에 관한 설명이다.

## 55 ③

정책유지란 기존 정책을 새로운 정책으로 대체하지 않고 본래의 정책목표를 달성하기 위하여 정책의 기본적 특성을 그대로 유지하면서 상황의 변화에 능동적으로 적용하는 것을 의미한다. 따라서 정책유지는 실질적인 정책내용이 유지되어야 한다. 실질적인 정책내용이 변하더라도 정책목표가 변하지 않는 경우는 정책승계에 해당한다. 정책승계란 현존하는 기존 정책의 목표는 변경시키지 않고 정책의 기본적 성격을 바꾸는 것이다.

## 56 ③

정책지지연합모형은 정책변화를 분석하기 위한 분석단위로 정책하위체계(policy subsystem)를 설정하며, 정책하위체계들은 다양한 수준의 정부에서 활동하는 행위자들을 모두 포함한다. 정책하위체계 안에는 신념체계(belief systems)를 공유하는 정책지지연합이 있으며, 이 정책지지연합들이 그들의 신념체계에 입각한 정책을 추진하기 위해 경쟁하는 과정에서 정책변동이 발생하는 것이다.

| 오답해설 | ① 10년 이상의 기간에 걸쳐 신념체계에 기초한 지지연합의 상호작용과 정책학습, 정치체제의 변화와 사회·경제적 환경 변화로 인해 정책이 변동한다고 본다. 따라서 정책변화는 신념체계와 정책지향적 학습뿐만 아니라 정치체제의 변화와 사회·경제적 환경변화에 의해서 가능하다고 가정한다.

② 정책변화의 과정과 정책지향적 학습의 역할을 이해하려면 단기보다는 10년 이상의 장기적 기간이 필요하다고 전제한다.

④ 상향식 접근방법의 분석단위에 하향식 접근방법의 변수를 결합하는 방식으로 구성되어 있다. 즉, 일선 현장의 정책문제와 일선 행정조직에서 상향식 접근방법으로 검토를 시작하여 광범위한 공공 및 민간 분야까지 확장하면서 행위자들의 전략적 행위를 검토한다.

⑤ 정책행위자가 강한 정책신념을 가지고 있지만, 정책신념이 정책학습에 의해 발생한다고 보기 때문에 정책행위자의 신념을 변경시키는 데에 있어 과학적, 기술적인 정보는 중요한 역할을 담당한다고 가정한다.

## 57 ②

정책학습을 통한 행위자들의 기저 핵심 신념(deep core beliefs)은 쉽게 변화하지 않는다. 기저 핵심 신념(deep core beliefs)을 변화시키기 위해서는 정책연구의 계도기능(enlightenment function)을 통한 10년 이상의 장기간에 걸친 정보의 축적이 필요하다.

## 58 ③

제시문은 사바티어와 마즈매니언(Sabatier & Mazmanian)의 정책지지연합모형의 특징이다. 정책지지연합모형은 정책변화를 이해하기 위한 분석단위로 정책하위체제에 중점을 둔다.

## 59 ④

정책옹호연합모형은 정책집행과정보다 정책변화에 초점을 맞춘 이론이다.

## 60 ④

정책패러다임변동(paradigm shift)모형은 홀(Hall)에 의해 제시된 정책변동모형으로 '정책목표', '정책수단', '정책환경'의 세 가지 변수 중 '정책목표'와 '정책수단'에 급격한 변화가 발생하는 정책변동모형이다.

## 61 ①

영기준 예산과 일몰법은 제도적 장치에 해당한다.

## 62 ③

종결 담당자에 '내부인사' 기용이 아니라 '외부인사' 기용이다.

---

## PART III. 조직이론

본문 P.70

| 01 | ① | 02 | ① | 03 | ③ | 04 | ③ | 05 | ③ |
|----|---|----|---|----|---|----|---|----|---|
| 06 | ① | 07 | ③ | 08 | ③ | 09 | ② | 10 | ② |
| 11 | ④ | 12 | ① | 13 | ④ | 14 | ④ | 15 | ④ |
| 16 | ③ | 17 | ③ | 18 | ④ | 19 | ② | 20 | ④ |
| 21 | ① | 22 | ② | 23 | ④ | 24 | ② | 25 | ③ |
| 26 | ④ | 27 | ④ | 28 | ③ | 29 | ② | 30 | ③ |
| 31 | ④ | | | | | | | | |

## 01 ①

Scott의 조직이론 체계와 발달은 폐쇄·합리모형(1900~1930), 폐쇄·자연모형(1930~1960), 개방·합리모형(1960~1970), 개방·자연모형(1970~) 순이다.

## 02 ①

혼돈이론(chaos theory)은 전통과학의 단순화를 비판하고, 초기조건의 민감성(나비효과)을 고려하므로 사소한 조건까지 고려하는 입장이다.

## 03 ③

일부 조직이론가들은 비선형동학을 적용하여 정부조직의 혼돈에 숨어 있는 질서를 발견하고 조직 간 활동의 조정과 정부예산의 개혁을 도모할 수 있는 것으로 주장하였다. 즉, 조직이 무질서, 불안정, 변동에 놓여 있기 때문에 비선형적 동학과 카오스이론을 적용하면 조직변동 과정을 분석하고 이해하는 데 도움을 얻을 수 있다는 것이다. 따라서 혼돈이론은 혼돈상황을 적절히 회피하고 통제할 수 있는 능력보다는 혼돈을 발전의 불가결한 조건으로 인식한다.

## 04 ③

혼돈이론은 혼돈상태에서 숨겨진 질서를 발견하려는 통합적 접근으로, 혼돈의 변화상태를 설명할 수 있다고 본다. 자연과학의 비선형동학을 이용하여 불규칙적 행태에서 규칙성을 발견함으로써 자기조직화 능력을 강조한다. 반관료제적 처방(구성원의 자율성·창의성, 학습능력 제고 등)을 강조하며 정치적 특성의 강조와는 관계가 없다.

## 05 ③

방어적 전략(저비용전략)을 추구하는 조직에는 기계적 구조가 적합하다.

## 06 ①

기능의 동질성보다는 일의 흐름을 중시한다.

## 07 ③

이음매 없는 조직(Seamless Organization)은 총체적으로 구성된 유기적 조직으로, 전통적인 편린적 조직(Fragmented Organization)에 비하여 조직 내 역할 구분이 비교적 명확하지 않다. 이음매 없는 조직의 구성원들은 이음매 없는 행정서비스를 통해 시민에게 보다 향상된 서비스를 직접 제공한다. 따라서 이러한 이음매 없는 행정서비스는 시민에게 보다 향상된 서비스를 제공하고자 등장한 신공공관리적 성과관리 방식(BSC)과 관련이 깊다.

## 08 ③

제시문은 스키너의 강화이론에 관한 설명이다.

## 09 ②

불만족스럽거나 불쾌한 상태를 제거하며 기대행동을 유도하는 것을 소극적 강화라고 한다.

## 10 ②

소거는 행동자가 원하는 상황의 제공을 중단하여 바람직하지 않은 행동을 제거하는 것이다.

## 11 ④

연속적 강화는 초기단계의 학습에서 바람직한 행동의 빈도를 늘리는 데 가장 효과적인 방법이나 효과가 빨리 소멸된다.

## 12 ①

발문은 페리(Perry)의 공공서비스동기이론(PSM: Public Service Motivation)에 관한 설명이다.

## 13 ④

제임스 페리(Perry)는 신공공관리론이나 공공선택이론에 대한 대안으로, 신공공서비스이론에 입각한 공직동기이론에서 시민 정신에의 부응을 통한 관료들의 동기유발을 제시하였다. 즉, 제임스 페리의 공직동기이론은 신공공관리론에서 강조하는 이기적인 개인의 전제나 성과급 등을 통한 외재적 보상의 중요성보다는 공공부문 종사자가 가지고 있는 내적 동기요인의 제고를 강조한다.

|오답해설| ① 허즈버그(Herzberg)의 욕구충족이론에서는 만족요인이 충족되면 동기가 유발된다고 본다.
② 맥그리거(McGregor)의 X·Y이론은 매슬로(Maslow)의 욕구단계설과 관련이 있다. 즉, 맥그리거는 매슬로의 욕구단계이론을 바탕으로 상반되는 두 가지 인간관을 제시하였다.
③ 브룸(Vroom)의 기대이론은 동기이론의 범주 중 과정이론에 속한다.

## 14 ④

페리와 와이스(Perry & Wise)는 합리적 차원, 규범적 차원, 감성적 차원을 제시하였다.

## 15 ④

공직동기이론은 1980년대 이후 급격히 확산된 신공공관리론의 외재적 보상에 의한 동기부여를 비판하고 등장하였다. 즉 공직동기이론은 신공공관리론에서 강조하는 이기적인 개인의 전제나 성과급 등을 통한 외재적 보상의 중요성보다는 공공부문 종사자가 갖고 있는 내적 동기요인의 제고를 강조한다.

## 16 ③

부하의 특성은 상황요인에 해당한다.

## 17 ③

하우스(House)는 리더십의 유형을 지시적, 지원적, 참여적, 성취지향적 리더십으로 구분하고 참여적 리더는 부하들과 상담하고 의사결정 전에 부하들의 의견을 반영하려고 한다고 주장하였다.
|오답해설| ① 리더십 유형을 결정하는 조건으로 부하의 성숙도를 중요시한 것은 허시(Hersey)와 블랜차드(Blanchard)이다.
② 번스(Burns)의 변혁적 리더십은 영감, 개인적 배려에 치중하고 조직에 변화를 주도하는 리더십이다.
④ 블레이크와 머튼(Blake & Mouton)은 9·9형(단합형)이 가장 이상적인 리더십 유형이라고 규정한다.

## 18 ④

구성원들의 충분한 경험과 능력은 리더십 대체물이다. 따라서 구성원들이 충분한 경험과 능력을 갖추고 있는 상황에서는 '지시적' 리더십이 불필요하다.

## 19 ②

|오답해설| 조직이 제공하는 보상에 대한 무관심은 리더십의 중화물(ㄴ)이며, 부하의 경험, 능력, 훈련 수준이 높은 것은 리더십의 대체물(ㄷ)이다.

## 20 ④

인기는 전문적 권력에 해당하지 않는다.

## 21 ①

권한과 유사한 개념인 '합법적 권력'은 상사가 보유하고 있는 직위에 기반을 둔 권력이며, 강압적 권력은 어떤 사람이 다른 사람을 처벌할 수 있는 능력을 가지거나, 육체적 또는 심리적으로 다른 사람에게 위해를 가할 수 있는 능력을 가진 경우에 발생하게 된다.

## 22 ②

전문적 권력에 대한 설명이다.

## 23 ④

프렌치(J. R. P. French, Jr.)와 라벤(B. H. Raven)의 권력유형 분류에서는 합법적 권력(직위), 보상적 권력(보상), 강압적 권력(강제력), 전문적 권력(전문성), 준거적 권력(준거)으로 구분하였다. 상징(symbol)은 권력의 원천에 해당하지 않는다.

## 24 ②

강압적 권력은 인간의 공포에 기반한 권력으로, 어떤 사람이 다른 사람을 처벌할 수 있는 능력을 가지거나 육체적 또는 심리적으로 다른 사람에게 위해를 가할 수 있는 능력을 가진 경우에 발생한다. 카리스마 개념과 유사한 것은 준거적 권력으로, 어떤 사람이 자신보다 뛰어나다고 생각하는 사람을 닮고자 할 때 발생한다.

## 25 ③

빅데이터의 3대 특징은 크기, 다양성, 속도이다.

## 26 ④

유비쿼터스 정부는 일방향 정보 제공이 아니라 양방향 정보 제공을 중시하는 전자정부이다.

## 27 ④

인터넷 기반 온라인 서비스의 강화에 초점을 맞춘 웹(web) 2.0 시대는 전자정부를 의미하며, 유비쿼터스 정부(u-government)는 언제 어디서나 개인화되고 중단 없는 정보서비스를 제공함으로써 부가적인 가치를 제공하는 웹(web) 3.0 시대의 정부를 의미한다.

## 28 ③

지능형 정부는 일상틈새＋생애주기별 비서형 서비스를 제공한다.

## 29 ②

구성원들의 역할모호성 지각은 조직시민행동에 부정적 영향을 미친다.

## 30 ③

|오답해설| ① 이타적 행동(altruism)은 조직과 관련된 업무나 문제에 대해 특정 인물을 도와주려는 자발적인 행동을 말한다.
② 양심성(성실행동, conscientiousness)은 조직에서 요구되는 최소 수준 이상의 업무를 수행하는 것을 말한다.
④ 예의성(courtesy)은 타인과의 사이에서 발생할 수 있는 문제나 갈등의 소지를 사전에 예방하기 위해 노력하는 행동을 말한다.

## 31 ④

이타적 행동(altruism)은 개인에 대한 조직시민행동(OCB-I)에 해당한다.

---

### PART Ⅳ. 인사행정론

본문 P.88

| 01 | ④ | 02 | ① | 03 | ② | 04 | ⑤ | 05 | ① |
|----|---|----|---|----|---|----|---|----|---|
| 06 | ③ | 07 | ③ | 08 | ④ | 09 | ② | 10 | ④ |
| 11 | ② | 12 | ③ | 13 | ② | 14 | ③ | 15 | ① |
| 16 | ④ | 17 | ② | 18 | ② | 19 | ③ | 20 | ④ |
| 21 | ④ | 22 | ① | 23 | ② | 24 | ① | 25 | ④ |
| 26 | ④ | 27 | ⑤ | 28 | ③ | 29 | ② | 30 | ④ |
| 31 | ① | 32 | ① | 33 | ③ | 34 | ③ | 35 | ① |
| 36 | ④ | 37 | ③ | 38 | ② | 39 | ① | 40 | ④ |
| 41 | ④ | 42 | ② | 43 | ① | 44 | ④ | 45 | ④ |
| 46 | ④ | 47 | ③ | 48 | ① | 49 | ④ | 50 | ④ |
| 51 | ④ | 52 | ③ | 53 | ② | 54 | ⑤ | 55 | ③ |

## 01 ④

전략적 인적자원관리(strategic human resource management)는 조직의 궁극적인 목표를 좀 더 효과적으로 달성하기 위한 조직의 전략과 조직구성원의 욕구를 통합시키는 적극적인 인적자원관리를 의미한다. 따라서 개인의 욕구는 조직의 전략적 목표달성을 위해 희생하는 것이 아니라 조직은 개인의 욕구와 조직의 전략적 요구를 동시에 충족시키는 방향으로 인적자원을 관리해야 한다. 2017년 국가9급 기출문제와 동일하게 출제되었다.

## 02 ①

형식 요건을 중시하고 규격화된 임용 방식은 전통적인 연공주의 인적자원관리에 해당한다.

## 03 ②

연공주의(seniority system)는 조직 내 구성원의 서열을 근속연수나 연령 등에 따라 결정하고, 이러한 연공서열에 따라 구성원에 대한 보상 여부와 수준을 결정하는 방식이다. 정부조직의 경우 전통적으로 연공주의에 근거한 보상제도의 운영 등 사기관리 방식을 채택해왔다. 연공주의의 장점은 다음과 같다. ㉠ 조직 내 계층적 서열구조의 확립을 통해 개인의 안정감이 증진된다. ㉡ 장기근속에 따른 조직에 대한 충성심과 기여도가 향상된다. ㉢ 조직 내 경쟁 완화를 통한 협력적 관계 형성에 기여한다. ㉣ 개인성과평가 등 추가적 관리 활동에 따른 비용을 절감할 수 있다.
|오답해설| 개인의 성과에 따른 적절한 보상을 통해 사기를 높이고(ㄴ), 조직 내 경쟁을 통해서 개인의 역량 개발에 기여하는 것(ㄹ)은 성과주의에 관한 설명이다.

**04** ⑤

적극적인 소수민 고용증진대책으로서의 적극적 인사조치(affirmative action)란 형평성을 유지하는 적극적 대책으로서, 구체적으로는 채용·훈련·보직·승진·임금책정 등과 같은 인사과정에서 수동적·중립적 무차별 정책이나 실적주의(merit system)의 정책을 넘어서 적극적으로 소수민족, 심신장애인, 여성인력 등의 소외계층을 위해 할당제(quota)를 채택해서라도 이들을 활용하는 정책이다.

**05** ①

균형인사정책은 우리나라의 대표관료제에 해당한다. 따라서 균형인사정책은 소외집단에 대한 배려가 다른 집단에 대한 역차별을 불러올 가능성이 있다.

**06** ③

다양성 관리란 오늘날 개인의 성격, 가치관의 차이와 같은 내면적 다양성의 중요성이 커지면서 등장한 개념으로 내적·외적 차이를 가진 다양한 조직구성원을 공평하고 효율적으로 활용하기 위한 체계적인 인적자원관리과정이다. 따라서 균형인사정책, 일과 삶 균형정책은 다양성 관리의 방안으로 볼 수 있다. 즉 장애인·이공계전공자·저소득층 등에 대한 채용·승진·전보 등 인사관리상의 우대와 실질적인 양성 평등을 구현하기 위한 적극적인 정책실시와 같은 균형인사정책과 일과 삶 균형을 위해 통상적인 근무시간보다 짧게 근무하는 공무원으로 임용할 수 있는 근무시간의 단축 임용은 다양성 관리의 방안으로 볼 수 있다.

> 「국가공무원법」
> 제26조【임용의 원칙】 공무원의 임용은 시험성적·근무성적, 그 밖의 능력의 실증에 따라 행한다. 다만, 국가기관의 장은 대통령령 등으로 정하는 바에 따라 장애인·이공계전공자·저소득층 등에 대한 채용·승진·전보 등 인사관리상의 우대와 실질적인 양성 평등을 구현하기 위한 적극적인 정책을 실시할 수 있다.
> 제26조의2【근무시간의 단축 임용 등】 국가기관의 장은 업무의 특성이나 기관의 사정 등을 고려하여 소속 공무원을 대통령령 등으로 정하는 바에 따라 통상적인 근무시간보다 짧게 근무하는 공무원으로 임용 또는 지정할 수 있다.

**07** ③

통상적인 근무시간보다 짧은 시간(주 15~35시간)을 근무하는 공무원으로서 일반 공무원처럼 시험을 통해 채용되고 정년이 보장되는 공무원은 시간선택제 채용 공무원이다.

**08** ④

임용권자 또는 임용제청권자는 통상적인 근무시간보다 짧은 주당 15시간 이상 35시간 이하의 범위에서 근무하는 시간선택제 채용 공무원을 신규채용할 수 있다. 시간선택제 채용 공무원을 통상적인 근무시간 동안 근무하는 공무원으로 임용하는 경우에는 어떠한 우선권도 인정하지 아니한다(「공무원임용령」 제3조의3).

|오답해설| ① 2014년에 시간선택제 공무원 시험이 최초로 실시되었다.
② 시간선택제 채용 공무원의 주당 근무시간은 15시간 이상 35시간 이하로 한다.
③ 유연근무제도의 일환으로 도입되었으며, 기관 사정이나 정부의 일자리 나누기 정책 구현 등을 위해서 활용된다.

**09** ②

시간선택제 근무는 통상적인 전일제 근무시간(주 40시간)보다 짧은 시간을 근무하는 제도이다.

**10** ④

정액분은 지급하나, 실적분은 지급할 수 없다.

**11** ②

유연근무제의 유형 중 집약근무형에 해당한다. 집약근무형은 탄력근무제의 한 유형으로 1일 8시간에 구애받지 않으며, 주 3.5 ~ 4일 근무하는 형태이다.

탄력근무제는 전일제 근무시간을 지키되 근무시간, 근무일수를 자율 조정할 수 있는 제도로 시차출퇴근형, 근무시간선택형, 집약근무형, 재량근무형(기관과 공무원 개인이 별도 계약에 의해 주어진 프로젝트 완료 시 이를 근무시간으로 인정)이 있다.

|오답해설| ① 재택근무형은 부여받은 업무를 사무실이 아닌 집에서 수행하는 형태로 탄력근무제가 아니라 원격근무형에 해당한다.
③ 시차출퇴근형은 1일 8시간(주 40시간) 근무체제를 유지하며 출근시간을 자율적으로 조정한다.
④ 근무시간선택형은 1일 8시간에 구애받지 않고 주 40시간 범위 내에서 1일 근무시간을 자율적으로 조정한다.

**12** ③

역량평가제도는 단순한 근무실적 수준을 넘어 해당 업무를 수행할 때 필요한 역량을 보유하고 있는지에 대한 평가를 목적으로 하며, 성과에 대한 외부변수를 통제함으로써 개인의 역량에 대한 객관적 평가가 가능하며, 다양한 실행과제를 종합적으로 활용한다.

**13** ②

|오답해설| ㄴ은 근무성적평가, ㄷ은 다면평가제도에 관한 설명이다.

**14** ③

|오답해설| ㄱ. 역량은 조직에서 가장 높은 성과를 나타낸 우수성과자의 행동특성과 태도를 의미한다.
ㄹ. 역량평가 전에 고위공무원단 후보자 교육과정을 먼저 이수해야 한다.

> 「고위공무원단 인사규정」
> 제7조【고위공무원단후보자】 ① 제9조에 따른 역량평가를 통과한 사람으로서 다음 각 호의 어느 하나에 해당하는 사람은 고위공무원단후보자가 된다. 이 경우 재직한 기간의 계산에 관하여는 임용령 제31조의 승진소요최저연수에 산입되는 재직연수 계산 방식을 준용한다.
> 제9조【역량평가】 ① 법 제2조의2 제3항에 따른 평가(이하 "역량평가"라 한다)는 고위공무원으로 신규채용되려는 사람 또는 4급 이상 공무원(수석전문관을 포함한다. 이하 같다)이 고위공무원단 직위로 승진임용되거나 전보(고위공무원이 아닌 연구관·지도관을 고위공무원단 직위로 전보하는 경우만 해당한다)되려는 사람을 대상으로 신규채용, 승진임용 또는 전보 전에 실시하여야 한다.

**15** ①

|오답해설| ② 기준타당성, ③ 내용타당성, ④ 수렴적 타당성을 의미한다.

**16** ③

측정도구를 구성하는 측정지표 간의 일관성은 신뢰성을 의미한다.

**17** ②

|오답해설| ㄴ. 역량기반 교육훈련은 직무분석으로 도출된 직무명세서를 바탕으로 교육과정을 설계하는 직무지향적 교육훈련 방법의 약점을 극복하기 위해 역량분석으로 도출된 역량모델을 바탕으로 교육과정을 설계한다.

ㄷ. 역량모델은 전체 구성원에게 적용되는 공통역량, 원활한 조직운영을 위한 관리역량, 전문적 직무수행을 위한 직무역량으로 구성된다.

**18** ②

|오답해설| ㄴ. 학습조직은 암묵적 지식으로 관리되던 조직의 내부 역량을 구체화시켜 체계적으로 관리할 수 있으며, 조직구성원의 적극적 참여를 통해 새로운 지식 창출을 촉진한다. 그러나 학습조직 운영을 위한 구체적인 조직설계의 기준을 제시하기가 어렵다는 한계점이 있다.

ㄹ. 워크아웃 프로그램은 조직의 수직적·수평적 장벽을 제거하고, 전구성원의 자발적 참여에 의한 행정혁신, 관리자의 신속한 의사결정과 문제 해결을 도모하는 교육훈련 방식이다. 워크아웃 프로그램은 1980년대 후반부터 미국 GE사의 전략적 인적자원 개발 프로그램으로 활용되었으며, 정부조직에서도 정책 현안에 대한 각종 워크숍의 운영을 통해 집단적 토론과 함께 문제 해결 방안을 모색하고, 개별 공무원의 업무 역량을 제고하기 위한 목적에서 적극 활용되고 있다.

**19** ③

발문은 액션러닝(action learning)에 관한 설명이다.

**20** ①

제시문에 해당하는 공무원 교육훈련 방법은 액션러닝(action learning)이다. 액션러닝은 대표적인 역량기반 교육훈련방법의 하나로, 이론과 지식 전달 위주의 전통적인 강의식·집합식 교육의 한계를 극복하고 참여와 성과 중심의 교육훈련을 지향한다.

**21** ④

발문은 워크아웃 프로그램(work-out program)에 관한 설명이다. 워크아웃 프로그램은 1980년대 후반부터 미국 GE사의 전략적 인적자원 개발 프로그램으로 활용되었으며, 정부조직에서도 정책 현안에 대한 각종 워크숍의 운영을 통해 집단적 토론과 함께 문제 해결 방안을 모색하고, 개별 공무원의 업무 역량을 제고하기 위한 목적에서 적극 활용되고 있다.

**22** ①

조직 차원에서 접근하는 경력개발제도의 과정은 직무설계 → 경력설계 → 경력관리 → 평가 및 보완이며, ⓐ는 경력설계, ⓑ는 경력관리, ⓒ는 직무설계, ⓓ는 평가 및 보완에 관한 내용이다.

**23** ②

공무원 경력개발 시 준수해야 하는 기본원칙은 직급 중심의 원칙이 아니라 직무와 역량 중심의 원칙이다.

**24** ①

직장 내 훈련(OJT: On the Job Training)은 피훈련자가 직무를 수행하는 과정에서 경험을 쌓고 지도를 받게 하는 방법으로, 감독자의 능력과 기법에 따라 훈련성과가 달라질 수 있으며 많은 사람을 동시에 교육하기 어렵다.

|오답해설| ② 감수성 훈련(sensitivity training) 또는 T-집단훈련은 집중적인 집단 토론과 상호작용을 통해 자신과 다른 사람에 대한 개인의 의식을 높이는 심리학 기법으로, 과제의 해결책을 도출하는 방법이 아니다.

③ 주어진 사례나 문제에서 어떠한 역할을 실제로 연기해 봄으로써 당면한 문제를 체험해 보는 방법은 역할연기(role playing)이다.

④ 액션러닝(action learning)은 정책 현안에 대한 현장 방문, 사례조사와 성찰 미팅을 통해 문제해결능력을 함양하는 것으로, 교육생들은 실제 현장에서 부딪치는 현안 문제를 가지고 자율적 학습 또는 전문가의 지원을 받으며 구체적인 문제해결방안을 모색한다. 미국 GE사 전략적 인적자원 개발프로그램으로 활용된 것은 워크아웃 프로그램(work-out program)이고, 태도와 행동의 변화를 통해 인간관계 기술을 향상하려는 것이 주된 목적인 것은 감수성 훈련이다.

**25** ④

평상시 근무하면서 일을 배우는 직장 내 교육훈련방법은 현장훈련(OJT: On the Job Training)을 의미한다. 감수성 훈련은 조직발전(OD)의 기법에 해당한다.

**26** ②

역할연기(role playing)는 Off JT(Off the Job Training)에 해당한다.

**27** ⑤

사례연구(case study)는 사회자의 지도하에, 사전에 선정된 특수한 사례에 대해 여러 사람이 토의하게 하는 방법이다. 이때 사례는 피훈련자들에게 말·인쇄물 또는 그림·영화 등으로 제시된다. 사례연구방법은 피훈련자 전원이 능동적으로 참가할 수 있으며, 주입식 학습을 탈피하고, 독립적·분석적 사고능력과 문제해결능력을 발전시켜 준다는 장점을 지닌다. 이 방법은 중·고급 공무원의 훈련에 유용하며, 특히 인간관계 훈련에 많이 활용된다. 반면에 사례연구방법은 작은 집단 내에서만 가능하며, 상당한 시간이 소요되고, 적합한 사례를 구하기가 쉽지 않다는 단점을 지닌다.

**28** ③

감수성 훈련은 공식적 논의사항, 지도자 및 상대방에 대한 제반 사항을 모르도록 해야 한다.

**29** ②

강의, 토론회, 시찰, 시청각교육 등은 태도나 행동의 변화보다는 지식의 습득을 주된 목적으로 한다.

**30** ①

ㄱ은 강제배분법, ㄴ은 산출기록법, ㄷ은 행태기준평정척도법이다.

- ㄱ. 강제배분법(forced distribution)은 근무성적을 평정한 결과 피평정자들의 성적 분포가 과도하게 집중화되거나 관대화 또는 엄격화되는 것을 막기 위해 성적 분포의 비율을 미리 정해놓는 평정방법이다. 분포 비율을 정하는 방법은 여러 가지가 있으나, 등급의 수가 다섯인 경우 10, 20, 40, 20, 10의 비율로 종형(鐘型)인 정상 분포 곡선(normal curve)이 되도록 배분하는 것이 일반적인 예이다. 강제배분법은 피평정자가 많을 때는 관대화 경향에 따르는 평정 오차를 방지할 수 있는 이점이 있지만, 평정대상 전원이 무능하더라도 일정 비율의 인원이 우수하다는 평정을 받게 되거나 반대로 전원이 우수한 경우에도 일정한 비율의 인원은 열등하다는 평정을 받게 되는 결함이 있다. 또한 평정자가 미리 강제 배분 비율에 따라 평정대상자를 각 등급에 분포시키고, 그 다음에 역으로 등급에 해당하는 점수를 부여하는 이른바 역산식 평정을 할 가능성이 높다.
- ㄴ. 산출기록법(production records)은 공무원이 달성한 작업량을 평가대상으로 하는 방법이다. 즉, 공무원이 일정한 시간당 수행한 작업량을 측정하거나 또는 일정한 작업량을 달성하는 데 소요된 시간을 계산해 그 성적을 평정하는 것이다. 이 방법은 워드프로세서, 속기사 등과 같이 표준작업시간과 표준작업량의 산정이 가능한 직종의 평정에 적합하다. 그러나 계량적으로 측정할 수 없는 작업의 질, 작업능률에 영향을 미치는 성격·협동성·판단력 등은 평가할 수 없다.
- ㄷ. 행태기준평정척도법(BARS: behaviorally anchored rating scales)은 도표식 평정척도법이 갖는 평정요소 및 등급의 모호성과 해석상의 주관적 판단 개입, 그리고 중요 사건 평정법이 갖는 상호비교의 곤란성을 보완하기 위해 두 방법의 장점을 통합시킨 것이다.

**31** ①

제시문은 행태기준평정척도법에 관한 설명이다.

**32** ①

|오답해설| ㄱ. 논리모형(Logic Model)은 단기적인 산출물보다는 직무활동이 설정된 성과목표를 성취하는 과정을 중시한다.

ㄷ. 균형성과평정법(Balanced Scorecard)은 재무와 비재무, 내부와 외부, 선행과 후행, 단기와 장기의 균형을 강조하는 평가방법이다.

**33** ③

|오답해설| 근무성적평가는 5급 이하 공무원을 대상으로 연 2회 평가가 실시되며, 공정한 평가를 위해 평가자와 피평가자의 사전협의(성과면담)를 실시하여야 한다.

**34** ③

|오답해설| ① 일반직 공무원의 근무성적평정은 크게 4급 이상을 대상으로 한 '성과계약 등 평가'와 5급 이하를 대상으로 한 '근무성적평가'로 구분된다.

② '근무성적평가'는 정기평가와 수시평가로 나눌 수 있으며 정기평가는 6월 30일과 12월 31일 기준으로 연 2회 실시한다.

④ 역량평가제도는 고위공무원으로 신규채용되려는 사람 또는 4급 이상 공무원이 고위공무원단 직위로 승진임용되거나 전보되려는 사람을 대상으로 업무수행에 필요한 충분한 역량을 보유하고 있는지를 평가한다.

**35** ①

평가자는 근무성적평정이 공정하고 타당성 있게 실시될 수 있도록 하기 위하여 근무성적평정 대상 공무원과 성과면담을 실시하여야 하나, 3회 이상 실시하여야 한다는 규정은 없다.

**36** ④

직무성과관리제도는 목표설정, 성과관리, 성과평정 순으로 진행된다. 상급자에 의한 지도와 점검, 중간면담의 실시 및 필요한 경우 목표를 수정할 수 있는 단계는 성과평정단계가 아니라 성과관리단계이다.

**37** ③

|오답해설| 직무성과계약제는 장·차관 등 기관의 책임자와 실·국장 등 고위관리자, 실·국장과 과장 등 중간관리자 간에 하향적(Top-down) 방식으로 성과목표와 평가지표 등에 관해 공식적인 성과계약을 맺은 뒤 계약서에 명시한 목표의 달성도에 따라 인사·보수상 차별을 받는 제도로 투입부문의 통제보다는 산출이나 성과에 초점을 두고 있다.

**38** ②

총액인건비제도는 2007년 노무현 정부에서 중앙행정기관 및 지방자치단체에 처음 도입되었으며, 공공기관으로 확대되었다.

|오답해설| 총액인건비제도 시행 주관부처에서는 각 부처별 인건비 예산의 총액을 관리하고, 해당 부처에서는 인건비 예산 총액의 한도 안에서 인력의 직급별 규모, 직렬·직류 등의 종류, 기구의 설치 및 인건비 배분에 대하여 자율성을 가지고 운영하되, 그 결과에 대해 책임을 지는 제도이다. 따라서 총액인건비제도는 정원관리에 대한 각 부처의 자율성 확대를 목표로 하며, 보수관리에 대한 각 부처의 자율성이 확대되었다. 또한 시행기관은 성과 중심의 조직운영을 위하여 총액인건비제도를 활용할 수 있다.

**39** ①

총액인건비제도는 민주적 통제보다는 자율과 책임의 조화, 성과와 보상의 연계 강화를 위해 등장한 제도이다.

**40** ④

국가공무원 총정원 및 부처별 정원상한은 행정안전부가 관리(「정부조직법」 제34조 제1항)하고, 정원규모 및 계급별·직급별 정원은 부처에서 자율적으로 결정한다.

**41** ④

총액인건비제도는 기구·정원 조정에 대한 재정당국의 중앙통제를 완화하고 수당의 신설·통합·폐지와 절감예산 활용 등에서의 부처 자율성을 부여하는 특성을 갖는다.

**42** ②

고정급적 연봉제에서 연봉은 기본연봉으로 구성된다.

**43** ①

고위공무원단에 속하는 공무원은 직무성과급적 연봉제의 대상이나, 일부 별정직 등은 적용대상에서 제외된다.

**44** ④

종업원인정제도는 금전적 보상을 제공하지 않지만, 조직에 대한 특수한 기여를 인정해 동기를 유발하는 제도이다.

**45** ④

연금지급률을 1.9%에서 1.7%로 2035년까지 단계적으로 인하하도록 하였다.

**46** ④

퇴직급여 산정 기준은 전 재직기간 평균소득으로 변경하였다.

---

「공무원연금법」

제3조【정의】① 이 법에서 사용하는 용어의 뜻은 다음과 같다.

4. "기준소득월액"이란 기여금 및 급여 산정의 기준이 되는 것으로서 일정 기간 재직하고 얻은 소득에서 비과세소득을 제외한 금액의 연지급합계액을 12개월로 평균한 금액을 말한다. 이 경우 소득 및 비과세소득의 범위, 기준소득월액의 결정방법 및 적용 기간 등에 관한 사항은 대통령령으로 정한다.

5. "평균기준소득월액"이란 재직기간 중 매년 기준소득월액을 공무원보수인상률 등을 고려하여 대통령령으로 정하는 바에 따라 급여의 사유가 발생한 날(퇴직으로 급여의 사유가 발생하거나 퇴직 후에 급여의 사유가 발생한 경우에는 퇴직한 날의 전날을 말한다. 이하 같다)의 현재가치로 환산한 후 합한 금액을 재직기간으로 나눈 금액을 말한다. 다만, 제43조 제1항·제2항에 따른 퇴직연금·조기퇴직연금 및 제54조 제1항에 따른 퇴직유족연금(공무원이었던 사람이 퇴직연금 또는 조기퇴직연금을 받다가 사망하여 그 유족이 퇴직유족연금을 받게 되는 경우는 제외한다) 산정의 기초가 되는 평균기준소득월액은 급여의 사유가 발생한 당시의 평균기준소득월액을 공무원보수인상률 등을 고려하여 대통령령으로 정하는 바에 따라 연금 지급이 시작되는 시점의 현재가치로 환산한 금액으로 한다.

제30조【급여액 산정의 기초】① 이 법에 따른 급여(제43조 제1항·제2항에 따른 퇴직연금·조기퇴직연금 및 제54조 제1항에 따른 퇴직유족연금은 제외한다)의 산정은 급여의 사유가 발생한 날이 속하는 달의 기준소득월액을 기초로 한다.

② 제43조 제1항·제2항에 따른 퇴직연금·조기퇴직연금 및 제54조 제1항에 따른 퇴직유족연금의 산정은 다음 각 호의 금액을 기초로 한다.

1. 다음 각 목에 따라 산정한 금액을 합산하여 3으로 나눈 금액을 공무원보수인상률 등을 고려하여 대통령령으로 정하는 바에 따라 연금 지급이 시작되는 시점의 현재가치로 환산한 금액

가. 퇴직 3년 전 연도의 공무원 전체의 기준소득월액 평균액을 퇴직 3년 전 연도와 대비한 퇴직 전년도의 전국소비자물가 변동률에 따라 환산한 금액

나. 퇴직 2년 전 연도의 공무원 전체의 기준소득월액 평균액을 퇴직 2년 전 연도와 대비한 퇴직 전년도의 전국소비자물가 변동률에 따라 환산한 금액

다. 퇴직 전년도의 공무원 전체의 기준소득월액 평균액

2. 평균기준소득월액. 이 경우 기준소득월액은 공무원 전체의 기준소득월액 평균액의 160퍼센트를 초과할 수 없다.

③ 공무원 전체의 기준소득월액 평균액의 산정기준 및 산정방법은 대통령령으로 정한다.

---

**47** ④

행정윤리는 특정 시기에 특정 사람들의 의식과 행태를 결정하는 것으로서 구체적이고 실질적인 것이다.

**48** ①

특정인이 아니라 불특정인이다.

**49** ④

OECD 국가들의 행동강령은 1990년대부터 집중적으로 제정되었으며, OECD 국가들은 공무원에게 기대되는 바람직한 행위를 행동강령만이 아니라 법과 지침서 등 다양한 방식으로 규정하고 있다.

**50** ④

공직자 행동강령(「공무원 행동강령」)은 공무원이 준수하여야 할 행동기준으로 「부패방지 및 국민권익위원회의 설치와 운영에 관한 법률」에 근거하여 대통령령으로 제정되었다.

**51** ④

부패는 분권보다는 집권으로 인해 발생하는 경우가 많다.

**52** ③

이해충돌의 세 가지 유형 중 공무원이 미래에 공적 책임과 관련되는 일에 연루되는 경우 발생하는 이해충돌은 잠재적 이해충돌(potential conflict of interest)이다.

---

• 이해충돌의 유형

－ 실질적 이해충돌(actual conflict of interest): 현재 발생하고 있고 과거에도 발생한 이해충돌

－ 외견상 이해충돌(apparent conflict of interest): 공무원의 사익이 부적절하게 공적 의무의 수행에 영향을 미칠 가능성이 있는 상태로 부정적 영향이 현재화된 것이 아닌 상태

－ 잠재적 이해충돌(potential conflict of interest): 공무원이 미래에 공적 책임과 관련되는 일에 연루되는 경우 발생. 다른 경우와 비교하여 이해충돌의 외관이 가장 미약한 경우

---

**53** ②

내부고발자보호제도는 조직을 보호하기 위한 것이 아니라 부패의 발생을 예방함과 동시에 부패행위를 효율적으로 규제함으로써 청렴한 공직 및 사회풍토의 확립에 이바지함을 그 목적으로 한다.

**54** ⑤

조직구성원이 언론기관이나 국회 등의 외부인사에게 조직 내부의 불법행위를 폭로하는 내부고발행위를 보호함으로써 내부감시기능을 강화해야 한다. 따라서 내부고발은 언론기관이나 국회 등의 외부인사에게 조직 내부의 불법행위를 폭로한다는 점에서 내부적인 이의제기 형식과는 다르다.

|오답해설| ① 퇴직 후의 고발도 내부고발이다.
② 조직 내의 비윤리적 행위를 대상으로 한다.
③ 내부고발은 기명(記名)으로 이루어져야 한다.
④ 내부고발은 공직사회의 응집력을 약화시킨다.

**55** ③

미국에서의 내부고발인 보호를 위한 규정은 「행정절차법」이 아니라 「부정청구법(부정폭로법, false claim act)」에서 두고 있다.

## PART Ⅴ. 재무행정론

본문 P.124

| 01 | ① | 02 | ① | 03 | ② | 04 | ② | 05 | ② |
|----|---|----|---|----|---|----|---|----|---|
| 06 | ④ | 07 | ④ | 08 | ④ | 09 | ④ | 10 | ② |
| 11 | ③ | 12 | ① | 13 | ① | 14 | ② | 15 | ② |
| 16 | ② | 17 | ② | 18 | ② | 19 | ① | 20 | ④ |
| 21 | ③ | 22 | ③ | 23 | ② | 24 | ② | 25 | ④ |
| 26 | ③ | 27 | ② | 28 | ② | 29 | ④ | 30 | ① |
| 31 | ③ | 32 | ② | 33 | ② | 34 | ③ | 35 | ② |
| 36 | ④ | 37 | ④ | 38 | ④ |  |  |  |  |

**01** ①

성인지 예산제도는 예산과 지출에 있어서 남녀에게 드는 비용이 다르다는 것을 전제로 한다.

**02** ①

국가재정법 제정에 따라 도입된 성인지 예산제도는 2010회계연도에 성인지 예산서가 처음으로 국회에 제출되었다.

|오답해설| ② 성인지 예산제도의 목적은 예산이 여성과 남성에게 미칠 영향을 미리 분석하는 것이다.
③ 1984년 호주에서 처음 도입되었다.
④ 우리나라 성인지 예산제도는 예산사업과 기금사업을 대상으로 하고 있다.

「국가재정법」
제26조【성인지 예산서의 작성】① 정부는 예산이 여성과 남성에게 미칠 영향을 미리 분석한 보고서[이하 "성인지(性認知)예산서"라 한다]를 작성하여야 한다.
제57조【성인지 결산서의 작성】① 정부는 여성과 남성이 동등하게 예산의 수혜를 받고 예산이 성차별을 개선하는 방향으로 집행되었는지를 평가하는 보고서(이하 "성인지 결산서"라 한다)를 작성하여야 한다.
제68조의2【성인지 기금운용계획서의 작성】① 정부는 기금이 여성과 남성에게 미칠 영향을 미리 분석한 보고서(이하 "성인지 기금운용계획서"라 한다)를 작성하여야 한다.
제73조의2【성인지 기금결산서의 작성】① 정부는 여성과 남성이 동등하게 기금의 수혜를 받고 기금이 성차별을 개선하는 방향으로 집행되었는지를 평가하는 보고서(이하 "성인지 기금결산서"라 한다)를 작성하여야 한다.

**03** ②

성인지 예산은 성 중립적(gender neutral) 관점보다는 성인지적(gender perspective) 관점에서 출발한다.

**04** ②

|오답해설| ㄹ. 성인지 예산서, 결산서는 예산안과 결산서의 첨부서류이다.

**05** ②

성인지 예산서는 기획재정부장관이 여성가족부장관과 협의하여 제시한 작성기준 및 방식 등에 따라 각 중앙관서의 장이 작성한다.

**06** ④

|오답해설| ① 국회는 발의·제출된 법률안을 수정·보완할 수 있다. 반면 제출된 예산안은 정부의 동의 없이 삭감이나 폐지는 가능하나, 정부가 제출한 지출예산 각 항의 금액을 증가하거나 새 비목을 설치할 수 없다. 따라서 제출된 예산안은 정부의 동의 없이는 수정할 수 없는 것은 아니다.
② 국회에 제출된 법률안은 의결기한에 제한이 없으나, 예산안은 매년 12월 2일까지 본회의의 심사를 마쳐야 한다.
③ 대통령은 국회가 의결한 법률안에 대해 거부권이 있지만, 국회 의결 예산에 대해서는 재의요구권이 없다.

「대한민국헌법」
제53조 ① 국회에서 의결된 법률안은 정부에 이송되어 15일 이내에 대통령이 공포한다.
② 법률안에 이의가 있을 때에는 대통령은 제1항의 기간 내에 이의서를 붙여 국회로 환부하고, 그 재의를 요구할 수 있다. 국회의 폐회 중에도 또한 같다.
③ 대통령은 법률안의 일부에 대하여 또는 법률안을 수정하여 재의를 요구할 수 없다.
제54조 ① 국회는 국가의 예산안을 심의·확정한다.
② 정부는 회계연도마다 예산안을 편성하여 회계연도 개시 90일 전까지 국회에 제출하고, 국회는 회계연도 개시 30일 전까지 이를 의결하여야 한다.
제57조 국회는 정부의 동의 없이 정부가 제출한 지출예산 각 항의 금액을 증가하거나 새 비목을 설치할 수 없다.

**07** ④

대통령은 국회가 의결한 법률안에 대해 재의 요구를 할 수 있으며, 국회는 정부가 제출한 예산안에 대한 심의·의결을 거부할 수 없다.

> **「대한민국헌법」**
> 제52조 국회의원과 정부는 법률안을 제출할 수 있다.
> 제53조 ① 국회에서 의결된 법률안은 정부에 이송되어 15일 이내에 대통령이 공포한다.
> ② 법률안에 이의가 있을 때에는 대통령은 제1항의 기간 내에 이의서를 붙여 국회로 환부하고, 그 재의를 요구할 수 있다. 국회의 폐회 중에도 또한 같다.
> ③ 대통령은 법률안의 일부에 대하여 또는 법률안을 수정하여 재의를 요구할 수 없다.
> ④ 재의의 요구가 있을 때에는 국회는 재의에 붙이고, 재적의원 과반수의 출석과 출석의원 3분의 2 이상의 찬성으로 전과 같은 의결을 하면 그 법률안은 법률로서 확정된다.
> ⑤ 대통령이 제1항의 기간 내에 공포나 재의의 요구를 하지 아니한 때에도 그 법률안은 법률로서 확정된다.
> ⑥ 대통령은 제4항과 제5항의 규정에 의하여 확정된 법률을 지체없이 공포하여야 한다. 제5항에 의하여 법률이 확정된 후 또는 제4항에 의한 확정법률이 정부에 이송된 후 5일 이내에 대통령이 공포하지 아니할 때에는 국회의장이 이를 공포한다.
> ⑦ 법률은 특별한 규정이 없는 한 공포한 날로부터 20일을 경과함으로써 효력을 발생한다.
> 제54조 ① 국회는 국가의 예산안을 심의·확정한다.
> ② 정부는 회계연도마다 예산안을 편성하여 회계연도 개시 90일 전까지 국회에 제출하고, 국회는 회계연도 개시 30일 전까지 이를 의결하여야 한다.
> 제57조 국회는 정부의 동의 없이 정부가 제출한 지출예산 각항의 금액을 증가하거나 새 비목을 설치할 수 없다.

**08** ④

국회에서 심의·의결된 예산안은 공포 없이 확정되어 효력을 가진다. 따라서 심의·확정된 예산은 법률로 변경할 수 없다. 즉 우리나라는 예산이 법률주의가 아니라 예산주의에 해당하므로 예산으로 법률의 개폐가 불가능하며, 법률로도 예산을 변경할 수 없다.

> **「대한민국헌법」**
> 제53조 ① 국회에서 의결된 법률안은 정부에 이송되어 15일 이내에 대통령이 공포한다.
> ② 법률안에 이의가 있을 때에는 대통령은 제1항의 기간 내에 이의서를 붙여 국회로 환부하고, 그 재의를 요구할 수 있다. 국회의 폐회 중에도 또한 같다.
> ③ 대통령은 법률안의 일부에 대하여 또는 법률안을 수정하여 재의를 요구할 수 없다.
> ④ 재의의 요구가 있을 때에는 국회는 재의에 붙이고, 재적의원 과반수의 출석과 출석의원 3분의 2 이상의 찬성으로 전과 같은 의결을 하면 그 법률안은 법률로서 확정된다.
> ⑤ 대통령이 제1항의 기간 내에 공포나 재의의 요구를 하지 아니한 때에도 그 법률안은 법률로서 확정된다.
> ⑥ 대통령은 제4항과 제5항의 규정에 의하여 확정된 법률을 지체없이 공포하여야 한다. 제5항에 의하여 법률이 확정된 후 또는 제4항에 의한 확정법률이 정부에 이송된 후 5일 이내에 대통령이 공포하지 아니할 때에는 국회의장이 이를 공포한다.
> ⑦ 법률은 특별한 규정이 없는 한 공포한 날로부터 20일을 경과함으로써 효력을 발생한다.
> 제54조 ① 국회는 국가의 예산안을 심의·확정한다.
> ② 정부는 회계연도마다 예산안을 편성하여 회계연도 개시 90일 전까지 국회에 제출하고, 국회는 회계연도 개시 30일 전까지 이를 의결하여야 한다.
> ③ 새로운 회계연도가 개시될 때까지 예산안이 의결되지 못한 때에는 정부는 국회에서 예산안이 의결될 때까지 다음의 목적을 위한 경비는 전년도 예산에 준하여 집행할 수 있다.
>   1. 헌법이나 법률에 의하여 설치된 기관 또는 시설의 유지·운영
>   2. 법률상 지출의무의 이행
>   3. 이미 예산으로 승인된 사업의 계속
> 제59조 조세의 종목과 세율은 법률로 정한다.

**09** ④

우리나라는 예산이 법률의 형식이 아니기 때문에 대통령은 국회가 확정한 본예산에 대하여 재의를 요구할 수 없다.

**10** ②

예산과 법률은 상호 개폐나 변경이 불가능하다.

**11** ③

총량적 재정규율은 예산운영 전반에 대한 거시적 예산결정을 토대로 이루어져야 하며, 중장기적으로 지속되어야 한다.

**12** ①

프로그램 예산제도는 품목별 분류가 아닌 정책과 성과 중심의 예산운영을 위해 설계·도입된 제도로 프로그램 예산분류(과목) 체계는 분야-부문-프로그램-단위사업-세부사업 등으로 구성된다. 2007년에 도입된 프로그램 예산제도(지자체는 2008년)는 현재 운영되고 있다.

**13** ①

우리나라의 프로그램 예산제도는 하향식 예산방식으로 다년도 중심의 예산이다.

**14** ②

|오답해설| 우리나라 예산은 소관별로 구분된 후 기능별로 분류되고 마지막으로 품목을 중심으로 분류되며(①), 기능을 중심으로 장은 분야, 관은 부문, 항은 프로그램, 세항은 단위사업을 의미한다(③). 장 사이의 상호 융통(이용)은 국회의 통제를 받으며(④), 세항과 목은 행정과목이다(⑤).

**15** ②

1961년 설립된 경제기획원은 중앙예산기관의 역할을 담당하였으며, 재무부는 수입·지출의 총괄기능을 담당하였다. 이후 김영삼 정부는 1994년 정부조직개편을 통해 경제기획원과 재무부를 재정경제원으로 통합하여 세제, 예산, 국고 기능을 일원화하였으나, 1997년 외환위기를 맞으면서 다시 재정경제부와 기획예산처로 재편되었다가 2008년 재정경제부와 기획예산처를 다시 통합해 기획재정부가 탄생하였다.

**16** ②

납세자인 국민들은 정부지출을 통제하고 성과에 대한 직접적인 책임을 강하게 요구할 수 있다.

**17** ②

내구성이 큰 투자사업의 경비를 조달하기에 적합하며 사업이나 시설로 인해 편익을 얻게 될 후세대도 비용을 분담하기 때문에 세대 간 공평성을 높일 수 있는 것은 조세가 아니라 국공채이다.

조세는 현 세대의 의사결정에 대한 재정 부담이 미래 세대로 전가되지 않는 장점이 있는 반면, 미래 세대까지 혜택이 발생하는 자본투자를 현 세대만 부담한다면 세대 간 비용·편익의 형평성 문제가 발생하는 단점이 있다.

**18** ②

국공채는 사회간접자본(SOC) 관련 사업이나 시설로 편익을 얻게 될 경우 후세대도 비용을 분담하기 때문에 세대 간 형평성을 높일 수 있다.

**19** ①

한도액(fixed ceiling) 설정법을 제도한 것은 예산총액배분 자율편성제도이다.

**20** ④

증감분석법은 모든 예산항목을 매년 재검토할 필요는 없지만, 각 기관에 필요한 기본 예산액이 얼마인지에 대한 검토가 등한시되는 단점이 있다.

**21** ③

재정사업자율평가 결과 추가적인 평가가 필요하다고 판단되는 사업은 심층평가를 실시할 수 있다.

**22** ③

보조사업평가단의 설치·운영은 「보조금 관리에 관한 법률」에 규정되어 있다.

**23** ③

예비타당성조사는 경제적, 재정적 측면에서 타당성을 검토하는 것이다.

**24** ④

| 오답해설 | ① 기존에 유지된 타당성조사의 문제점을 보완하기 위해 1999년부터 도입하였다.

② 신규 사업 중 총사업비가 500억 원 이상인 사업은 예비타당성조사 대상에 포함된다.

③ 예비타당성조사는 기획재정부장관이 실시한다.

> 「국가재정법」
> 제38조 【예비타당성조사】 ① 기획재정부장관은 총사업비가 500억 원 이상이고 국가의 재정지원 규모가 300억 원 이상인 신규 사업으로서 다음 각 호의 어느 하나에 해당하는 대규모사업에 대한 예산을 편성하기 위하여 미리 예비타당성조사를 실시하고, 그 결과를 요약하여 국회 소관 상임위원회와 예산결산특별위원회에 제출하여야 한다.

**25** ④

예비타당성조사는 크게 경제성 분석과 정책성 분석으로 나누어 실시되고 있다. 경제성 분석을 통해 수요 및 편익추정, 비용 추정, 경제성 및 재무성 평가, 민감도 분석이 이루어지고, 정책성 분석을 통해 지역경제 파급효과, 지역균형개발, 사업추진 위험요인, 정책의 일관성 및 추진의지, 국고지원의 적합성, 재원조달 가능성, 상위계획과의 연관성, 환경성이 검토된다.

**26** ③

예비타당성조사 결과는 경제성 분석, 정책성 분석, 지역균형발전 분석에 대한 분석결과를 종합적으로 고려하여 제시한다. 따라서 기획재정부는 예비타당성조사를 실시하여 정치·경제적 이해관계를 고려하여 예산배분의 타당성을 검토한다.

> 「국가재정법」
> 제38조 【예비타당성조사】 ⑥ 기획재정부장관은 제1항의 규정에 따른 예비타당성조사 대상사업의 선정기준·조사수행기관·조사방법 및 절차 등에 관한 지침을 마련하여 중앙관서의 장에게 통보하여야 한다.
>
> 「예비타당성조사 수행 총괄지침」
> 제12조 【예비타당성조사의 분석 방법】 ① 예비타당성조사 결과는 경제성 분석, 정책성 분석, 지역균형발전 분석에 대한 분석결과를 종합적으로 고려하여 제시한다.

**27** ②

예비타당성조사는 1999년도부터 실시하여 2000년 예산편성 때부터 적용하고 있는 제도이다. 총사업비가 500억 원 이상이면서 국가재정지원 규모가 300억 원 이상인 신규사업 가운데 건설공사가 포함된 사업, 지능정보화, 그리고 연구개발사업에 대해서는 담당 부처의 본격적인 타당성 조사 및 기본 설계 이전에 경제적 타당성을 예산 담당부처의 중립적인 입장에서 집중 검토하여 사업의 추진 여부를 결정하도록 하고 있다(「국가재정법」 제38조).

| 오답해설 | ① 총사업비관리제도는 예비타당성조사제도 실시 이전인 1994년도부터 운영되고 있다.

③ 국가 직접시행사업, 국가대행사업, 국고보조사업 및 국고보조를 받는 민간기관사업 가운데 사업기관이 2년 이상으로 총사업비가 토목사업은 500억 원 이상, 건축사업은 200억 원 이상인 경우에는 총사업비관리 제도의 대상이 된다.

④ 기획재정부는 예산편성과 성과관리의 연계를 위해 2005년부터 '재정사업자율평가제도'를 실시하고 있다.

**28** ②

발생주의는 복식부기만을 사용할 수 있으나, 현금주의에서는 단식부기와 복식부기를 모두 사용할 수 있다.

**29** ④

발문은 세입예산에 관한 설명이다.

**30** ①

선진국처럼 국가의 경제력이 크고, 예측가능성이 높은 경우는 점증적 행태에 해당한다.

**31** ③
윌다브스키(Wildavsky)의 예산행태 유형 중 국가의 경제력은 낮지만 재정 예측력이 높은 경우에 나타나는 행태는 세입예산(revenue budgeting)이다.

**32** ②
신성과주의 예산제도는 국민의 요구에 대한 대응성을 중시한다.

**33** ②
최근의 신성과주의는 성과를 중시하므로 관료의 재량권은 확대하고 책임을 강화한다.

**34** ③
장기적인 기획과 단기적인 예산편성을 유기적으로 연결하여 합리적인 자원배분을 이루려는 제도는 계획예산제도이다.

**35** ②
과거의 성과주의 예산제도(PBS)는 그 내용과 범위가 상당히 광범위한 것에 비해, 새로운 성과주의 예산제도(신성과주의 예산제도, New Performance Budgeting)는 좁은 범위에서 적용되는 경향이 있다. 즉, 새로운 성과주의 예산제도는 프로그램 구조와 회계제도 등을 바꿀 수 있는 큰 틀의 제도개혁으로 보기보다는 성과정보의 예산과정에서의 활용을 예산개혁의 목표로 삼는 경향이 있다. 따라서 신성과주의 예산은 과거의 성과주의 예산과 비교하여 프로그램 구조와 회계제도에 미치는 영향이 제한적이다.

**36** ④
미국 클린턴 행정부는 1993년 결과 지향적 예산제도의 일환으로서 GPRA(Government Performance and Result Act)를 도입했다. PART(Program Assessment Rating Tool)는 2002년 부시 행정부에서 재정사업의 성과관리체제를 강화하기 위하여 도입한 것으로 GPRA를 보완한 제도이다.

**37** ④
'예산과정 흐름에서 의사결정'이 아니라 '예산집행 흐름에서 의사결정'이다.

**38** ④
루빈(Rubin)의 실시간 예산운영(real-time budgeting)모형에서 '예산 균형 흐름'에서의 의사결정은 정부의 범위와 역할에 대한 결정의 성격이 강하며, 제약조건의 정치적 특징을 갖는다. 반면, '예산집행 흐름'에서의 결정은 기술적 성격이 강하며, 책임성(accountability)의 정치적 특징을 갖는다.

---

## PART Ⅵ. 행정환류론

본문 P.146

| 01 | ① | 02 | ① | 03 | ② | 04 | ④ |
|----|---|----|---|----|---|----|---|

**01** ①
전문성이나 윤리헌장 같은 내부통제 장치들을 통해 행정책임을 확보해야 한다고 주장한 사람은 파이너(Finer)가 아니라 프리드리히(Friedrich)이다.

**02** ①
프리드리히(Friedrich)는 관료의 내면적 기준에 의한 내재적 책임을 강조하고 파이너(Finer)는 법률, 입법부, 사법부, 국민 등에 의한 통제 등은 외부적 힘에 의한 통제로 확보되는 외재적 책임을 강조한다.

**03** ②
사회적 기업은 유급근로자를 고용하여 재화와 서비스의 생산·판매활동을 하여야만 고용노동부장관으로부터 인증을 받을 수 있다.
| 오답해설 | ① 사회적 기업의 연계기업은 사회적 기업이 창출하는 이익을 취할 수 없다.
③ 정부(고용노동부장관)는 5년마다 사회적 기업의 활동실태를 조사하고 육성계획을 수립·추진하여야 한다.
④ 무급근로자들로만 구성된 단체는 사회적 기업으로 인증받을 수 없다.

**04** ④
사회적 기업으로 인증받기 위해서는 유급근로자를 고용하여야 한다. 자원봉사자로만 구성되는 것은 비정부기구(NGO)이다.

## PART Ⅶ. 지방행정론

본문 P.150

| | | | | | | | | | |
|---|---|---|---|---|---|---|---|---|---|
| 01 | ④ | 02 | ④ | 03 | ② | 04 | ① | 05 | ③ |
| 06 | ① | 07 | ② | 08 | ③ | 09 | ④ | 10 | ② |
| 11 | ③ | 12 | ② | 13 | ③ | 14 | ④ | 15 | ② |
| 16 | ① | 17 | ③ | 18 | ③ | 19 | ② | 20 | ② |
| 21 | ① | 22 | ③ | 23 | ① | 24 | ④ | 25 | ① |
| 26 | ① | 27 | ② | 28 | ③ | 29 | ③ | 30 | ④ |
| 31 | ② | 32 | ④ | 33 | ④ | 34 | ① | | |

**01** ④

제시문은 향회에 관한 설명이다.

**02** ④

제3공화국에서는 지방자치가 중단되었다.

**03** ②

1991년 지방선거에서 지방의회의원을 선출하였으나, 지방자치단체장 선거는 실시되지 않았으며, 1995년 지방선거에서 지방의회의원과 지방자치단체장 선거가 실시되면서 실질적 의미의 지방자치가 시작되었다.

| 오답해설 | ① 제헌의회가 성립하면서 1949년 지방자치법이 제정되어 서울특별시장과 도지사는 대통령이 임명하고, 시·읍·면장은 각 시·읍·면의회에서 간접 선출하도록 규정하였으나, 선거가 실시되지는 않았다.

③ 2006년 '지방교육자치에 관한 법률'의 개정 이후 2007년부터 주민 직선제에 의한 시·도교육감 선거가 실시되었고, 2010년부터 지방 선거와 동시에 주민직선제에 의한 시·도교육감 선거가 실시되면서 실질적 의미의 교육자치가 시작되었다.

④ 1960년 지방선거에서는 서울특별시장·도지사와 시·읍·면장 선거가 실시되었다.

**04** ①

| 오답해설 | ② 박정희 정부부터 전두환 정부 시기까지는 지방선거가 실시되지 않았다. 노태우 정부 시기인 1991년 주민직선으로 지방의회가 구성되었다.

③ 지방자치단체장과 지방의회의원을 동시에 뽑는 선거는 1995년 김영삼 정부에서 실시되었다.

④ 2006년 지방선거부터 정당공천제가 기초지방의원까지 확대되었으며, 현재까지 실시되고 있다.

**05** ③

소선거구제에서 대선거구제로 전환을 제안하였다.

**06** ①

발문은 딜런의 원칙(Dillon's rule)에 관한 설명이다.

**07** ②

딜런의 원칙(Dillon's rule)에 따르면 지방정부는 주정부의 피조물로서 명백히 부여된 자치권만을 행사하게 되며 주정부는 지방정부를 폐지시킬 수 있다. 즉 딜런의 규칙은 집권을, 나머지는 분권을 강조한 개념이나 이론에 해당한다.

**08** ③

주민자치국가인 영국의 경우 개별적으로 수권받은 사무에 대해서는 지방자치단체가 자치권을 보유(개별적 지정주의)하지만, 그 범위를 벗어나는 행위는 금지된다.

| 오답해설 | ① 미국 건국초기에는 헌법에 의해 연방의 권한을 명확히 한정하여 연방의 권한이 상대적으로 약했으며, 주정부는 연방정부 권한 이외의 헌법상 금지되지 않은 권한을 포괄적으로 보장받아 연방과 주의 권한을 명확히 구분하였다.

② 딜런의 규칙(Dillon's rule)에 의하면 지방정부는 '주정부의 피조물'로서 명시적으로 위임된 사항만 권한을 지닌다.

④ 일본의 경우 메이지유신 이래 강력한 중앙집권적 체제를 유지해 왔으나, 국가의 관여를 폐지하거나 축소시키는 등의 분권개혁이 이루어지고 있다.

**09** ④

자치권을 지방자치단체가 본래부터 가지고 있는 권리라고 보는 것은 고유권설이며, 지방자치단체의 자치권이 국가로부터 주어진다고 보는 전래권설에는 지방자치단체를 국가의 창조물로 보는 준독립설과 지방자치단체가 국가로부터 위탁받은 정치적 지배권을 행사한다고 보는 순수탁설이 있다.

**10** ②

국세와 지방세의 비율이 중앙집권과 지방분권의 측정지표이다.

**11** ③

지방자치단체의 기관구성 형태는 지방분권 수준을 측정할 수 있는 지표와 무관하다.

**12** ②

지방자치단체의 고유사무와 위임사무의 비율이 측정지표로 활용될 수 있다.

**13** ③

사회적 인프라가 어느 정도 갖춰진 국가에서는 지역 간 평등한 공공서비스의 제공보다는 지역의 특성을 반영한 개성 있는 공공서비스가 선호되어 지방분권화가 확대되고 있다. 평등한 서비스를 제공하기 위해서는 중앙정부에 의한 엄격한 재정·행정적 통제가 수반된다. 이는 격차의 문제를 최소화할 수 있는 장점이 있으나 획일적·몰개성적 서비스의 문제를 야기한다. 지역별로 상이한 행정 수요가 존재하거나 주민들의 참여를 통한 특색 있는 지역발전을 추구하는 데는 지방분권이 더 바람직하다.

**14** ④

정보제공은 형식적 참여에 해당한다.

| 오답해설 | ①② 조작, 치료는 비참여, ③⑤ 협력, 주민통제는 실질적 참여에 해당한다.

**15** ②

정보제공은 커뮤니케이션의 경로가 일방적으로 행정청에서 주민에게로 흐르는 것으로 매스컴, 포스터, 문의, 소책자 발간 등이 그 수단이다.

**16** ①

과거에는 자문위원회, 도시계획위원회, 환경연합회, 협의회 등을 통한 간접적인 참여제도가 주류를 이루었지만 최근에는 주민과의 공개 대화는 물론 주민감사청구제도, 주민옴부즈만제도, 주민조례발의제, 주민투표제도, 주민소환제도, 주민참여예산제 등 다양한 직접적인 참여제도가 마련되어 있다.

**17** ③

재정자립도는 전체세입 중 자주재원이 차지하는 비율을 의미하므로 중앙정부로부터 재정지원을 받지 않고 재정수요를 자체적으로 해결해 나가고 있는가를 보여 주는 개념이다. 의존수입이 상당 부분을 차지하는 경우 자치단체의 실질적 재정상태를 나타내 주지 못하는 것으로 평가받고 있다.

**18** ③

지방재정자립도를 제고하기 위해서는 지방세와 세외수입(사용료·수수료 등) 등의 자주재원이 확충되어야 한다.

**19** ②

재정자립도는 세입총액에서 자주재원인 지방세수입과 세외수입 등이 차지하는 비율을 나타낸다. 지방교부세는 자주재원이 아니라 의존재원이므로 지방교부세를 증액하면 세입총액이 증가하므로 재정자립도는 낮아진다.

**20** ②

일반재원주의란 재정구조보다는 재정규모의 순증을 중시하는 입장으로 지방교부세와 같은 의존재원을 문제 삼지 않는다.

**21** ①

지방재정위기 사전경보시스템('지방재정위기관리제도'로 명칭 변경)은 지방재정의 사후재정관리제도에 해당한다.

※ 「지방재정위기 사전경보시스템 운영 규정」(행정안전부훈령)이 「지방재정위기관리제도 운영 규정」(시행 2019. 4. 30.)으로 개정되어 지방재정위기 사전경보시스템이 지방재정위기관리제도로 명칭이 변경되었습니다. 지방재정투융자심사는 지방재정투자심사로 명칭이 변경되었습니다.

**22** ③

지식경제 사회에서 엘리트 계층과 일반 대중 사이의 정보 비대칭성(asymmetry)이 심화되면 소수의 엘리트가 보다 많은 정보를 보유하기 때문에 소수의 엘리트가 정책과정에서 지배적인 위치를 차지한다고 보는 엘리트이론의 설명력은 더 높아진다.

|오답해설| ① 레짐이론은 기업을 비롯한 민간부문 주요 주체들과의 연합이나 연대를 하는 특성을 갖는다.
② 성장기구론에서 비성장연합은 성장연합에 비해 부동산의 사용가치(use value), 즉 일상적 사용으로부터 오는 편익을 중시한다.
④ 신다원론은 자본주의 국가에서는 기업집단에 특권을 부여할 수밖에

없는 특성이 있음을 인정한다. 즉, 신다원론은 고전적 다원주의가 기업가의 특권적 지위를 제대로 고려하지 못했음을 비판하고, 여러 이익집단 중 기업가 집단이 가진 특권적 지위가 현실의 정책과정에서 나타나고 있음을 인정하는 것이다. 따라서 신다원론에서는 정책과정이 지역사회의 모든 구성원들에게 공정하게 개방되지 않는다고 본다.

**23** ①

피터슨(Peterson)의 저서 「도시한계(City Limits)」에 따르면, 개방체제로서의 지방정부는 재분배정책보다 개발정책을 추구하는 경향이 있다. 이는 중앙정부와는 달리 자본과 노동의 흐름을 통제할 수 없는 지방정부는 고용증대, 세수확대, 정부서비스 향상을 위해 경제성장에 최고의 관심을 가질 수밖에 없다는 것이다. 지방정부가 개발정책을 추구하고 재분배정책을 경시하는 경향을 보이는 이유는 지방의 사회적, 경제적 세력에서 자유롭지 못해서가 아니라 지방정부가 직면한 구조적 제약에서 비롯된 것이라는 주장이다.

|오답해설| ② 라이트(Wright)는 정부 간 관계를 분리권위형, 중첩권위형, 포괄권위형으로 분류하고, 연방정부, 주정부, 지방정부 간 인사·재정적 측면의 관계를 기술하였다.
③ 로즈(Rhodes)의 정부 간 관계론은 중앙정부는 법적 자원, 재정적 자원에서 우위를 점하며, 지방정부는 정보자원과 조직자원의 측면에서 우위를 점한다고 주장하였다.
④ 티부(Tiebout)의 발에 의한 투표(voting with feet)가 가능하기 위해서는 주민의 자유로운 이동성, 공공서비스 제공에서 외부효과와 "부존재" 등의 전제조건이 충족되어야 한다.

**24** ④

|오답해설| ① 신다원론은 기업이나 개발관계자들의 우월적 지위를 주민이나 지방정부가 용인한다.
② 엘리트론은 엘리트 계층 내의 분열과 다툼으로 인해 내부 조정과 사회화의 과정을 중시한다.
③ 성장기구론은 성장연합과 반성장연합의 대결구도에서 대체로 성장연합이 승리하여 권력을 쟁취한다고 본다.

**25** ①

성장기구론은 공간의 사용가치보다 교환가치를 중시하며, 대부분의 지역사회 구성원의 이해가 일치하지 않는 성장일변도의 개발정책이 추구된다.

**26** ①

|오답해설| ㄹ. 성장기구론은 성장연합과 반성장연합의 대결구도에서 대체로 성장연합이 승리하여 권력을 쟁취하며, 성장연합은 반성장연합에 비해서 토지 또는 부동산의 사용가치보다는 교환가치를 중시한다.

**27** ②

레짐이론은 지방 거버넌스에 해당하는 도시 거버넌스의 대표적 이론이다.

**28** ③

발문은 현상유지레짐에 관한 설명이다.

**29** ③

스톤(Stone)은 추구하는 가치, 구성원 간 관계, 생존능력 등을 기준으로 현상유지 레짐, 개발 레짐, 중산계층 진보 레짐, 하층 기회확장 레짐으로 구분하였으며, 제시문은 중산층 진보 레짐에 관한 설명이다.

**30** ④

가도시화는 도시의 산업화가 이루어지지 않은 상태에서 농촌인구의 일방적 유입으로 나타난 현상이다.

**31** ②

가도시화란 산업화 이전에 도시의 흡인요인 부재와 농촌의 추출요인이 작용한 도시화를 의미한다.

**32** ④

사바스(Savas)가 제시한 공공서비스 공급유형론에 따르면, 자원봉사(voluntary service) 방식은 민간이 결정하고 민간이 공급하는 유형에 속한다.

**33** ④

민자사업(BTL), 보조금에 의한 서비스 제공 등은 정부가 배열자(arranger)이고 민간부문이 생산자(productor)가 되는 공공서비스 제공방식이다.

|오답해설| ③ 바우처(voucher)는 민간부문을 배열자로 보는 것이 일반적이나, 예외적으로 정부를 배열자로 보는 경우가 있다.

**34** ①

이용권지급은 민간부분이 공급을 결정, 공급하는 유형에 해당한다. 나머지는 정부가 공급결정, 민간부문이 공급하는 방식이다.

# 여러분의 작은 소리
# 에듀윌은 크게 듣겠습니다.

본 교재에 대한 여러분의 목소리를 들려주세요.
공부하시면서 어려웠던 점, 궁금한 점,
칭찬하고 싶은 점, 개선할 점, 어떤 것이라도 좋습니다.

에듀윌은 여러분께서 나누어 주신 의견을
통해 끊임없이 발전하고 있습니다.

---

**에듀윌 도서몰 book.eduwill.net**
- 부가학습자료 및 정오표: 에듀윌 도서몰 → 도서자료실
- 교재 문의: 에듀윌 도서몰 → 문의하기 → 교재(내용, 출간) / 주문 및 배송

---

# 2025 에듀윌 7·9급공무원 기본서 행정학: 심화편

| | |
|---|---|
| 발 행 일 | 2024년 6월 20일 초판 |
| 편 저 자 | 남진우 |
| 펴 낸 이 | 양형남 |
| 펴 낸 곳 | (주)에듀윌 |
| 등록번호 | 제25100-2002-000052호 |
| 주    소 | 08378 서울특별시 구로구 디지털로34길 55 |
| | 코오롱싸이언스밸리 2차 3층 |

* 이 책의 무단 인용 · 전재 · 복제를 금합니다.

**www.eduwill.net**
대표전화  1600-6700